Edgar L. Gärtner

Öko-Nihilismus 2012

„Öko-Nihilismus" in den Medien

„Edgar L. Gärtner plädiert dafür, in der Klimadebatte einen kühlen Kopf zu bewahren. Nicht der Islamismus ist für den Autoren der Nachfolger des Kommunismus als Gefahr für den Westen, sondern der ökologische Totalitarismus. Die Naturwissenschaft wird zur Umweltwissenschaft." - Ulli Kulke, *Die Welt*

„Als früherer Akteur der „grünen" Bewegung gehört Gärtner heute zu den selteneren kritischen Geistern in der Umweltdiskussion. Sein Buch ist deshalb auch nicht nur eine distanzierte Würdigung aktueller umweltpolitischer Daten und Fakten, sondern mehr eine engagierte, mit vielen historischen Bezügen und philosophischen Argumenten gespickte Abrechnung mit der politischen Ökologie."
- Dr. Gerhard Voss, *Zeitschrift für Umweltpolitik & Umweltrecht*

„Gärtner kritisiert, dass sich eine „ökologistische Apokalyptik" breit mache, die gleich einer monotheistischen Religion keine anderen Meinungen zulasse, die Gefahr laufe, einer Welt eine Lösung zu oktroyieren." - Dietmar Mascher, *Oberösterreichische Nachrichten*

„Gärtner schreibt ein kämpferisches Buch. Aber jeder Bürger ist gut beraten, sich mit seinen Überlegungen und Erfahrungen sehr genau auseinanderzusetzen." - Dr. Ulrich Schlüer, *Schweizerzeit*

„In Zeiten einer globalen Gleichschaltung der Meinungen gegen den Strom zu schwimmen, erfordert Mut."
- Dr. Andreas Unterberger, *Wiener Zeitung*

„Wenn ein ausgebildeter und versierter Ökologe die gängige Politik im Namen der Ökologie scharf angreift, so mag das auf den ersten Blick verwundern. Traut man sich, ein Buch zu lesen, das sich massiv gegen den "Mainstream" der Publikationen zum Thema Klima- und Umweltschutz wendet, dann wundert man sich anschließend eher darüber, dass sich nicht mehr Fachkundige wie Edgar L. Gärtner kritisch bezüglich der aktuellen Politik und Stimmungsmache äußern." - Regina Karolyi, *Media-Mania*

„Der wohl profilierteste deutsche Klimaskeptiker beleuchtet die politischen und ideologischen Hintergründe und Zusammenhänge. Ein anspruchsvolles Buch mit einer enormen Fülle von Informationen und scharfsinnigen Beobachtungen." – Dr. Bruno Bandulet, *eigentümlich frei*

Der Autor im Internet: http://gaertner-online.de/

Edgar L. Gärtner

Öko-Nihilismus 2012

Selbstmord in Grün

TvR

2. völlig neu bearbeitete, erweiterte und aktualisierte Auflage
von „Öko-Nihilismus“, Jena 2007

www.TvRMedienverlag.de

Druck und Bindung: UAB „Baltijos Kopija“, Vilnius

Printed in Lithuania

ISBN 978-3-940431-31-8

Inhalt

Einleitung:

Worum es geht

Am 21. Dezember 2012 soll, wieder einmal, die Welt untergehen. Das wäre, nach einer französischen Zählung, der 184. Weltuntergang seit Nostradamus. Obwohl Papst Benedikt XVI. hin und wieder andeutet, dass das Ende der Zeit und die Wiederkunft Christi näher rücken, halte ich die Wahrscheinlichkeit, dass es dieses Mal klappen könnte, für gering. Ob aber nun die Welt untergehen wird oder nicht: Im alten Europa breitet sich zu Beginn des 21. Jahrhunderts eine Kultur des Todes aus. Wie der französische Publizist Pascal Bruckner in einem 2011 erschienen Essay bestätigt, ist kaum zu übersehen, dass sich hinter der Überlebensrhetorik der Politischen Ökologie eine tiefe Todessehnsucht verbirgt. Nicht nur Freiheit und Würde, sondern auch das Leben von Milliarden von Menschen sollen geopfert werden, um eine angeblich drohende Klimakatastrophe abzuwenden.

Das Kioto-Abkommen von Dezember 1997 über die Reduktion des Ausstoßes so genannter Treibhausgase gilt gemeinhin als Durchbruch der Politischen Ökologie gegenüber herkömmlicher egoistischer Machtpolitik von Einzelstaaten. Die Erde erscheint dabei, wie es der Begriff „Ökologie“ ausdrückt, als gemeinsames Haus *(oikos)* der Menschheit, dessen Ressourcen es rational zu verwalten beziehungsweise umzuverteilen gilt. Diese Aufgabe sollte nach Auffassung der meisten Verfechter der Politischen Ökologie eigentlich von einer bevormundenden Weltregierung, wenn nicht von einem globalen kommunistischen Polizeistaat, wahrgenommen werden. Mit dem Ende des Kalten Krieges vor zwei Jahrzehnten schien diese Perspektive endlich in den Bereich des Möglichen gerückt zu sein. Doch inzwischen lassen Entwicklungen wie der Aufstieg der Volksrepublik China zur industriellen Großmacht, die undurchsichtigen Machenschaften der russischen „Kreml AG“ sowie die Aufdeckung der Manipulation von Klimadaten der *Climate Research Unit (CRU)* der *University of East Anglia („ClimateGate")*, die damit verbundene Ablehnung der Umsetzung des Kioto-Protokolls durch die USA, Kanada, Japan, China, Indien und Brasilien und schließlich das Scheitern der „Klima-Gipfel" von Kopenhagen, Cancún und Durban, diesen Weg als Wunschtraum erscheinen, der so schnell nicht in Erfüllung gehen wird.

So soll nun das *„Haus Europa"* zum Modell und Exerzierfeld des neuen Politikansatzes gemacht werden. Analog zur vollzogenen EU-Erweiterung sollen Armut und Unfriede in der Welt durch die schrittweise Einbeziehung aller Weltregionen und Religionen in ein kuscheliges „Lager des Grünen Friedens" überwunden werden. Kurz: Am europäischen Wesen soll die Welt genesen. Ausgerechnet ein Amerikaner, der Autor und Politikberater Jeremy Rifkin, hat dafür in seinem 2004 erschienen Buch *Der europäische Traum* auch noch eine historisch-anthropologische Begründung geliefert.

Gegenstand der folgenden Abhandlung ist die polemisch zugespitzte Auseinandersetzung mit diesem Versuch, Machtpolitik zumindest virtuell durch Hauswirtschaft zu ersetzen. Es geht dabei nicht, wie der eingangs gewählte Vergleich nahe legen könnte, um eine Gegenüberstellung von Mythen und „harten" Fakten. Denn mir ist seit langem bewusst, dass es theoriefreie und somit auch mythenfreie Fakten im politischen Raum gar nicht gibt und auch nicht geben kann. Vielmehr geht es um die Unterscheidung zwischen krankmachenden, selbstzerstörerischen und konstruktiven, Mut machenden Mythen. Im Zentrum meiner Untersuchung stehen aktuelle Zusammenhänge zwischen Politik, Ökonomie und Theologie.

Die Beschäftigung mit solchen Fragen reicht bis in meine Zeit als Zögling eines (inzwischen geschlossenen) katholischen Knabeninternats am Sitz der deutschen Bischofskonferenz zurück. Mehr Einsichten verdanke ich jedoch der viel späteren Lektüre der Werke Friedrich Nietzsches sowie des *L'homme révolté (Der Mensch in der Revolte)* von Albert Camus. Seither ist mir bewusst, wie schmal das Stück festen Bodens ist, das extreme Auslegungen des Monotheismus vom Abgrund des Nihilismus trennt.

Ich möchte im folgenden nicht nur zeigen, dass der Öko-Pazifismus des *„alten Europa"* Prahlerei ohne Substanz ist, dass das *„Haus Europa"* lediglich eine vielleicht gut gemeinte Kopfgeburt ist, die ihre Bewährungsprobe im internationalen Wirtschaftskrieg vermutlich nicht bestehen wird und dass Europa in zwei Jahrzehnten höchstwahrscheinlich nicht viel mehr darstellen wird als eine Art Wurmfortsatz (Vorder-)Asiens, der nach und nach zur Beute radikaler Islamisten wird, wenn es in der Währungs- und Umweltpolitik zu keinem Umdenken kommt. Sondern ich möchte auch nachweisen, dass der Ökologismus viele, wenn nicht alle Merkmale einer gefährlichen totalitär-nihilistischen Ideologie trägt.

Im Klartext: Ich behaupte, dass auch die dogmatischen Verfechter des „Vorsichtsprinzips" eine starke mentale Affinität zur Weltsicht der Terroristen haben und dass die scheinbar so lebensbejahende „Klimapolitik" einem Todeskult nach nazistischem oder islamistischem Vorbild den Weg bereiten *kann*. Der Ökologismus erscheint mir als geistige Tyrannei, die, wie schon Ludwig Erhard, der „Vater" des deutschen Wirtschaftswunders, erkannte, stets Vorbote politischen Terrors war und ist. Dass diese Befürchtung nicht weit hergeholt ist, zeigen Äußerungen des US-Medienmoguls Ted Turner. Dieser gab an, das Ziel seiner einflussreichen UN-Stiftung für die Lösung globaler Probleme sei die Verkleinerung der Weltbevölkerung auf zwei Milliarden Menschen. Ähnliches fordert auch der *Club of Rome* immer wieder.

Es scheint, dass Deutschlands politische Klasse, eine aufgrund des undurchsichtigen Verhältniswahlrechts an die Macht gelangte negative Auslese, eifrig darauf hinarbeitet, dass die Deutschen zu jenen fünf Milliarden Menschen gehören, die nach der Vision von Gutmenschen wie Jacques Cousteau oder Ted Turner „überschüssig" sind. Um dem Nichts, der „Nullemission", näher zu kommen, scheuen die Herrschenden nicht vor Rechtsbeugung und existenzvernichtendem Terror zurück. Das zeigt das Ende April 2004 ergangene Urteil des Bundesverfassungsgerichts zur sogenannten Öko-Steuer. Angestrengt wurde dieses Verfahren durch Kühlhausbetreiber und Spediteure, die sich durch die Öko-Steuer gegenüber ihren europäischen Konkurrenten benachteiligt und in ihrer Existenz bedroht sahen. Das Urteil des höchsten Gerichts spricht dem Staat im Prinzip das Recht zu, jederzeit Unternehmen zu ruinieren, deren Geschäftsmodell als nicht politisch korrekt erscheint. Was der russische Despot Wladimir Putin bei der Zerschlagung des Ölkonzerns *Yukos* vorführte, könnte also auch bei uns bald zum gängigen Ausdruck des „Primats der Politik" werden.

Der US-amerikanische Publizist Paul Berman, der sich nicht zufällig auf Camus beruft, definiert den Totalitarismus in seinem erhellenden Buch *Terror und Liberalismus* (2004) als *„Politik der Massenmobilisierung für unerreichbare Ziele"* (S. 43) im Namen überpersönlicher Wesenheiten wie Klasse, Staat oder Glaubensgemeinschaft, die immer in Blutbädern und Selbstzerstörung endet. Diese Definition steht durchaus im Einklang mit dem, was die große jüdische Philosophin Hannah Arendt in ihrem berühmten Buch über die Ursprünge totaler Herrschaft (1951 und 1986) herausgearbeitet hat. Berman weist nach, dass alle Spielarten des Totalitarismus wie Kommunismus, Faschismus, Nationalsozialismus und selbst der schon bei Mohammed angelegte Islamismus in seiner aktuellen Ausprägung auf die europäische Romantik mit ihren nur scheinbar harmlosen und friedlichen Vorstellungen von häuslicher Ordnung (und Planwirtschaft) zurückgehen.

Die europäische Romantik mit ihrem geschlossenen Weltbild erscheint ihm wie auch schon dem großen baltisch-britischen Philosophen Isaiah Berlin als eine Art Kulturflüssigkeit für die Produktion von Viren der Selbstzerstörung. Die Politische Ökologie und die aktuelle „Klimapolitik" hat Berman dabei allerdings nicht im Auge. Vielmehr hält er diese, wie viele Zeitgenossen, die von Naturwissenschaft nicht viel verstehen, für objektiv begründet und legt der US-Regierung sogar nahe, sich doch noch dem auslaufenden Kioto-Abkommen anzuschließen, um leichter Verbündete im „Krieg der Köpfe" gewinnen zu können.

Im Unterschied zu Paul Berman und den vielen andern, die heute mit Ökologie Politik machen möchten, kenne ich mich in der Ökologie etwas besser aus. Ich weiß, welche dürftigen theoretische Begründungen hinter ständig wiederholten Schlagworten wie „ökologisches Gleichgewicht", „Stoffkreislauf" oder „Biodiversität" und „Stabilität" stehen, weil ich mich lange Jahre selbst mit dem Studium und der praktischen Anwendung der Ökologie befasst habe.

Neben dem Erlernen der analytischen Methodik der Biochemie, der Hydrobiologie und der Bioklimatologie gehörte dazu auch die aufmerksame Lektüre der Werke Charles Darwins und seiner Nachfolger. Meine nachhaltigsten praktischen Lektionen in Sachen Ökologie erhielt ich in den siebziger Jahren – lange vor der Verbreitung einer letztlich religiös inspirierten Buchhalter- beziehungsweise Milchmädchen-Ökologie durch grüne Parteien und verschiedene Naturschutzverbände – als ich in der Provence viele Wochen und Monate mit dem Bestimmen und Zählen von Köcher-, Stein- und Eintagsfliegenlarven zubrachte, um den Einfluss einer chlorchemischen Fabrik auf die Ökologie eines damals insgesamt noch ziemlich wilden Voralpenflusses zu analysieren.

Worin bestand denn nun das „ökologische Gleichgewicht" eines Flusses, der nach jedem Hochwasser seinen Lauf veränderte, so dass ich mir jedes Mal neue Messpunkte für die Entnahme von Wasser-,

Planktonproben aussuchen musste, fragte ich mich. Alles befand sich doch buchstäblich im Fluss. Um meine Diplomarbeit fristgerecht und mit präsentierbaren Ergebnissen abschließen zu können, bedurfte es etlicher Vereinfachungen und pragmatischer Festlegungen, von denen manche, bei weniger wohlwollender Betrachtung, sogar als Betrug hätten gewertet werden können.

Kurz: Ich lernte, dass es in der Natur alles andere als planmäßig zugeht. Mir wurde bewusst, wie fließend die Grenzen zwischen *science* und *science fiction* sind, wenn man nicht eine übersichtlich arrangierte Laborsituation, sondern die freie Natur mit ihrer in ständigem Wandel begriffenen Vielfalt untersucht. Ich wunderte mich, dass von der Politik bestellte „Umweltexperten" nicht zögerten, sogar bei unvergleichlich komplexeren Naturvorgängen wie dem Wetter und dessen langjährigem regionalen Durchschnitt, dem Klima, wie selbstverständlich mit den Begriffen „Stabilität" und „Gleichgewicht" zu hantieren. Wie konnte ein solcher Gleichgewichtszustand in einem offenen Universum überhaupt definiert werden? Ich begriff, dass es zwischen dem, was uns seit dem Beginn der Umweltpolitik am Ende der 60er Jahre als Ökologie verkauft wurde, und dem zukunftsoffenen Naturbild des Darwinismus Welten liegen.

Ich begann, mich eingehender mit der Geschichte der Ökologie zu beschäftigen - und zwar zunächst noch aus dem Blickwinkel eines von antiautoritären, wenn nicht libertären Ideen durchsetzten Marxismus, der seit meiner Studentenzeit in Frankfurt am Main mein Denken stark geprägt hatte.

Durch die Auseinandersetzung mit dem zutiefst infantilen Alles-oder-Nichts-Denken des Teils der 68er, der mit dem Terrorismus sympathisierte, näherte ich mich im Laufe der siebziger Jahre der konsequent humanistischen und evolutionären Auffassung, nach der es auf die Einzigartigkeit der Individuen und die Konkurrenz verschiedener Weltsichten ankommt. Ich gelangte nach und nach zum Bild einer offenen, unberechenbaren Welt, die ständig neue Überraschungen bereit hält, an die sich Individuen und Kollektive bei Strafe ihres Untergangs mehr oder weniger intelligent anpassen müssen. Dabei überleben nicht unbedingt die Besten, wie es das Schlagwort vom *„Survival of the fittest"* nahe legt. Aber die Anpassungsunfähigen oder Wandlungsunwilligen bleiben höchstwahrscheinlich auf der Strecke.

Zweifelsohne hat sich unser Verständnis der Evolution seit meinem Studium erheblich verändert. Vor allem Erkenntnisse der Molekulargenetik haben inzwischen viele dem Darwinismus zugrunde liegenden Annahmen widerlegt. Die von Darwin und seinen Nachfolgern dem Zufall zugeschriebene Rolle eines Gott-Ersatzes wird in neueren evolutionstheoretischen Abhandlungen ausdrücklich zurückgewiesen. Dafür wird Jean Baptiste Lamarcks Theorie der Vererbung erworbener Eigenschaften teilweise rehabilitiert (siehe Joachim Bauer: *Das Kooperative Gen. Abschied vom Darwinismus*, Hamburg 2008). Es wird immer deutlicher, dass der Darwinismus besser die kulturelle Entwicklung erklärt als die Entwicklung des Lebens von einfachen zu komplexen Formen.

Als in den 80er Jahren grüne Parteien und die internationale Regenbogenkrieger-Organisation *Greenpeace* auf der politischen Bühne auftauchten, war mir jedenfalls längst klar, dass es sich hierbei um eine Bewegung handelte, die sich nicht auf ein evolutionistisches Weltbild berufen konnte, sondern eher einer stationären, vordarwinistischen Naturauffassung anhing und Politik im Sinne eines *intelligent design* betrieb. Ich hörte hinter der Forderung nach einem *„radikalen ökologischen Umbau der Industriegesellschaft"* (so ein frühes Programm der deutschen Partei „Die Grünen") deutliche Anklänge an die sogenannte Hausväterliteratur des 17. Jahrhunderts, wonach die Aufgabe der Umweltpolitik der eines weisen Patriarchen gleicht, der seinem Gesinde Moral predigt, Arbeiten aufträgt und Ressourcen zuweist.

Kurz: Ich sah hier ein Verständnis von Ökologie, das sich nur Bürokraten ausgedacht haben konnten. In deren Augen erscheint die Welt als ein kompliziertes, schwer durchschaubares Uhrwerk, das die Menschen dennoch entsprechend ihrer Werte und Wünsche gezielt beeinflussen und steuern können, sofern sie nur die richtige Stellschraube finden.

Diese Stellschraube glaubten viele, mit der Regulierung des Verbrennungsabgases Kohlendioxid gefunden zu haben. Doch dieser Glaube stützt sich ausschließlich auf numerische, nicht analytische Computersimulationen, die der gesicherten Erkenntnis widersprechen, dass die Lebensbedingungen auf der Erde nicht in erster Linie vom Kreislauf des Kohlenstoffs, sondern von dem des Wassers bestimmt werden.

Der Wasserkreislauf wiederum wird, wie jedes Schulkind wissen sollte, von der Energie der Sonne angetrieben und unterliegt wie deren Strahlkraft und Magnetfeld natürlichen, zum Teil von kosmischen Einflüssen abhängigen Schwankungen, denen gegenüber menschliche Einflüsse als vernachlässigbar klein erscheinen. Der Kohlenstoffkreislauf, auf dessen Steuerung das Kioto-Protokoll abzielt, ist eine drittrangige, vom Wasserkreislauf abhängige Größe. Anders ausgedrückt: Hätte der politische Kuhhandel von Kioto einen Sinn gehabt, müsste der Schwanz tatsächlich mit dem Hund wedeln können.

In den teuren Computermodellen, die der „Klimapolitik" zugrunde liegen, sieht das freilich ganz anders aus. Konsequenterweise hätten dann aber die Spitzenpolitiker und „Klimaexperten", die das Kioto-Protokoll ausgehandelt haben, beschließen müssen, den Handel mit Emissionsrechten, mit dessen Hilfe dieses Abkommen umgesetzt werden soll, auf Computer- oder Brettspiele zu begrenzen. Diese könnten dann vielleicht einen mit dem Monopoly-Spielen vergleichbaren Freizeitwert erlangen.

Doch die Politik hat sich in die Konfusion zwischen *science* und *science fiction* geflüchtet. Könnten die globalen Lebensbedingungen tatsächlich Gegenstand politischer Gestaltung sein, warum hat man dann statt der „Klimapolitik", die in kosmische Zusammenhänge eingreifen können müsste, nicht mit einer etwas bescheideneren „Plattentektonikpolitik" zur Verhütung von Erdbeben begonnen, die immerhin den Vorteil hätte, sich nur mit irdischen Zusammenhängen beschäftigen zu müssen?

Die Antwort auf diese Frage liegt angesichts der Tsunami-Katastrophen, die die Insel Sumatra und andere Anrainer des indischen Ozeans am 26. Dezember 2004 und Japan am 11. März 2011 heimgesucht haben, auf der Hand: Die Menschen haben trotz aller technischer Errungenschaften bei weitem nicht die Kraft, irgendwo steuernd in die Bewegungen der Erdkruste eingreifen zu können. Sie müssen zum Beispiel dem ostafrikanischen Grabenbruch, der den Kontinent Afrika zweiteilen wird, völlig machtlos zuschauen. Dennoch erscheint es im Prinzip leichter, das Rote Meer, wie im Buch Moses beschrieben, erneut zu Fuß passierbar zu machen, als die Durchschnittstemperatur der Erde und die Entwicklung des Wetters gezielt zu beeinflussen. (Ich lasse hier Spekulationen, wonach genau dieses mit Hilfe des amerikanischen *High Frequency Active Auroral Research Program* (*HAARP*) erreicht werden soll, bewusst beiseite.)

Doch was im Falle der Erdkruste offenkundig ist, soll beim weitaus komplexeren, auch außerirdischen Einflüssen unterworfenen Wettergeschehen nicht gelten. Das zeigt, wie abwegig die Behauptung ist, die globale Erwärmung sei *„die größte Herausforderung des 21. Jahrhunderts"* (so die Bundeskanzlerin Merkel) und wie absurd der in Kioto abgeschlossene politische Kuhhandel ist. Doch fiel das kaum einem der daran beteiligten Akteure auf, weil die vermessene Idee, Gott spielen

1,= Tote Meer

zu wollen, das Wesen des noch immer angebeteten Wohlfahrtsstaates europäischer Prägung ausmacht. Wie der US-amerikanische Publizist Jonah Goldberg in einer 2007 erschienenen umfangreich historischen Untersuchung herausgearbeitet hat, ist die Religion des Staates als Vollstrecker von Rousseaus *volonté générale* der Kern aller linksfaschistischen Bewegungen des 20. Jahrhunderts. Wladimir Illitsch Ulanow (Lenin), Benito Mussolini, Woodrow Wilson, Adolf Hitler und Franklin D. Roosevelt waren danach Anhänger der gleichen politischen Religion. Auch die Politische Ökologie ist nach Goldberg auf diesem Holz gewachsen.

Dennoch besteht Grund zur Hoffnung, dass die grüne Soße, die uns wohlmeinende Klimaschützer und Ökopazifisten eingebrockt haben, am Ende nicht so heiß gegessen wird, wie sie gekocht wurde. Ohne diese Hoffnung wäre die Arbeit, die ich mit dem folgenden Versuch einer Fundamentalkritik des Ökologismus und Öko-Nihilismus auf mich genommen habe, sinnlos. Persönlich setze ich mittelfristig auf eine politische Allianz zwischen Radikal-Liberalen beziehungsweise Libertären und gestandenen Konservativen mit mehr oder weniger engen religiösen Bindungen. Auf einer solchen Allianz beruht die populäre *Tea Party*-Bewegung in den USA.

Trotz des bei manchem deutschen Konservativen vorhandenen primären Anti-Amerikanismus bin ich fest davon überzeugt, dass auch in Deutschland und Europa ein Bündnis zwischen konservativ-religiösen und libertären Staatsskeptikern möglich ist. Zu einem solchen Bündnis, das manchen als widernatürlich erscheinen mag, ist es in der Klimadebatte inzwischen in Ansätzen bereits im Internet gekommen. Dort diskutieren seit Jahren im „Unruhehestand" lebende hochqualifizierte Naturwissenschaftler und Ingenieure ohne größere Verständnisprobleme mit jüngeren, dem politischen Umfeld und dem geistigen Einfluss der 68er „Bewegung" entronnenen radikal-liberalen Publizisten.

Wer ein endgültiges Abgleiten unseres Landes in eine Abwärtsspirale nach dem Muster des einst wohlhabenden Argentinien verhindern möchte, hat auch kaum eine andere Wahl, als sich mit geistig frisch gebliebenen Vertretern der älteren Generation zusammen zu tun. Denn die in Deutschland heranwachsende jüngere Generation, die ganz anders denkt als ihre 68er Eltern, hat leider wegen des Einbruchs der Geburtenrate (an dem der gedankenlose Hedonismus der 68er nicht unschuldig ist) zahlenmäßig ein so geringes Gewicht, dass sie alleine eine politische Wende in Richtung auf mehr individuelle

Freiheit und Verantwortung unter den gegebenen Bedingungen der parlamentarischen Demokratie nicht schaffen würde.

Um Kopfschütteln bei den Lesern vorzubeugen, schon an dieser Stelle folgendes zur Klärung: Ich verwende in dieser Abhandlung nicht den Nihilismusbegriff, wie man ihn in gängigen Lexika findet.

Denn Nihilist sein bedeutet nicht, an nichts zu glauben, sondern nicht zu glauben an das, was ist. Das arbeitete der französische Literaturnobelpreisträger Albert Camus unter Berufung auf Friedrich Nietzsche schon 1951 heraus.

Camus meinte damals an etlichen historischen Beispielen zeigen zu können, dass alle Formen historischer Heilsgewissheit wie ihr Ursprung, die diesseitig missverstandene christliche Heilslehre, oder auch der vielleicht gar nicht so unchristliche dialektische Materialismus im Grunde nihilistisch sind, weil sie in ihrer Alles-oder-Nichts-Einstellung alles leugnen oder negieren, wenn nicht physisch eliminieren müssen, was nicht in das Schema ihrer Bewegung passt. In diesem Sinne ist auch der gewalttätige Islamismus von heute nihilistisch. Nicht zuletzt lassen sich auch in der religiös gewendeten Ökologie nihilistische Züge ausmachen.

Es geht im Folgenden also nicht nur um das ernste, aber eher vordergründige Problem der zukünftigen Versorgung der Wirtschaft und der Privatverbraucher mit bezahlbarer Energie. Es geht nicht lediglich um die Feststellung, dass die entsprechend dem *Gesetz für den Vorrang Erneuerbarer Energien (EEG)* nach dem Willen der in Berlin bis 2005 regierenden rot-grünen Koalition mit drei- bis vierfach überhöhten Stromabnahmepreise subventionierten Windparks die infolge des gleichzeitig beschlossenen Ausstiegs aus der Kernenergienutzung sich öffnende Energieversorgungslücke nie und nimmer werden ausfüllen können. Es geht um mehr. Es geht um die Frage, ob in Deutschland (und in der EU) Klugheit oder Dummheit regiert und ob nicht die Gefahr besteht, dass die Klügeren der herrschenden Dummheit gegenüber so lange nachgeben, bis sie am Ende selbst die Dummen sind.

Die totalitäre Propaganda, so Hannah Arendt in ihrem Buch über die Ursprünge des Totalitarismus, beruht auf einer gegenüber der Wirklichkeit vollkommen abgedichteten Fiktion, die nicht durch Gegenpropaganda bekämpft werden kann. *„Totalitäre Propaganda ist keine Propaganda im herkömmlichen Sinn und kann daher nicht durch Gegenpropaganda widerlegt oder bekämpft werden. Sie ist Teil der totalitären Welt und wird nur mit ihr zusammen vernichtet"*, schrieb sie (1986, S. 765).

Es besteht danach wenig Grund zur Hoffnung, diese Fiktion könne durch Konfrontation mit der Realität *ad absurdum* geführt werden. Denn ihre geistige Grundlage ist der Nihilismus, eine in ihrem Wesen selbstmörderische (und ansteckende) Geisteskrankheit. Wirklich gemeingefährlich werde die krankhafte Realitätsverleugnung, wenn sie vom moralischen Nihilismus des *„Alles ist erlaubt"* zur Hybris des *„Alles ist möglich"* fortschreitet, erkannte Hannah Arendt. Die Frage nach Erfolg oder Misserfolg sei dann nicht mehr entscheidbar: *„Denn es liegt im Wesen der totalitären Fiktion, dass sie nicht nur das Unmögliche möglich macht, sondern vor allem auch alles, was sie nach ihrem ideologisch geleiteten Schema ‚voraussieht' – und Voraussehen heißt hier lediglich Berechnen -, bereits als wirklich in Rechnung stellt. Da die Geschichte in der totalitären Fiktion voraussehbar und berechenbar verläuft, muss jeder ihrer Möglichkeiten auch eine Wirklichkeit entsprechen. Diese ‚Wirklichkeit' wird dann nicht anders fabriziert als andere ‚Tatsachen' in dieser rein fiktiven Welt."* (S. 886).

Wer diese Zeilen heute liest, könnte leicht zum Eindruck gelangen, Hannah Arendt habe sich hier auseinandergesetzt mit der abenteuerlichen, aber inzwischen dennoch gängigen Vorstellung, das chaotische Wettergeschehen könne durch eine Rationierung des Ausstoßes des Spurengases Kohlenstoffdioxid (CO_2) so *„gemanagt"* werden, dass der Anstieg der globalen Durchschnittstemperatur auf 2 °C begrenzt bleibt. Denn die „Klimamodelle", mit denen das Kioto-Protokoll über die Reduktion so genannter Treibhausgase, das „Klimapaket" der EU, die Einstufung von CO_2 als *„gesundheitsgefährdender Schadstoff"* durch die US-Umweltbehörde *EPA* und der internationale CO_2-Emissionshandel (eine massive indirekte Kohlenstoffsteuer) begründet werden, beruhen zum allergrößten Teil auf rein theoretischen Berechnungen und nur zum geringsten Teil auf Messwerten. Doch die mit vielen Milliarden Euros bzw. Dollars geförderten „erneuerbaren" Energien haben unterm Strich bislang noch keine einzige Tonne CO_2 eingespart. Die Kosten-Nutzen-Bilanz der „Klimapolitik" ist jedenfalls eindeutig negativ, zumal von „globaler Erwärmung" nun schon ein ganzes Jahrzehnt lang nicht mehr die Rede sein kann. Aber Fakten zählen in Berlin und Brüssel offenbar längst nicht mehr.

Man könnte deshalb sogar zur Überzeugung kommen, die Urheber der „Klimapolitik" hätten Hannah Arendts Totalitarismus-Theorie genauestens studiert – und zwar nicht um Totalitarismus zu verhindern, sondern um ganz bewusst eine besonders raffinierte totalitäre Fiktion in die Welt zu setzen. Immerhin geschähe es nicht das erste Mal in der Geschichte politischer Ideen, dass gut gemeinte Warnungen auf eine so perverse Weise beherzigt werden. Hannah Arendt würde damit also lediglich das Schicksal Niccolò Machiavellis teilen, dessen *Principe* zur Begründung eines Politikstils, des Machiavellismus wurde, den der große Florentiner in einer für seine Vaterstadt schweren Zeit mit seinem viel zitierten Fürstenspiegel gerade verhindern wollte. Darauf hat übrigens kein Geringerer als Carl Schmitt in seiner *Theorie des Politischen* hingewiesen. *„Wenn Machiavelli ein Machiavellist gewesen wäre"*, bemerkte Schmitt, *„hätte er statt des Principe ein erbauliches Buch geschrieben, am besten gleich einen Anti-Machiavell."*

Damit ist aber noch nicht gesagt, dass jene recht haben, die die „Klimapolitik" in erster Linie als Ausfluss einer von langer Hand eingefädelten Verschwörung von Hochfinanz und Politik-Eliten sehen. Denn wenn sich der Nihilismus (nach Friedrich Nietzsche die Negation des wirklichen Lebens durch krankhafte Religiosität beziehungsweise übertriebene Vorsorge, mit anderen Worten: höhere Dummheit) wie eine ansteckende Krankheit seuchenartig ausbreiten kann, bedarf es im Grunde gar keiner Verschwörung.

Dass Dummheit ansteckend wirkt, ist außerdem nicht neu. Schließlich wäre Dummheit nicht Dummheit, könnte man auf ihrer Basis klare Ziele und Strategien formulieren. Deshalb gehe ich im Folgenden aus von der Hypothese, dass die Ausbreitung des grünen Weltbildes und der darauf aufbauenden parasitären Geschäftsmodelle im Wesentlichen naturwüchsig erfolgte, was nicht ausschließt, dass mächtige Akteure gelegentlich kräftig nachgeholfen haben, weil sie erkannt haben, dass es unter gewissen Umständen viel leichter ist, mit der Verbreitung eines krankhaften Aberglaubens Geschäfte zu machen, als mit dessen Bekämpfung.

1

Windmühlen im Krieg der Köpfe

WENN nicht alles täuscht, sind bei uns in Deutschland und auch in einigen westeuropäischen Nachbarländern bald alle grün: die einen, weil sie überzeugte Anhänger grüner Parteien beziehungsweise schwarzer und roter Parteien mit grünen Ambitionen oder gläubige Muslime sind, die andern, weil sie sich darüber grün ärgern.

Sichtbarstes Symbol der Ergrünung Deutschlands und dem damit zusammenhängenden Ärger ist die Verunstaltung des Landes durch Zigtausende von riesigen Windrädern. Die internationale Konferenz *Renewables 2004* Anfang Juni 2004 in Bonn wurde nicht nur vom grünen Bundesumweltminister Jürgen Trittin, sondern auch vom damaligen Bundeskanzler Gerhard Schröder und seiner Parteigenossin Heidemarie Wieczorek-Zeul als Durchbruch im *Kampf gegen Armut und Klimawandel* durch die Erschließung sogenannter erneuerbarer Energien gefeiert. *„Das Zeitalter der Erneuerbaren beginnt jetzt!"*, erklärte Trittin großspurig. Und Bundesentwicklungsministerin Wieczorek-Zeul fügte mit Blick auf den Irak-Krieg hinzu: *„Es wird niemals Krieg um den Zugang zur Sonne geben."* Man glaubt ihr gerne, dass man deutsche Windräder und Solaranlagen wie die vielfältigen kartellähnlichen Verflechtungen in Parteien, Verbänden und Aufsichtsräten der *Deutschland AG* nicht am Hindukusch verteidigen braucht.

Seither haben alle im Deutschen Bundestag vertretenen Parteien die Prophezeiung eines kommenden *Zeitalters der Erneuerbaren* kritiklos übernommen und jeden vorgeblichen Schritt der Verwirklichung dieser Utopie bejubelt. Aber zumindest Juden und Christen sollten sich daran erinnern, dass die echten Propheten nicht gefeiert, sondern verfolgt wurden. Der Versuch, einer zutiefst verunsicherten Bevölkerung durch gutes Zureden von oben herab ein Gefühl des Aufbruchs in eine neue Ära von Frieden und Wohlstand zu vermitteln, könnte mit einem jähen Erwachen enden. Denn physikalisch gesehen gibt es keine „erneuerbare" Energie. Bei den Energiequellen Wind und Sonnenschein, die euphorisch als *„erneuerbar"* bezeichnet werden, handelt es sich bekanntermaßen um witterungsabhängige *Zufallsenergien*. Nur ein Orwellsches Neusprech-Programm kann daraus „Erneuerbare" machen.

Warum die rot-grüne Regierungskoalition unter Gerhard Schröder und Jürgen Trittin schon im Frühjahr 2005 nicht mehr weiter wusste, ist bis heute ein Geheimnis. Jedenfalls war die grüne Gefahr mit der Ablösung der Schröder-Trittin-Regierung durch eine Große Koalition unter der DDR-Physikerin Dr. Angela Merkel noch lange nicht gebannt. Die Wind- und Solar-Euphorie erhielt nur für kurze Zeit einen Dämpfer. Angela Merkel ließ als Spitzenkandidatin der Opposition schon vor der vorgezogenen Bundestagswahl vom 18. September 2005 durchblicken, dass es unter ihrer Kanzlerschaft nicht nur eine Fortschreibung der umstrittenen Ökosteuer, sondern auch einen „Vertrauensschutz" für die Wind- und Solarbranche, das heißt keine Abstriche von der als „Anschubfinanzierung" getarnten Dauersubventionierung „erneuerbarer" Energien über künstlich erhöhte Strompreise geben wird.

In dem nach dem vagen Ausgang der Bundestagswahl von 2005 zustande gekommenen Koalitionsvertrag zwischen Unionschristen und Sozialdemokraten wurde denn auch die ideologiegetriebene und ruinöse Energiepolitik der rot-grünen Regierung ausdrücklich fortgeschrieben. Eine Gesetzesänderung, die den Stromverbrauchern die Kosten für teure Unterwasserkabel auferlegt, machte inzwischen den Weg frei für die Errichtung riesiger Windradparks in Nord- und Ostsee. Nach der Veröffentlichung der Politischen Zusammenfassung des 4. Sachstandsberichts des *Intergovernmental Panel on Climate Change (IPCC)* Anfang Februar 2007 in Paris erlebten die Aktien der Solarbranche einen Boom, der unwillkürlich an die „Blase" der *New Economy* um die Jahrtausendwende erinnert. Anders als die *dotcom*-Blase geht die *Blase der Erneuerbaren* aber auf ein fest etabliertes staatsmonopolistisches Kartell, den ökologisch-industriellen Komplex zurück.

Der ökologisch-industrielle Komplex

SCHON IN DEN ANFÄNGEN der um 1970 gestarteten systematischen Umweltpolitik galt für den auf den Bau von Filtern aller Art spezialisierten neuen Zweig des Anlagenbaus der Satz *„Gesetze bestimmen die Umsätze"*. So der Titel eines Beitrages in einem der damals eigens gegründeten Fachmagazine für Umwelttechnik. Das bedeutet, je schärfer die Grenzwerte für Schadstoffe in Abwasser und Abluft, desto besser die Geschäftschancen der Umweltbranche.

Das wurde bereits auf der ersten deutschen auf Umwelttechnik spezialisierten Messe, der *ENVITEC* 1973 in Düsseldorf, thematisiert. Bei dieser vom damaligen Bundesinnenminister Hans-Dietrich Genscher (FDP) eröffneten Ausstellungs- und Kongressveranstaltung wurde auch deutlich, dass die Branche stark von Konzernen des Militärisch-Industriellen Komplexes dominiert wird. Deren Manager waren es seit der nazistischen Kriegswirtschaft (insbesondere in deren Endphase unter Albert Speer) gewohnt, in einer korporatistischen, aber hoch effizienten Form von Vetternwirtschaft auf politisch-bürokratisch bestimmten Märkten zu arbeiten.

Der Begriff *„militärisch-industrieller Komplex" (MIK)* wurde vom US-General und späteren US-Präsidenten Dwight D. Eisenhauer geprägt. Dieser warnte seine Landsleute am Ende seiner Amtszeit vor der Eigendynamik der in der Kriegswirtschaft des Zweiten Weltkriegs aufgebauten kartellartigen Wirtschaftsstrukturen. Der Begriff *„Öko-Industrie-Komplex" (ÖIK)* wurde bereits im Jahre 1970 vom linksliberalen amerikanischen Publizisten Martin Gellen eingeführt. Dieser sah schon damals deutlich, dass die von US-Präsident Richard Nixon in großem Stil aus der Taufe gehobene Umweltpolitik als relativ eigenständiger Politikbereich zu dem MIK vergleichbaren parasitären Wirtschaftsstrukturen führen muss. Durchaus nicht zufällig ging übrigens der Start der Umweltpolitik einher mit der Abkehr der Nixon-Regierung vom wenigstens noch formalen Gold-Bezug des 1944 in Bretton Woods begründeten internationalen Währungssystems. Seither manifestiert sich die von der wachsenden Staatsverschuldung erzeugte Geldentwertung weniger in einer kontinuierlichen Verteuerung von Waren des täglichen Bedarfs als vielmehr in Form des periodischen Platzens politisch erzeugter Spekulationsblasen.

Einer der Vordenker des ÖIK in Deutschland war Ludwig Bölkow, Vorstandsvorsitzender des Rüstungskonzerns *Messerschmidt-Bölkow-Blohm (MBB)*. Schon 1970 forderte er, um angesichts der sich abzeichnenden Ost-West-Entspannung diversen Nachteilen der einseitig militärischen Ausrichtung seines Geschäfts zu begegnen, eine Ausweitung des zivilen Anteils der Fertigung seines Konzerns auf 50 Prozent. Dabei dachte er hauptsächlich daran, Umweltschutztechniken zum zweiten Standbein des durchwegs politisch bestimmten Geschäfts seines Konzerns zu machen.

Neben Bölkow gehörte auch der ehemalige *MBB*-Manager und spätere „Atomminister" Prof. Dr. Siegfried Balke zu den Vordenkern des ÖIK. Die Technologieberatungsfirma *MBB Systemtechnik* in Ottobrunn hat bis heute einen beträchtlichen Einfluss auf die deutsche und zum Teil auch europäische Forschungs- und Technologiepolitik im Bereich Energie und Umwelt – etwa in Form von Gutachten für Bundesministerien und Enquête-Kommissionen des Deutschen Bundestages. Gleichzeitig fördert die Bölkow-Stiftung, in deren Stiftungsrat Grüne den Ton angeben, gezielt Pioniere „grüner" Energietechnik.

Zu den Firmen, die das erste Umweltprogramm der deutschen Bundesregierung von 1971 und die darin enthaltenen (und von ihnen direkt beeinflussten!) Emissionsgrenzwerte in Form diverser Filter- und Reinigungstechniken umsetzten, gehörten dann auch fast durchwegs Töchter von Rüstungskonzernen wie *Flick* (insbesondere *Krauss-Maffei*), *Quandt, Klöckner, Krupp, Haniel, MBB, Rheinstahl* und *Siemens*. Hinzu kamen Töchter von *Metallgesellschaft, Degussa* und *Hoechst-Uhde* sowie des Energiekonzerns *RWE*, die (wie auch die meisten der Vorgenannten) in der Nuklearindustrie eine große Rolle spielten.

Begleitet wurde diese Neuausrichtung des MIK durch die allmähliche Transformation von Massenmedien in eine Angstindustrie. Eine große Gelegenheit dafür bot die Veröffentlichung der Studie *Die Grenzen des Wachstums* durch den *Club of Rome*. Das Thema „CO_2 und Klima" spielte dabei in Deutschland jedoch zunächst kaum eine Rolle. Stattdessen griffen skandinavische Länder die alte, im Grunde längst widerlegte Hypothese des schwedischen Chemikers Svante Arrhenius von 1896 auf, der wachsende Ausstoß des Verbrennungsabgases CO_2 führe zu einer Verstärkung des „*Treibhauseffekts*".

Vor allem die schwedischen Sozialdemokraten unter Olof Palme erwogen schon im Umkreis der ersten UN-Umweltkonferenz 1972 in Stockholm und des neu gegründeten internationalen Umwelt-Fachmagazins *Ambio* die Einführung von CO_2-Steuern, stießen damit jedoch zunächst in Kontinentaleuropa auf wenig Resonanz. Erst als der Preis des Nordsee-Öls in den 80er Jahren unter 10 Dollar je Barrel absackte und die Erdgasförderung in der Nordsee infolge der Koppelung des Gaspreises an den Ölpreis unrentabel geworden war und es deshalb in Europa nahe lag, in der Wärme- und Stromproduktion massiv zur reichlich vorhandenen billigen Kohle zurückzukehren, starteten die skandinavischen Sozialdemokraten unter der damaligen norwegischen Ministerpräsidentin Gro Harlem Brundtland, später Vorsitzende der nach ihr benannten UN-Kommission für Umwelt und Entwicklung, mit Hilfe der Sozialistischen Internationale eine europaweite Kampagne für CO_2-Steuern, um den Kohle- und Öleinsatz künstlich zu verteuern und die Erdgasförderung in der Nordsee wie später auch in Russland wieder rentabel zu machen.

Das CO_2-Thema war aber auch einigen Persönlichkeiten der damals in Bonn regierenden Großen Koalition von CDU/CSU und SPD und der sie ablösenden sozial-liberalen Koalition unter Willy Brandt von Anfang an bekannt. Zu diesen Persönlichkeiten zählte der spätere Lord Ralf Dahrendorf. Der bekannte liberale Soziologe beteiligte sich als Staatssekretär im Auswärtigen Amt aktiv an Debatten über die Ausgestaltung der *„Dritten Dimension"* der NATO, wo das Klimathema im Wissenschaftsausschuss über den Klimatologen Prof. Herrmann Flohn (Bonn) schon zu einer Zeit, als die Wissenschaftlergemeinde noch beinahe einhellig vom Herannahen der nächsten Eiszeit überzeugt war, mit anthropogenen CO_2-Emissionen in Zusammenhang gebracht wurde.

Wichtige Anstöße gingen auch von den US-Wissenschaftlern Roger Revelle und Charles Keeling sowie von dem später zum wichtigsten Kritiker der Klimahysterie gewandelten österreichisch-amerikanischen Atmosphärenphysiker Fred Singer aus. Im Prinzip war auch Günter Hartkopf (FDP), Staatssekretär in dem damals noch für den Umweltschutz zuständigen Bundesinnenministerium, darüber informiert, hat aber dazu nichts verlauten lassen. Da der Umweltschutz damals Angelegenheit der FDP war, haben sich die deutschen Sozialdemokraten um das Thema „Klima" zunächst wenig gekümmert. Wegen ihrer engen Verzahnung mit dem Deutschen Gewerkschaftsbund (DGB) standen bei ihnen stattdessen Probleme der Arbeitswelt im Vordergrund.

In Deutschland war die Zeit nach der Ölkrise von 1973 geprägt von einer wachsenden Konfrontation zwischen der sozial-liberalen Regierung und der erstarkenden Anti-Atom-Bewegung. Beim Abwehrkampf des zuständigen sozialdemokratischen Forschungs- und Technologieministers Hans Matthöfer spielte das Klimathema aber so gut wie keine Rolle. Erst nach dem Reaktorunfall von Tschernobyl wurde es auf Betreiben der deutschen Nuklearindustrie und ihr nahe stehender Naturwissenschaftler wie den Bonner Physiker Prof. Klaus Heinloth in Form einer *„Warnung vor einer drohenden Klimakatastrophe"* durch die *Deutsche Physikalische Gesellschaft (DPG)* offensiv in die Medien gebracht. Das Cover des *Spiegel* Nr. 33/1986 mit dem Kölner Dom unter Wasser ging um die Welt und diente auch als Anlass zur Gründung des *Intergovernmental Panel on Climate Change (IPCC).*

Diese Kampagne mündete in der Einsetzung der Enquête-Kommission *„Schutz der Erdatmosphäre"* durch den 11. und 12. Deutschen Bundestag. Ihr Vorsitzender war der als Lobbyist der Hanauer Nuklearindustrie *(NUKEM)* bekannte CDU-Abgeordnete Klaus Lippold. Die Kommission forderte schon vor der UN-Konferenz über Umwelt und Entwicklung *(UNCED)* 1992 in Rio de Janeiro eine Reduktion der CO_2-Emissionen der Mitglieder der Europäischen Gemeinschaft (EG) um 20 bis 25 Prozent bis zum Jahre 2005 sowie eine Förderung „erneuerbarer" Energien. Dem kam der Bundestag erstmals 1991 in Form des „Stromeinspeisegesetzes" nach, das die Betreiber öffentlicher Stromnetze verpflichtet, jederzeit Strom aus Wasser-, Wind-, Sonnen- und Biomassekraftwerken abzunehmen.

Hinter dem Gesetz standen u.a. die Abgeordneten Peter Ramsauer (CSU) und Peter Paziorek (CDU), die beide als Betreiber von Mühlen mit Wasserkraftwerken beziehungsweise als Teilhaber von Windparks ein unmittelbares finanzielles Interesse an der Förderung „erneuerbarer" Energien hatten. Das Gesetz erregte damals wenig Aufsehen, da es zunächst nur kleine Strommengen betraf. Als der Widerstand gegen die „Verspargelung" der Landschaft durch riesige Windräder wuchs, hat der Bundestag 1996 noch unter Bundeskanzler Helmut Kohl und quer durch alle Fraktionen einen kleinen Zusatz zum Paragraphen 35 des Baugesetzbuches (BauGB) beschlossen. Dieser macht es möglich, Windräder, die höher sind als der Kölner Dom, schneller genehmigt zu bekommen als eine Frittenbude.

Schon im Vorfeld der Rio-Konferenz gab es Versuche, neben Sozialdemokraten auch die Grünen in den ÖIK einzubinden. Das geschah unter anderem auf einer Serie großzügig gesponserter Konferenzen, an denen neben Wirtschaftsvertretern des In- und Auslandes auch Spitzenpolitiker und bekannte Medienvertreter teilnahmen. 1998 gründete der Grüne Frank Asbeck die *SolarWorld AG,* die er 1999 erfolgreich an die Börse brachte. In die Zeit zwischen dem Tschernobyl-Unglück und der Rio-Konferenz fällt auch die Gründung des Verbandes *EUROSOLAR* durch den inzwischen verstorbenen SPD-Abgeordneten Hermann Scheer und den Grünen-Abgeordneten Hans-Josef

Fell. Das Ziel von *EUROSOLAR:* Die völlige Umstellung der Energieversorgung auf „Erneuerbare" bis zum Jahre 2050, wenn nicht schon früher. Verschiedene Strömungen verbanden sich im *Bundesverband Erneuerbare Energien (BEE)* mit CDU/CSU-Politikern zu einer starken Lobby für den Ausbau des „Einspeisegesetzes" zu einem *„Gesetz für den Vorrang Erneuerbarerer Energien" (EEG),* das für 20 Jahre großzügige Einspeisevergütungen für Solar-, Wind- und Biomasse-Strom garantiert. Dessen erste Fassung wurde im März 2000 unter der ersten rot-grünen Regierung verabschiedet.

Das EEG ist alles andere als „zukunftsfähig"

ALS Rot-Grün 1998 die Regierungsverantwortung übernahm, hatte sich rund um die „erneuerbaren" Energien längst ein dichtes politökonomisches Geflecht ausgebildet, in dem gelten soll: Nicht Angebot und Nachfrage, sondern maßgeschneiderte Gesetze und Paragraphen bestimmen Umsatz- und Gewinnchancen. Die niedersächsische FDP-Bundestagsabgeordnete Angelika Brunkhorst, selbst *EEG*-Lobbyistin, nannte die Durchschleusung des *EEG* durch Bundestag und Vermittlungsausschuss ein *„Ganovenstück"*, das von der Parlamentariergruppe von *EUROSOLAR* und vom weitgehend personengleichen *Parlamentarischen Beirat des Bundesverbandes Erneuerbare Energien* eingefädelt wurde. Vorsitzender dieses Gremiums war wiederum Hermann Scheer. Stellvertretende Vorsitzende war Michaele Hustedt, damals energiepolitische Sprecherin der Grünen im Bundestag.

Neben den Abgeordneten Dietrich Austermann (CDU) und Hans-Josef Fell (Die Grünen) gehörten dem Gremium unter anderen die SPD-Abgeordneten Axel Berg, Marco Bülow und Christoph Matschie, die Unions-Abgeordneten Peter Harry Carstensen, Thomas Dörflinger, Josef Göppel und Peter Paziorek sowie Reinhard Loske, damals umweltpolitischer Sprecher der Grünen im Bundestag, heute grüner Wirtschaftssenator im Stadtstaat Bremen, an. Loske gehörte gleichzeitig dem Kuratorium der Düsseldorfer *Naturstrom AG* und dem *Umweltrat* der Nürnberger *Umweltbank* an. Dietrich Austermann hatte als Mitglied des Verwaltungsrates der bundeseigenen *Kreditanstalt für Wiederaufbau (KfW)* direkten Einfluss auf die Unterstützung von Wind- und Solarprojekten durch zinsgünstige Darlehen.

Im Detail legt das *EEG* fest, wie hoch die Stromnetzbetreiber und im Endeffekt die Verbraucher die gesetzlich erzwungene Abnahme teuren Wind- und Solarstroms vergüten müssen: Für Strom aus kleinen Wasserkraftwerken und Windrädern zum Beispiel bis zu über neun Eurocent je Kilowattstunde (KWh), das heißt etwa doppelt so viel wie die durchschnittlichen Stromerzeugungskosten in Deutschland, die 2007 bei 4,91 Eurocent lagen. Es kam zu einem Boom von Windkraftfonds, die bei Gutverdienern mit Hilfe des Versprechens einer Steuerersparnis von über 100 Prozent für eine absolut saubere, sichere und profitable Geldanlage innerhalb weniger Jahre sieben bis zehn Milliarden Euro mobilisierten und damit in Deutschland über 20.000 WKA gebaut haben. Einige der genannten Parlamentarier verdienen als Teilhaber von Wind- und Solarparks oder (diskreter) als Zeichner „grüner" Investmentfonds an dem vom *EEG* ausgelösten künstlichen Boom der „Erneuerbaren" mehr oder weniger kräftig mit. Dabei halten sich die Mitglieder der Regierungsparteien aus nahe liegenden Gründen eher diskret zurück, während sich Oppositionspolitiker offen als Windmüller zu erkennen geben, um sich als besonders „klimafreundlich" zu profilieren.

Auslöser des Solar-Booms war die Anfang Juli 2004 vom Vermittlungsausschuss von Bundestag und Bundesrat verabschiedete Novelle des *EEG*. Es gäbe sonst keinen Grund, in unseren von der Sonne nicht gerade verwöhnten Breiten massiv in teure Solaranlagen zu investieren. Bis zu 57,4 Eurocent je Kilowattstunde (KWh) kassierten Hausbesitzer, die sich Photovoltaik-Module auf ihr Dach montieren lassen, wenn sie den dort produzierten Strom ins öffentliche Netz einspeisen. Das ist etwa das 20-fache der Kosten von Strom aus Atom- oder Braunkohlekraftwerken, die in Deutschland etwa drei Cent je Kilowattstunde betrugen. Selbst Strom aus großen, von kommerziellen Betreibern auf Freiflächen aufgestellten Photovoltaik-Anlagen mussten die Netzbetreiber für 45,7 Cent je Kilowattstunde abnehmen.

Durch die im Mai 2008 vorgenommene Anpassung der *EEG*-Fördersätze hat sich an diesem Missverhältnis zwischen Aufwand und Ertrag wenig geändert. Statt die Einspeisevergütung für Solarstrom um mindestens 30 Prozent zu kürzen oder gar zu deckeln, wie das in anderen EU-Ländern geschehen ist, sah das novellierte *EEG* für die folgenden zwei Jahre nur eine Kürzung um acht Prozent vor. Deshalb war schon zwei Jahre darauf eine erneute Anpassung der Vergütungssätze, dieses Mal um 15 Prozent ab Juli 2011, erforderlich. Doch jede Ankündigung einer Kürzung der Förderung verleitete Investoren und Hausbesitzern nur zu noch größerer Eile bei der Installation von Solarpanelen. Die Solarlobby hat sich wieder einmal durchgesetzt –

und zwar vor allem mit dem Argument, sie schaffe Zigtausende von Arbeitsplätzen in den östlichen Bundesländern.

Man braucht keine höhere Mathematik, um die Fadenscheinigkeit dieser Begründung zu erkennen. Nach Berechnungen des Bonner Volkswirtes Dieter Damian, die vom Wirtschaftsingenieur Manuel Frondel vom *Rheinisch-Westfälischen Institut für Wirtschaftsforschung (RWI)* bestätigt wurden, werden die kumulierten Kosten des subventionierten Ausbaus der Fotovoltaik in Deutschland schon im Jahre 2015 deutlich die Schwelle von 100 Milliarden Euro überschritten haben, obwohl die blau schimmernden Siliziumscheiben bis dahin höchstens drei Prozent zur Stromproduktion beitragen werden. Es käme billiger, jedem Arbeitslosen einfach ein Paket 500-Euro-Scheine in die Hand zu geben. Für das Jahr 2011 werden bereits Photovoltaik-Kosten von sage und schreibe 13 Milliarden Euro veranschlagt. Der Beitrag der Solarenergie zur deutschen Stromversorgung erreicht aber im Schnitt nicht einmal ein Prozent. Kein Wunder in einem Land, das normalerweise nicht von der Sonne verwöhnt wird.

Die Netzbetreiber und die vier großen Energieerzeugungsunternehmen *E.ON, RWE, Vattenfall* und *EnBW* sowie die mehr als 1.500 örtlichen Versorger, können diese Zusatzkosten bis jetzt wegen des geringen Wettbewerbs auf dem deutschen Strommarkt problemlos an die Endverbraucher weitergeben und dabei (wie die Kartellbehörden vermuten) sogar noch einiges aufschlagen. Die Stromverbraucher jedoch haben kaum Möglichkeiten, der staatlich verordneten Abzocke zu entgehen. Und die allgemeine Verteuerung des Stroms wird, ganz im Gegensatz zu der Behauptung Jürgen Trittins und Sigmar Gabriels, längerfristig unterm Strich höchstwahrscheinlich viel mehr Arbeitsplätze zerstören als neu schaffen. Neue Arbeitsplätze entstehen durch das *EEG* hauptsächlich in China, wo die meisten Solarzellen gefertigt werden.

Im volkswirtschaftlich parasitären ökologisch-industriellen Komplex bestimmen eben wie im militärisch-industriellen Komplex nicht Angebot und Nachfrage die Produktpalette und die Preise, sondern die Wünsche und Vorgaben von Berufspolitikern und Spitzenbürokraten in Form maßgeschneiderter Gesetze und Verordnungen. Diese fanden im Kalten Krieg ihre Begründung in der Bedrohung der freien Welt durch den Kommunismus. Seit den 70er Jahren muss nun die Angst vor einer Klimakatastrophe und der Erschöpfung begrenzter natürlicher Ressourcenvorräte als Rechtfertigung für massive politische Eingriffe in den Markt herhalten.

Das dahinter stehende statische Denken wurzelt in der europäischen Romantik und im Malthusianismus. Es unterstellt eine geschlossene Welt mit einem ein für allemal gegebenen Vorrat nicht erneuerbarer Ressourcen. Mit anderen Worten: Der Kuchen, von dem alle leben, kann nach dieser Sicht lediglich „sozial gerecht" umverteilt, aber nicht vergrößert werden. Von daher die eigentlich absurde Idee, die heute lebenden Generationen in Form der Ökosteuer und der massiven Förderung „erneuerbarer" Energien über Zwangsabgaben für die Lösung hypothetischer Probleme unserer Enkel und Urenkel zur Kasse zu bitten.

Anhänger des Freihandels in einer im wörtlichen wie im übertragenen Sinne offenen Welt gehen demgegenüber selbstverständlich davon aus, dass es künftigen Generationen infolge rascher Fortschritte der Technik wahrscheinlich erheblich besser gehen wird als heutigen. Und sie sind sich gewiss, dass sie das in den Stand versetzen würde, ihre Ressourcenprobleme viel eleganter und kostengünstiger zu lösen als wir. Daraus folgt: Es ist vernünftiger, in die Erforschung „sauberer" Techniken der Nutzung fossiler Energieträger zu investieren als in die Rationierung des Ressourceneinsatzes und in die Förderung nicht marktfähiger Techniken der Nutzung „erneuerbarer" Energien.

Das heißt noch nicht, der Staat solle sich unter keinen Umständen an der Markteinführung viel versprechender neuer Techniken durch „Anschubfinanzierung" beteiligen. Denn immerhin hat auch unsere bislang kostengünstigste Primärenergie, die Atomenergie, in ihren Anfängen erheblich von Vorleistungen öffentlicher Hände profitiert. Von einer solchen sinnvollen „Anschubfinanzierung" kann aber bei Techniken wie der Photovoltaik gar nicht die Rede sein. Es handelt sich bei der teuren, kostendeckenden Einspeisevergütung für Solarstrom vielmehr um die Dauersubventionierung einer nicht Verbraucherwünschen, sondern ausschließlich politischen Zielen dienenden Branche.

Diesen Fremdkörper in der Marktwirtschaft werden wir wohl so leicht nicht wieder loswerden. Denn sein Aufbau wurde von nationalen und internationalen Techno-Bürokratien mit Hilfe renommierter Denkfabriken schon in der zweiten Hälfte der 60er Jahre des vorigen Jahrhunderts geschickt und umsichtig in die Wege geleitet, um im Fall eines *„Ausbruchs des Friedens"* bei einer eventuellen vorzeitigen Beendigung des Kalten Krieges nicht als ratlos und überflüssig dazustehen.

Zwar bleibt es nach wie vor unwahrscheinlich, dass es auch in Deutschland zu der bislang hauptsächlich von den Grünen verhinderten Renaissance der Atomenergie kommt. Zumindest eine Verlängerung der Laufzeiten der noch am Netz hängenden 17 deutschen Atomkraftwerke wurde aber von CDU und FDP mittelfristig als kaum vermeidbar dargestellt. Doch wurde die Rehabilitierung der friedlichen Nutzung der Kernenergie in den allermeisten politischen Verlautbarungen nicht wirtschaftlich, also mit den konkurrenzlos niedrigen Stromerzeugungskosten der Atommeiler von etwa 2,5 Eurocent je Kilowattstunde begründet, sondern nahezu ausschließlich ökologisch bzw. ökologistisch mit der Möglichkeit, dadurch CO_2-Emissionen einzusparen und die Vorgaben des Kioto-Vertrags erfüllen zu können.

Die Atomwirtschaft sollte also wieder zum wichtigen Bestandteil des ökologisch-industriellen Komplexes werden, was – wie wir sehen werden – letztlich auch der Hauptzweck der seit den 70er Jahren in die Welt gesetzten dramatischen Warnungen vor einem drohenden „Klimakollaps" war. In den USA unterstützten große, in der Atomenergie engagierte Konzerne wie *General Electric, Duke Energies* oder *Exelon* ganz offen Initiativen im Senat, fossile Energien durch eine Deckelung der CO_2-Emissionen und/oder eine CO_2-Steuer *(Carbon Tax)* gegenüber der Atomenergie künstlich zu verteuern.

Das „Energiekonzept" der schwarz-gelben Bundesregierung unter Angela Merkel strebte folgenden Kompromiss zwischen der Atomwirtschaft und der Wind- und Solarbranche an: Als „Gegenleistung" für die Verlängerung der Laufzeit der bereits abgeschriebenen Atomkraftwerke sollte die weitere Erforschung und Entwicklung „erneuerbarer" Energiequellen durch die teilweise Abschöpfung der Extragewinne der Stromwirtschaft aus abgeschriebenen Atommeilern über einen Öko-Fonds großzügig gefördert werden. Überdies wollte der Staat durch die neu eingeführte Brennelementabgabe weitere Milliarden eintreiben. So wäre dafür gesorgt gewesen, dass die Energie teuer bleibt und politische Wunschkinder Chancen auf dem Markt behalten.

Allem Anschein nach war weniger die Entflechtung, sondern das Ergrünen der *Deutschland AG* angesagt. Statt sich für den Schutz des Eigentums, der Vertragsfreiheit und des Freihandels stark zu machen, bemühen sich auch Firmen anderer Wirtschaftszweige nach Kräften, in das Öko-Kartell aufgenommen zu werden. Die „Klimapolitik" und ihre wichtigsten Instrumente wie die massive Subventionierung unsteter und unausgereifter alternativer Energiequellen sowie der europäische Emissionshandel, so kostspielig und nutzlos sie auch sein mögen, werden also den angekündigten Sparmaßnahmen im Berliner Bundeshaushalt und im Brüsseler EU-Haushalt vermutlich nicht zum

Opfer fallen. Im Gegenteil: Nach dem Schuss vor den Bug, den die Politik der politischen Integration Europas „von oben" in Form der Ablehnung des EU Verfassungsvertrags von Lissabon durch die Mehrheit der französischen und niederländischen Wähler bekommen hat, musste die „Klimapolitik" der gesamten Politiker-Kaste mehr denn je als Rettungsanker erscheinen. Der Emissionshandel und die hektischen Bemühungen zur Rettung des durch die Schuldenkrise angeschlagenen Euro werden zum Ersatz für die fehlende Bestimmung der europäischen Identität.

Das Klimapaket der EU und das deutsche Energiekonzept

NACH DEM AM 23. Januar 2008 beschlossenen *Energie-Klimapaket* der EU soll die EU bis zum Jahre 2020 ihre Emissionen von „Treibhausgasen" um 20 und bis 2050 um 80 Prozent senken. Bis dahin soll die Stromversorgung fast zu 100 Prozent auf „treibhausgasarme" Energiequellen - das heißt auf „erneuerbare" Energien und/oder die Atomenergie - umgestellt sein. Wichtigster Hebel zur Ansteuerung dieses Ziels soll die Rationierung des CO_2-Ausstoßes durch Quoten und den Handel mit Emissionsrechten sein.

Zwischenetappe soll eine zwanzigprozentige Reduktion des Energieverbrauchs bis 2020 sein, und zwar hauptsächlich durch massive Investitionen in die Wärmedämmung von Gebäuden. Bis 2050 soll der Energieaufwand für die Gebäudeheizung um 90 Prozent reduziert werden. Ursprünglich hatte die EU in den internationalen Verhandlungen über ein Folgeabkommen zum 2012 auslaufenden Kioto-Abkommen über die Reduktion von „Treibhausgasen" sogar eine dreißigprozentige Senkung ihres CO_2-Ausstoßes bis 2030 angeboten - allerdings nur unter der Bedingung, dass andere Unterzeichner des Kioto-Abkommens nachziehen.

Wegen der ungelösten Frage einer Laufzeitverlängerung für Kernkraftwerke ließ sich die deutsche Bundesregierung mit der Umsetzung der EU-Beschlüsse Zeit. Am 6. September 2010 haben das Bundeswirtschafts- und das Bundesumweltministerium schließlich den Entwurf ihres seit langem angekündigten Energiekonzepts vorgelegt. Das knapp vierzigseitige Schriftstück sollte vorgeblich den Weg in eine *„umweltschonende, zuverlässige und bezahlbare Energieversorgung"* weisen. Als ein wichtiges Mittel, diesem Ziel näher zu kommen, galt die nach hartem Ringen beschlossene Verlängerung der Laufzeit der

17 deutschen Kernkraftwerke um durchschnittlich 12 Jahre. Einige Wirtschaftsverbände zeigten sich darob mehr als befriedigt.

Doch ging es der Bundesregierung unter Bundeskanzlerin Angela Merkel tatsächlich um etwas anderes: *„Beim Energiemix der Zukunft sollen die erneuerbaren Energien den Hauptanteil übernehmen."* Der Löwenanteil soll dabei riesigen Windrädern auf dem Land und auf hoher See zukommen. Auch der Beitrag der Photovoltaik soll kräftig wachsen. Hier enthält das Papier allerdings keine konkreten Zahlenangaben, sondern lediglich Anregungen für eine Senkung der Kosten der teuersten aller „alternativen" Stromerzeugungsmethoden.

Das tatsächliche Leitbild der deutschen Energiepolitik ist also nicht die kostengünstige und sichere Bereitstellung von Energie, sondern die Verwirklichung des grünen Traums von einem paradiesischen *„Solarzeitalter"*. Auf dem Weg dorthin spiele die Kernenergie lediglich die Rolle einer *„Brückentechnologie"*. Und selbst diese Rolle hat Bundeskanzlerin Angela Merkel im März 2011 nach der durch einen beispiellosen Tsunami ausgelösten Reaktorhavarie im japanischen Kernkraftwerk Fukushima sofort zur Disposition gestellt.

Die Leistung von Windkraftanlagen auf hoher See (Offshore) soll bis zum Jahre 2030 mit Hilfe von Investitionen in der Größenordnung von 75 Milliarden Euro auf 25 Gigawatt (Milliarden Watt) ausgebaut werden. An Land soll die WKA-Kapazität vornehmlich durch *„Repowering"*, also den Ersatz bestehender WKA durch weitaus größere erweitert werden. Zu diesem Zweck sollen dem Schutz des Privateigentums dienende bau- und planungsrechtliche Hürden beseitigt werden. Das legt folgende Fragen nahe:

- Wieso gelten WKA, die höher sind als der Kölner Dom, als „umweltschonend", obwohl sie wie keine andere Technik zuvor die gewachsene Kulturlandschaft nachhaltig zerstören, vom Aussterben bedrohte Greifvögel und Fledermäuse töten, die Gesundheit der Anwohner durch Infraschallemissionen und Schattenwurf gefährden sowie Immobilien in Sichtweite der Monster unverkäuflich machen?

- Wieso gelten größere Windräder als effizienter, obwohl ihr Gewicht mit der Dreierpotenz des Flügelradius zunimmt?

- Wie kann der von Offshore-Windparks erzeugte Strom zu den energieintensiven Industrien im Süden der Republik transportiert werden, ohne die letzten Naherholungsgebiete in triste Industrielandschaften zu verwandeln?

- Wieso gelten Windparks als ausbaufähig und zukunftsträchtig, obwohl sie wegen ihrer unsteten Arbeitsweise bislang nachweislich kein einziges konventionelles Kraftwerk überflüssig machen konnten?
- Und nicht zuletzt: Warum braucht Deutschland überhaupt ein Konzept für einen kostspieligen Totalumbau der Energieversorgung?

Dazu muss man wissen, dass Deutschland Jahrzehnte lang über das zuverlässigste Stromversorgungsnetz der Welt verfügte. Stromausfallzeiten überstiegen im Schnitt übers Jahr keine Viertelstunde.

- Genügte es also nicht, den vorhandenen Mix verschiedener Energieträger vorsichtig veränderten Marktbedingungen anzupassen?

Die offizielle Antwort: Alle Unannehmlichkeiten und Widersprüche müssen in Kauf genommen werden, um „klimaschädliche" CO_2-Emissionen zu vermeiden. Bis zum Jahr 2020 sollen im Vergleich zu 1990 um 40 und bis 2050 mindestens 80 Prozent der so genannten Treibhausgasemissionen eingespart werden. Die Merkel-Regierung hält also stur an der von Sektierern in die Welt gesetzten Fiktion fest, die Entwicklung der (nicht messbaren!) Durchschnittstemperatur der Erde hänge in erster Linie mit dem CO_2-Gehalt der Luft zusammen. Dabei stört es Frau Merkel und ihre Minister offenbar nicht, dass Windräder unterm Strich keine einzige Tonne CO_2 einsparen helfen, weil sie „Schattenkraftwerke" für windarme Zeiten benötigen.

Deutschland scheint Dank weitgehend gelungener Selbstgleichschaltung seiner Mainstream-Medien auch das einzige Land der Welt zu sein, dessen politische Klasse nicht zur Kenntnis nehmen möchte, dass den Warnungen vor einer drohenden „Klimakatastrophe" seit der skandalträchtigen Aufdeckung von Datenmanipulationen im Umkreis des „Weltklimarates" *IPCC* jegliche wissenschaftliche Begründung fehlt.

Aber um das Klima, was immer auch darunter zu verstehen sein mag, geht es beim Energiekonzept der Bundesregierung ohnehin nur vordergründig. Es lässt sich leicht zeigen, dass es in Wirklichkeit darum geht, die Vorstellungen jener Gruppierungen umzusetzen, die zwanzig Jahre nach dem Zusammenbruch des „Ostblocks" noch immer von der Überlegenheit der Planwirtschaft überzeugt sind. So soll der Primärenergieverbrauch in Deutschland gegenüber dem Jahr 2008 um 20 und bis 2050 gar um 50 Prozent sinken. Das erfordert eine jährliche Steigerung der Energieproduktivität von durchschnittlich über zwei Prozent. Solche Steigerungsraten hat es selbst zu Zeiten des deutschen „Wirtschaftswunders" niemals gegeben.

Kein Problem, mögen sich die Autoren des Energiekonzepts gesagt haben, man muss so etwas nur richtig wollen. Das ist allerdings schwierig, weil die Möglichkeiten zur Steigerung der Energieproduktivität gerade in energieintensiven Industriezweigen wie der Chemie weitgehend ausgereizt sind.

Die größten Energieeinsparpotenziale liegen im Wohngebäudebestand, auf den 40 Prozent des Energiebedarfs entfallen. Drei Viertel des Bestandes von 17 Millionen Wohngebäuden seien vor dem Erlass der ersten Wärmeschutzverordnung im Jahre 1979 errichtet worden, stellen die Verfasser des Energiekonzepts fest. Um der politischen Vorgabe eines nahezu „klimaneutralen" Gebäudebestandes im Jahre 2050 näher zu kommen, müsse die Rate der energetischen Gebäudesanierung von jährlich ein auf zwei Prozent verdoppelt werden.

Das aber ist offenbar leichter gesagt als getan. Die Wärmedämmung eines einzigen Ein- oder Zweifamilienhauses gemäß der geltenden Energieeinsparverordnung (EnEV) kann leicht über 100.000 Euro verschlingen. Die dadurch erzielten Energieeinsparungen rechnen sich aber erst nach zwanzig bis fünfzig Jahren. Kein privater Unternehmer einmal abgesehen von adeligen Waldbesitzern, würde freiwillig Investitionen mit einer so langen Amortisationszeit tätigen. Insbesondere älteren Hausbesitzern in ländlichen Gebieten, die wegen der demografischen Entwicklung immer öfter keine Nachnutzer finden und bei potenziellen Geldgebern ohnehin nur selten als kreditwürdig gelten dürften, sind solche Vorgaben nicht zumutbar. Sie hätten wohl auch vor Gericht (noch!) gute Karten, denn nach dem im Maastricht-Vertrag der EU verankerten Prinzip der Verhältnismäßigkeit kann niemand zu Investitionen gezwungen werden, die sich nicht rechnen. Nach der staatsstreichartigen Außerkraftsetzung wichtiger Bestimmungen des Maastricht-Vertrages bei der Einrichtung des europäischen Schutzschirms für überschuldete EU-Mitgliedsstaaten am 9. Mai 2010 ist aber gerade das nicht mehr sicher.

Das Gebot der Verhältnismäßigkeit würde also fanatische „Klimaretter" auf längere Sicht kaum von Zwangsmaßnahmen bis zur entschädigungslosen Enteignung abhalten, um ihrem Ziel der „Nullemission", auf Deutsch: dem Nichts, näher zu kommen. Der in der hessischen Universitätsstadt Marburg von einem grünen Bürgermeister verordnete Solarzwang für Hausbesitzer hat gezeigt, wie „Klimaretter" ticken. Dieser wurde lediglich wegen des Einspruchs des zuständigen Gießener Regierungspräsidiums nicht in Kraft gesetzt. Wie lange werden deutsche Richter und Regionalregierungen privaten Eigentumsrechten noch Vorrang vor Öko-Utopien einräumen?

Zu tiefen Konflikten mit privaten Eigentumstiteln dürfte vor allem der Bau von „Stromautobahnen" zwischen den in Norddeutschland beziehungsweise in der Nordsee bereits bestehenden und noch geplanten Windparks und großen industriellen Stromverbrauchern beziehungsweise alpinen Pumpspeicher-Kraftwerken im Süden führen. Das gesamte deutsche Stromnetz muss mit Milliarden-Aufwand um- und ausgebaut werden, um die sehr unregelmäßige Stromeinspeisung durch Wind- und Solarparks ausgleichen zu können. Um die Vorgaben der „Klimapolitik" umzusetzen beziehungsweise den Energieverbrauch an das naturgemäß stark schwankende Angebot „erneuerbarer" Energien anzupassen, soll das Verhalten der Energieverbraucher mit Hilfe „intelligenter" Stromnetze *(„smart grids")* ferngesteuert werden. Das heißt: Sie sollen ihre Heizungen, Geschirrspüler, Waschmaschinen oder Elektroherde nicht mehr dann anschalten, wenn sie sie brauchen, sondern wenn gerade einmal genügend Wind weht.

Angela Merkels Konzept einer achtzigprozentigen Reduktion des CO_2-Ausstoßes entpuppt sich bei näherem Hinsehen als Selbstmordprogramm. Würde der am 6. September veröffentlichte Entwurf des „Energiekonzepts" umgesetzt, dann ginge nicht nur der Aluminiumindustrie, die Deutschland bereits weitgehend verlassen hat, sondern auch der Stahlindustrie und einer Reihe weiterer wichtiger Grundstoffindustrien wie der Kupferindustrie und der Chlorchemie buchstäblich die Luft aus. Die für ein Industrieland lebenswichtige Stahlindustrie hätte in Deutschland buchstäblich keine Geschäftsgrundlage mehr. Bei der Herstellung von einer Tonne Rohstahl aus Eisenerz nach dem modernsten Verfahren mit einem Wirkungsgrad von 97 Prozent entstehen nun einmal unweigerlich 1,8 Tonnen Kohlenstoffdioxid. Daran kann niemand etwas ändern, weil die Hochöfen dazu dienen, dem Eisenoxid des Erzes seinen Sauerstoff zu entziehen, um diesen mit dem Kohlenstoff der Kokskohle zu verbinden und als CO_2 auszuscheiden. Um die Vorgaben der Politik umzusetzen, bleiben den Stahlerzeugern nur zwei Wege: Entweder ihre Produktion um 80 Prozent zu drosseln und sich dadurch selbst abzuschaffen oder sich im Rahmen des Europäischen Emissionshandelssystems *ETS* gegen teures Geld CO_2-Emissionslizenzen (Zertifikate) zu besorgen.

Bislang hat die Stahlindustrie, ähnlich wie andere energieintensive Industriezweige, diese Sackgasse nur durch Ausnahmeregelungen beim Emissionshandel und bei der Umlage der Kosten der „Erneuerbaren" vermeiden können. Doch dadurch wird die „Energiewende" für Normalverbraucher und nicht begünstigte Wirtschaftszweige umso teurer. Der ehemalige Präsident der Wirtschaftsvereinigung Stahl, Prof. Dr. Dieter Ameling, zeigt deshalb großes Verständnis für den letzten größeren deutschen Stahlkonzern Thyssen-Krupp, der gerade begonnen hat, sich mittelfristig von Deutschland zu verabschieden.

Die sich abzeichnende Desindustrialisierung Deutschlands, so Dieter Ameling weiter, sei kein unbeabsichtigter Kollateralschaden der „Klimapolitik", sondern gewollt. Schon im Jahre 2001 hat der vom Bundesumweltministerium eingesetzte *Rat von Sachverständigen für Umweltfragen (SRU)* in einem Gutachten gefordert, die Abwanderung energieintensiver Industrien und die Ausweitung von Stromimporten als unvermeidliche Begleiterscheinung der *„ökologischen Modernisierung"* zu betrachten. In den *Eckpunkten zum Energiekonzept* wird überdies wie selbstverständlich auf Biomasse bzw. Biosprit-Importe aus Südasien und Brasilien sowie auf die Nutzung ausländischer (meist österreichischer) Pumpspeicher-Kraftwerke für den Ausgleich der stark schwankenden Windstromproduktion verwiesen. Das bedeutet: Ähnlich wie die Autarkie-Vorstellungen der Nazis (in denen übrigens Windräder auch schon eine Rolle spielten) können die Deutschen also auch ihre Träume von einem paradiesischen „Öko-Zeitalter" nur auf Kosten der übrigen Welt verwirklichen. Nur hat sich inzwischen das Kräfteverhältnis verändert. Die asiatische und amerikanische Konkurrenz grinst über diese Pläne und denkt selbstverständlich nicht daran, dem Selbstmordkurs der deutschen „Elite" zu folgen.

Dummheit ist gefährlicher als Bosheit

HAT DIE TATSACHE, dass die Deutschen sich unangefochten als Weltmeister beim Bau von Windkraftwerken feiern können, nicht etwas mit dem schlechten Abschneiden unseres Landes bei der PISA-Studie zu tun? Die Beobachtung legt es nahe, zumindest diese Frage zu verneinen: Auch Menschen mit einem hohen Intelligenzquotienten und guter Schulbildung werden von dem in Deutschland und anderen Teilen Westeuropas um sich greifenden dümmlichen Gutmenschentum erfasst.

Dummheit oder Klugheit werden nicht allein durch den IQ bestimmt. Seit jeher gilt: Führungskraft hängt nicht unbedingt vom IQ einer Person ab, sondern vielmehr davon, ob sie weiß, was und wohin sie will, und vom Mut, von der Zähigkeit und der Unbeirrtheit, mit der sie zustimmungsfähige Ziele verfolgt. Als einer der führungsstärksten US-Präsidenten ging der ehemalige B-Rollen-Schauspieler Ronald Reagan in die Geschichte ein. Reagan galt vor dem Ausbruch seiner Alzheimer-Erkrankung als begnadeter Kommunikator. Er beeindruckte selbst jene, die ihm nicht freundliche gesonnen waren, durch die mobilisierende Kraft seiner Reden und seine entschlossene Politik gegenüber klar definierten Gegnern und Hindernissen, selbst wenn er sich dabei gelegentlich irrte.

In der Tat: Mutiges Handeln steckt an und schafft Vertrauen. Auf der anderen Seite können aber Angst, Verzagtheit, Misstrauen und politische Dummheit offenbar ebenso ansteckend sein wie Mut und Klugheit. Auch sie können Menschen aller Intelligenz- und Erziehungsniveaus mitreißen. Die unterschiedliche Begeisterung, mit der die Präsidenten Putin und Bush in Berlin, Mainz und anderen westeuropäischen Hauptstädten empfangen wurden, sprechen Bände.

Das zeigt, wie der Konformitätsdruck der *political correctness* selbst intelligente Menschen dazu bringt, den eigentlich durchsichtigen Argumenten politischer Rattenfänger auf den Leim zu gehen. Amerikanische Kommentatoren sprechen bereits von einem *intellectual gap* zwischen den USA und Europa (so Fred Kempe im *Wall Street Journal Europe* vom 1. April 2003). Überspitzt ausgedrückt, könnte man sagen: die bequem und tumb an der (geschenkten) Konsens- und Parteienkartelldemokratie klebenden Europäer verstehen nicht mehr, warum ihnen gewisse US-amerikanische *think tanks* mit ihren Analysen der gegenwärtigen heiklen Weltlage intellektuell weit überlegen sind.

Ein Beispiel dafür ist die Analyse der buchstäblich explosiven Konsequenzen des *youth bulge*, der riesigen Zahl ehrgeiziger, aber beschäftigungs- und perspektivloser junger Männer und für ihre Sklavenrolle überqualifizierter junger Frauen in den despotisch regierten, wirtschaftlich und sozial stagnierenden islamischen Ländern, die einen beinahe um die ganze Alte Welt reichenden Gürtel des Elends bilden, der sich vor den Segnungen von Individualisierung und Globalisierung verschließt (vgl. Heinsohn, 2003). Der riesige Überschuss junger

Männer in den islamischen Ländern führt zu wachsenden Migrationsströmen in Richtung Westeuropa, wo die demografische Lage genau umgekehrt ist. Westeuropa ist wegen seines Defizits von Männern im wehrfähigen Alter praktisch nicht mehr in der Lage, sich militärisch zu verteidigen.

Aber auch für die intellektuelle Selbstbehauptung fehlen dem alten Europa zunehmend die Waffen, seit es von seinem christlichen Erbe Abstand nimmt. Wo der Glaube schwindet, macht sich Dummheit breit. Denn vor der Dummheit schützt uns weder die Anhäufung von immer mehr Wissen noch die Züchtung superintelligenter Menschen, sondern letzten Endes nur die Gottesfurcht. Darauf hat der wegen seines Widerstands gegen den Nazismus hingerichtete evangelische Theologe Dietrich Bonhoeffer in seinen im Gefängnis geschriebenen Briefen hingewiesen: *„Dummheit ist ein gefährlicherer Feind des Guten als Bosheit. Gegen das Böse läßt sich protestieren, es läßt sich bloßstellen, es läßt sich notfalls mit Gewalt verhindern, das Böse trägt immer den Keim der Selbstzersetzung in sich, indem es mindestens ein Unbehagen im Menschen zurückläßt. Gegen die Dummheit sind wir wehrlos.(…)Es gibt intellektuell außerordentlich bewegliche Menschen, die dumm sind, und intellektuell sehr Schwerfällige, die alles andere als dumm sind. (…) Dabei gewinnt man weniger den Eindruck, daß die Dummheit ein angeborener Defekt ist, als daß unter bestimmten Umständen die Menschen dumm gemacht werden, bzw. sich dumm machen lassen.(…) Das Wort der Bibel, daß die Furcht Gottes der Anfang der Weisheit sei, sagt, daß die innere Befreiung des Menschen zum verantwortlichen Leben vor Gott die einzige wirkliche Überwindung der Dummheit ist."* (1951, 2002, S. 14ff.)

Bonhoeffer hat auch darauf hingewiesen, dass Dumme gemeinhin nicht unglücklich sind. Im Unterschied zum Bösen sei der Dumme *„restlos mit sich selbst zufrieden; ja, er wird sogar gefährlich, indem er leicht gereizt zum Angriff übergeht."* Erst in Verbindung mit der Dummheit wird also das jedem Menschen innewohnende Böse gefährlich. Das lässt sich gut am Vordringen misanthropischer grüner Ideen in der Energiepolitik beobachten. Die inzwischen weit fortgeschrittene brutale Verschandelung unserer Kulturlandschaft durch immer größere und zahlreichere Windräder ist das sichtbarste Zeichen der an die Macht gelangten Dummheit. Die frühere grüne nordrhein-westfälische Umweltministerin Bärbel Höhn hat das schon vor Jahren mit dem ebenso dummdreisten wie verräterischen Spruch *Windräder sind unsere Kathedralen!* dokumentiert.

Wie konnte es nur so weit kommen? Die Beantwortung dieser Frage hängt selbstverständlich vom jeweiligen politischen Blickwinkel ab. Naheliegend erscheint der Standpunkt des „Mannes auf der Straße", der davon ausgeht, dass Politik ohnehin ein schmutziges Geschäft ist und den Charakter verdirbt. Dass Berufspolitiker sich nach etlichen lautstarken Redeschlachten und stillschweigenden Kuhhändeln am Ende zu einem Konsens gefunden haben, dessen Umsetzung einige betuchte Anleger reicher macht, das Volk als ganzes aber ins Verderben führt, verwundert sie nicht weiter. Intellektuell sehr viel anspruchsvoller (und daher weniger mediengängig) ist die Position der Radikal-Liberalen oder Libertären, die den Berufspolitikern ebenfalls vorwerfen, sich in der Tendenz nur noch mit Problemen zu beschäftigen, die sie durch Wissensanmaßung selbst erzeugt oder (wie den angeblich drohenden „Klimakollaps") frei erfunden haben, um nicht als überflüssig zu erscheinen und um neue Geldquellen für ihren Gestaltungsdrang (und ihre Beamtenpensionen) aufzutun.

Gegenüber der zeitgeistigen außerparlamentarischen Bewegung *ATTAC*, die bei aller Kritik am verkommenen Ränkespiel der Parteiendemokratie gedankenlos davon ausgeht, die „große" Politik und der Wohlfahrtsstaat seien etwas ganz natürliches und die Privatwirtschaft müsse zum Anhängsel der Politik werden, haben die Libertären sicher recht, wenn sie davon ausgehen, dass dem Markt sowohl die logische als auch die historische Priorität vor dem Staat zukommt und dass die Existenz des Staates, wie schon Ludwig Erhards akademischer Lehrer Franz Oppenheimer erkannte, auf gewaltsame Machtergreifung und Eroberung zurückgeht.

Ein Lehrbuchbeispiel dafür ist die Unterwerfung der Gallier zunächst durch Julius Caesar und später durch die Franken unter Chlodwig. In der Tat dürfte es bei unvoreingenommener Betrachtung schwierig sein, in Friedenszeiten einen einzigen triftigen Grund für eine politische Organisation der Gesellschaft oberhalb des kommunalen und kantonalen Niveaus zu finden. Dass die Menschen überhaupt je begonnen haben, „große" Politik zu machen, könnte nur auf Einflüsterungen des Teufels zurückgeführt werden, gäbe es nicht Oppenheimers historische Erklärung.

Aber wie kommt man wieder zur Priorität des Marktes zurück, wenn das in Europa in den Religionskriegen des 17. Jahrhunderts geschaffene Monopol der Politik (zunächst in der milderen Form der absoluten Monarchie und später in Form ihres tendenziell totalitären Gegenstücks, der zentralisierten Republik) erst einmal fest etabliert ist? Wird Politik nicht zum Schicksal, dem sich auch jene unterwerfen müssen, die ihre logische Priorität abstreiten? Machen sich die wenigen in Deutschland noch verbliebenen standhaften Verteidiger der individuellen Freiheit also die Antwort zu leicht, wenn sie einfach davon ausgehen, als „nachhaltig" deklarierte Kapitalvernichtungsanlagen wie Windräder bewiesen, dass Deutschland ein besetztes Land ist, okkupiert von einer Ausbeuterklasse aus Berufspolitikern, wohlversorgten Beamten, Staatskapitalisten, politisch korrekten Verbandsfunktionären und Medien-Lackaffen? Verdankt denn die rot-grüne Bundesregierung in Berlin ihre Macht nicht allgemeinen, freien, unmittelbaren und geheimen Wahlen? Waren die Kreise, die diese Regierung repräsentiert, 1968 nicht mit der Parole *„Die Phantasie an die Macht!"* auf die Straße gegangen? Und entspricht die daraus hervorgegangene industriemäßige Umgestaltung unserer Kulturlandschaft – Ästhetik hin, Ästhetik her – etwa nicht dem Volkswillen?

Wen und was legitimieren Wahlen?

WER SO FRAGT, geht freilich – im Einklang mit dem Zeitgeist und der verordneten Staatsräson – davon aus, Wahlen zwischen politischen Parteien machten das Wesen einer demokratischen Republik aus. Die Erfinder der Demokratie im alten Athen sahen das allerdings anders. Denn Wahlen gab es dort nur in Kriegszeiten, wenn besondere Führungsqualitäten verlangt wurden, die nur Profis des politischen Geschäfts mitbringen konnten. Wahlen assoziierten die Athener deshalb spontan nicht mit der Demokratie, der Volksherrschaft, sondern mit Aristokratie beziehungsweise Oligarchie, der exklusiven Herrschaft weniger, die ihre Legitimation aus einer durch Wahlen bekräftigten Feindbildbestimmung herleiteten. Bedeutet doch politisches Wählen im Wortsinne gerade nicht die möglichst breite Einbeziehung der Bürger in die öffentlichen Angelegenheiten, sondern Auswählen, wenn nicht Aus*er*wählen mit dem Gegenstück: Ausgrenzen, Diskriminieren.

Mit dem Begriff der Demokratie hingegen verbanden die alten Athener die zeitlich streng befristete Besetzung öffentlicher Ämter nach dem Zufallsprinzip. Die Verlosung der Sitze im *Rat der 500* und anderer Gremien, die Begrenzung der Amtszeit der Magistrate auf höchstens ein Jahr und das Verbot, die gleiche Funktion zweimal hintereinander auszuüben, gab zumindest den etwa 30.000 Vollbürgern Athens reale Chancen, wenigstens einmal in ihrem Leben öffentliche

Verantwortung ausüben zu können. Dabei sahen die Athener beim jeweiligen Ergebnis des Losens mit schwarzen und weißen Bohnen das Wirken der Götter im Spiel. Die durch den Zufall bestimmten politischen Funktionsträger erhielten dadurch eine höhere Weihe, eine besondere Legitimität (und Autorität) gegenüber von Menschen gewählten Amtspersonen.

Solche Losverfahren gab es nur im demokratischen Athen, während es im oligarchisch regierten Sparta ausschließlich Wahlen gab. Ausnahmen vom Losverfahren und dem damit verbundenen raschen Wechsel der politischen Verantwortungsträger gab es in Athen nur in Kriegszeiten. So konnte Perikles vierzehnmal in Folge als Stratege wiedergewählt werden. Aber selbst in Kriegszeiten verließen sich die Athener nur zum Teil auf das Urteil der Wähler, sondern befragten das Orakel von Delphi, dessen zweideutige Sprüche, wie wir heute wissen, allerdings nicht selten durch hinterlistige Eingriffe der Priesterschaft verfälscht wurden.

Noch Aristoteles, der zur Zeit des demografischen und politisch-militärischen Niedergangs Athens wirkte, sah in Wahlen wie selbstverständlich eine Begleiterscheinung, wenn nicht die Grundlage von Oligarchien, während er die Demokratie mit Losverfahren assoziierte. Grundsätzlich hielt er die Demokratie gegenüber der Monarchie für eine Form der Dekadenz, wobei er vermutlich richtig lag. Was die tieferen religiösen Voraussetzungen der Idee von Demokratie sind, ist umstritten. Mein befreundeter Kollege Hannes Stein von der Tageszeitung *Die Welt* vermutet den Ursprung der Demokratie nicht im Polytheismus der Griechen, sondern schon bei den Israeliten. Er sieht also im Monotheismus sowohl jüdischer als auch christlicher Prägung kein grundsätzliches Hindernis für das Aufkommen der Demokratie. Der Katholizismus hat jedenfalls nicht die Entwicklung der parlamentarischen Demokratie begünstigt, sondern eher die konstitutionelle Monarchie. Gerade die Monarchie habsburgischen Typs hat sich in der Geschichte als zuverlässigerer Garant individueller Freiheit erwiesen als die meisten Formen parlamentarischer Demokratie.

Dahinter steht das Problem, wieweit das Mehrheitsprinzip Toleranz gegenüber den Anliegen gesellschaftlicher Minderheiten gewährleisten kann. Bedürfen Toleranz und gesellschaftlicher Dialog der Anerkennung einer Vielfalt von „Wahrheiten" oder setzen sie nicht im Gegenteil die vom Monotheismus geforderte Anerkennung des Alleinanspruchs *der* Wahrheit gegenüber Mythen voraus? Nur Katholiken und Muslime haben auf diese Fragen klare Antworten, die allerdings weit auseinander liegen.

Zumindest hilft der Ursprung der Demokratie in Losverfahren bei der Klärung der Frage, warum die Entwicklung freier Märkte, die die mehr oder weniger rationalen Entscheidungen einer Vielzahl von Personen widerspiegeln, heute spontan oft als demokratischer erscheint als die immer schwerer nachvollziehbaren Entscheidungen von Parlamenten, Regierungen oder Gremien von „Sachverständigen". Niemand sollte sich darüber wundern, dass auch Wähler der Grünen mit Vorliebe bei Discountern wie *ALDI* oder *Lidl* einkaufen. Die Bürger entscheiden als Kunden eben anders als die von ihnen als Wähler formal legitimierten Gremien. Nur als Kunden können sie ihrem persönlichen Willen und Geschmack beziehungsweise ihrer Kosten-Nutzen- oder Übelabwägung Geltung verschaffen.

Mit anderen Worten: Wirklich wählen können die Menschen in unseren „reifen" Demokratien nur im Supermarkt. Bei politischen Wahlen hingegen bekommen sie selten, was sie eigentlich wollen. Sie müssen eine Katze im Sack kaufen, weil sie Parteiführungen einen Freibrief ausstellen, Koalitionsvereinbarungen auszuhandeln, in denen ihre Wahlprogramme, sofern sie überhaupt gelesen wurden, kaum noch wieder zu erkennen sind. Und das, um entweder, wie gehabt, weiter zu wursteln oder sich und ihr Land in ideologisch begründete Energie- oder Agrarwende-, Emissionshandels- und andere Öko-Umbau-Revolutions-Abenteuer zu stürzen, um damit ihre Herrschaft längerfristig abzusichern.

Freilich hängt der überragende Einfluss von Berufspolitikern und politischen Parteien in Deutschland eindeutig mit dem Modus der Verhältniswahl zusammen. Schon mit einem Mehrheitswahlsystem würde es im Prinzip leichter, politische Blockadesituationen zu vermeiden, die Bürger vor die Entscheidung zwischen klarer konturierte Alternativen zu stellen und rascher Machtwechsel herbeizuführen. Noch besser als Wahlen könnten Losverfahren in Friedenszeiten als Brücke zwischen Demokratie und Marktwirtschaft dienen. Verfassungsrechtlich gäbe es dafür keine unüberwindbaren Hindernisse, denn bei einem nach einer Art Lotterie zusammengesetzten Parlament handelte es sich noch immer eindeutig um eine Form repräsentativer Demokratie, wie sie im deutschen Grundgesetz und im Europäischen Verfassungsvertrag vorgesehen ist. Demgegenüber ist dort die Rolle politischer Parteien längst nicht so klar bestimmt. Es ist auch mittelfristig durchaus vorstellbar, dass das schwammig begründete „Parteienprivileg" im deutschen Grundgesetz am Ende geopfert wird, wenn sich der rasch fortschreitende „Politikverdruss" braver Bürger einmal zur offenen politischen Krise des Parteienstaates auswächst.

Durch die Einführung von Losverfahren, wie sie die linksliberale britische Politikwissenschaftlerin Barbara Goodwin 1993 in ihrem utopischen Buch *Justice by Lottery (Gerechtigkeit durch Loseziehen)* skizziert hat, ließe sich wohl am wirksamsten vermeiden, dass die Demokratie für die bei Wahlen unterlegenen zur Diktatur wird, weil 51 Prozent der Wähler die restlichen 49 Prozent der Stimmbürger und die rasch wachsende Zahl bewusster Nichtwähler zwingen könnten, gegen ihre eigenen Werte und Interessen zu handeln. Es muss gewährleistet bleiben, dass die Wahrung individueller Freiheit und Verantwortung in Zweifelsfall als höher bewertet wird als die Einhaltung formaldemokratischer Spielregeln, die ohnehin von Zeit zu Zeit und von Land zu Land unterschiedlich ausfallen können. Wahlen und selbst die Demokratie als solche können nicht als Dogma gelten. Das sollte nach der formaldemokratisch völlig legalen und legitimen Machtergreifung Hitlers in Deutschland ohnehin klar sein. Sehr lesenswert ist in diesem Zusammenhang das zuerst 2003 erschienene Buch *Das Ende der Freiheit?* des in Bombay geborenen Chefredakteurs von *Newsweek International* (Zakaria, 2007).

In bestimmten historischen Situationen können Wahlen möglicherweise eine politische Dynamik im Sinne des Aufbrechens überkommener repressiver, patriarchalischer Clan-Strukturen und der sukzessiven Anerkennung individueller Freiheitsansprüche in Gang setzen. In „reifen" Demokratien jedoch ist die Frage der Begrenzung des politischen Einflusses auf Wirtschaft und Gesellschaft schon deshalb wichtiger, weil es unwahrscheinlich ist, dass sich jemals demokratische Mehrheiten klar für die freie Marktwirtschaft beziehungsweise die kapitalistische Wirtschaftsform aussprechen werden, obwohl diese nachweislich das einzige „System" ist, das halbwegs funktioniert. Selbst in den USA würde die Mehrheit vermutlich für Planwirtschaft bei freier Konsumwahl stimmen, wobei den Wählern die Schizophrenie ihrer Entscheidung nicht einmal auffiele.

Es sei nicht ausgemacht, ob die Demokratie die Staatsform der Zukunft ist, betont auch Robert Nef, Herausgeber der liberalen *Schweizer Monatshefte*, Ende 2003 in seiner Zeitschrift: *„Die Antwort auf die Frage, ob die Demokratie tatsächlich die Staatsform der Zukunft sei, hängt eng damit zusammen, ob es gelingt, jenen notwendigen Bereich kollektiver Entscheidungsfindung so eng und so präzis wie möglich zu definieren. Er ist von al-*

len übrigen Bereichen abzukoppeln, bei denen andere Formen der Entscheidungsfindung befriedigender, vernünftiger, effizienter und anpassungsfähiger sind. Demokratie braucht Grenzen [...] und da das Mehrheitsprinzip notgedrungen Minderheiten schafft, darf nie vergessen werden, dass die über das Ausmaß von Freiheit entscheidende Minderheit das Individuum ist, von dessen Phantasie und kreativer Dissidenz das Überleben und der Fortschritt in der Zivilgesellschaft mehr abhängt als von der Mehrheit aller Opportunisten."

Man dürfe schließlich nicht vergessen, mahnt Nef an anderer Stelle – wie übrigens auch Fareed Zakaria – dass der ursprünglich in Spanien aufgekommene Begriff *liberalos* die Gegner der königstreuen *servilos* bezeichnete. Wenn dagegen heute (wie im Nachbarland Frankreich gang und gäbe) der Begriff *liberal* beziehungsweise *ultraliberal* als Schimpfwort gebraucht wird, zeigt dass nur, dass die „Servilen" unter dem Mäntelchen des „Sozialen" sich ihres Einflusses inzwischen so sicher sind, dass sie glauben, die Idee der individuellen Freiheit im Namen eines jakobinischen Staatsverständnisses ohne Scham auf geradezu rassistische Weise verunglimpfen zu können. (Eine andere Bedeutung hat *liberal* bekanntlich in den USA, wo es den Gegensatz zu „konservativ" bezeichnet und im politischen Alltag meist schlicht mit „links" gleichgesetzt wird.)

Sobald Realitätsverlust mehrheitsfähig wird, sobald die Diskurs- beziehungsweise Konsensdemokratie zur Legitimation von Kapitulantentum führt, liegt es jedenfalls nahe, das Selbstverständnis und die Rechtfertigung der Institutionen unseres Gemeinwesens auf den Prüfstand zu stellen. Bei der Infragestellung der Demokratie muss man allerdings nicht so weit gehen wie der in den USA lehrende konservativ-libertäre Ökonom Hans Hermann Hoppe, der in seinem heimlichen Bestseller *Demokratie. Der Gott, der keiner ist* (2001) die zentralisierte demokratische Republik als generellen Rückschritt gegenüber der (habsburgischen) Monarchie hinstellt.

Recht hat Hoppe insofern, als der zentralisierten Republik, die nach der französischen Revolution die absolute Monarchie abgelöst hat, ein Hang zur Tyrannei innewohnt. Die Voraussetzung dafür wurde in Europa aber schon vor der französischen Revolution durch den Ausgang des 30-jährigen Krieges geschaffen, als die spannungsreiche, aber freiheitsförderliche Arbeitsteilung zwischen kleinstaatlich zersplitterten weltlichen Mächten und der geistigen Macht der Katholischen Kirche im Westfälischen Frieden durch eine Stärkung zentralstaatlicher Machtbefugnisse beendet wurde. Seither gilt der Staat im alten Europa in allen mit Lebenssinn, Gewissheit, Sicherheit und Vorsorge zusammenhängen Fragen als kompetenter als Religionen beziehungsweise Kirchen. Dem Staat wurden damit Funktionen zugeschrieben, die früher bei den Gläubigen durch das Vertrauen in die Güte Gottes ausgefüllt wurden. Dass er damit überfordert ist, zeigt nicht zuletzt die „Klimapolitik".

Politik ohne Feindbild?

DIE HISTORISCHE ERFAHRUNG zeigt: Lässt man die Menschen in unüberschaubaren Großräumen und Situationen an die Wahlurnen gehen, sprechen sie sich in der Regel mehrheitlich für die (meist trügerische) Sicherheit und gegen die Freiheit aus - oft auch gegen die Freiheit des Glaubens. Gewählt wurde auch im Nachkriegsdeutschland immer die Partei beziehungsweise der Kanzlerkandidat, der es am besten verstand, den Wählern trügerische Hoffnungen zu machen und klaren Entscheidungen auszuweichen.

Das Musterbeispiel dafür ist das auf Betreiben Konrad Adenauers Ende Januar 1957 vom Deutschen Bundestag verabschiedete *Rentenneuregelungsgesetz*, das die von Bismarck eingeführte kapitalgedeckte durch die nur kurzfristig lukrativere umlagefinanzierte Altersversorgung ablöste. Dieses Gesetz, das den Sozialstaat inzwischen in eine Sackgasse geführt hat, bescherte der CDU bei der folgenden Bundestagswahl am 15. September 1957 das einzige Mal in der Nachkriegsgeschichte die absolute Mehrheit. Der Wahlkampfslogan *„Keine Experimente!"* deckte ein Experiment, dessen unglücklichen Ausgang wir inzwischen klar absehen können.

Nicht von ungefähr wurden die klügsten und mutigsten Entscheidungen seit 1945 (wie vor allem die völlige Aufhebung der Preiskontrollen und Rationierungen von Gütern des täglichen Bedarfs im Juni 1948 durch Ludwig Erhard) von Leuten getroffen, die nicht gewählt, sondern von den Besatzungsorganen ernannt worden waren. Hätte Ludwig Erhard über die Einführung der Marktwirtschaft abstimmen lassen, hätte er in Deutschland nicht die geringste Chance gehabt. Eine um diese Zeit durchgeführte, aber mit Bedacht nicht veröffentlichte Umfrage des amerikanischen *Gallup*-Instituts wies aus, dass die Mehrheit der Deutschen einer geläuterten Form von Nationalsozialismus den Vorzug gegeben hätte. Daran dürfte sich, wie der Historiker und Publizist Götz Aly vermutet, in der Zwischenzeit nicht allzu viel geändert haben, denn die Deutschen hängen nach wie vor an „Errungenschaften" der Nazi-Diktatur wie großzügigen Urlaubsregelungen, preiswertem Massentourismus, Kündigungs- und Mieterschutz, kostenloses Universitätsstudium, Ehegattensplitting, Kindergeld, Entfernungspauschale und Steuerbefreiung der Nacht- und Wochenendarbeit bei der Besteuerung und so weiter.

In seinem Aufsehen erregenden Buch *Hitlers Volksstaat* (2005) zeigt Aly an Hand der bislang von der historischen Forschung vernachlässigten Finanzstatistik auf, dass Hitler-Deutschland der *„Umverteilungsstaat par excellence"* war. Die sozialen Wohltaten für die deutschen Arbeiter- und Angestelltenfamilien wurden im wesentlichen durch den Raub des Eigentums der Juden und durch die Ausplünderung der im Krieg eroberten Länder, zum Teil aber auch durch eine stark progressive Besteuerung von Einkommen und Unternehmensgewinnen finanziert.

Das *„europäische Sozialmodell"*, das nach Ansicht der Verfasser des europäischen Verfassungsvertrags die europäische Identität ausmachen soll, geht in seiner konkreten Ausgestaltung weniger auf Bismarck oder auf Napoléon III. als auf Hitler, Mussolini und Pétain zurück. Zwar wurde in Frankreich der bezahlte Urlaub von der Volksfrontregierung eingeführt. Doch das französische Nationalheiligtum *Sécurité Sociale*, das deutschen Sozialdemokraten als Vorbild für die von ihnen geforderte allgemeine „Bürgerversicherung" dient, wurde von Pétains Kollaborationsregierung eingeführt (vgl. Simonnot, 2004). Dabei tun die roten Nachfolger der braunen Gefälligkeitspolitik so, als könne man dieses „Sozialmodell" von dem rassistisch begründeten Feindbild lösen, dem es einmal diente. Klassische Feindbilder scheinen nach dem Ende des Kalten Krieges überhaupt überflüssig geworden zu sein.

An die Stelle einer nachvollziehbaren politischen Feindbildbestimmung scheint bei etlichen westeuropäischen Regierungen und ihren Wählern die Angst vor einer offenen Zukunft, verbrämt als Sorge um die Abwendung von „Sozialdumping" durch die Globalisierung der Märkte sowie einer drohenden globalen Klimakatastrophe infolge eines übermäßigen Ausstoßes von „Treibhausgasen", getreten zu sein. Oder, wie es in der 1992 in Rio verabschiedeten *Agenda 21* offiziell heißt, der *Multi-Stakeholder-Prozess* des diskursiven Aushandelns eines Konsenses über die Gestaltung der „einen Welt", die in naturalistischer Manier bereits als gegeben angenommenen wird.

Im Klartext: Die Promotoren der *Agenda 21* wollen den ganzen Planeten mit einem Dickicht bürokratischer Regelungen überziehen, weil ihnen schlicht das Gottvertrauen fehlt. Gibt es aber in Wirklichkeit, abgesehen von der physischen Einheit des Planeten Erde, schon so etwas wie die „eine Welt"? Oder bleibt diese nicht vielmehr ein Ideal, eine „regulative Idee", der man lediglich in Form der Schaffung globalisierter Märkte und der Ausbreitung einer Kultur der individuellen Selbstverantwortung näher kommen könnte? Ist es überhaupt möglich, die für die Formulierung politischer Ziele bislang unabdingbare Feindbildbestimmung durch „herrschaftsfreie Diskurse" zu ersetzen? Wenn nicht, müssen dann nicht all jene als Feinde betrachtet werden, die sich Freihandel und Globalisierung mehr oder weniger gewalttätig widersetzen?

Dass „große" Politik unbedingt einer Feindbildbestimmung bedarf, ist selbst den weitsichtigsten Vertretern der politischen Ökologie, die sich auf den für die Grünen engagierten französischen Wissenschaftsforscher Bruno Latour berufen, durchaus bewusst. Denn ohne Feindbild lässt sich gar nicht begründen, warum Probleme des menschlichen Zusammenlebens überhaupt oberhalb des mehr oder weniger überschaubaren kommunalen Niveaus angegangen werden sollten. Auch die im Gewande des Pazifismus auftretende politische Ökologie, die in Europa inzwischen zur tendenziell totalitären politischen Religion erhoben wurde, kommt deshalb nur scheinbar ohne Feindbild aus. Darauf hat der französische Öko-Philosoph Latour mit einer Klarheit hingewiesen, die nichts zu wünschen übrig lässt - in einem in der *Frankfurter Allgemeinen Sonntagszeitung* vom 12. Mai 2002 veröffentlichten Gespräch mit dem Autor dieser Zeilen. Latour beruft sich dort ausgerechnet auf den wegen seiner anfänglichen Nähe zum Nationalsozialismus umstrittenen deutschen Staatsrechtler Carl Schmitt und dessen Begriff des Politischen. Nur im deutschen rot-grünen Milieu scheint er damit wenig Anhänger gefunden zu haben. Dort gilt die letztlich theologisch inspirierte Diskurstheorie von Jürgen Habermas *(Theorie des kommunikativen Handelns,* 1981) weiterhin unangefochten als Begründung jeglicher politischer Sinn- und Friedensstiftung. Über die Bestimmung von Feindbildern möchte man in dieser *„Religion des Konsenses"* (Norbert Bolz) nicht reden.

Solange es überhaupt noch Gründe für die Staatenbildung gibt, kann es nach Carl Schmitt keinen die ganze Erde und die ganze Menschheit umfassenden Weltstaat geben. *„Die politische Welt ist ein Pluriversum, kein Universum"*, erklärte Schmitt apodiktisch. Ein Weltfriede ist nur als idyllischer Endzustand der allgemeinen Entpolitisierung vorstellbar. Wer sich auf die „Menschheit" beruft, bemäntelt damit nur imperialistische Expansionsgelüste, vermutete er daher. Und er zögerte nicht, in diesem Zusammenhang, dabei sich auf den französischen Frühsozialisten Pierre-Joseph Proudhon berufend, zu behaupten: *„Wer Menschheit sagt, will betrügen."*

Denn die Rechtfertigung einer Politik durch angebliche Menschheitsprobleme führt zur fatalen Konsequenz, dass deren Gegnern die Qualität des Menschseins abgesprochen werden muss. *„Der Gegner heißt nicht mehr Feind, aber dafür wird er als Friedensbrecher und Friedensstörer hors-la-loi und hors de l'humanité gesetzt, und ein zur Wahrung und Erweiterung ökonomischer Machtpositionen geführter Krieg muss mit einem Aufgebot von Propaganda zum ‚Kreuzzug' und zum ‚letzten Krieg der Menschheit' gemacht werden"*, schrieb Schmitt (S. 77).

Latour behauptet dagegen, die Politische Ökologie – die man besser als Ökologismus, das heißt als naturwissenschaftlich verbrämte Ersatzreligion bezeichnen sollte – verfolge mit ihrem neuen, nicht gegen Menschen als solche, sondern nur gegen eine bestimmte Verbindung von Menschen und Dingen gerichteten Feindbild ausschließlich friedliche Ziele. Das erscheint vor dem Hintergrund der auf insgesamt 500 Millionen geschätzten Zahl von Malaria-Opfern, die allein das ökologisch beziehungsweise ökologistisch begründete DDT-Verbot von 1972 forderte, als völlig unhaltbar. Tatsache ist hingegen: Am Ökologismus starben in den vergangenen vier Jahrzehnten weltweit mindestens ebenso viele Menschen wie durch Kriege. In jüngerer Zeit haben vor allem die Boykott- und Sabotage-Aktionen des Moralkonzerns *Greenpeace* gegen die „grüne" Gentechnik dazu geführt, dass der Kampf gegen den Hunger in der Welt langsamer vorankam.

Kein Zweifel: Die zu einer faktenresistenten Heilslehre ausgebaute Politische Ökologie trägt alle Merkmale einer totalitären, menschenverachtenden Herrschaftsideologie, wie sie Friedrich August von Hayek in seiner erstmals 1944 erschienenen Schrift *The Road to Serfdom (Der Weg in die Knechtschaft)* analysiert hat.

So verwundert es nicht, dass inzwischen sogar Habermas selbst seine Diskurstheorie ganz offen um eine Feindbildbestimmung ergänzt hat (vgl. *FAZ*, 31. Mai 2003). Logischerweise erscheinen dort nun die Freunde von einst, die mit ihrem Umerziehungsprogramm nach der Kapitulation von 1945 erst den Boden für Diskurse bereitet haben, in der Rolle, die vormals der kommunistische Ostblock innehatte. Darauf hat der Berliner Philosoph Volker Gerhardt in einem im *Focus* 24/2003 erschienenen bissigen Kommentar hingewiesen. Die von Habermas geforderte Durchsetzung einer (ökologistischen) *„Welt innenpolitik"* gegen den *„Unilateralismus"* der US-Regierung unter George Bush läuft nicht nur auf einen Krieg der Köpfe hinaus, sondern liefert auch die Rechtfertigung für einen aufkommenden Handelskrieg unter dem Deckmantel des „Vorsorgeprinzips". Die harten Auseinandersetzungen zwischen der EU und den USA um die Vermarktung gentechnisch veränderter Futter- und Nahrungsmittel wie Soja, Raps oder Mais vermitteln einen Vorgeschmack davon.

In der Tat geht es längst nicht mehr um die Alternative Krieg oder Frieden, sondern um die Frage, wessen Feindbild und wessen Kriegsziele die klügeren sind. Die EU hat sich offenbar für die dumme Variante entschieden, weil ihre Bemühungen um die Einbindung aller Industrieländer in ein stationäres, wachstumshemmendes System der bürokratischen Rationierung handelbarer *„Treibhausgas-Emissionslizenzen"* auf der Basis des Kioto-Abkommens vom Dezember 1997 zu nachhaltiger Verarmung und damit in die politische Bedeutungslosigkeit führen müssen. Sie wird deshalb den von ihr angezettelten Krieg der Köpfe ohnehin nicht gewinnen können.

Der italienische Philosophieprofessor und Politiker Marcello Pera, der von 2001 bis 2006 als Präsident des Senats das zweithöchste Staatsamt Italiens innehatte, sieht als stark von Immanuel Kant und Karl R. Popper beeinflusster Liberaler den europäischen Liberalismus in Beliebigkeit abgleiten, sobald diesem seine christlichen Wurzeln abhanden kommen: *„Relativismus, Säkularismus, Szientismus und all das, was heutzutage an die Stelle des Glaubens gesetzt wird, sind das Gift, nicht das Gegengift, sie sind die Viren, die den schon erkrankten Körper befallen, nicht die Antikörper, die ihn schützen"*, warnt er in einem 2008 erschienen Buch (S. 11), zu dem kein Geringerer als Papst Benedikt XVI. das Vorwort schrieb. Europa sei dabei, zur am meisten entchristlichten Region des Westens zu werden, und entferne sich dadurch von Amerika. Dort gilt noch immer die von John Locke, Thomas Jefferson und Immanuel Kant inspirierte Maxime, so zu leben *„als ob es Gott gäbe."* Der Versuch, zu leben, *„als ob kein Gott existierte"*, müsse dagegen schiefgehen, da er in totalitären Allmachtsphantasien münde. Ohne klares Bekenntnis zu seinen christlichen Wurzeln, bleibe Europa ohne Identität, erklärt Pera.

Nur wenn die Menschenrechte als *„Geschenk Gottes"* und nicht als Gestaltungsaufgabe des Staates gesehen werden, bleiben sie nicht verhandelbar. *„Ohne einen Glauben an die Gleichheit der Menschen, an ihre gleiche Würde, an ihre Freiheit und Verantwortlichkeit, mit einem Wort: ohne eine Religion des Menschen als Kind und Bild Gottes [...] kann der Liberalismus die fundamentalen und universalen Rechte der Menschen nicht aufrechterhalten"*, mahnt Pera (S. 54). Er sieht in dem mit der Euro-Einführung und dem Vertrag von Lissabon gewählten Weg der europäischen Einigung den Willen, *„die christliche Geschichte Europas durchzustreichen."* Das Christentum werde vom arroganten Säkularismus allenfalls noch als *„Trost für die Dummen"* akzeptiert. Der *„Verfassungspatriotismus"* nach John Rawls und Jürgen Habermas lasse eine *„ethische Lücke"*, die ohne eine Lehre vom Guten nicht ausgefüllt werden könne, denn sie definiere die europäische Identität kosmopolitisch, das heißt durch Abstraktion von allem spezifisch Europäischen.

Pera demonstriert den Niedergang der liberalen öffentlichen Ethik durch den Vergleich der Positionen Kants und John Stuart Mills. Bei Kant stehen die universale Vernunft und der Respekt vor der (christlich definierten) Person im Mittelpunkt, bei Mills hingegen die utilitaristische Nutzenmaximierung und der Respekt vor der individuellen Freiheit. Das heutige Europa gehe noch einen Schritt weiter, indem es die Existenz jeglicher universalen moralischer Gesetze abstreitet und Respekt vor der freien Wertewahl der Individuen fordert. Es gebe in der heutigen Gesellschaft weder einen Begriff von Wahrheit noch eine Vorstellung vom Guten und der Sünde. Über das Gute entscheidet die Wahlurne und über die Vereinbarkeit von Ansprüchen mit dem Gemeinwohl entscheiden Gerichte. Das führe letzten Endes zum *„Justizimperialismus"*, zur moralischen Enteignung der Personen durch eine Konsensdemokratie mit totalitären Zügen.

Der so legitimierte paternalistische Staat stelle das moralische Erbe des Christentums zur Disposition. Er zeige viel Verständnis gegenüber der Kultur islamischer Fundamentalisten, wende sich aber aggressiv gegen Christen, die nach den Zehn Geboten leben. Die Liberalen könnten den Fallen der utilitaristischen Ethik nur entgehen, wenn sie zum christlich inspirierten Rationalismus Lockes und Jeffersons zurückfinden. Das wäre auch eine Voraussetzung für weitere Wohlstandsmehrung in Europa, würde ich hinzufügen. Denn diese hängt auch von religiösen Voraussetzungen ab.

Auf dem Wege zur nachhaltigen Verarmung

DAS IST ABER der überwiegenden Zahl derer, die die „Klimapolitik" sympathisch finden und die teuren Vorkehrungen gegen eine angeblich drohende Klimakatastrophe nicht als Geldverschwendung und Ablenkung vor dringenderen Herausforderungen ansehen, nicht klar. Befragte man die Menschen, ob sie lieber reich oder arm wären, erhielte man rund um den Erdball wohl eine überwältigende Mehrheit für die erstgenannte Alternative. Nur die wenigen, die geistiger Interessen wegen die freiwillige materielle Armut gewählt haben (was ihr gutes Recht ist), würden die Frage verneinen.

Dennoch stimmen gerade in Europa immer mehr Wähler für eine sozialistisch oder ökologistisch begründete Umverteilungspolitik oder beides, was letztlich alle ärmer machen muss. Selbst in den USA gibt es keine Mehrheit für Kapitalismus und Freihandel – zumal nach den berüchtigten Bilanzskandalen und Zusammenbrüchen einiger Großkonzerne und Banken in den letzten Jahren, wobei Hunderttausende von US-Bürgern ihre Altersversorgung in Gestalt von Aktien- und Pensionsfonds einbüßten. Da hilft der Hinweis nicht, dass gerade die spektakuläre *Enron*-Pleite darauf zurückging, dass der Energiekonzern politisch korrekt auf den Handel mit CO_2-Zertifikaten und somit auf eine Form von Planwirtschaft gesetzt hatte. Und es tröstet wenig, einzusehen, dass die Marktwirtschaft heute die einzige Wirtschaftsform ist, die trotz aller Unzulänglichkeit und Zwiespältigkeit überhaupt einigermaßen funktioniert.

Dass demgegenüber der Sozialismus nicht die *„Quellen des gesellschaftlichen Reichtums"* sprudeln lässt, wie Karl Marx im 19. Jahrhundert prophezeite, sondern geradewegs in die allgemeine Armut führt, der sich nur Angehörige einer *Nomenklatura*, solange sie noch nicht Säuberungen zum Opfer gefallen sind, zeitweise entziehen können, braucht heute nicht mehr theoretisch bewiesen zu werden, denn es gab und gibt auf der Welt kein einziges Land, das selbst bei wohlwollender Interpretation auch nur in Ansätzen als Beispiel für das Gegenteil dienen könnte. Dennoch hat der Sozialismus zu Beginn des 21. Jahrhunderts wieder allenthalben Konjunktur, auch wenn seine Verfechter heute größtenteils unter der Fahne der „Klimapolitik" und der „Weltinnenpolitik einer nachhaltigen Entwicklung" als Ausweg aus der angeblichen „Globalisierungsfalle" antreten.

Planwirtschaft und Marktwirtschaft haben gemeinsam, dass bei beiden so gut wie immer etwas herauskommt, das so niemand gewollt hat. Während diese unerwarteten Resultate aber bei der Planwirtschaft die Hoffnungen der Planer und ihrer Auftraggeber in der Regel bitter enttäuschen, kommt bei der Marktwirtschaft am Ende meistens mehr heraus, als sich die einzelnen Marktteilnehmer in ihren kühnsten Träumen je ausgemalt hatten.

Es fällt den heutigen Menschen aber schwer, sich damit abzufinden, dass sie grundsätzlich im Dunkeln tappen und dass sie in einer undurchschaubaren Welt nur überleben können, wenn sie sich Institutionen schaffen, die ihnen zumindest eine Zeit lang Gewissheit vermitteln. Das heißt, wenn sie sich dabei an allgemeine Regeln halten, die nichts über die Beschaffenheit der äußeren Welt aussagen müssen, sich aber dennoch im Laufe der natürlichen und sozialen Evolution bewährt haben. Ob diese Regeln wie die Zehn Gebote auf göttliche Offenbarung zurückgehen oder sich in einem Selektionsprozess von Versuch und Irrtum herausgebildet haben, tut hier nichts zur Sache.

Prozesse, die wir nicht begreifen, aber auch solche, die wir grundsätzlich verstehen, aber wegen unserer schwachen Einwirkungsmöglichkeiten nicht gezielt zu beeinflussen vermögen, können wir nun einmal nicht steuern. Was für die Evolution unserer Galaxis und unseres Sonnensystems, aber auch für die irdische Plattentektonik und für die Entwicklung der Biosphäre zutrifft, gilt umso mehr für das statistische Konstrukt „Weltklima". Das Klima wird von der in Genf ansässigen *World Meteorological Organization (WMO)* als Mittelwert verschiedener Wetterdaten eines Ortes oder einer Region (Jahresgang von Temperatur und Niederschlagsmenge, Häufigkeit, Geschwindigkeit und Richtung von Winden) in den vergangenen 30 Jahren definiert, wobei nichts darüber ausgesagt wird, ob dieser 30-jährige Durchschnitt als „extrem" oder „normal" eingestuft werden muss.

Es handelt sich hier also um eine Größe, die man rückwirkend verändern können müsste. Die Unmöglichkeit, das zu tun, hat Berufspolitiker wie den damaligen ex- (oder vielleicht immer noch) maoistischen Bundesumweltminister Jürgen Trittin nicht davon abgehalten, seinen Landsleuten im Sommer 2002 unter dem Eindruck der Flutkatastrophe an der Elbe allen Ernstes nahe zu legen, höhere Ökosteuern zu zahlen und mehr Windmühlen zu bauen, damit es weniger regnet.

Sofern man glaubt, das „Ökosystem Erde" werde im wesentlichen vom Kohlenstoffkreislauf, dessen Störung durch die Industrie und den dadurch verstärkten Treibhauseffekt geprägt und davon überzeugt ist, darin *die* zentrale, allen anderen Problemen übergeordnete

Herausforderung unserer Zeit erkannt zu haben, erscheint das allerdings konsequent.

In einem Land, dessen Grundgesetz formell die individuelle Glaubensfreiheit anerkennt, darf man so etwas auch glauben. Doch wenn Berufspolitiker meinen, den Glauben an die Steuerbarkeit globaler Stoffkreisläufe den Menschen als alleinseligmachend verordnen und damit aus freien Bürgern Untertanen machen zu können, sollten die Alarmglocken läuten. Diesen Schritt hat das EU-Parlament mit dem 2003 beschlossenen EU-weiten System der „Luftbewirtschaftung" durch die obrigkeitsstaatliche Zuteilung handelbarer Treibhausgas-Emissionslizenzen getan. Diese Politik könnte bei der Ausgabe von Brotkarten enden, weil sie die Weichen in Richtung auf eine nachhaltige Verarmung stellt. Mit ergebnisoffener Marktwirtschaft als Suchprozess hat der inzwischen qua EU-Richtlinie verordnete Emissionshandel nichts zu tun. Vielmehr bietet die Obrigkeit den Marktteilnehmern einen umzäunten Bolzplatz an, auf dem sie sich austoben können. Was dabei am Ende herauskommen soll, steht jedoch von vornherein fest.

Eine Politik, die darauf abzielt, die Menschen durch die Einführung von Zwangsabgaben ärmer zu machen und die Bürger durch den Aufbau neuer Umverteilungs-Bürokratien im Namen des „Vorsorgeprinzips" und der „sozialen Gerechtigkeit" daran hindert, ihr Leben eigenverantwortlich zu gestalten und reale Vorsorge für ihre Zukunft zu betreiben, führt zum Gegenteil der seit der Rio-Konferenz 1992 beschworenen Nachhaltigkeit. Jede Form sozialistischer beziehungsweise wohlfahrtsstaatlicher Umverteilung stellt die Weichen in Richtung Verarmung, weil sie individuelle Anstrengungen als überflüssig, wenn nicht schädlich erscheinen lässt.

Ein aktuelles Lehrstück dafür bietet die Eingliederung der ehemaligen DDR in die BRD. Hans-Werner Sinn, der Präsident des Münchner *Ifo-Instituts für Wirtschaftsforschung*, hat in der Tageszeitung *Die Welt* vom 21. Oktober 2004 vorgerechnet, dass in den neuen Bundesländern schon 47 Prozent der Wahlberechtigten von staatlichen Sozialtransfers leben (Hinzu kommen die Angehörigen des öffentlichen Dienstes.). Jeder dritte Euro, der dort ausgegeben werde, komme aus dem Westen. Davon seien 75 Cent geschenkt und 25 Cent geliehen. Jahr für Jahr fließen 85 Milliarden Euro über öffentliche Kassen in den Osten. Bis Ende 2004 haben sich die Nettotransfers auf den astronomischen Betrag von bereits über einer Billion Euro aufsummiert.

Nicht trotz, sondern gerade wegen dieser massiven Umverteilung sank im Osten das Bruttoinlandsprodukt je Erwerbstätigen zwischen 1996 und 2004 von 61 Prozent des Westniveaus auf 59 Prozent. In eindringlichen Worten warnte Sinn deshalb vor einer Fortsetzung dieser Abwärtsspirale. Die Erfahrungen aus dem „Aufbau Ost" zeigen überdeutlich, dass Freiheit eine wichtigere Ressource der „Entwicklungshilfe" ist als Geld. Finanzielle Transfers, allein genommen, führen eher zur Zementierung von Abhängigkeitsverhältnissen als zur Geburt einer Dynamik der Erzeugung wirtschaftlicher Reichtümer.

Zum guten Leben gehören vor allen Dingen persönliche Freiheit sowie Selbst- und Gottvertrauen, Prinzipientreue und Anstand, aber auch eine Portion Unbekümmertheit, das heißt die Bereitschaft der Menschen, ihr Leben dem Suchprozess von Angebot und Nachfrage auf dem Markt anzuvertrauen, der hinter ihrem Rücken zu mehr Wohlstand für alle führen *kann*. Die Bejahung der Freiheit setzt also gewissermaßen einen Glauben an Wunder voraus. Die rasche Erholung der westdeutschen Wirtschaft nach dem Zweiten Weltkrieg gilt zu Recht als „Wirtschaftswunder", obwohl sich dessen „Vater" Ludwig Erhard selbst immer dagegen gewehrt hat, seine Leistung so zu sehen. Doch wie soll man die Tatsache anders benennen, dass die Freigabe fast aller Verbraucherpreise durch Erhard mitten in der Notzeit des Jahres 1948 genügte, um in kurzer Zeit die Schaufenster mit Waren aller Art zu füllen und eine bis dahin beispiellose wirtschaftliche Wachstumsdynamik auszulösen? Heute hingegen gelangt man zum Eindruck, Berufspolitiker verschiedener Couleur bemühten sich mit vereinten Kräften, Wunder zu verhindern, indem sie die Wirtschaft einem immer dichter werdenden Netz von Regulierungen unterwerfen.

Noch immer sind wirtschaftliches Wachstum und akkumulierter materieller Reichtum die beste Vorsorge gegenüber Wirbelstürmen, Überflutungen und anderen Naturkatastrophen wie vor allem Erdbeben. Bei einem Vergleich zwischen Florida und Haiti oder Bangladesch, zwischen Kalifornien oder Japan und dem Iran oder Kaschmir sollte das jedem ins Auge springen: Bei gleicher Erdbebenstärke unterscheidet sich die Zahl der Opfer zwischen reichen und armen Ländern um zwei bis vier Größenordnungen. Die freiwillige Hilfsbereitschaft gegenüber unverschuldet in Not geratenen Mitbürgern wird übrigens im Wohlstand nicht geringer. Das zeigt die Bedeutung privater Hilfsorganisationen und Stiftungen in den USA und das zeigte auch die große Spendenbereitschaft der Deutschen angesichts der

Flutkatastrophen an Oder und Elbe oder der Tsunami-Katastrophen vor Sumatra Ende 2004 wie in Japan im März 2011.

Beunruhigend ist deshalb folgendes: Die Deutschen und die meisten ihrer europäischen Nachbarn möchten gerne die Früchte der Freiheit genießen. Von Freiheit und Eigenverantwortung selbst aber halten sie offenbar selbst nicht sehr viel. Die erste Nachkriegsgeneration, die eine Trümmerwüste in weniger als zwei Jahrzehnten durch harte Arbeit in ein blühendes Land verwandelte, wusste noch einigermaßen, worauf es ankommt. Heute aber scheinen mehr und mehr Deutsche nicht mehr zu verstehen, warum es ihnen besser geht als den meisten Afrikanern. Sie begegnen dem Wohlstand, den eine Generation erarbeitet hat, die sich jetzt im wohlverdienten Ruhestand befindet, mit einem schlechten Gewissen und zeigen sich deshalb wild entschlossen, ihn aufs Spiel zu setzen, ja ihre Kultur und individuelle Freiheit aufzugeben. Es scheint sie nicht zu stören, dass sie sich damit zu nützlichen Idioten derer machen, die sich in den Kopf gesetzt haben, Europa aus der „Koalition der Willigen" zu bomben und mittelfristig zu übernehmen.

Ein neuer Kalter Krieg?

SELBST CARL SCHMITT hat bei aller völkisch-etatistischer Verblendung mit Nachdruck gefordert, der Feind müsse in der großen Politik so bestimmt werden, dass er unter anderen Umständen auch zum Alliierten taugt. Ausdrücklich warnte er davor, in den Feinden unsympathische Friedensstörer und Spielverderber, wenn nicht gar Untermenschen zu sehen, die es einfach zu eliminieren gilt. Dazu verführe aber gerade die mit dem Briand-Kellogg-Pakt von 1928 ins Völkerrecht eingeführte moralische Ächtung von Angriffskriegen mit dem Ziel der Landnahme. Die ursprünglich vor allem von den USA betriebene Moralisierung des Völkerrechts und die damit verbundene Verschiebung der Anstrengungen von der militärischen auf die ökonomische Expansion führten zur Rehabilitation der überwunden geglaubten mittelalterlichen Theorie des „gerechten Krieges", das heißt zur Entgrenzung des Krieges in Form von Kreuzzügen gegen (vermeintliche) Friedensstörer, fürchtete er nicht zu unrecht.

Demgegenüber betonte er: *„Der politische Feind braucht nicht moralisch böse, er braucht nicht ästhetisch hässlich zu sein; er muss nicht als wirtschaftlicher Konkurrent auftreten, und es kann vielleicht sogar vorteilhaft er-*

scheinen, mit ihm Geschäfte zu machen." (C. Schmitt: *Der Begriff des Politischen*, S. 27 der Ausgabe von 1963).

Dieser Forderung entsprach die neue Feindbildbestimmung, wie sie US-Präsident Harry Truman nach dem gewonnenen Weltkrieg gegen das Hitler-Regime traf, auf beinahe ideale Weise (obwohl Truman und seine Berater sich hüteten, den durch seine anfängliche Unterstützung Hitlers kompromittierten Carl Schmitt zu zitieren). Insofern kann der Kalte Krieg zwischen dem individualistischen Westen und dem kollektivistischen Osten als insgesamt glückliche Zeit für die „große" Politik gelten. Man brauchte den „Ostblock" nicht verteufeln, konnte sogar einräumen, dass der Kommunismus wie der Liberalismus letztlich im abendländischen Rationalismus wurzelt, ihn also mit einer gewissen Nachsicht wie einen (vorübergehend) vom rechten Weg abgekommenen Blutsbruder behandeln. Deshalb konnte man mit Kommunisten, außerhalb eines eng definierten Bereichs militärisch sensibler Güter, durchaus Handel treiben, ohne sich zu kompromittieren. Der vom US-Diplomaten George F. Kennan aus der Taufe gehobenen Doktrin des *containment*, der materiellen *und* intellektuellen Eindämmung des Kommunismus, lief das nicht zuwider.

Allerdings wurde der feinsinnige und ironische Ansatz Kennans schon von Eisenhowers Außenminister John Foster Dulles im Sinne einer religiösen Konfrontation zwischen christlicher Spiritualität und kommunistischem Materialismus missverstanden. Kennan hingegen wusste, dass es in Glaubenskriegen keine Sieger geben kann. Er warnte deshalb davor, den Dogmatismus der Kommunisten mit einer ebenso fundamentalistischen Ideologie des Westens und mit selbstgerechtem Messianismus zu beantworten, sondern forderte eine nüchterne Interessenpolitik, die weltanschaulichen Pluralismus nicht nur zulässt, sondern geradezu voraussetzt, sich moralischer Urteile weitgehend enthält und sich stattdessen darauf konzentriert, dem totalitären Weltbild durch sichtbare militärische und wirtschaftliche Überlegenheit den Boden unter den Füßen wegzuziehen.

Die Strategie des *containment* war vermutlich gerade deshalb so überaus erfolgreich, weil dieses sich nicht in einer starren Konfrontation erschöpfte, sondern vielfältige Formen „intersystemarer" Kooperation zuließ. Das gilt insbesondere für eine spätere Phase des Kalten Krieges, die mit Schlagworten wie „Brückenschlag" und „Entspannung" umschrieben wird. Dass die Entspannungspolitik, trotz aller damit verbundener Zugeständnisse, dem Westen letztlich erheblich mehr nützte als den kommunistischen Regimes im Osten, bedarf heute keines Beweises mehr. Vergessen wird aber von vielen Westeuropäern, dass der Entspannungsphase eine unvergleichlich härtere Gangart des Kalten Krieges vorausging. Die in dieser Phase erreichte Verschiebung des Kräfteverhältnisses zugunsten des Westens machte die späteren Kompromisse überhaupt erst möglich. Und am Ende waren es nicht gute Worte, sondern die Aufstellung von *Pershing-II*-Raketen und die massive Erhöhung des gesamten US-Rüstungsetats auf 7,5 Prozent des Bruttosozialprodukts (BSP) unter Präsident Ronald Reagan als Antwort auf die Bedrohung durch sowjetische SS-20-Raketen, die die UdSSR zwangen, ihrerseits den Wehretat auf weit über 20 Prozent ihres BSP zu erhöhen, um materiell mit den USA gleichzuziehen. Der Zusammenbruch der sozialistischen Wirtschaften war dann nur noch eine Frage der Zeit.

Eine besondere Rolle spielte die Atomenergie im ökonomischen Wettlauf zwischen Marktwirtschaft und Sozialismus. Zum einen machte die Herstellung und Anhäufung eines Arsenals nuklearer Sprengköpfe den Kern der Politik des Wettrüstens und des *„Gleichgewichts des Schreckens"* aus, was Europa eine der längsten Friedensperioden seiner Geschichte und einen beispiellosen wirtschaftlichen Aufschwung bescherte. Zum andern lieferten entsprechend umfunktionierte Atomreaktoren billigen Strom, der auf beiden Seiten des „Eisernen Vorhangs" als Schmiermittel der Wirtschaft diente. In einer freien, nicht durch den Kommunismus bedrohten Marktwirtschaft hätten große Kernreaktoren vermutlich über längere Zeit kaum Chancen gehabt, zu einer wichtigen Komponente der energetischen Basis etlicher westeuropäischer Volkswirtschaften zu werden. Es ist bekannt, dass die Energieversorger von der Politik zunächst zum Einstieg in die Atomenergie gedrängt werden mussten. Erst als sich abzeichnete, dass bestimmte Kernreaktortypen Strom günstiger erzeugen konnten als Kohlekraftwerke, gaben große (halböffentliche) Energiekonzerne wie *Veba* (heute *E.ON*) und *RWE* ihr Zögern auf.

Zu Unrecht beruft sich heute die Windkraft- und Solar-Lobby auf die Erfolge der Atomlobby in den 50er und 60er Jahren, um die Zwangssubventionierung „erneuerbarer" Energien über hohe Stromeinspeisungspreise zu rechtfertigen. Denn die Subventionierung der Erschließung der Atomenergie hatte eine wichtige Funktion im Kalten Krieg. Gegen welchen Feind sollen aber Windräder helfen? Eine pikante Antwort auf diese Frage hat der ehemalige sozialdemokratische Hamburger Umweltsenator Fritz Vahrenholt, heute Manager einer

RWE-Tochter, gefunden: Große Windräder sollen Atomkraftwerke vor Terroranschlägen schützen (vgl. *Der Spiegel*, 14/2004).

Gewiss hatte der Kalte Krieg auch hässliche Seiten. Das steht außer Frage. So führte die Bündnispolitik nach dem Motto *„Der Feind meines Feindes ist mein Freund"* zur Unterstützung menschenverachtender Diktaturen und zur Schürung heißer Stellvertreterkriege auf regionaler Ebene, was den Werten, die es zu verteidigen galt, in den Augen der Betroffenen Hohn sprach. Als verhängnisvoll erwies sich dabei der Versuch, die kommunistisch beherrschten Länder mit einem „Grüngürtel" aus islamistischen Staaten zu umschließen. Besonders tragische Folgen hatte die Unterstützung der gegen die sowjetische Besatzung Afghanistans kämpfenden islamistischen Taliban unter Ronald Reagan, der ansonsten als einer der friedlichsten US-Präsidenten in die Geschichte hätte eingehen können.

Dennoch lieferte der Kalte Krieg nicht nur der Politik, sondern auch der Wirtschaft für Jahrzehnte einen einigermaßen klaren und verlässlichen Orientierungsrahmen für technische Innovationen und soziale Zugeständnisse. Wie gut die Klammerfunktion war, die das Feindbild ausübte, lässt sich an der Geschwindigkeit des Auseinanderdriftens der Interessen beiderseits des Atlantik nach dem Zusammenbruch des „Ostblocks" ermessen. Bis heute haben die US-Regierung und die Regierungen des „alten Europa" sich nicht ansatzweise über ein gemeinsames neues Feindbild verständigen können.

Das hängt vermutlich damit zusammen, dass der Terrorismus als solcher sich nicht ohne weiteres als Feindbild eignet. *„Wenn man wie jetzt im Kampf gegen den Terrorismus nur das Irrationale, Archaische als Feinde ausmacht, hat man noch kein legitimes Feindbild, weil man die Feinde außerhalb der gemeinsamen Welt stellt"*, mahnte Bruno Latour (*FAS*, 12. 5. 2002). So ein schönes Feindbild wie den Kommunismus bekommt man in der Tat so leicht nicht wieder. Wie schwierig es ist, ein ebenbürtiges Bedrohungsszenario zu finden, zeigte sich schon in der Endphase des Kalten Krieges, als die NATO zu Beginn der 70er Jahre im Rahmen ihres Umweltausschusses *CCMS* versuchte, die angeblich drohende „Klimakatastrophe" als Ersatzfeindbild für die nachlassende kommunistische Bedrohung aufzubauen – dazu später.

Nach dem Zusammenbruch des Kommunismus hielt der spätere US-Vizepräsident Al Gore die Zeit für gekommen, im Rahmen der Vorbereitungen der Rio-Konferenz mit der neuen Feindbildbestimmung ernst zu machen, indem er in seinem zum Bestseller avancierten Buch *Earth in Balance* forderte, die Abwendung einer „Klimakatastrophe" zum Dreh- und Angelpunkt der gesamten Politik des Westens zu machen. Aber schon unter der Präsidentschaft Bill Clintons fand sich nicht nur im US-Senat, sondern im Grunde in der gesamten politischen Klasse der USA keine Mehrheit für eine Ratifizierung des dieser Weltsicht entsprechenden Kioto-Abkommens vom Dezember 1997.

Stattdessen setzte sich das von Clintons Nachfolger George W. Bush schwammig definierte Feindbild des internationalen Terrorismus zumindest in den USA zunächst durch, ohne außerhalb der pazifistischen Bewegung auf nennenswerten Widerstand zu stoßen. Erst als der Präventivkrieg gegen Saddam Husseins Diktatur im Irak wegen mangelnder Vorbereitung der Besatzungszeit zusehends zu Rückschlägen führte, drängte sich die Frage auf, ob der „Krieg gegen den Terror" militärisch überhaupt zu gewinnen ist und wie man einen Sieg in diesem Kampf definieren und feststellen könnte.

Eine neue Spaltung der Welt

MAN KANN ES DREHEN und wenden, wie man will: Das Schema des Kalten Krieges eignet sich nur im übertragenen Sinne für die Analyse der aktuellen Konfliktlage. Denn der Islam ist *nicht* (wie der Kommunismus) der feindliche Bruder des Christentums und der europäischen Aufklärung. Beide Seiten berufen sich *nicht* auf den gleichen Gott. Als Feind können weder der Islam als Religion noch der Islamismus als politische Ideologie gelten. Dann landete man unwillkürlich in der Sackgasse eines Religionskrieges. Vielmehr muss das Feindbild Totalitarismus, das zumindest die weitsichtigsten Theoretiker der Eindämmung des Kommunismus wie George F. Kennan oder Isaiah Berlin bereits im Auge hatten, näher bestimmt, das heißt bis zu seinen romantischen Wurzeln zurückverfolgt werden.

Es geht also nicht mehr nur, wie so oft im 1990 zu Ende gegangenen Kalten Krieg, um einen Kampf zwischen zwei Abarten von Romantik, sondern um den Kampf gegen die nihilistische Dimension der Romantik als solche (einschließlich der Sozialromantik). Diese kann man nach Isaiah Berlin kurz charakterisieren durch den Vorrang, den sie *„überpersönlichen Wesenheiten"* wie einer Gemeinschaft, einer Kirche, einer religiös definierten „Rasse", einer gesellschaftlichen Klasse oder einem Staat gegenüber den Individuen und ihrem gesunden Menschenverstand bei der Identitäts- und Willensbestimmung gibt. Der Kampf gegen den Totalitarismus sollte, wie Paul Berman schön herausgearbeitet hat, in erster Linie ein *„umfassender Krieg der Ideen"* sein. Dabei stehen Skeptizismus und Ironie gegen das Ideal der Unterwerfung unter einen (vermeintlichen) Kollektivwillen.

Das entspricht durchaus der Forderung, die Carl Schmitt an die politische Feindbildbestimmung stellte. Wir führen nicht Krieg gegen irgendwelche nicht zu unserer Welt gehörenden Untermenschen, sondern gewissermaßen gegen uns selbst. Denn in jedem Europäer steckt ein Romantiker. Romantische Gefühle können, politisch entschärft durch Ironie, unter bestimmten Umständen aber auch zu Verbündeten im „Krieg der Ideen" werden, weil sie Leidenschaften und Schaffenskraft freisetzen, ohne die keine Anstrengung längere Zeit durchgehalten werden kann. Immerhin hat die in den USA noch heute verehrte amerikanische Schriftstellerin Ayn Rand (geboren in St. Petersburg als Alissa Rosenbaum) in ihrem Dauer-Bestseller *Atlas Shrugged* (1957, deutsch: *Wer ist John Galt?*) gezeigt, dass man sogar das Lob des reinen Kapitalismus mit Romantik verbinden kann. Das über 1.200 Seiten starke Buch handelt von einem Streik der Unternehmer.

Das bedeutet: Die Frontlinien zwischen den bislang nur vorläufig definier- und kaum lokalisierbaren gegnerischen Lagern verlaufen mitten durch den ehemaligen westlichen Block. Zur Debatte stehen im Westen zwei miteinander unvereinbare Auffassungen von Politik. Es geht dabei nicht nur um das Verhältnis zwischen großer Politik und Moral im Allgemeinen, sondern, wie schon angedeutet, auch um die Frage nach dem Nutzen der UNO und multilateraler Abkommen in der heutigen Welt.

In Europa herrscht die Meinung vor, die Welt sei mit dem Aufbau der UNO und dem Ende des Kalten Krieges der Utopie einer Verschmelzung von Recht und Moral näher gekommen. Die UNO und ihre Unterorganisationen, so heißt es, ermöglichten die Herstellung und Wahrung des Friedens auf rein diplomatischen Wegen des multilateralen Interessenausgleichs, durch eine Art „Weltinnenpolitik", was voraussetzt, dass die „eine Welt" bereits Realität ist. Das bisherige Politikverständnis, das es durchaus zuließ, dass der Friede, wenn nötig, auch durch Krieg herbeigeführt wird, sei nun überholt. Nur humanitäre Aktionen und allenfalls von der Staatengemeinschaft einvernehmlich beschlossene, ausschließlich moralisch und nicht machtpolitisch begründete Strafaktionen gegen Störenfriede seien noch legitim.

Die US-Politik unter George W. Bush misstraute hingegen einer Institution, die sich zwar die Verwirklichung der Menschenrechte auf die Fahne geschrieben hat, aber in ihren Reihen viele Mitgliedsstaaten duldet, die diese Rechte tagtäglich mit Füßen treten. Kritiker der UNO, auch in Europa, verweisen zu Recht auf Beispiele unheilvoller Verstrickung humanitärer Aktionen mit der Logik einer Machtpolitik neuen Stils. Deren in die Millionen gehende Zahl von Opfern werden der UNO aber nicht zugerechnet, weil diese sozusagen für einen „guten Zweck" gestorben sind.

So haben die Embargomaßnahmen der Vereinten Nationen gegen den Irak, die erst nach dem vom US-Militär herbeigeführten Sturz des Diktators Saddam Hussein aufgehoben wurden, vermutlich weit mehr Todesopfer gefordert (wahrscheinlich Hunderttausende) als die beiden Irak-Kriege der USA zusammen genommen, vermutete Henning Ritter in der FAZ vom 9. Januar 2004. Zu einer üblen Vermischung von humanitärer Mission und Machtinteressen sei es auch beim UNO-Einsatz im ehemaligen Jugoslawien gekommen. In der Tageszeitung *Die Welt* vom 15. April 2004 wies der ehemalige stellvertretende schwedische Premierminister Per Ahlmark darauf hin, dass das Massaker in der bosnischen Stadt Srebrenica im Juli 1995 eindeutig von der UNO verschuldet wurde. Noch schlimmer hatte die UNO ein Jahr zuvor in Ruanda versagt. Für das Massaker an 800.000 Tutsi und gemäßigten Hutu im Jahre 1994 sei der spätere UNO-Generalsekretär Kofi Annan in seiner damaligen Funktion direkt verantwortlich gewesen, unterstrich Ahlmark. In die lange Liste des Versagens der UNO als *Soft Power* wird man wohl auch den Völkermord an Schwarzen im Westsudan durch muslimische Reiterhorden einreihen müssen.

Der von US-Präsident Bush sen. in leitende Funktionen der UNO entsandte Pedro A. Sanjuan berichtet in seinem 2006 erschienenen Buch *Die UN-Gang* zwar eher heiter über die ebenso chaotischen wie skandalösen Verhältnisse in der New Yorker UN-Zentrale. Doch er schildert auch skandalöse Machenschaften bei der Verwaltung des UNO-Programms *Öl für Lebensmittel* im Irak, der in Europa lange vertuscht wurde – und das aus „gutem" Grund: Nach dem im Herbst 2004 veröffentlichten glaubwürdigen, weil ansonsten durchaus Bush-kritischen *Duelfer Report* befinden sich unter denen, die beträchtliche Summen der irakischen Ölgelder in die eigene Tasche, in die Kasse ihrer Partei sowie nicht zuletzt in die Kriegskasse Saddam Husseins umleiteten und damit hungernden irakischen Kindern vorenthielten, neben dem Sohn von UN-Generalsekretär Kofi Annan engste Freunde des damaligen französischen Staatspräsidenten Jacques Chirac. Dieser wusste also, warum er alles daran setzen musste, die Entmachtung Saddam Husseins zu sabotieren. Das hohe Ansehen, das die UNO und ihr Generalsekretär in Europa genießen, müsse daher als Aberglaube betrachtet werden, meint Per Ahlmark. Die meisten europäischen Massenmedien verschwiegen auch die Tatsache, dass die UNO im Irak bei allen kämpfenden Fraktionen aus verständlichen Gründen ein extrem schlechtes Ansehen genießt, was die von den UNO-Freunden beschworenen „multilateralen" Versuche zur Lösung der Irak-Krise nicht aussichtsreicher macht als den schlecht vorbereiteten Feldzug George Bushs.

Man sieht daran, wie der Versuch einer postmodernen Moralisierung der großen Politik nicht nur zu Doppelmoral und Heuchelei, sondern geradewegs zum Realitätsverlust führt, weil die politischen Akteure längst nicht alle so abgebrüht sind, dass sie ihren eigenen Mythen nicht glaubten. Die „Eliten" der Europäischen Union bewegen sich daher überwiegend guten Glaubens in einer virtuellen Welt, die man getrost der Kategorie „Aberglaube" zuordnen könnte.

2

Glaubensfreiheit in Gefahr

Vom „Atomstaat" zum „Carbonstaat"?

Im Jahre 1977 veröffentlichte der Star-Sachbuchautor und „Zukunftsforscher" Robert Jungk das Buch *Der Atomstaat. Vom Fortschritt in die Unmenschlichkeit.* Die Opposition gegen die friedliche Nutzung der Atomenergie war zu diesem Zeitpunkt, ausgehend vom erfolgreichen Widerstand gegen den Bau des Kernkraftwerks Wyhl am Kaiserstuhl, schon zu einer Massenbewegung geworden. Aber abgesehen von zusammengestoppelten Argumentarien wie Holger Strohms *Friedlich in die Katastrophe* von 1973 fehlte dieser Bewegung eine etwas weiter tragende, eingängige politische Begründung.

Wie kaum ein anderes literarisches Erzeugnis hat Jungks Buch deshalb die weitere politische Entwicklung Deutschlands beeinflusst. Jungk warnte darin mit eindringlichen Worten vor dem Aufbau eines totalen Überwachungsstaates, den das angesichts der „Ölkrise" beschlossene Programm der damals in Bonn regierenden sozialliberalen Koalition zur Verringerung der Abhängigkeit Deutschlands vom *OPEC*-Öl durch den Bau von an die 50 Kernkraftwerken unweigerlich nach sich ziehen müsse. Anders könne der Staat den mit der Nutzung der Atomkraft verbundenen besonderen Gefahren und Risiken nicht beikommen.

Das Feindbild *„Atomstaat"* wurde in Deutschland und Österreich, neben der Angst vor radioaktiver Strahlung, zu einer wichtigen treibenden Kraft von Massenbewegungen gegen den Bau von Atomkraftwerken, atomaren Wiederaufbereitungsanlagen und Endlagern für radioaktive Abfälle. An deren Bauzäunen kam es im Laufe der 80er Jahre zu bürgerkriegsartigen Auseinandersetzungen zwischen Demonstranten und Polizeikräften. Jungks Warnung vor dem „Atomstaat" inspirierte zudem den (durchaus verständlichen) Widerstand gegen die von der deutschen Bundesregierung angesetzte umfassende Volkszählung, deren Fragebogen sich nicht mit dem Registrieren demografischer Daten begnügte, sondern in seiner Detailliertheit auch bestens für das polizeistaatliche Ausspähen der Privatsphäre der Bürger geeignet schien.

Um der in Bedrängnis geratenen Nuklearindustrie zur Seite zu springen, trat Anfang 1986 der *Arbeitskreis Energie (AKE)* der *Deutschen Physikalischen Gesellschaft (DPG)* mit einer *„Warnung vor einer drohenden Klimakatastrophe"* vor die Presse. Um zu verhindern, dass der Ausstoß des „Treibhausgases" Kohlendioxid (CO_2) durch die Verfeuerung fossiler Brennstoffe zu einer Erwärmung der Erde und zu einem sintflutartigen Ansteigen des Meeresspiegels führt, gebe es nur den Weg des Umstiegs auf nukleare Brennstoffe, behaupteten die Physikprofessoren Fricke (Würzburg) und Heinloth (Bonn). Sie konnten nicht ahnen, dass nur wenige Monate später die (nicht durch den Normalbetrieb, sondern durch ein waghalsiges militärisches Experiment) ausgelöste Kernreaktorhavarie von Tschernobyl in der Ukraine scheinbar die schlimmsten Befürchtungen der Atomkraftgegner bestätigte und dem Image der Atomenergie einen Schlag versetzte, von dem es sich zumindest in Deutschland bis heute nicht wieder erholt hat.

Kaum jemand mochte danach noch eine Lanze für die Atomenergie brechen. Was sich aber in der veröffentlichten Meinung gehalten hat, ist deren Rechtfertigung durch eine angeblich drohende Klimakatastrophe. Diese, so schien es, konnte nur durch eine globale dirigistische Politik der Beschränkung und Rationierung des Ressourceneinsatzes und des Ausstoßes von „Treibhausgasen" abgewendet werden.

Ausgehend von Deutschland bekamen in den folgenden Jahren überall in der Europäischen Union (und darüber hinaus) wieder Anhänger einer planmäßigen hoheitlichen Ressourcenbewirtschaftung Oberwasser. Sie konnten sich dabei auf den 1972 erschienen Bericht des *Club of Rome, Grenzen des Wachstums,* und den 1987 veröffentlichten Bericht *Our Common Future* der *Weltkommission für Umwelt und Entwicklung* unter Vorsitz der damaligen norwegischen Ministerpräsidentin Gro Harlem Brundtland berufen. Dort wurde die ursprünglich von der *Internationalen Naturschutz-Union (IUCN)* in der *„Weltstrategie zur Erhaltung der Natur"* propagierte Idee des *sustainable use* oder *sus-*

tainable development (bedrohte Tier- und Pflanzenarten schützen, indem man ihre vor- und umsichtige Nutzung zulässt, anstatt hungrige Menschen durch Zäune und bewaffnete Ranger davon fernzuhalten) erstmals, wenn auch noch in sehr allgemeiner Form, zum Leitbild der Weltpolitik erhoben.

Danach soll unter *sustainable development* eine Entwicklung verstanden werden, *„die den Bedürfnissen der heutigen Generation entspricht, ohne die Möglichkeiten künftiger Generationen zu gefährden, ihre eigenen Bedürfnisse zu befriedigen und ihren Lebensstil zu wählen."* Statt als vernünftige, dem gesunden Menschenverstand entsprechende individuelle Handlungsmaxime, denen die meisten Menschen im familiären Rahmen ohnehin schon immer gefolgt sind, wurde *sustainable development* von nun an im Sinne eines nicht alltagspraktisch, sondern theoretisch-naturwissenschaftlich begründeten operativen globalen Ressourcen-Managements interpretiert.

Die Idee der rationellen Verwaltung der „einen Welt" beruht auf der Illusion der Berechenbarkeit von „Natur". Dieser Illusion hängen nach den philosophischen Diskussionen über die Bedeutung der Unschärferelation in der Quantenphysik kaum noch Physiker und Ingenieure an. Diese sind vielmehr in der Regel - ausgesprochen oder unausgesprochen - Anhänger der Falsifizierungstheorie Karl R. Poppers, die davon ausgeht, dass die außermenschliche Natur als Ganzes nicht exakt berechenbar ist, weil über deren Zusammenhänge und Funktionen nur Vermutungen (Hypothesen) angestellt werden können. Diese sind solange Arbeitsgrundlage, als sie nicht durch tauglichere beziehungsweise elegantere Hypothesen abgelöst werden.

Doch bei Geisteswissenschaftlern hält sich der Glaube, die sogenannten exakten Experimentalwissenschaften (engl. *sciences* - auf deutsch noch irreführender „Naturwissenschaften" genannt) beschäftigten sich tatsächlich mit *der* „objektiven" außermenschlichen Natur und nicht mit etwas von Menschen arrangierten, das sich im Labor kontrolliert verändern lässt.

In einem pluralistischen Gemeinwesen, das die Glaubens- und Entscheidungsfreiheit der Individuen respektiert, kann und darf man so etwas glauben. Gefährlich wird es, wenn den Menschen unter Androhung wirtschaftlicher Verluste und gesellschaftlicher Isolierung ein solcher Glaube als alleinseligmachend vorgeschrieben und gegen den Alltagsverstand des „Mannes auf der Straße" ausgespielt wird. Genau das geschieht aber inzwischen auf breiter Front. Viele westliche Regierungen, die sich im Kampf gegen den Terrorismus und islamischen

Fundamentalismus als Garanten der Aufklärung, als Verteidiger der Moderne gegen die Mächte der Finsternis aufspielen, halten sich längst selbst nicht mehr an das Postulat der Glaubensfreiheit, indem sie eine Religion, den Ökologismus, als objektive, wertfreie Wissenschaft ausgeben, die die Mehrheitsmeinung der Naturwissenschaftler widerspiegele. Personen, die dagegen wirklich wissenschaftlich argumentieren, indem sie darauf hinweisen, dass die behaupteten Naturzusammenhänge nur hypothetisch sein können und niemals Grundlage einer Staatsreligion sein dürfen, werden mit der Konsenskeule zum Schweigen gebracht.

Das geschlossene, dogmatische und deshalb in seinen politischen Konsequenzen totalitäre Weltbild der quasi offiziellen Lesart von *sustainable development* stützt sich auf die Vorstellung, die „eine Welt" sei ihrem Wesen nach ein System von Stoffkreisläufen, das die Menschen - bei Strafe ihres Untergangs - nicht stören dürften. Abstraktionen, Modelle und theoretische Konstrukte wie etwa die als Gedankenmodell durchaus interessante *Gaia*-Hypothese von James Lovelock (1988) oder das „Weltklima", die als Arbeitshypothesen der empirischen Forschung eventuell nützlich sein können, werden für reale Maschinen gehalten, die sich wie Computersimulationen steuern lassen.

Die Todsünde der industriellen Revolution, so der Heidelberger Historiker Rolf Peter Sieferle in seinem Buch *Der unterirdische Wald* (1982) und, darauf aufbauend, der Politikwissenschaftler Hans-Jochen Luhmann vom *Wuppertal Institut für Klima, Umwelt, Energie* in seiner Studie *Die Blindheit der Gesellschaft* (2001), bestehe im Öffnen, ja Zerreißen des globalen Kohlenstoffkreislaufs durch die massive Erschließung und Nutzung der fossilen Kohlenstoffquellen Kohle und Öl. Die Folge davon sei nicht nur eine absehbare Erschöpfung der fossilen Vorräte, sondern vor allem eine gefährliche Aufheizung der Atmosphäre durch den Ausstoß des als „Treibhausgas" wirkenden Verbrennungsprodukts Kohlendioxid (CO_2).

Der Historiker Joachim Radkau sympathisiert in seinem im Jahre 2000 erschienen Buch *Natur und Macht. Eine Weltgeschichte der Umwelt* mit dieser Sichtweise, indem er den *„Ökologismus"* (S. 335) ausdrücklich als die einzigdenkbare Alternative zum Kapitalismus hingestellt. In seiner im Jahre 2011 erschienen Weltgeschichte der Ökologie zeigt er sich hingegen eher skeptisch, indem er fragt, ob sich die Umweltbewegung mit dem Vorrang, den sie dem globalen Klimaschutz einräumt, nicht in einer Sackgasse verrannt hat.

Ob Erdöl tatsächlich eine absolut knappe Ressource biotischen Ursprungs ist, ist übrigens durchaus fraglich, seit der amerikanische Physiker Thomas Gold im Jahre 1999 eine ebenso geniale wie einleuchtende alternative Hypothese der Entstehung längerkettiger Kohlenwasserstoffe im oberen Erdmantel zur Diskussion gestellt hat. Diese Hypothese wurde inzwischen erhärtet, da es den texanischen und russischen Chemikern J. F. Kenny, Wladimir A. Kutcherow, Nikolai A. Bendeliani und Wladimir A. Aleksey gelang, aus festem Eisenoxid, Marmor und etwas Wasser unter Druck- und Temperaturverhältnissen, wie sie 100 Kilometer tief im Erdmantel herrschen (50.000 Bar und 1.500 °C), eine „Suppe" aus Kohlenwasserstoffen herzustellen, deren chemische Zusammensetzung der des Erdöls entspricht. Demgegenüber scheiterten bislang alle Versuche, aus biogenen Molekülen (wie Zucker) längerkettige Kohlenwasserstoffe herzustellen, was bei einer thermodynamischen Betrachtung nicht verwundern sollte (vgl. *Chemische Rundschau* 17/2002). Später konnten die genannten Forscher am Königlichen Schwedischen Technologie-Institut in Stockholm durch ein aufwändigeres Experiment demonstrieren, dass Erdöl unter hohem Druck und bei einer Temperatur von über 1000 Grad Celsius auch ohne Beteiligung fossiler Biomasse aus normalen Bestandteilen der Erdkruste wie Methan und Karbonaten entstehen kann.[1]

Es ist also eher unwahrscheinlich, dass die Rohöllagerstätten auf die Zersetzung von Plankton oder gar höherer Pflanzen zurückgehen, wie das bis heute allenthalben in Schulbüchern kolportiert wird. Erdgas und Erdöl bilden sich vielmehr höchstwahrscheinlich unter bestimmten Druck- und Temperaturverhältnissen in der Erdkruste ständig spontan neu und müssten insofern zu den „erneuerbaren" Energiequellen gerechnet werden. Ohnehin lässt die Kontinentalverschiebungstheorie von Alfred Wegener vermuten, dass der irdische Kohlenstoffkreislauf zu einem großen Teil, wenn nicht überwiegend abiotischer, das heißt geochemischer Natur ist. Durch Subduktionsprozesse gelangen danach große kohlenstoffhaltige Stücke der Erdkruste ruckartig in den breiartigen Erdmantel, wo sie eingeschmolzen werden. Dabei werden große Kohlenstoffmengen in Form von CO_2 und Methan freigesetzt, die in Rissen und Poren der Erdkruste nach oben wandern.

[1] http://www.nature.com/ngeo/journal/v2/n8/abs/ngeo591.html

Die Entdeckung großer Rohöllagerstätten unterhalb der ozeanischen Kruste, wo es nach der bislang gängigen Theorie gar kein Öl geben dürfte, scheint diese Sicht zu bestätigen. Allerdings kann es nur durch eruptive Prozesse so nahe an die Erdoberfläche gelangen, dass es auf wirtschaftlich vertretbare Weise nutzbar gemacht werden kann. Der objektive Überfluss von Kohlenwasserstoffen in der Erdkruste schließt also zeitweilige relative Verknappungen nicht aus.

Jedenfalls zeigt gerade die gedankenlos als Beleg und Ansatzpunkt für Stoffkreisläufe und Kreislaufwirtschaft angeführte These vom *Peak Oil* (das Überschreiten des Gipfels der Ölförderung in etwa zehn Jahren aufgrund der Erschöpfung der Ölvorräte), dass das Weltbild der Ökologie auf fragwürdigen theoretischen Konstrukten beruht, die zur totalitären Fiktion wird, wenn sie nicht dem Falsifikationskriterium von Karl R. Popper unterworfen wird. Möglicherweise ohne das zu beabsichtigen, locken uns die Verfechter einer politischen Ökologie damit in eine gefährliche Falle. Denn hinter der Ökologie (deutsch: „Hauswissen") steht ein paternalistisches Deutungs- und Ordnungsmodell, das (wie eingangs erwähnt) auf die protestantische „Hausväterliteratur" des 16. und 17. Jahrhunderts zurückgeht. Dieses geschlossene und hierarchische, religiös-monarchistische Weltbild wurde zwischenzeitlich eigentlich vom offenen Markt als egalitäres, demokratisches Modell abgelöst (vgl. Holenstein, 2002) und musste im 20. Jahrhundert in Form der Autarkiepläne der Nationalsozialisten künstlich wiederbelebt werden. Schon bei den Nazis spielten übrigens Windkraft- und Wasserstoffprojekte die Rolle von Hoffnungsträgern.

Zwar hat die Ökologie auch evolutionstheoretische Ursprünge, doch hatte Darwin selbst ein ambivalentes Verhältnis zum Hausmodell, da er in seiner Jugend stark von der Physico-Theologie beeinflusst war (vgl. Gärtner, 1981) und später, wie es scheint, bewusst den Eindruck erweckte, seine Selektionstheorie stehe in deren Tradition.

Die heute tonangebende Vulgärökologie legt jedenfalls die Vorstellung nahe, die aus den Fugen geratene Welt durch eine Umverteilung von Ressourcen wieder in Ordnung bringen zu können. Um das zu erreichen, muss der Hausvater beziehungsweise der (glücklicherweise) noch nicht existierende Weltstaat aber vorgeben, eine Gesamtübersicht über die Probleme und das für deren Lösung notwendige Wissen zu besitzen oder solches zumindest auf „Erd-Gipfeln" wie in Rio de Janeiro oder Johannesburg in Diskursen zusammentragen zu können. Und wenn es sich dabei zeigt, dass die Menschen dieses „Hauswissen" gar nicht erlangen können, dann müssen die Berufspolitiker, um das ökologische Weltbild zu retten, einfach in Form politischer Übereinkünfte nach dem Modell des auf der Rio-Konferenz verabschiedeten *Rahmenübereinkommens der Vereinten Nationen über Klimaänderungen (Klimarahmenkonvention)* und des darauf aufbauenden Kioto-Abkommens von 1997 so tun, als hätten sie Über- und Durchblick, und qua Mehrheitsbeschluss beziehungsweise politischem Kuhhandel festlegen, was als Wahrheit zu gelten hat.

In der Konsequenz läuft diese Sicht der Dinge, wie ich im folgenden zeigen möchte, auf die Behauptung hinaus, die politische Instrumentalisierung der Wissenschaft nach dem Muster der voluntaristischen Genetik eines Trofim Lyssenko oder der nationalsozialistischen Rassen- und Lebensraumtheorie und deren Umsetzung in einem System planwirtschaftlicher Ausbeutung und Knechtschaft sei nachhaltiger als individuelle Glaubensfreiheit, Wettbewerb und Evolution ohne vorgegebene quantifizierte materielle Ziele.

Der Eiertanz um die „post-normal science“

DAS ELBEHOCHWASSER IM August 2002 spielte, wie schon erwähnt, keine geringe Rolle im Wahlkampf von Bundeskanzler Gerhard Schröder und seines Umweltministers Jürgen Trittin. Man erinnert sich noch, wie sie die Flut in Gummistiefeln vor laufenden Kameras als Vorboten der angekündigten Klimakatastrophe deuteten und für die Fortsetzung der von der ersten rot-grünen Bundesregierung mit dem *Gesetz über den Vorrang Erneuerbarer Energien (EEG)* in die Wege geleiteten massiven Vermehrung zwangssubventionierter Windräder warben. Einen Vorläufer hatte das *EEG* freilich schon in der Regierungszeit des Christdemokraten Helmut Kohl, als die Energieversorgungsunternehmen 1991 verpflichtet wurden, alternativen Strom aus „erneuerbaren“ Energiequellen jederzeit in ihre Netze einzuspeisen.

Der vom Bundesministerium für Bildung und Forschung (BMBF) eingesetzte *Sachverständigenkreis „Globale Umweltaspekte“ (SV GUA)* brachte hingegen schon in der Vorbemerkung seines Ende 2003 vorgelegten Abschlussberichts den Hinweis: *„Ein kausaler Zusammenhang eines einzelnen Extremereignisses (wie etwa der Flutkatastrophen des Sommers 2002) mit einer beginnenden Veränderung des Globalklimas ist wissenschaftlich nicht belegbar.“* (S. 6). Statistische Untersuchungen würden keine Korrelation zwischen der Häufigkeit von Extremniederschlägen und der Entwicklung der bodennahen Temperatur zeigen.

Das vom Essener Physikochemiker Reinhard Zellner geleitete Gremium, dem nicht nur Naturwissenschaftler wie die Klimaforscher Guy Brasseur (Hamburg), Martin Claussen (Potsdam) und Jörn Thiede (Bremerhaven), sondern mit dem Volkswirtschaftler Gunter Stephan (Bern) und dem Soziologen Peter Weingart (Bielefeld) auch kritische Sozialwissenschaftler angehörten, beklagte, Politik und Medien hätten sich in den letzten Jahren darauf versteift, im Klimawandel etwas Böses zu sehen, das es zu verhindern gelte - koste es, was es wolle. Doch es sei gar nicht möglich, den Klimawandel aufzuhalten: *„Die bisherige pauschale Annahme, dass Klimaänderungen ‚negativ' zu sehen seien, sollte durch eine vorurteilsfreie Sicht ersetzt werden, da es nicht um ‚gut' und ‚schlecht' geht, sondern darum, wie mit dem, was da kommt, rational umgegangen wird"* (S. 52). Das Kioto-Abkommen sei jedenfalls nicht geeignet, das Klima zu stabilisieren. Es habe lediglich politische Bedeutung, denn vor dem Jahr 2050 sei von der Umsetzung der in Kioto eingegangenen Reduktionsverpflichtungen kein Einfluss auf die Entwicklung der globalen Durchschnittstemperatur zu erwarten. Ohnehin sei dieser Mittelwert für die Ökologie und die menschliche Gesellschaft belanglos. Vielmehr komme es auf die lokalen Auswirkungen des Klimawandels an, die aber kaum absehbar seien.

Unter dem parteilosen Minister Werner Müller hatte das Bundeswirtschaftsministerium die Kosten der in Kioto von der deutschen Bundesregierung übernommenen Verpflichtung zur Reduktion der „Treibhausgase" Kohlendioxid, Methan, Lachgas, Fluorkohlenwasserstoffe und Schwefelhexafluorid bis zum Jahre 2020 auf nicht weniger als 256 Milliarden Euro geschätzt (versteckt in einer Tabelle auf Seite 41 des zensierten Energieberichts vom Oktober 2001). Später verkündete die zweite rot-grüne Regierung in Berlin, sie werde an dieser Verpflichtung auch dann festhalten, wenn das Kioto-Abkommen, wie damals befürchtet, gar nicht in Kraft treten sollte. Die Mitglieder des Sachverständigenkreises bezweifelten in verklausulierter Form die vernünftige Begründbarkeit dieser Entscheidung, denn es liegt auf der Hand, dass es für 250 Milliarden Euro nützlichere Verwendungsmöglichkeiten gäbe.

Die Ausblendung von Kostenüberlegungen wurde inzwischen unter der von Angela Merkel geführten schwarz-gelben Regierung zum System. Der nach der Reaktorhavarie von Fukushima im März 2011 hastig verkündete Abschied Deutschlands von der Atomkraft kostet nach Schätzung des *Siemens*-Konzerns 1,7 Billionen (!) Euro. Aber kaum jemand in Deutschland spricht darüber.[2]

Dabei stellten die Ratsmitglieder die dem Abkommen von Kioto zugrunde liegende Annahme, zumindest die in den vergangenen drei Jahrzehnten gemessene leichte Erwärmung der Erde gehe überwiegend auf das Konto menschengemachter CO_2-Emissionen zurück, nicht grundsätzlich in Frage. Das scheint aber von vornherein festgestanden zu haben; stringent herleiten lässt sich dieser Schluss aus den Aussagen der Studie keineswegs. Denn immerhin gehen die Forscher davon aus, die Erwärmung in der ersten Hälfte des 20. Jahrhunderts gehe wahrscheinlich nicht auf den umstrittenen „Treibhauseffekt", sondern auf verstärkte Sonnenaktivität zurück. Sie gaben auch offen zu, dass die Ergebnisse der von ihnen untersuchten mathematischen Klimamodelle entscheidend von grob geschätzten Eingabegrößen abhängen und dass die Modellrechnungen gleich mehrere Unbekannte (wie Veränderungen der Landnutzung wie Urbanisierung oder Waldrodung, des Aerosol- und Wasserdampfgehalts der Atmosphäre beziehungsweise der mittleren Wolkenbedeckung der Erde unter dem Einfluss von Schwankungen der Sonnenaktivität und der kosmischen Strahlung) enthalten, deren potenzieller Einfluss auf die Entwicklung der globalen Durchschnittstemperatur größer ist als der angenommene Einfluss menschengemachter „Treibhausgase". Sie weisen auch darauf hin, dass das bislang wärmste Jahr seit Menschengedenken (1998) mit Sicherheit nicht auf CO_2, sondern auf ein *El Niño*-Ereignis zurückgeht.

Zudem scheint es in den letzten 10.000 Jahren mehrmals deutlich wärmer gewesen zu sein als heute: *„Rekonstruktionen belegen, dass die Alpen während der letzten zehntausend Jahre wiederholt nahezu frei von Gletschern waren"*, heißt es in der Studie (S. 43). Baumleichen, die man heute infolge des Abschmelzens von Gletschern weit oberhalb der aktuellen Waldgrenze findet, sprechen da übrigens für sich. Auch eine Rekonstruktion des Wechsels von Kalt- und Warmzeiten in den letzten 400.000 Jahren aufgrund von Bohrkernen des Antarktis- oder Grönland-Eises erlaube es nicht, die Rolle von CO_2 für die Entwicklung der globalen Durchschnittstemperatur zu klären, stellt der Beirat fest, zumal die in der Studie (S. 33) abgebildete Temperaturkurve der CO_2-Kurve immer vorauseilt und somit darauf hinweist, dass die CO_2-Zunahme der Erwärmung folgte und nicht umgekehrt.

---

[2] So *Reuters* am 17. Januar 2012, http://tinyurl.com/87rgmaq.

Unter normalen Umständen dürfte also kaum jemand großes Aufheben von der CO_2-Erwärmungs-Hypothese machen. Sie würde wohl gerade noch für diskussionswürdig erachtet. Doch die Klimaforschung sei eben keine normale Naturwissenschaft, sondern *post-normal science,* meinen die Sachverständigen. Unter *„post-normal"* verstehen sie folgende Situation: *„Große Unsicherheit und hohe Risiken sind miteinander gekoppelt. Die Unsicherheit kann nur in einem beschränkten Maße durch weitere Forschung vermindert werden; oftmals erhöht die Forschung die Unsicherheit im Umgang mit dem Problem als Ganzes."* (S. 53).

Daraus folge: *„Wissenschaft ist nicht mehr der wichtigste gesellschaftliche Ratgeber, und wissenschaftliche Argumente sind nicht die einzigen, die in den Köpfen der Wissenschaftler wirken. Klimaforschung wird damit zu einem sozialen Prozess, und in einem demokratischen System ist es angezeigt, den Beratungsprozess und seine Dynamik im Hinblick auf vorgefasste Meinungen [...] zu analysieren. [...] Es ist an der Zeit, die Forschung programmatisch neu zu gestalten, d.h. in einem genuinen transdisziplinären Verbund, um Öffentlichkeit und Politik über die Problematik der Klimaänderung ‚holistisch' beraten zu können"*, fordert der *SV GUA* (S. 54).

Mit diesem Hinweis haben die Wissenschaftler ein Fass aufgemacht, das sich als Büchse der Pandora erweisen könnte. Denn es geht dabei nicht lediglich um die Einsicht, dass die (Natur-) Wissenschaft niemals zur einzigen beziehungsweise ausschlaggebenden Informationsquelle für individuelle und kollektive menschliche Entscheidungen werden kann. Es geht vielmehr um die Frage, welcher Stellenwert dem freien Markt als Informationsquelle im Vergleich zu mehr oder weniger politisierten Naturwissenschaften und davon abgeleiteten quasireligiösen Vorstellungen eingeräumt wird.

Das Konzept der *post-normal science (PNS)* beruht auf einer theoretischen Begründung, die die neo-marxistischen Wissenschaftsphilosophen Silvio Funtowicz und Jerome Ravetz unter dem Titel *Values and Uncertainties*[3] schon im Jahre 1991 lieferten. In Situationen höchster Ungewissheit brauchen sich die Forscher danach nicht mehr an der regulativen Idee der Wahrheit zu orientieren. Vielmehr sollen sie auf die Qualität ihrer „Erzählung" *(narrative)* achten.

Während „normale" Naturwissenschaft nach dem inzwischen schon als „klassisch" genannten Modell im Buch *Die Struktur wissenschaftlicher Revolutionen* von Thomas S. Kuhn (1962) im Rahmen eines allgemein anerkannten Paradigmas auf experimentellem Wege nach

---

[3] http://www.springerlink.com/content/gwl6mk207jx0832j/

reproduzierbarem, wirtschaftlich nützlichen Wissen sucht, orientiert sich „postnormale" Wissenschaft an neuen Leitbildern wie „Vorsorge", „Klimaschutz" und „ökologische Nachhaltigkeit" oder auch „soziale Gerechtigkeit".

Die herkömmliche Wahrheitssuche kann/soll im Grunde genommen verdrängt werden durch die diskursive Einigung auf etwas, das als Wahrheit gelten soll. So wird ergebnisoffene Wissenschaft am Ende durch politisch nützliche Fiktionen einer geschlossenen Welt ersetzt. Die Grenze zwischen gutmenschlicher Selbsttäuschung und organisierter Irreführung der Öffentlichkeit wird fließend. Es erscheint auf der Grundlage des PNS-Konzepts durchaus erlaubt, die direkte oder indirekte Ermittlung von Temperaturdaten so zu manipulieren, dass sie in die Geschichte von der menschlich verursachten globalen Erwärmung passen, da es den postnormalen Wissenschaftlern ja in erster Linie darum geht, „guten" politischen Zielen wie der massiven Subventionierung unwirtschaftlicher „erneuerbarer" Energien oder dem CO_2-Emissionshandel zum Durchbruch zu verhelfen.

So entstand Michael Manns berühmt-berüchtigte „Hockeyschläger"-Kurve der Temperaturentwicklung in den letzten tausend Jahren. Im Spätherbst 2009 sind diese Manipulationen im *ClimateGate*-Skandal ruchbar geworden.

Was unter *post-normal science* aus der Sicht der Politischen Ökologie zu verstehen ist, hat Hans-Jochen Luhmann, Abteilungsleiter im *Wuppertal Institut für Klima, Umwelt, Energie,* in einer in der Nummer 4/2003 der *Zeitschrift für Umweltpolitik und Umweltrecht* erschienenen Rezension offenbart: *„Es ist die Handlungs-, die politische Perspektive, die die Naturwissenschaft einnimmt (und sie dadurch zur Umweltwissenschaft mutieren lässt) und die es ihr zugleich ermöglicht, aus dem viel reicheren Geflecht von Ursachen, welche sich rein naturwissenschaftlich gesehen anbieten, einzelne auszuzeichnen und sie als ‚die' Ursachen zu kennzeichnen. Insofern ist das framing zwar eine Leistung der Naturwissenschaft, und sie ist auch ohne jede Willkür. Aber die Beschränkung ihrer Definitionsfreiheit [...] ergibt sich erst dadurch, dass sie eine Handlungs-, d.h. eine pragmatisch/politische Perspektive einnimmt – also dadurch, dass die Naturwissenschaft zur Umweltwissenschaft wird."* (S. 521). Das erinnert unwillkürlich an die „deutsche Physik" unseligen Angedenkens. Und zwar vor allem deshalb, weil hier das *„framing"* nicht in erster Linie den Bedingungen des freien Marktes, sondern Politik und Wissenschaft (oder was man dafür hält) zugeschrieben wird.

Beide sind zwar nicht unwichtig. In einer freiheitlichen Marktwirtschaft sollte aber der Markt selbst als wichtigste Informationsgrundlage für wirtschaftliche Entscheidungen betrachtet werden. Nicht durch die Existenz von Märkten unterscheidet sich die Marktwirtschaft von hauswirtschaftlichen Plan- bzw. Rationierungssystemen, denn Märkte hat es überall und zu allen Zeiten gegeben - und sei es vielleicht auch nur in Form von Schwarzmärkten oder eher folkloristischer Wochen- oder Jahrmärkte. Worauf es ankommt, ist die Lokalisierung der Informationsbasis. Gilt nicht der Markt, sondern eine politisierte Wissenschaft bzw. Ersatzreligion als wichtigste Informationsquelle, wird der Markt (wie jetzt an den Verfilzungen der politisierten Windwirtschaft oder am europäischen Emissionszertifikatehandel ersichtlich) zum bloßen Transmissionsriemen, wenn nicht zum dekorativen Beiwerk polizeistaatlicher Planwirtschaft.

Der europäische Emissionshandel wird zur Farce

DASS DIESE BEFÜRCHTUNG nicht übertrieben ist, zeigt die Entwicklung der „Klimapolitik" in der Europäischen Union. Der am 23. Oktober 2001 von der EU-Kommission vorgelegte Richtlinienvorschlag für ein ab 1. Januar 2005 verbindliches EU-weites verpflichtendes System des Handels mit „Treibhausgasemissionsberechtigungen" (CO_2-Zertifikaten) zwischen einigen Tausend Industrieunternehmen hatte zunächst beim *Bundesverband der Deutschen Industrie (BDI)* und beim *Verband der Chemischen Industrie (VCI)* die Alarmglocken läuten lassen. Denn dieser Vorschlag unterschied sich grundlegend von dem von der Bundesregierung und von der deutschen Wirtschaft (im Hinblick auf die Erfolge des Handels mit SO_2-Emissionslizenzen in den USA) bei den Kioto-Verhandlungen befürworteten freiwilligen Einstieg in den CO_2-Emissionshandel mit einer ergebnisoffenen Pilotphase. Er strebt vielmehr ein dem bewährten Industrieanlagenrecht völlig fremdes System einer zwangsweisen verknappenden „Bewirtschaftung der Luft" an.

Ab 1. Januar 2005 sollten danach zunächst rund 10.000 ausgewählte Anlagen der Energie-, Stahl-, Chemie-, Papier-, Keramik und Baustoffproduktion CO_2 nur noch im Rahmen hoheitlich von den Einzelstaaten zugeteilter Lizenzen emittieren dürfen. Die Zuteilung der anfänglich für drei und später für maximal fünf Jahre gültigen Zertifikate erfolgt zunächst unentgeltlich. Danach sollen sie teilweise versteigert werden. Die EU-Kommission rechnete mit einem Zertifikatspreis von 25 bis 33 Euro je Tonne CO_2. Ein vom *BDI* bei der auf öffentliches Wirtschaftsrecht und Umweltregulierung spezialisierten internationalen Anwaltssozietät *Freshfields Bruckhaus Deringer* in Auftrag gegebenes Rechtsgutachten, das im Februar 2002 vorgelegt wurde, kam zum Schluss, dass das rigide Konzept der EU mit den auf der Kioto-Konferenz und den Folgekonferenzen in Den Haag, Bonn und Marrakesch diskutierten flexiblen Ansätzen wie *Joint Implementation (JI), Clean Development Mechanism (CDM)* und der Anrechnung von „Kohlenstoffsenken" zwischen verschiedenen Ländern und Erdregionen nur noch wenig gemein hat. Vielmehr müsse jedes einzelne Unternehmen seine „Kioto-Gas-Emissionsrechte" im Rahmen des EU-weiten *CO_2-Cap* mit den zuständigen nationalen Behörden aushandeln. Die aufgrund nationaler Zuteilungspläne (Rationierungen) erteilten Emissionsberechtigungen sind dann frei handelbar. Das Emittieren von *„Kioto-Gasen"* wird also einer dirigistischen staatlichen Bewirtschaftungsordnung unterstellt. *„Die Umsetzung des Richtlinienentwurfs bedeutet für das deutsche Immissionsschutzrecht einen grundlegenden Systemwechsel: von einen freiheitsgestaltenden Recht zu einer Bewirtschaftungsordnung"*, unterstrich das Rechtsgutachten. Diese Einschätzung gilt auch heute noch, obwohl die Auftraggeber des Rechtsgutachtens sich inzwischen dem Primat der Politik beugen mussten.

Nach Ansicht von Dr. Klaus Mittelbach, damals Leiter der Abteilung Umweltpolitik beim *BDI*, droht durch den EU-Richtlinienvorschlag *„die Rückkehr zur Planwirtschaft"*, denn in Zukunft könnte mit Hilfe der EU-weiten Lastenverteilung von der Brüsseler Bürokratie entschieden werden, wo energieintensive Industriezweige expandieren dürfen oder gedrosselt werden müssen. Wie richtig er damals mit diesen Befürchtungen lag, zeigt die von EU-Umweltkommissar Stavros Dimas am 10. Januar 2007 erhobene Forderung, die EU brauche eine *„Kriegswirtschaft"* (i. e. Planwirtschaft), um die Treibhausgasemissionen bis 2020 um 20 Prozent zu reduzieren, die Abhängigkeit der EU von importierten Kraftstoffen zu vermindern und eine neue *„industrielle Revolution"* einzuleiten.

Offenbar, so der Brüsseler *VCI*-Repräsentant Reinhard Quick vor der Einführung des Emissionshandels, sei die EU-Kommission nicht bereit, aus den Erfolgen der in Deutschland praktizierten Politik freiwilliger Selbstverpflichtungen zu lernen. Deutschland habe mit einer CO_2-Reduktion von 18,7 Prozent im Vergleich zu 1990 seine Kioto-Verpflichtung im Rahmen der EU fast erreicht, während das Gesamtreduktionsziel der EU von 8 Prozent bis 2012 wegen stark steigender CO_2-Emissionen in anderen EU-Ländern höchstwahrscheinlich nicht erreichbar sei. Nun gefährde die EU-Kommission mit ihrem Ansinnen, zunächst bestimmten und später allen Industrien die Teilnahme am Emissionshandel zwingend vorzuschreiben, ausgerechnet die Fortsetzung des bislang effizientesten Politikansatzes, indem sie Selbstverpflichtungen den Boden entzieht.

Die aktualisierte Selbstverpflichtung des deutschen Chemieverbandes *VCI* sieht zwischen 1990 und 2012 eine absolute Reduktion der CO_2- und N_2O-Emissionen um 45 bis 50 Prozent sowie eine Senkung des spezifischen Energieeinsatzes um 35 bis 40 Prozent vor. Bislang wurde in der Chemiebranche bereits eine Verminderung der absoluten CO_2-Emissionen von 65 auf 44 Millionen Tonnen, das heißt um über 30 Prozent erreicht. Da die eigene Energieerzeugung der chemischen Industrie, auf die etwa die Hälfte des verbleibenden energiebedingten CO_2-Ausstosses entfällt, bereits zu fast 90 Prozent mit Hilfe höchst effizienter Kraft-Wärme-Koppelungsanlagen (KWK) erfolgt, ist das Einsparpotential hier fast ausgeschöpft.

Beim Fremdstrombezug, auf die die andere Hälfte der energiebedingten CO_2-Emissionen entfällt, hängt das CO_2-Einsparpotential vom Mix der eingesetzten Primärenergieträger ab. Dieser wird in Deutschland zu etwa 60 Prozent von der Kohle dominiert. Ein von *E.ON, RWE, HEW/LAUBAG/VEAG,* der *BASF* sowie der *Industriegewerkschaft Bergbau, Chemie, Energie (IG BCE),* den Verbänden der Zement-, Glas- und Papierindustrie und vom *Gesamtverband des deutschen Steinkohlebergbaus* beim *Rheinisch-Westfälischen Institut für Wirtschaftsforschung (RWI)* und der *Arbeitsgemeinschaft Energiepolitik (AGEP)* an der Universität Münster/Westfalen in Auftrag gegebenes Gutachten kam zum Schluss, dass die Strompreise in Deutschland bei einem Zertifikatspreis von 30 Euro je Tonne CO_2 um ein Drittel steigen könnten. Selbst bei einem Zertifikatspreis von nur 25 Euro/t, so rechnete der *VCI* vor, sei die Kostenbelastung der Chemie höher als durch die Ökosteuer. Eine weitere CO_2-Reduktion ginge also an die Substanz.

Die Genehmigung der Fortführung der Sonderregelung zur Schonung energieintensiver Industrien bei der deutschen Ökosteuer wurde von der EU-Kommission im Übrigen von der Erfüllung und Aktualisierung der Branchenselbstverpflichtungen abhängig gemacht. Damit, so der *VCI,* sei das Instrument der Selbstverpflichtung von der EU-Kommission ausdrücklich anerkannt worden. Deshalb widerspreche der Richtlinienentwurf über den Emissionshandel früheren Beschlüssen der EU-Kommission.

Das ist aber beileibe nicht der einzige Widerspruch. Das zitierte Gutachten der Sozietät *Freshfields Bruckhaus Deringer* weist zum Beispiel auf Voraussetzungen der Anlagengenehmigung nach der deutschen *BImSchV* beziehungsweise der EU-Richtlinie über den integrierten Umweltschutz (IVU-Richtlinie 96/61/EG) wie den Bau aufwändiger Filter für die Eliminierung von SO_2, No_x und Quecksilber hin, die üblicherweise zu einem höheren Energiebedarf und damit zu einem Mehrausstoß von CO_2 führen. Die Juristen bestätigten so die Befürchtung, die einseitige Konzentration der EU auf den politischen Verdachtsstoff CO_2 beziehungsweise auf den Kohlenstoffkreislauf könne die Bekämpfung echter Schadstoffe im Endeffekt sogar behindern.

Ohnehin erscheint CO_2 selbst auf dem Hintergrund der quasi offiziellen Treibhaushypothese als zweit-, wenn nicht drittrangiges „Treibhausgas". Würde sich die „Klimapolitik" auf das wichtigste „Treibhausgas", den Wasserdampf, konzentrieren, könnte jedermann sofort sehen, wie lächerlich der ganze Rationierungsansatz ist.

Damit der Zertifikatehandel überhaupt in Gang kommt, müsste überdies die geltende IVU-Richtlinie mit der darin enthaltenen Energieeffizienzauflage außer Kraft gesetzt werden: *„Werden sämtliche Unternehmen in gleicher Weise durch Auflagen verpflichtet, energieeffizient zu handeln und dadurch zugleich Treibhausgasemissionen zu reduzieren, läuft die Handelsmöglichkeit faktisch leer, weil sich keine Käufer für überschießende Emissionsberechtigungen finden. Das könnte zu einer Illiquidität des Marktes für Emissionshandel insgesamt führen"*, folgerte das Gutachten von *Freshfields Bruckhaus Deringer* damals. Gleichzeitig erwüchsen deutschen Anlagenbetreibern und Neuinvestoren aus der Inkompatibilität des Bewirtschaftungssystems mit der im Grundgesetz garantierten Eigentums- und Berufsfreiheit *„erhebliche Risiken bei der Zuteilung."*

Durch die Inkraftsetzung des Kioto-Vertrags wurden diese Befürchtungen zur harten Realität. Die Industrie ist daran freilich selbst nicht unschuldig, da sie die Politik sogar noch ermuntert hat, „Klimaschutzmaßnahmen" zu beschließen – offenbar im Glauben, „Kioto" werde wegen der Undurchsichtigkeit und Widersprüchlichkeit der Klimamodelle, auf die es sich stützt, und wegen der Interessensdivergenz seiner Unterzeichner ohnehin niemals umgesetzt.

„Künftig wissen wir nur für höchstens fünf Jahre, ob sich unsere Anlagen überhaupt rentieren", resümierte Reinhard Quick vom *VCI*. Sein Verband machte darüber hinaus an Hand von Beispielrechnungen deut-

lich, dass es künftig in etlichen Sektoren der Chemieindustrie billiger käme, die Produktion in nicht reglementierte Länder zu verlagern und den Verkaufserlös aus vorhandenen Emissionslizenzen als „Stilllegungsprämie“ zu verbuchen. Wie im Falle der schon seit längerem in der europäischen Landwirtschaft mit den vom Verkauf ihrer Milchquoten lebenden „Sofamelkern“ käme es dann auch in bislang nicht oder kaum subventionierten Industriezweigen wie der Chemie zu Geldzahlungen für Produktionseinschränkungen beziehungsweise Betriebsstillegungen, das heißt für Nichtstun. Die Logik des „Wohlfahrtsstaates“ hätte wieder einmal über die Logik der Eigeninitiative und des Wettbewerbs auf freien Märkten gesiegt.

Durch den im Dezember 2002 erzielten Kompromiss zwischen der deutschen Regierung und der EU-Kommission über den Einstieg in den Handel mit CO_2-Emissionsrechten wurde diese Entwicklung nur vorläufig abgewendet. Danach sollten den betroffenen Unternehmen der Branchen Energieversorgung, Stahl, Zement, Glas, Papier und Karton sowie Ziegeleien die CO_2-Emissionslizenzen bis 2007 anlagenbezogen kostenlos zugeteilt und nicht versteigert werden. Unternehmen, die die ihnen zugestandenen Höchstmengen unterschreiten, können überschüssige Lizenzen verkaufen. Die Teilnahme am Emissionshandel sollte aber zunächst freiwillig bleiben. Erst ab 2008 wurde die Teilnahme am EU-System für alle Unternehmen verbindlich. Bis 2007 sollten Ausnahmegenehmigungen für einzelne Anlagen möglich sein, die die Auflagen auf andere Weise erfüllen. Die EU-Kommission erkannte die in Deutschland seit 1990 aufgrund freiwilliger Vereinbarungen erreichten Fortschritte ausdrücklich an und räumte die Möglichkeit ein, Emissionslizenzen branchenbezogen zu bündeln. Dafür wurde aber die Möglichkeit eines *„Opt Out“* eingeschränkt. Nach Ansicht deutscher Kraftwerksbetreiber schafft dieser Kompromiss noch immer keine Planungssicherheit für Investitionen in neue Braunkohlekraftwerke. Und der *Verband der Chemischen Industrie* sieht im Emissionshandel nach wie vor ein generelles Hindernis für Investitionen in energieintensive Industriesparten.

Zu denken gibt die Tatsache, dass sich im Europa-Parlament offenbar niemand daran störte, dass in Zukunft Produktionsbetriebe, die sich in der EU neu ansiedeln wollen, neben den Hürden der Genehmigungsverfahren und der Investitionskosten auch noch die Hürde des Erwerbs von Emissionslizenzen überwinden müssen. Wie wollen die Befürworter des Handels mit Emissionslizenzen dem Verdacht entgegentreten, hinter der „Klimapolitik“ verberge sich eine Art Klassenkampf des mit schwarz-grüner und roter staatlicher Bürokratie verbündeten Finanzkapitals gegen Industrie und Mittelstand?

Die Dummheit erringt einen Etappensieg

BUNDESUMWELTMINISTER JÜRGEN TRITTIN sah Grund zum Jubeln, als die EU-Kommission am 7. Juli den zum 31. März 2004 pünktlich in Brüssel vorgelegten ersten deutschen *Nationalen Allokationsplan (NAP)* für Treibhausgas-Emissionsrechte mit geringen Abstrichen annahm: *„Die Kommission hat ein erfreuliches und richtungsweisendes Signal gesetzt. Sie hat den deutschen Plan, der schon in der ersten Handelsperiode eine Reduzierung der CO_2-Mengen vorsieht, insgesamt genehmigt. Dies ist eine Bestätigung der ambitionierten deutschen Klimaschutzpolitik."* Was er dabei verschwieg: Außer Deutschland und Großbritannien verlangte kein anderes EU-Land von seiner Industrie bereits vom Start weg eine Verminderung des CO_2-Ausstoßes. Stattdessen wurden die Zuteilungen anderswo so bemessen, dass großer Spielraum für wirtschaftliches Wachstum (und statistische Manipulationen) bleibt.

Nach der Sommerpause war denn auch von Trittins Begeisterung nicht mehr viel übrig. Anfang September 2004 kündigte er an, vor dem Europäischen Gerichtshof gegen die EU-Kommission klagen zu wollen, wenn diese nicht bis zum 22. September ihre Einsprüche gegen Passagen des deutschen *NAP* zurück nehmen würde, die der Verhinderung von Missbrauch dienen sollten. Zum Beispiel gibt es im deutschen *Treibhausgas-Emissionshandelsgesetz* Vorkehrungen gegen die Erschwindelung von *„Stilllegungsprämien"* durch einen Scheinbetrieb von Anlagen, die in der Annahme, sie würden dauerhaft weiter betrieben, Emissionsberechtigungen erhalten haben. *„Ein Betreiber, der mit falschen Zahlen operiert, soll nach dem Willen der Kommission erschwindelte Emissionsrechte behalten dürfen"*, entrüstete sich Trittin. Die Kommission akzeptiere nicht einmal die in Deutschland vorgesehene Korrektur der Prognose der Anlagenauslastung für das Jahr 2007, auf deren Basis die Emissionsrechte-Zuteilung erfolgt, klagte Trittin.

An diesem Beispiel zeigt sich, welche Schwierigkeiten sich die Politik einhandelt, wenn sie reale oder herbeigeredete Probleme planwirtschaftlich zu lösen versucht. Nach Schätzungen des europäischen Industrieverbandes *UNICE* verschlang die „Klimapolitik" schon vor drei Jahren etwa 0,3 Prozent der gesamten Wirtschaftsleistung der EU – mit steigender Tendenz. Diese prozentuale Angabe erscheint bescheiden. Doch entspricht sie etwa einem Drittel der Gesamtkosten der EU-Institutionen! Dennoch könne damit die globale Treibhausgaskonzentration selbst bei optimistischen Annahmen allenfalls um ein Prozent vermindert werden, rechnete der damalige *UNICE*-Präsident Jürgen Strube (Ex-Chef der *BASF*) Anfang Juli 2004 vor. Dieser Effekt werde aber allein durch den Wirtschaftsboom in China mehr als wettgemacht - ein Trend, der sich durch die bereits begonnene Abwanderung von Industrien aus Westeuropa noch verstärken dürfte.

China unterliegt als „Entwicklungsland" nicht dem Kioto-Abkommen. Aber auch die im Annex I des Kioto-Abkommens aufgeführten „Industrieländer" werden ihren CO_2-Ausstoß, zusammen genommen, bis 2012 höchstwahrscheinlich um mindestens 10 Prozent erhöhen. Allein im Jahre 2003 stieg der globale CO_2-Ausstoß nach einer im September 2004 von Hans-Joachim Ziesig vom *Deutschen Institut für Wirtschaftsforschung (DIW)* in Berlin vorgelegten Studie (vgl. *Wochenbericht des DIW* 37/04) um ganze vier Prozent!

Nachdem die russische Staats-Duma im Oktober 2004 sich nach langem Zögern gegen das klare Votum der Russischen Akademie der Wissenschaften aus rein politischen Gründen (gegen die Zusage der EU, Russlands Aufnahmeantrag in die Welthandelsorganisation *WTO* zu unterstützen) für die Ratifizierung des Kioto-Abkommens durch Russland ausgesprochen hatte, konnte dieses schließlich in Kraft treten. Auf der Klimakonferenz von Kioto im Dezember 1997 hatte sich die EU verpflichtet, ihre CO_2-Emissionen bis zum Jahre 2010 (Bemessungsperiode 2008 bis 2012) gegenüber 1990 um insgesamt acht Prozent zu verringern. Mit der Zusage, die deutschen CO_2-Emissionen im gleichen Zeitraum sogar um 21 Prozent zu reduzieren, übernahm die damals noch von Helmut Kohl (CDU) geführte deutsche Bundesregierung ohne Not die Hauptlast dieser Verpflichtung. Konkret bedeutete das, dass die deutschen CO_2-Emissionen von 1014 auf 846 Millionen Tonnen im Jahr hätten sinken sollen. Nach den Plänen des Bundesumweltministeriums sollten Industrie und Energieerzeugung gegenüber den Privathaushalten, dem Verkehr und dem Gewerbe davon den größten Teil übernehmen, indem sie ihre CO_2-Emissionen von derzeit etwa 505 bis 2005/2007 auf 488 und bis 2008/12 auf 480 Millionen Tonnen im Jahr absenken.

Nach der „Beschlusslage" im Europaparlament und im EU-Ministerrat soll der EU-weite Handel mit CO_2-Zertifikaten zum wichtigsten Weg der Umsetzung des Kioto-Abkommens in der EU werden. Die am 25. Oktober 2003 im Amtsblatt der EU veröffentlichte Richtlinie

2003/ 87/EG setzte den Beginn des EU-Emissionshandels auf den 1. Januar 2005 fest. Ein Jahr davor, Anfang Januar 2004, legte das Trittin-Ministerium einen Plan für die kostenlose Erstzuteilung von Zertifikaten mit komplizierten Zuteilungsegeln und Erfüllungsfaktoren auf der Basis historischer Emissionsdaten vor. Dieser enthält Ausnahmen für die Kraft-Wärmekopplung, für „prozessbedingte" CO_2-Emissionen von Stahl- und Zementwerken sowie für Betriebe, die in den vergangenen Jahren bereits „proaktiv" Vorleistungen *(early actions)* im Sinne des „Klimaschutzes" erbracht haben. Strittig waren dabei vor allem die Zuteilungsregeln für neue Elektrizitätswerke. Trittin drängte darauf, die Zuteilung am Benchmark modernster gasbefeuerter GuD-Kraftwerke mit einem Nettowirkungsgrad von 57,5 Prozent und einem CO_2-Ausstoß von 365 Gramm CO_2 je Kilowattstunde zu orientieren. Danach hätten Betreiber von Kohlekraftwerken etwa die Hälfte der von ihnen benötigten Zertifikate zukaufen müssen.

Trittins Plan hätte also nach dem begonnenen Ausstieg aus der Atomkraft auch noch die Verabschiedung der heimischen Kohle als Brennstoff nach sich gezogen. Dagegen stemmte sich der damalige Bundeswirtschaftsminister Wolfgang Clement (SPD) mit der NRW-Kohlelobby im Rücken. Er konnte dabei obendrein auf die Risiken einer zu starken Abhängigkeit der deutschen Energieversorgung von Gaslieferungen aus Russland verweisen. Unterstützung erhielt Clement auch durch ein hochkarätiges Gutachten, das vom *Energiewirtschaftlichen Institut* der Universität Köln unter Prof. C. Christian von Weizsäcker, vom Leipziger *Institut für Energetik und Umwelt* und vom *Rheinisch-Westfälischen Institut für Wirtschaftsforschung (RWI)* erarbeitet wurde. Dieses Gutachten ging nicht vom Vorrang nationaler Versorgungssicherheit beziehungsweise von den Interessen der Kohlelobby aus, sondern unterstrich die Kostenvorteile eines ungehinderten Emissionshandels gegenüber der vielleicht gut gemeinten, aber teuren einseitigen Förderung sogenannter erneuerbarer Energien.

Immerhin sind die Investitionskosten von Windkraftanlagen, bezogen auf die Jahresleistung, selbst bei günstigen Annahmen mindestens zehnmal so hoch wie bei modernen Kombi-Kraftwerken. Käme es in Europa zu einem florierenden Zertifikatehandel zum angenommenen Preis von 12,50 Euro je Tonne CO_2, würde das *EEG* schlicht „überflüssig", schätzen die Gutachter. Windkraftanlagen hätten dann in der Tat kaum Chancen, zum bevorzugten Investitionsziel zu werden, weil bei ihnen die Vermeidung einer Tonne CO_2 durch den Ersatz moderner Braunkohlekraftwerke (nach Schätzungen des Stromkonzerns *E.ON*) etwa das Fünffache kostet.

Vor diesem Hintergrund muss der Ende März 2004 in nächtlichen Verhandlungen im Kanzleramt erzielte Kompromiss eingeschätzt werden. Dabei konnte Wolfgang Clement die Interessen des Kohle-Bergbaus beziehungsweise des Stromkonzerns *RWE* wahren, indem er durchsetzte, dass Industrie und Energiewirtschaft zunächst mit Zertifikaten für 503 statt der von Trittin geforderten 488 Millionen Tonnen CO_2 ausgestattet werden. Als Zielgröße wurde ein Durchschnitt von 750 Gramm CO_2 je Kilowattstunde festgelegt. Das entspricht den Emissionswerten von Steinkohlekraftwerken. Gaskraftwerke erhielten aber nur die Zertifikate, die sie brauchen und nicht so viele, wie sie aufgrund der Zielvereinbarung bekämen.

Außerhalb Deutschlands dachte kaum jemand an strengere Auflagen, solange Putins Russland mit dem Angebot billiger, weil überschüssiger CO_2-Zertifikate lockte. Wie wenig ernst die meisten EU-Mitgliedsstaaten den Emissionshandel nahmen, zeigte sich schon daran, dass nur fünf von ihnen (neben Deutschland noch Dänemark, Finnland, Österreich und Irland) pünktlich zum Stichtag 31. März 2004 ihren *Nationalen Allokationsplan (NAP)* für Zertifikate in Brüssel vorgelegt hatten. Bemerkenswert ist, dass die EU-Kommission die Pläne Dänemarks und der Niederlande ohne Einschränkung akzeptiert hat. Diese waren zum Teil anders gestrickt als der deutsche *NAP*. Sie sahen eine großzügigere Ausgabe von Zertifikaten in der Anfangsphase vor und setzten stark auf den in der EU ab 2008 erlaubten Zukauf von CO_2-Emissionsrechten aus Industrieländern außerhalb der EU *(Joint Implementation, JI)* und aus Entwicklungsländern *(Clean Development Mechanism, CDM).*

Umstritten blieb in der EU lediglich, wieweit sich öffentliche Hände an deren Finanzierung beteiligen dürfen, ohne die Subventionsregeln des Binnenmarktes zu verletzen. Immerhin hat die EU-Kommission Österreich und Irland, die eine solche Strategie verfolgten, angehalten, „Überallokationen" von CO_2-Zertifikaten wieder zurück zu nehmen. Der Hintergrund: Außer Schweden, Großbritannien, Deutschland, Luxemburg und vielleicht noch Frankreich kam kein weiteres EU-Land den Kioto-Zielen auch nur halbwegs näher. Einige von ihnen bewegten sich sogar in Riesenschritten davon weg.

Bislang ist eingetreten, was Kritiker des europäischen Emissionshandelssystems von Anfang an erwartet haben. Der Handel mit einem in jeder Hinsicht virtuellen Produkt rief zahlreiche Betrüger auf den

Plan. Äußerst lukrative Manipulationen gab es im Rahmen des von den Vereinten Nationen ins Leben gerufenen *Clean Development Mechanism.* So genannte *Industrial Gas Credits* machten zeitweise 85 Prozent des weltweiten Emissionshandels aus. Durch vergleichsweise winzige Investitionen in nach wie vor als „Entwicklungsländer" geltenden Ländern wie China oder Indien war es möglich, in Industrieländern große CO_2-Gutschriften zu erlangen und dabei Gewinne von über 150 Prozent zu erzielen, und zwar vorwiegend durch die Beseitigung oder Vermeidung von FCKW-Kühlmitteln, denen ein „Treibhauspotential" zugeschrieben wird, das bis 14.800 mal über dem des CO_2 liegt. Da heraus kam, dass in China nicht selten FCKWs eigens für diesen Zweck hergestellt wurden, hat die EU solche *CDM*-Deals ab 2013 untersagt.

Innerhalb der EU machten Karusellgeschäfte mit dem einzigen Ziel, auf betrügerische Weise an Mehrwertsteuer-Rückzahlungen zu gelangen, zeitweise über 90 Prozent des gesamten Zertifikate-Handelsvolumens aus. Mehrmals musste deshalb der Zertifikate-Handel an der Leipziger Energiebörse *EEX* völlig ausgesetzt werden. Da in den USA ein vergleichbares Emissionshandelsgesetz wegen der Erfolge der oppositionellen Republikaner bei den Zwischenwahlen zum Kongress blockiert wurde, musste die Chicagoer *Carbon Exchange (CCX)* gegen Ende 2010 den Zertifikatehandel schließen, da sich der CO_2-Zertifikatpreis der Null-Linie näherte. Auch in der EU ist daraufhin der Zertifikatpreis deutlich gefallen - und zwar weit unter das Niveau, das nach Meinung von Ökonomen notwendig wäre, um Investitionen in „kohlenstoffarme" Technologien anzuregen.

Energie durch Ideologie substituieren?

GERADE FÜR HIGH-TECH-INDUSTRIEN wie die Chemie-, Pharma- oder Elektronikindustrie ist der Strompreis ein Standortfaktor ersten Ranges. Zum Beispiel würde die Erzeugung der „Zukunftsenergie" Wasserstoff mit Hilfe der Elektrolyse nach Ansicht von Prof. Dr.-Ing. Manfred Fischer vom *Deutschen Zentrum für Luft- und Raumfahrt (DLR)* in Stuttgart erst bei einem günstigen Strompreis von 1,5 Cent je Kilowattstunde rentabel. Nach Berechnungen von Prof. Dr.-Ing. Helmut Alt (FH Aachen) lagen die Stromerzeugungskosten beim bisherigen deutschen Primärenergiemix bei insgesamt 15 Milliarden Euro oder durchschnittlich 4 Cent/kWh.

Nach der Umsetzung der von der rot-grünen Bundesregierung beschlossenen „Energiewende" (Senkung des Atomstromanteils von derzeit 30 auf Null Prozent, Halbierung des Steinkohleanteils auf 12 Prozent, Steigerung des Erdgasanteils von 9 auf 15 Prozent, Steigerung des Anteils der „erneuerbaren" Energiequellen Wasser, Wind, Sonne, Abfall bzw. Biomasse auf insgesamt 45 Prozent) lägen die Gesamtkosten der Stromerzeugung in Deutschland jedoch bei 45 Milliarden Euro oder 9 Cent je Kilowattstunde. Dabei entfielen die Löwenanteile auf Wind- und Sonnenenergie, die mit Hilfe von Abnahmegarantien zu überhöhten Preisen (9,1 bzw. 57,4 Cent/kWh) von allen Stromverbrauchern zwangsweise subventioniert werden. Und zwar verschlänge die Windenergie nicht weniger als 10 und die Sonnenenergie sogar 24 Milliarden Euro im Jahr.

Der bisherige durchschnittliche Erzeugerpreis von 4 Cent/kWh wurde in Deutschland nur dank des hohen Anteils von Atom- und Braunkohlestrom erreicht, deren Produktionskosten jeweils bei 2,5 Cent je Kilowattstunde lagen. Danach kommen Öl und Erdgas, Wasser und Abfall mit 4 bzw. 5,5 und 6 Cent/kWh. Nach dem beschlossenen Ausstieg Deutschlands aus der Kernenergienutzung können also nur Braunkohlekraftwerke vergleichbar preiswerten Strom erzeugen.

Der in Deutschland mit Hilfe von Steuervorteilen (Abschreibungsmodellen) massiv geförderte Bau von inzwischen bereits über 20.000 Windkraftanlagen läuft demgegenüber auf die Substitution bezahlbarer Energie durch Ideologie hinaus. Denn sie kommen im Schnitt nur an 70 von 365 Tagen ihrer Nennleistung nahe und produzieren dann Strom zu Kosten von durchschnittlich etwa 9 Cent/kWh. Dennoch stellte die Bundesregierung das Ende Februar 2000 auf dem EU-Gipfel in Lissabon implizit festgelegte Ziel einer völligen „Dekarbonisierung" der Energieproduktion in Europa nicht grundsätzlich in Frage, auch wenn die Subventionierung der unwirtschaftlichen heimischen Steinkohle auf Druck der Gewerkschaften fürs erste weiter geführt wird.

Dabei käme es viel billiger, der schon unter Bundeskanzler Helmut Kohl eingegangenen einseitigen Selbstverpflichtung einer Reduktion der CO_2-Emissionen um 25 Prozent bis zum Jahre 2005 durch die Modernisierung beziehungsweise Ertüchtigung vorhandener und auf den Bau neuer Braunkohlekraftwerke nachzukommen. So ging im September 2002 am Kraftwerksstandort Niederaußem zwischen Köln und Aachen ein neuer Braunkohleblock mit optimierter Anlagentechnik (BoA) in Betrieb, den *Alstom Deutschland* für den Stromkonzern *RWE* errichtet hat. Dieser bislang größte Braunkohleblock der Welt mit einer elektrischen Leistung von fast 1000 Megawatt erreicht einen elektrischen Wirkungsgrad von über 43 Prozent und spart gegenüber herkömmlichen Braunkohlekraftwerken vergleichbarer Leistung, deren elektrischer Wirkungsgrad im Schnitt bei nur 31 Prozent liegt, im Jahr 2,5 Millionen Tonnen CO_2 ein. Die spezifischen Emissionen von Staub, SO_2 und NO_x gehen um rund 30 Prozent zurück.

Prof. Helmut Alt rechnete vor: Der BoA-Block, der 1,2 Milliarden Euro kostete, erzeugt im Jahr rund 7,5 Milliarden Kilowattstunden Strom, das heißt fast die Hälfte des gesamten damals in deutschen WKA erzeugten Stroms. Eine WKA mit einem Megawatt Leistung kostet mindestens rund eine Million Euro und erzeugt im Jahr rund 1,8 Millionen kWh, falls der Wind weht. Um die Leistung des BoA-Blocks von Niederaußem zu erreichen, müssten davon 4.167 Stück aufgestellt werden. Diese kosteten 4,2 Milliarden Euro, das heißt drei Milliarden Euro mehr als der BoA-Block, und benötigten zusätzlich ein Reservekraftwerk für windstille Zeiten. Somit erspart BoA der deutschen Volkswirtschaft etwa vier Milliarden Euro an Investitionen. Insgesamt würden bei einem Verzicht auf die subventionierte Windkraftnutzung 8 Milliarden Euro für andere Zwecke frei. Berücksichtige man noch die überhöhten Preise für Windstrom, dann koste die Windenergie die Deutschen Jahr für Jahr fünf Milliarden Euro, denen kein Zusatznutzen gegenüber steht.

Während in Westdeutschland längere Zeit wegen der politisch bedingten Investitionsunsicherheit keine weiteren dem BoA-Block in Niederaußem vergleichbaren Neubau- oder Modernisierungsprojekte in Angriff genommen wurden, hat dieser Weg, die strengen europäischen Umweltauflagen zu erfüllen, im EU-Beitrittsland Polen einen zentralen Stellenwert erlangt. Polen verfügt über große Vorkommen schwefelarmer Braunkohle. Polens Stromversorgung beruht zu 95 Prozent auf der Verbrennung von Kohle, wobei 55 Prozent auf Steinkohle und 40 Prozent auf Braunkohle entfallen. Einschließlich noch nicht erschlossener Vorkommen könnten die polnischen Kohlevorräte insgesamt 50 Milliarden Tonnen erreichen. Doch die Polen fürchten nun, dass dieser Schatz durch das am 23. Januar 2008 von der EU beschlossene „Klimapaket" und die ab 2013 vorgesehene Komplettversteigerung von CO_2-Zertifikaten im Rahmen des Europäischen Emissionshandelssystems *ETS* entwertet wird.

Die polnische Regierung und die Privatwirtschaft (einschließlich westlicher Investoren) haben sich das Ziel gesetzt, den Anteil der Braunkohlekraftwerke durch die Stilllegung der letzten Schwerölkraftwerke, die Modernisierung alter und den Zubau neuer Braunkohleblöcke zu vergrößern. Daneben gibt es Pläne für den Bau eines großen Kernkraftwerks und die Nutzung der neu entdeckten großen Schiefergasvorkommen. Von den Beschlüssen von Lissabon lassen sich die Polen offenbar wenig beeindrucken.

Die deutschen Bundesregierungen versteiften sich hingegen darauf, Deutschland zum Vorreiter der „Energiewende" und des „Klimaschutzes" zu machen und versuchten (wie auf dem Gipfel von Johannesburg), der ganzen Welt Lektionen in Sachen „erneuerbare Energien" zu erteilen. In der im April 2002 beschlossenen nationalen Nachhaltigkeitsstrategie *Perspektiven für Deutschland* hat sich die Berliner Regierung das Ziel gesetzt, den Anteil „erneuerbarer" Energien am Stromverbrauch bis zum Jahre 2010 auf 12,5 und bis 2050 auf 50 Prozent zu steigern.

Dabei hat in Deutschland die immer massivere Einspeisung des räumlich und zeitlich sehr unregelmäßig anfallenden Windstroms schon jetzt die Preise für zuverlässige „Regelenergie" aus konventionellen Kraftwerken und Pumpspeicherwerken für den Ausgleich regionaler Spannungsabfälle in die Höhe schnellen lassen - und zwar seit Anfang 2001 um fast 200 Prozent. Weitere Preiserhöhungen sind bereits angekündigt. Deshalb warf der *Verband der Industriellen Energie- und Kraftwirtschaft*, der Interessenverband der industriellen Stromkunden, den Stromkonzernen *E.ON* und *RWE* vor, ihre marktbeherrschende Stellung auszunutzen, und hat ein Verfahren beim Bundeskartellamt angestrengt. Die angesprochenen Stromriesen verwiesen jedoch auf ihre gesetzliche Verpflichtung, Windstrom, der an der Strombörse wegen seiner Unregelmäßigkeit kaum 2 Cent/kWh wert wäre, für etwa 9 Cent abnehmen zu müssen.

Obwohl auf dem deutschen Strommarkt derzeit noch gewisse Überkapazitäten bestehen, müssen in den nächsten Jahren wegen des beschlossenen Atomausstiegs nach Schätzung des Oldenburger Volkswirtes Prof. Wolfgang Pfaffenberger neue Kapazitäten mit einem Gesamtvolumen in der Größenordnung von 50 Gigawatt errichtet werden. Das könne man zwar auch durch den Bau von Gasturbinen erreichen, die heute Strom für 3 Cent/kWh liefern, dieses Preisniveau wegen der starken Abhängigkeit von russischen Gaslieferungen jedoch nicht garantieren könnten. Auf den Beitrag der Kohle dürfe deshalb nicht verzichtet werden, zumal die politisch gewünschte CO_2-Reduktion mit Hilfe der Modernisierung von Kohlekraftwerken erheblich billiger zu haben sei als mit Hilfe des massiven Ausbaus subventionierter Windkraft- und Solaranlagen.

„Bei einem Kraftwerkswirkungsgrad von 35 Prozent und einem Kohlepreis von 50 Euro/Tonne kostet die Vermeidung einer Tonne CO_2 durch den Einsatz von Windkraftwerken anstelle von Kohlekraftwerken die Volkswirtschaft 48 Euro/t CO_2. Gegenüber modernsten Kohlekraftwerken mit einem Wirkungsgrad um 50 Prozent steigen die Vermeidungskosten auf etwa 75 Euro/t an. Muss die Windenergie auch zusätzliche Netzkosten tragen, wie das bei weiterem Ausbau wahrscheinlich wird, so erhöhen sich die CO_2-Vermeidungskosten noch weiter“, rechnete Prof. Pfaffenberger vor.

Treibhaus der Fantasie

THEORETISCHE HILFSKONSTRUKTIONEN, MODELLE, mit deren Hilfe die Menschen versuchen, sich in einer unüberschaubaren Welt zurechtzufinden, gewinnen leicht ein Eigenleben. Nach und nach verlieren sie, zu Stereotypen des politischen Tagesgeschäfts geronnen, auch den letzten Bezug zu den Erfahrungen der fünf Sinne und zum gesunden Menschenverstand der einfachen Menschen. Die hölzernen Worthülsen werden immer mehr zum Gefängnis der Gedanken, aus dem etablierte und wohlversorgte Forscher nur schwer herausfinden. Irgendwann geht es dann einigen wenigen, die das unbefangene Nachdenken noch nicht verlernt haben, auf, dass theoretische Annahmen, die vielleicht eine Zeit lang nützlich waren, zum wichtigsten Hemmschuh für weitere Fortschritte im Verständnis der Welt geworden sind und schleunigst durch Vorstellungen abgelöst werden sollten, die besser mit der Datenlage übereinstimmen und dem gesunden Menschenverstand weniger Hohn sprechen.

Ein solcher Prozess des Umdenkens ist inzwischen in der sogenannten Klimaforschung überfällig, auch wenn die Berufspolitiker der etablierten Parteien, deren Tätigkeit sich längst im Wiederkäuen von Denkschablonen, verselbständigten Konstrukten und angestaubten Theorieversatzstücken erschöpft, gewohnheitsgemäß noch einige Zeit so tun, als habe sich nichts geändert. Anders als im Falle des (weitgehend frei erfundenen) „Waldsterbens“ ist jedoch auf absehbare Zeit kaum zu erwarten, dass sie schließlich auch beim Thema „Klimakatastrophe“ klein beigeben, ein neues Thema ausfindig machen und mit dessen Hilfe zu beweisen suchen, dass sie nicht überflüssig sind. Denn die Angst vor der Apokalypse ist inzwischen offiziell zum Kernbestand der Staatsräson erklärt worden. Deren Legitimität darf man heute gerade noch als freier Journalist, aber schon längst nicht mehr als beamteter Wissenschaftler oder festangestellter Wirtschaftsakteur in Zweifel ziehen.

Noch glauben die meisten Wähler quer durch die politischen Lager den Warnungen vor einer herannahenden „Weltklimakatastrophe", zahlen brav die Ökosteuer und trennen (etwas weniger brav) ihren Hausmüll. Dabei ist nicht einmal klar, wie man das Konstrukt „Weltklima" definieren könnte, bezeichnet doch das aus dem Griechischen stammende Wort „Klima" (auf Deutsch: „Neigung") ursprünglich lediglich die durchschnittliche Wetterneigung bestimmter Regionen der Erde gegenüber anderen. So lässt sich zum Beispiel auf der Grundlage der von der *World Meteorological Organization (WMO)* geforderten dreißigjährigen Beobachtung des jeweiligen Jahresgangs von Temperatur und Niederschlag sowie der Verbreitung von Indikatorpflanzen wie dem Olivenbaum oder der immergrünen Stein- oder Korkeichen das Mittelmeerklima (grob definiert durch trocken-heiße Sommer sowie milde, feuchte Winter) auf den Kilometer genau vom Kontinentalklima (heiße Sommer und kalte Winter) oder vom gemäßigt ozeanischen Klima (feuchtwarme Sommer und feuchtkalte Winter) unterscheiden. Von „Weltklima" zu reden, hätte demgegenüber allenfalls Sinn beim Vergleich der Erde mit ihrem Trabanten, dem Mond, oder mit anderen Planeten unseres Sonnensystems.

Als Sackgasse erweist sich in der Klimadebatte die den aufwändigen und dennoch wenig zuverlässigen mathematischen Klimamodellen zugrunde liegende Vorstellung vom „Treibhaus Erde". Die heute in allen Schulbüchern als Selbstverständlichkeit dargestellte Auffassung, die Erdatmosphäre fange wie ein Glashaus Sonnenwärme ein, ist freilich kaum älter als 100 Jahre. Politisch durchgesetzt wurde sie gar erst im letzten Drittel des vergangenen Jahrhunderts. Auf den ersten Blick erscheint diese Auffassung plausibel, wenn man die Temperaturverhältnisse der Erde mit denen ihres Trabanten vergleicht. Dieser empfängt von der Sonne auf der Tagseite je Flächeneinheit annähernd die gleiche Energiemenge wie die Erde am Oberrand der Atmosphäre. Die Temperatur des Mondes schwankt im Rhythmus von 14 Tagen zwischen tödlicher Hitze (*plus* 120 °C) in der Sonne und ebenso lebensfeindlicher Kälte (*minus* 160 °C) auf der sonnenabgewandten Seite. Die (theoretische) Durchschnittstemperatur des Mondes beträgt also minus 40 °C.

Für die Erde berechnete der schwedische Chemiker Svante Arrhenius im Jahre 1896 eine theoretische Durchschnittstemperatur von minus 18 °C. Demgegenüber betrage die reale Mitteltemperatur der Erde plus 15 °C. Die Differenz von 33 Grad bezeichnete er als *„natürlichen Treibhauseffekt"*. Dieser gehe auf die Lufthülle zurück, durch die sich die Erde von ihrem Trabanten unterscheidet. Der spätere Nobelpreisträger vermutete, die Temperatur der Erde hänge in erster Linie von der CO_2-Konzentration einer „Strahlungsschicht" in sechs Kilometern Höhe ab, die wie ein Glasdach durch „Gegenstrahlung" reflektierter Wärmeenergie dafür sorge, dass die mittlere Temperatur der Erdoberfläche nicht der des Mondes entspricht. Verdoppele sich die CO_2-Konzentration, steige die durchschnittliche Temperatur um 4 bis 6 °C. Sinke sie hingegen, komme es zur Abkühlung der Erdoberfläche und letztlich zu einer Eiszeit.

Mit dieser Hypothese konnte Arrhenius um die vorletzte Jahrhundertwende allerdings niemanden überzeugen, weil die Annahme einer CO_2-reichen Schicht in sechs Kilometern Höhe schlicht der Tatsache widerspricht, dass Kohlendioxid schwerer ist als die Hauptbestandteile der Luft. Außerdem vermochte er nicht zu erklären, wie eine einmal eingetretene Eiszeit zu einem Ende kommen konnte. Den Nobelpreis für Chemie bekam Arrhenius 1903 für ganz andere Leistungen. Schon wenige Jahre später widerlegte der amerikanische Strahlenphysiker Robert William Wood durch ein einfaches Experiment Arrhenius' Annahmen, indem er zeigte, dass nicht einmal ein richtiges Glashaus so funktioniert, wie das „Treibhaus Erde" angeblich funktionieren soll.

Gegen Ende der 30er Jahre des 20. Jahrhunderts grub dann der englische Ingenieur und Amateurforscher Guy Stewart Callendar die zwischenzeitlich völlig in Vergessenheit geratene Hypothese wieder aus und versuchte mit einigem Erfolg, ihr mit dem Hinweis auf Arrhenius' Nobelpreis Autorität zu verleihen. Über Callendar gelangte die Treibhaushypothese noch in den 40er Jahren zum deutschen Geophysiker Hermann Flohn, der später als Ordinarius an der Universität Bonn und als Mitglied des NATO-Wissenschaftsausschusses maßgeblich am Ausbau der Klimaforschung zur *Big Science* beteiligt war.

Auch wenn sie über die Idee einer „Strahlungsschicht" nur den Kopf schütteln können, akzeptieren viele mit Klimafragen befasste Naturwissenschaftler heute dennoch Arrhenius' Herleitung des *„natürlichen Treibhauseffektes"* von plus 33 Grad, weil sich offenbar kaum jemand die Mühe machte, seine Originalarbeit zu lesen und die Berechnungen zu überprüfen. Als er das nachholte, stellte der Braunschweiger Physiker Prof. Gerhard Gerlich fest, dass Arrhenius neben Rechenfehlern grobe Fehlschlüsse unterlaufen sind. Zwar stimmen die von ihm mit Hilfe der Formeln von Stefan Boltzmann berechneten minus 18 Grad zumindest in der Größenordnung mit der theoretischen Durchschnittstemperatur des Mondes überein. Daraus lässt sich aber keineswegs logisch ableiten, die Differenz zwischen minus 18 und plus 15 °C sei hauptsächlich auf die Wirkung der in der Erdatmosphäre enthaltenen „Treibhausgase" zurück zu führen. Inzwischen hat Gerhard Gerlich zusammen mit Ralf Tscheuschner[4] theoretisch hergeleitet, dass auf der Grundlage der klassischen Physik ausgeschlossen werden kann, dass es den „Treibhauseffekt" überhaupt gibt. Die mit komplizierten mathematischen Formeln gespickte Abhandlung der beiden ist allerdings nicht experimentell überprüfbar und ohnehin für Laien kaum nachvollziehbar.

Die Temperaturunterschiede zwischen der Erde und dem Mond, sind nach dem Meteorologen Wolfgang Thüne nicht in erster Linie die Folge des Gehaltes der irdischen Atmosphäre an „Treibhausgasen", sondern des viel rascheren Wechsels von Tag und Nacht (der Mond braucht für eine Umdrehung 772, die Erde hingegen nur 24 Stunden) sowie des Besitzes riesiger Wassermassen, die 71 Prozent ihrer Oberfläche bedecken. Das Wasser speichert große Mengen der eingestrahlten Sonnenenergie in Form von Wärme, und die Kürze der Nächte in den polfernen Regionen der Erde verhindert deren Auskühlung über das offene „atmosphärische Fenster", d.h. dem Bereich des Lichtspektrums zwischen 8 und 13,5 Mikrometern Wellenlänge, in der keines der in der Atmosphäre enthaltenen „Treibhausgase" Infrarotstrahlen absorbiert. Wären auf der Erde die Nächte länger und fehlte Wasser, wäre es hier annähernd so kalt oder warm wie auf dem Mond, vermutet Thüne - wohl nicht zu unrecht.

Wie Thüne betont auch der Wiesbadener Chemiker Heinz Hug in seinem 2006 erschienen Buch *Die Angsttrompeter*, einer polemisch-sarkastischen Auseinandersetzung mit dem Hexenwahn der „Ökoscholastik", dass die Erde in erster Linie ein „Wasserplanet" ist. Die Ozeane empfangen den allergrößten Teil der überwiegend in Form von Infrarotstrahlen zur Erde gelangenden Sonnenenergie - und zwar bis zu 470 Watt je Quadratmeter. Hug rechnet vor, dass eine knapp 10 Zentimeter dicke Ozeanschicht bereits so viel Energie speichert, wie

---

[4] http://arxiv.org/abs/0707.1161

dem gesamten „Treibhauseffekt" nach *IPCC*-Lesart zugeschrieben wird. Dass es nachts auf der Erde nicht so kalt wird wie auf der Rückseite des wasserlosen Mondes, hängt neben der viel rascheren Erddrehung vor allem an dem im Ozean gespeicherten riesigen Energievorrat, den Hug auf $1{,}57 \cdot 10^{18}$ Megajoule veranschlagt.

Verkehrte Welt

MACHT DIE TEMPERATUR das Wetter, oder ist die Temperatur nicht umgekehrt eine Funktion der jeweiligen Wetterlage? Ist das Klima eine eigenständige Wesenheit, die das Wetter bestimmt, oder ist es nicht schlicht der langjährige Durchschnitt des in einer gegebenen Region vorherrschenden Wettergeschehens? Diese Fragen wurden in den „offiziellen" Klimamodellen des 1988 von der *World Meteorological Organization (WMO)* und dem UN-Umweltprogramm *(UNEP)* gegründeten *Intergovernmental Panel on Climate Change (IPCC)* auf eine Weise beantwortet, die eigentlich Kopfschütteln hervorrufen müsste. Dass diese dennoch nicht als Herausforderung des gesunden Menschenverstandes empfunden werden, hängt offenbar mit ihrer durchaus logisch anmutenden Struktur zusammen. Doch was wäre, wenn diese Logik die wirklichen Sachverhalte schlicht auf den Kopf stellte?

Für sich genommen, hat die vom zwischenstaatlichen Klimarat *IPCC* in den Vordergrund gerückte Kurve ansteigender Temperaturmittelwerte keinerlei Aussagekraft. Die aus den Messungen von etwa 1500 mehr oder weniger repräsentativen Wetterstationen errechneten Mittelwerte verbergen gegenläufige Temperaturtrends in verschiedenen Teilen der Welt. Satellitenmessungen der Lufttemperatur haben in den letzten Jahrzehnten keine nennenswerte Veränderung des Mittelwertes ausmachen können. Für geradezu abenteuerlich hielt der inzwischen verstorbene französische Klimatologe Marcel Leroux (2005) die durch UN-Verträge zur Staatsreligion erhobene These, es gebe einen engen Zusammenhang zwischen der (konstruierten!) Kurve der globalen Durchschnittstemperatur und dem Anstieg der atmosphärischen Konzentration des „Treibhausgases" CO_2. Denn „Treibhausgase" (wie vor allem Wasserdampf und in weitaus geringerem Maße CO_2) kühlen in Wirklichkeit die Erde und ihre Atmosphäre, statt sie aufzuheizen, betont Leroux. Er berief sich dabei auf seinen Kollegen Yves Lenoir, der an der altehrwürdigen Pariser Elite-Ingenieurschule *Ecole des Mines* lehrte. Lenoir hat in einem 2001 in der Schweiz erschienenen Buch vorgerechnet, dass die Erdoberfläche auf der Sonnenseite ohne „Treibhausgase" mindestens dreimal wärmer würde.

Beim Transport der Wärme vom aufgeheizten Boden in die Atmosphäre und von dort in das All spielt die Konvektion des Wasserdampfes eine weitaus größere Rolle als die Strahlung. „Treibhausgase" könnten die Atmosphäre nur dann aufwärmen, wenn es wie in einem richtigen Gewächshaus eine Scheibe gäbe, die die warme Luft am Aufsteigen hindert. Die gängige Treibhaushypothese stellt demgegenüber die Verhältnisse auf den Kopf, indem sie behauptet, der Erdboden werde durch „Gegenstrahlung" aus der Atmosphäre erwärmt. Diese „Rückstrahlung" kann aber gegenüber der durch Konvektion nach oben transportierten Wärme kaum ins Gewicht fallen.

So ist die mittlere Oberflächentemperatur der Ozeane in den letzten drei Jahren sogar etwas gesunken, berichten John M. Lyman und Mitarbeiter in einem Ende September 2006 in den angesehenen *Geophysical Research Letters* (Vol. 33), dem Organ der *American Geophysical Union (AGU)*. Die Messwerte der 3.000 über den Ozean verteilten Bojen des neuen ozeanografischen Meßnetzwerks *ARGO* scheinen diesen Trend zu bestätigen. Josh Willis und seine Mitarbeiter bei der *NASA*, die die Messwerte der *ARGO*-Bojen auswerten, registrierten in den letzten Jahren eine leichte Abkühlung, halten das aber selbst für einen Messfehler. Und die für jedermann im Internet einsehbaren Jahreskurven der Poleisausdehnung[5] zeigen, dass sich das Arktis-Eis seit dem Tiefpunkt im Jahre 2007 wieder etwas erholt. Das kann sowohl mit dem kühlenden Effekt des von Menschen verursachten Anstiegs der H_2O- und CO_2-Konzentration in der Atmosphäre als auch mit dem verstärkten Zustrom polarer Kaltluft zusammenhängen. Ob es auch an einer Verminderung der Sonneneinstrahlung liegen könnte, ist noch nicht ausgemacht.

Kein Zweifel also: Das Klima, das Politiker aller Schattierungen retten wollen, existiert nur im Computer. Statt eines „globalen Klimas", das niemand definieren kann, gibt es auf unserem Planeten, wie Marcel Leroux mit Hilfe von Satellitenbildern demonstrierte, in Wirklichkeit sechs relativ selbständige aerologische Zirkulationseinheiten, drei auf jeder Hemisphäre. Doch diese kommen in den gängigen Klimamodellen gar nicht vor. Das Wetter in West- und Mitteleuropa wird hauptsächlich von der so genannten *Nordatlantischen Oszillation (NAO)* bestimmt: Perioden mit durchschnittlich niedrigem Luftdruck über Is-

---

[5] http://arctic.atmos.uiuc.edu/cryosphere/index.html

land und hohem Luftdruck über den Azoren wechseln mit Perioden umgekehrter Vorzeichen. In diesem Fall wird die sonst vorherrschende Westwind-Drift durch eine so genannte meridionale Strömung abgelöst. Es kommt zu häufigem Wechsel zwischen kalten Nord- und warmen Südwinden und damit zusammenhängend zu Kälte- oder Hitzewellen. Es scheint, dass der Phasenwechsel der *NOA* von Sonnenzyklen gesteuert wird. Dass er auch vom CO_2-Gehalt der Luft beeinflusst wird, ist hingegen unvorstellbar. Kurz: Die Temperatur stellt sich aufgrund wechselnder Wetterlagen ein, aber sie bestimmt nicht das Wetter, wie die CO_2-Treibhaus-Computermodelle implizit behaupten.

Überhaupt, so kritisieren Leroux und Hug, sind die numerischen Computermodelle, die den *IPCC*-Berichten mit ihren Angst machenden Überhitzungsprojektionen zugrunde liegen, weitgehend frei von meteorologischem Sachverstand. An die Stelle experimentell überprüfbarer physischer Zusammenhänge treten bei ihnen Korrelationen zwischen statistischen Mittelwerten. Diese erlauben es jedoch nicht, Ursache und Wirkung eines Prozesses zu benennen, solange es keine schlüssige Theorie über physische Zusammenhänge gibt. Leroux: *„Ein Marsmensch, der zum ersten Mal ins Innere eines Autos blickt, könnte leicht auf die Idee kommen, dieses werde vom Kühlerpropeller angetrieben."*

So gibt es inzwischen eine lange Liste kurioser Beispiele, in denen meteorologisch unbedarfte Computerspieler den Schwanz mit dem Hund wedeln lassen. Da treiben auf einmal Meeresströmungen Winde an, obwohl jedes Schulkind wissen sollte, dass es in der Regel umgekehrt ist. Nur wegen dieser Verwechslung von Ursache und Wirkung kam es übrigens zur gewagten Behauptung, ein Versiegen des Golfstroms führe zur schlagartigen Vereisung des Nordatlantik. Diese von Stefan Rahmstorf am *Potsdam Institut für Klimafolgenforschung (PIK)* aufgestellte These, die ihm ein Preisgeld von einer Million Dollar einbrachte, liegt dem Szenario von Roland Emmerichs Hollywood-Horrorfilm *The Day After Tomorrow* zugrunde. Dieses Szenario stützt sich auf die Vorstellung, der Golfstrom folge einem Dichtegefälle zwischen den Wassern des Süd- und Nordatlantik. In Wirklichkeit wird der Golfstrom jedoch vom Südwestwind angetrieben. Und es ist weit weniger die Meeresströmung, sondern viel mehr die warme Luft, die dafür sorgt, dass das Wetter in London im Winter viel milder ist als in New York. Big Apple bekommt vom Golfstrom übrigens viel mehr ab als Großbritannien, weil ein Arm der warmen Meeresströmung direkt auf Halbinsel von Manhattan trifft.

Die Auseinandersetzung zwischen den sehr unterschiedlichen Ansätzen zur Erklärung von Wetter und Klima ist viel mehr als ein akademischer Streit. Es geht nicht nur um Hunderte von Milliarden, wenn nicht Billionen Euro oder Dollar, die die Unterzeichner des Kioto-Abkommens ausgeben müssen, um ein Phantom zu bekämpfen. Es geht schon heute auch um Menschenleben. So gab der nationale französische Wetterdienst *Météo France* in den letzten Jahren wiederholt verspätete Unwetterwarnungen, weil die beamteten Wetterfrösche sich standhaft weigerten, Satellitenfotos auszuwerten, die das drohende Unheil klar zeigten, und stattdessen lieber ihren mit numerischen Modellen gefütterten Computern vertrauten. In der Folge wurden viele Menschen in Südfrankreich wiederholt von sturzbachartigen Regenfällen überrascht, und es gab bei den folgenden Überschwemmungen Dutzende von Todesopfern. Zu Recht geriet *Météo France* in der französischen Öffentlichkeit unter heftigen Beschuss. Das staatliche Institut hat daraus aber bislang nur gelernt, schon beim kleinsten Anlass Alarm zu schlagen.

Die Musik spielt im Ozean

INZWISCHEN BETONEN AUCH führende politisch korrekte Klimaforscher die Schlüsselrolle der thermischen Trägheit der Ozeane für die längerfristige Temperaturentwicklung auf der Erde. So hat Tim Barnett von der kalifornischen *Scripps Institution* auf dem Jahresmeeting 2005 der *American Association for the Advancement of Science (AAAS)* darauf hingewiesen, die Atmosphäre sei der ungeeignetste Ort, um nach dem Signal der globalen Erwärmung zu suchen, denn 90 Prozent der von der Erde absorbierten Sonnenenergie gingen in die Ozeane. Wenige Wochen später veröffentlichte James Hansen von der US-Weltraumfahrtbehörde NASA im *Science*-Magazin eine Berechnung der Energieaufnahme durch die Ozeane, die er aber fälschlicherweise dem „Treibhauseffekt" und nicht der Sonneneinstrahlung zuschreibt.[6] Der im *IPCC* einflussreiche Tom Wigley vom *US National Center for Atmospheric Research* folgerte an gleicher Stelle (*Science,* vol. 307, issue 5716) aus der thermischen Trägheit der Ozeane, die begonnene Erwärmung der Erde werde auf jeden Fall weiter gehen, selbst wenn es gelingen sollte, die menschengemachten CO_2-Emissionen auf Null zu drosseln.

---

[6] www.sciencemag.org/cgi/content/abstract/1110252v2?etoc

Deshalb stellt sich die Frage, warum die Politik und die von ihr abhängigen Großforschungseinrichtungen so zäh an den aufwändigen und dennoch bislang in Testläufen wenig zuverlässigen numerischen Modellen vom „Treibhaus Erde" festhalten. Zwar halten sie dabei heute nicht mehr an allen Annahmen von Arrhenius fest, sondern füttern ihre Computer mit experimentell ermittelten Spektraldaten der beteiligten Spurengase. Dennoch bleiben sie, was den Vergleich zwischen Erde und Mond angeht, in Arrhenius' Vorstellungen gefangen. Danach soll vor allem der Ausstoß des „Treibhausgases" Kohlendioxid (CO_2) durch Schornsteine und Auspuffrohre schuld daran sein, dass es auf der Erde in den letzten Jahrzehnten, wie es scheint, etwas wärmer geworden ist.

Im zweiten von bislang vier dicken Berichten des *IPCC* las sich das 1996 so: „*The balance of evidence suggests a discernible human influence on global climate.*" Um einer drohenden Überhitzung unseres Planeten vorzubeugen, sei eine erhebliche Reduktion des Ausstoßes klimawirksamer Gase nötig. Auf den Weltklimakonferenzen Ende 1997 in Kioto und im November 2001 in Marrakesch einigten sich die Industrieländer (mit Ausnahme der USA und Australiens) auf eine entsprechende, allerdings eher symbolische Verpflichtung.

Die Unterzeichner des Kioto-Abkommens tun vermutlich auch gut daran, ihre Versprechen nicht allzu ernst zu nehmen. Denn die Beweislage in Sachen Klimaentwicklung ist bei weitem nicht so eindeutig, wie interessierte Kreise vorgeben. Die seit 1958 auf dem aktiven Vulkan Mauna Loa auf Hawaii aufgezeichnete Kurve des Anstiegs der CO_2-Konzentration der Atmosphäre mit ihrem charakteristischen, durch die Jahreszeiten der Nordhemisphäre bedingten Sägezahnmuster ist die einzige Datengrundlage, auf die sich die Computermodelle des *Deutschen Klimarechenzentrums (DKRZ)* am Hamburger *Max-Planck-Institut für Meteorologie* und anderer Großforschungseinrichtungen stützen.

Schon die Angaben über die möglicherweise mit dem CO_2-Anstieg zusammenhängende Entwicklung der Durchschnittstemperatur über den Landflächen des Globus sind nicht unumstritten, denn sie stützen sich auf ein Netz meteorologischer Messstationen, das nicht zum Zwecke der Klimaforschung, sondern für die regionale Wetterbeobachtung, zum Beispiel in der Umgebung von zivilen oder militärischen Großflughäfen, eingerichtet wurde und obendrein in den letzten Jahren wegen des Einsatzes moderner Satelliten und Wetterballone erheblich ausgedünnt wurde. Die Zahl der Wetterstationen, deren

Messungen der Berechnung des Temperaturmittelwertes zugrunde liegen, sank von den 70er Jahren bis heute von etwa 6000 auf 1500. „Rein zufällig" wurden dabei überwiegend Wetterstationen ausgesondert, die keinen Erwärmungstrend anzeigten.

So gibt es in ganz Sibirien keine einzige Wetterstation mehr, deren Messungen in den globalen Durchschnittswert eingehen. Die Folge: Einer der wichtigsten Teile des Festlandes, über dem Satelliteninstrumente eine Abkühlung ausgemacht haben, wird gar nicht mehr im „offiziellen" Mittelwert berücksichtigt. Die mittelwertrelevanten Meßstationen befinden sich heute überwiegend in oder in der Nähe großstädtischer Wärmeinseln. Es ist wohl kein Zufall, dass die insgesamt zuverlässigeren, aber in höheren Schichten der Atmosphäre erfolgenden Ballon- und Satellitenmessungen für die letzten Jahrzehnte keinen so eindeutigen Temperaturtrend zeigen. Dennoch lässt es sich nicht abstreiten, dass es zumindest in Europa in den letzten drei Jahrzehnten des 20. Jahrhunderts deutlich wärmer geworden ist.

Als höchst fragwürdig erscheint dagegen die im Bericht *Impacts of Climate Change in Europe: An Indicator-based Assessment* der *Europäischen Umweltagentur (EEA)* in Kopenhagen wiederholte Behauptung des vorletzten *IPCC*-Berichts, wir seien heute Zeugen der schnellsten und kräftigsten Temperaturerhöhung seit über tausend Jahren.[7] Diese Aussage stützt sich auf die sogenannte „Hockeyschläger-Temperaturkurve" (eine über tausend Jahre lang annähernd waagerecht verlaufende Linie, die erst im 20. Jahrhundert plötzlich steil ansteigt), die die damals jungen Forscher Michael Mann von der *University of Virginia* und Phil Jones von der *East Anglia University* in Norwich auf der Basis der Auswertung sogenannter Stellvertreterdaten *(proxies)* wie Jahresringe fossiler Hölzer o.ä. konstruiert hatten. Diese Kurve dient als Hauptargument für die Notwendigkeit einer besonderen „Klimapolitik" mit kostspieligen „Klimaschutz"-Maßnahmen.

Sie widerspricht aber allem, was in Form historischer Zeugnisse über das „mittelalterliche Klimaoptimum" zwischen den Jahren 800 und 1400 sowie die Kleine Eiszeit zwischen 1600 und 1850 bekannt ist. Willie Soon, Sallie L. Baliunas und David R. Legates von der University of Delaware wiesen diese Darstellung in einem 2003 in der Zeitschrift *Energy and Environment* erschienenen Artikel zurück. Die kanadischen Statistiker Steven McIntyre und Ross McKitrick wiesen in der gleichen Zeitschrift (und später auch in wissenschaftlichen Zeitschrif-

---

[7] www.org.eea.eu.int/documents/newsreleases/climat_report-en

ten mit *peer review)* die Inkonsistenz der Datenverarbeitung durch Mann und Jones nach. Im folgenden Jahr zeigten die US-Geologen David Chapman, Marshall Bartlett, Robert Harris, Jan Esper, David Frank, Robert Wilson, Henry Pollak und Jason Smerdon im Detail, mit welch fragwürdigen Methoden, wenn nicht Tricks, Mann und Jones zu ihrer eindrucksvollen Kurve gelangt waren. Mann und Jones mussten wesentliche Aussagen der von ihnen geschriebenen Passagen des *IPCC*-Reports von 2001 zurücknehmen. In Amerika geht seither das Schlagwort vom „zerbrochenen Hockeyschläger" um.

Am 19. November 2009 tauchte auf dem kleinen Skeptiker-Blog *Air Vent* ein Hinwies auf einen Link zu einem russischen Server auf, auf dem 1.079 e-Mails[8] und 72 Dateien zu finden waren, die unbekannte Hacker vom Server des *Climate Research Center* (auch bekannt als *Hadley CRU*) der *East Anglia University* kopiert hatten. Das *CRU* ist eines von weltweit nur drei Instituten, die dem „Weltklimarat" *IPCC* „offizielle" Temperaturdaten liefern. Die nun im Internet zugänglichen Dateien enthalten unter anderem halbprivate Korrespondenz zwischen den weltweit einflussreichsten Wortführern des *IPCC*, die verraten, dass diese selbst nicht so recht an die von ihnen verbreiteten Warnungen vor einem bevorstehenden Hitzetod glauben und zeigen, welche fiesen Tricks sie anwandten, um qualifizierte Einwände gegen den von ihnen fabrizierten Konsens über die Ursachen der globalen Erwärmung ins Leere laufen zu lassen und Skeptiker mundtot zu machen. Die Veröffentlichung der verräterischen e-Mails wurde in der ganzen Welt rasch als *Climategate-Skandal* (analog zum *Watergate-Skandal*, der dem damaligen US-Präsidenten Richard Nixon in den siebziger Jahren des 20. Jahrhunderts das Amt kostete). Doch bislang hat keiner der durch *ClimateGate* kompromittierten Computer-Klimatologen seinen Job verloren.

Wenn die Aussagen der *IPCC*-Berichte (beziehungsweise ihrer politischen *Summaries*) nach dieser Widerlegung ihres zentralen „Beweisstücks" von Politik und Wirtschaft weiterhin für bare Münze genommen werden, zeigt das nur umso deutlicher, dass es sich bei den meisten Mitgliedern des *IPCC* um Leute handelt, bei denen man nicht weiß, ob man sie mit Professor oder Hochwürden anreden soll, dass sich die „Klimapolitik" also längst auf der Ebene einer (monotheistischen) Religion bewegt. Diese Religion muss sich in das Gewand einer

---

[8] http://www.eastangliaemails.com/index.php

Wissenschaft kleiden, um ihren Alleinvertretungsanspruch zu rechtfertigen.

Auch Schulwissen hilft manchmal weiter

ANGESICHTS DIESER SACHLAGE wäre es jedenfalls naiv, den ausschließlich mit Computerberechnungen und nicht mit der Erhebung von Messdaten befassten Klimaforschern kein Eigeninteresse zu unterstellen, zumal es dabei um beträchtliche Summen öffentlicher Forschungsgelder geht. Statt sich von deren Computersimulationen blenden zu lassen, ist es deshalb an der Zeit, die Monopolstellung rein numerischer Computermodelle in der Debatte um die richtige „Klimapolitik“ kritisch zu hinterfragen. Dabei hilft auch Schulwissen und gesunder Menschenverstand weiter.

Wärmetransport ist, wie man aus der Schulphysik und aus Alltagserfahrungen weiß, eine komplizierte Angelegenheit. Wärme ist keine eigenständige physikalische Größe, sondern eine Form von Energie. Diese wird sowohl durch Leitung in Festkörpern und durch Konvektionsströme in Gasen als auch durch Strahlung transportiert. In verspiegelten Thermoskannen werden alle drei Formen des Transports unterbunden. Die Energie kann aus ihnen nur langsam über den Verschluss entweichen. In Glashäusern hingegen wird im Wesentlichen nur der Energieverlust durch den konvektiven Transport wirksam unterbunden. Verluste durch Abstrahlung und direkte Leitung hingegen werden lediglich etwas gehemmt. Das Prinzip von Gewächshäusern besteht bekanntlich darin, wärmende Lichtstrahlen durch eine Glasscheibe oder durchsichtige Plastikfolie eintreten zu lassen, die einmal erwärmte Luft jedoch an ihrem Aufstieg zu hindern.

Der Erdatmosphäre fehlt eine solche Barriere. Deshalb ist es eigentlich abwegig, sie als „Treibhaus“ zu bezeichnen. Die Rolle der Barriere soll nach gängigen Vorstellungen der Klimaforschung von CO_2 und anderen fein verteilten „Treibhaus-Gasen“ übernommen werden. Das sind drei- oder mehratomige Gase (Wasserdampf, Kohlendioxid, Methan, Lachgas, Ozon und Schwefelhexafluorid), die im Unterschied zu den zweiatomigen Hauptbestandteilen der Luft (knapp 78 Prozent Stickstoff und knapp 21 Prozent Sauerstoff) Infrarotstrahlung absorbieren (und wieder abgeben), indem ihre Atome in charakteristische Schwingungen versetzt werden.

Eine Plastikfolien vergleichbare Barrierewirkung übt noch am ehesten der zu Wolken kondensierte Wasserdampf aus. Im Prinzip weiß jedes Schulkind: Ist der Himmel bedeckt, kühlt sich die Luft nachts spürbar weniger ab als bei klarem und trockenem Wetter. Wie überragend die Wirkung der Wolken und der Luftfeuchtigkeit auf den Temperaturhaushalt der Erde ist, haben Satellitenaufnahmen mit Hilfe der Falschfarbenfotografie zutage gefördert: Fast ganzjährig wolkenfreie und trockene Regionen der Erde wie die Zentralsahara und die arabische Halbinsel haben eine deutlich negative Energiebilanz. Wären dort die Nächte nicht verhältnismäßig kurz, käme es dort sogar zur Bildung von Permafrostböden, die tagsüber nur oberflächlich auftauen. Positiv ist die Energiebilanz der Erde ganzjährig nur in den Tropen und im Sommer in den gemäßigten Zonen

Von den 342 Watt je Quadratmeter (ein Viertel der „Solarkonstanten"), die die Erde im Jahresmittel am Oberrand der Atmosphäre von der Sonne empfängt, erreicht nur ein sehr variabler Teil die Erdoberfläche. Ausschlaggebend für diese Variabilität sind die Wolken, deren unterschiedliche Beschaffenheit die Rückstrahlung der eingetroffenen Solarenergie zu einem komplexen, turbulenten Energieaustauschprozess macht. Verdunstung und Kondensation des Wassers zu Wolken sind der mit Abstand wichtigste Energieumwandlungsprozess in der Atmosphäre. Dadurch angetriebene Winde und Ozeanströmungen sorgen zusätzlich für eine großräumige Umverteilung von Energie. Besser als das Bild vom Gewächshaus trifft dafür wohl die Vorstellung zu, dass die Sonnenenergie durch atmosphärische Umwandlungsprozesse eine Zeit lang wie durch einen Damm aufgestaut wird, bevor sie wieder in den Weltraum abfließen kann. Ist der Stausee gefüllt, ändert sich die Abflussmenge je Zeiteinheit aber nicht mehr.

Die Frage ist nun, wieweit daran neben den Wolken auch in der Atmosphäre enthaltene Spurengase beteiligt sind. Die rasche nächtliche Abkühlung bei wolkenfreiem Himmel rührt offenbar daher, dass das „atmosphärische Fenster", das heißt jener Bereich des Lichtspektrums, in dem keiner der Luftbestandteile Wärmestrahlen absorbiert, auf jeden Fall weit genug geöffnet ist, um die vom Boden reflektierte Wärme kaum gebremst in den Weltraum entweichen zu lassen. Ein Treibhaus mit einem derart weit geöffneten Dach verdient seinen Namen kaum.

Auf welchem Wege die von der Erde wieder abgestrahlte Wärme dieses Fenster erreicht, ist eher zweitrangig. Die Gelehrten streiten sich darüber, ob dabei der Strahlungstransport oder der Segelfliegern wohl bekannte Wärmetransport durch aufströmende Luftmassen (Konvektion oder Thermik) überwiegt. Jedenfalls bevorzugen die den *IPCC*-Berichten zugrunde liegenden Klimamodelle, die eine Erwärmung der Erde um bis zu 6 °C bis zum Ende des Jahrhunderts errechnen, eindeutig den Strahlungstransport. Dieser könne aber nur in der dünnen Luft der oberen Atmosphäre die Hauptrolle spielen. Weiter unten überwiege wahrscheinlich der Energietransport durch Zusammenstöße zwischen Luftmolekülen und darauf fußende aufwärts gerichtete Konvektionsströmungen, meint der Wiesbadener Chemiedozent Heinz Hug.

Jedenfalls belegen das aufwändige spektroskopische Messungen, die Hug an der Universität Jena durchgeführt hat. *„Der Transport von Energie in höhere Schichten der Atmosphäre erfolgt hauptsächlich durch Aufströmung der durch Absorption erwärmten Luft und nicht über einen Kaskadenmechanismus, bei dem sich ein Photon von Treibhausgasmolekül zu Treibhausgasmolekül hangelt"*, folgert er. Daraus kann man schließen: Gerade weil „Treibhausgase", im Unterschied zu den inerten Hauptbestandteilen der Atmosphäre, durch Wärme für Sekundenbruchteile zu Schwingungen angeregt werden, sind sie in der Lage, Wärme sehr effizient vom sonnenbestrahlten Erdboden abzuleiten, das heißt die Erde zu kühlen. Ohne „Treibhausgase" würde es auf dem von der Sonne beschienen Teil der Erde sehr viel wärmer.

Außerdem weist Hug darauf hin, dass die Hauptabsorptionsbande des in den gängigen Klimamodellen in den Vordergrund gerückten CO_2 (bei 15 Mikrometer Wellenlänge) in Bodennähe schon beim vorindustriellen Gehalt von 0,028 Volumenprozent gesättigt ist. Nur seine zum Teil noch ungesättigten schwachen Nebenbanden könnten überhaupt noch zu einer Erwärmung oder Abkühlung der Atmosphäre beitragen. Dieser Streit ist alles andere als nebensächlich, hängt von seinem Ausgang doch die Aussagekraft der sogenannten Strahlungstransportgleichung ab, die das Kernstück der vom *IPCC* ausgewerteten und in die Medien getragenen Klimamodelle ausmacht. Im Herbst 2001 kam es deshalb darüber auf einem von der *DECHEMA (Deutsche Gesellschaft für chemische Technik und Biotechnologie)* in Frankfurt am Main veranstalteten Kolloquium zu hitzigen Diskussionen. Dabei zeigte es sich, dass Physiker zur Überbetonung des Strahlungstransports neigen, während Chemiker in der Atmosphäre in erster Linie Zusammenstöße zwischen Molekülen sowie Konvektion und Turbulenzen sehen. Wer hier recht hat, ist für Laien zunächst schwer auszumachen. Eine Rückbesinnung auf die Schulphysik und die Kenntnis einiger weniger Messergebnisse genügen jedoch im Prinzip, um den Streit zu entwirren.

Entscheidend für die Klimaentwicklung – da war sich der britische Chemiker Jack Barrett, ein ehemaliger Kollege des zweiten *IPCC*-Präsidenten Sir John T. Houghton am Londoner *Imperial College,* mit dem zitierten Meteorologen Thüne einig – ist neben Variationen der Sonneneinstrahlung das Wasser in Form der Weltmeere und in Form von Wasserdampf, Wolken, Regen oder Schnee beziehungsweise Eis. Versuche, in den derzeitigen Klimamodellen den wechselnden Einfluss von Wolken zu berücksichtigen, haben jedoch zu Ergebnissen geführt, die um über 300 Prozent voneinander abweichen. Er frage sich deshalb, ob die jeweiligen Modellierer überhaupt mit der gleichen Physik arbeiten, merkte Barrett auf dem Kolloquium der *DECHEMA* dazu sarkastisch an.

Genau deshalb ging er mit dem *IPCC*-Bericht von 2001 hart ins Gericht. Dass dieser mit einer erwarteten Temperaturerhöhung von bis zu 5,8 °C bis zum Ende dieses Jahrhunderts noch alarmierender ausgefallen ist als seine beiden Vorgänger, sei die Folge einiger negativer Prämissen, die den Modellrechungen undiskutiert zugrunde gelegt worden seien: So zum Beispiel eine viel zu große Verweilzeit des CO_2 in der Atmosphäre. Der auf dem aktiven Vulkan Mauna Loa auf Hawaii gemessene jährliche Zuwachs der atmosphärischen CO_2-Konzentration verlangsame sich zusehends, obwohl der jährliche anthropogene CO_2-Eintrag in die Atmosphäre in den 90er Jahren um gut eine Milliarde Tonnen zugenommen hat. Das weise auf eine vermehrte Absorption von CO_2 durch die Ozeane und die Landvegetation hin.

Barrett hält deshalb die vom *IPCC* befürchtete Verdoppelung des CO_2-Gehalts der Atmosphäre für unwahrscheinlich. Sollte diese eintreten, sei keineswegs eine Zunahme des *radiative forcing* um 7 Prozent zu erwarten, wie der *IPCC* kalkuliert, sondern wegen der starken Überlappung der Absorptionsbanden von Kohlendioxid und Wasser allenfalls eine zehnmal geringere Verstärkung des „Treibhauseffekts" um lediglich 0,7 Prozent.

Die Rolle der Wolken bei der Umverteilung der einfallenden kurz- und langwelligen Solarstrahlung und der von der Erde zurück gestrahlten Wärme sei so überragend, dass der Modellierung des Strahlungshaushalts der wolkenfreien (beziehungsweise wolkenfrei gerechneten) Atmosphäre nur eine begrenzte Aussagekraft zukomme, räumte denn auch der Atmosphärenphysiker Rainer Hollmann vom

GKSS-Forschungszentrum in Geesthacht auf dem besagten Kolloquium ein.

Er ließ deshalb auch den im März 2001 von Harries, Brindley, Sagoo und Bantges 2001 im *Nature*-Magazin veröffentlichten Vergleich von Satellitenmesswerten von 1970 und 1997 nicht als Beweis für die These einer gefährlichen Verstärkung des menschengemachten Treibhauseffekt gelten. Satelliten messen die Differenz zwischen der am Erdboden in die Atmosphäre und der vom Oberrand der Atmosphäre in den Weltraum emittierten Strahlung, das heißt das Absorptionsvermögen der Atmosphäre für Wärmestrahlen. In den gängigen Klimamodellen hingegen werde der Treibhauseffekt *„als ständiger Antrieb zur Aufrechterhaltung der derzeitigen vertikalen Temperaturstruktur in der wolkenlosen Atmosphäre"* interpretiert. Der so definierte Treibhauseffekt könne aber nicht gemessen, sondern nur theoretisch berechnet werden, stellte Hollmann klar.

Dabei, so Hollmann weiter, könnten sich schwere Fehler einschleichen, *„weil Klimamodelle oft aus mehr als einer Million von Befehlen zur Rechnung und internen Datenweiterleitung bestehen, wodurch weitere Fehlermöglichkeiten sich eröffnen."* Das scheint umso bedenklicher, als der mit Abstand wichtigste Faktor der atmosphärischen Energieumwandlung, die Wolkenbildung, nur in Form grob geschätzter Durchschnittswerte in die Rechenmodelle eingeht. Damit nährte Hollmann (vielleicht ungewollt) den Vorwurf der „Klima-Skeptiker", die angeblich drohende Klimakatastrophe sei ein Produkt nicht mehr überschaubarer Verknüpfungen im Computer, denen bei Bedarf *„von Hand"* nachgeholfen werde, um zu politisch erwünschten Ergebnissen zu gelangen.

Die Rechnung geht nicht auf

DER 1988 VON der *World Meteorological Organization (WMO)* und vom UN-Umweltprogramm *UNEP* eingesetzte *Intergovernmental Panel on Climate Change (IPCC)* stützt seine Warnung vor einer Überhitzung unseres Planeten auf kontinuierliche photoakustische CO_2-Messungen auf dem Hawaii-Vulkan Mauna Loa seit 1958. Dieser Standort wurde gewählt, weil man annahm, dort die von Großstädten und Industrien unbeeinflusste CO_2-Hintergrund-Konzentration messen zu können. Allerdings erwies sich auch dieser Archipel nicht als unproblematisch, weil man dort die Ausgasungen des Vulkans aus den Rohmesswerten herausrechnen musste. Die so erhaltenen CO_2-Werte folgen einer stetig ansteigenden Zickzack-Kurve, die dem Wechsel zwischen Sommer und Winter auf der Nordhalbkugel folgt. Al Gore begründet mit dieser Kurve auf seiner rund um den Globus in vielen Schulen verwendeten PowerPoint-DVD die Forderung nach einer drastischen Einschränkung technischer CO_2-Emissionen mit Hilfe des Emissionshandels.

Wie sah diese Kurve aber vor 1958 aus? Der *IPCC* behauptet, man könne sie vom aktuell erreichten Höchstwert von 388 ppm *(parts per million)* nach hinten bis ins 19. Jahrhundert verlängern bis zu einem vorindustriellen „Normalwert" von etwa 280 ppm. Dabei geht das Gremium stillschweigend davon aus, dass es vor 1958 nur wenige präzise und repräsentative Messungen des CO_2-Gehaltes der Luft gab. In Wirklichkeit gab es schon hundert Jahre vor der Entwicklung elektronischer Messgeräte durchaus präzise chemische Methoden für die Bestimmung des CO_2-Gehaltes der Luft. Im Jahre 2007 hat der inzwischen leider verstorbene Freiburger Lehrer Ernst-Georg Beck unter dem Titel *180 Years of atmospheric CO_2 Gas Analysis by Chemical Methods* im englischen Magazin *Energy and Environment* Zigtausende von älteren CO_2-Messungen ausgewertet und gezeigt, dass (unter anderem) um 1940 in Mittelhessen (Gießen) höhere CO_2-Konzentrationen gemessen wurden als heute.

Sofort kam von etablierten Klimaforschern der Einwand, diese lokalen Messwerte seien wohl nicht repräsentativ für den globalen Trend. Deshalb hat Beck auf dem Kongress *„Klima 2009"* zusammen mit seinem Luxemburger Kollegen Francis Massen eine Formel vorgestellt, mit deren Hilfe sich aus lokalen CO_2-Messwerten die Hintergrundkonzentration zuverlässig errechnen lässt, indem die jeweils vorherrschenden Windgeschwindigkeiten berücksichtigt werden. Es ist nun klar, dass die älteren CO_2-Messungen, sofern die methodisch korrekt gewonnen wurden, keineswegs verworfen werden können. Da diese große Schwankungen anzeigen, ist die von der großen Politik zum Dogma erhobene Vermutung, der steigende CO_2-Gehalt der Luft sei hauptverantwortlich für den im vergangenen Jahrhundert gemessenen leichten Anstieg der bodennahen Durchschnittstemperatur über den Landmassen Erde nicht mehr haltbar.

Der *IPCC* nimmt in seinen Warnungen vor einer drohenden Überhitzung unseres Planeten implizit eine mittlere Verweildauer des CO_2 in der Atmosphäre von etwa 570 Jahren an und schätzt auf dieser Basis den möglichen Anstieg der globalen Durchschnittstemperatur bis zum Ende dieses Jahrhunderts auf bis zu 5,8 °C. Schon im Herbst 2001 hatte Jack Barrett auf dem erwähnten von der *DECHEMA* in Frankfurt am Main veranstalteten Kolloquium darauf hingewiesen, aus dem Abklingen des bei Atombombenexplosionen entstehenden Anteils von radioaktivem Kohlenstoff ^{14}C nach der Einstellung oberirdischer Kernwaffenversuche infolge des Teststopp-Abkommens von 1962 lasse sich eine CO_2-"Halbwertszeit" von weniger als 40 Jahren errechnen.

In der Zwischenzeit hat der Elektroingenieur und Hobbyklimaforscher Peter Dietze als offizieller *Reviewer* des *IPCC* ein einfaches „Wasserkastenmodell" der globalen C-Flüsse durchgerechnet. Mithilfe einer Regressionsanalyse der in der Nachkriegszeit gemessenen CO_2-Werte gelangte er dabei zu einer Lebensdauer der CO_2-Überschüsse von 55 Jahren beziehungsweise einer „Halbwertszeit" von 38 Jahren. Auf dieser Basis sei bis zum Ende dieses Jahrhunderts mit einer globalen Erwärmung von lediglich 0,52 °C zu rechnen.

Im März 2003 gab die *DECHEMA* Peter Dietze die Gelegenheit, seinen Ansatz mit den Auffassungen einer Reihe international anerkannter Klimaforscher zu konfrontieren. Auf generelle Skepsis stieß dabei die von Dietze vorgenommene Zusammenfassung der sehr unterschiedlichen Verweilzeiten des Kohlenstoffs in verschiedenen Kompartimenten der Biosphäre zu einer einzigen Zeitkonstanten analog zur Parallelschaltung elektrischer Widerstände und Kapazitäten. Der Botaniker Prof. Dr. Ernst-Detlef Schulze, damals Direktor des *Max-Planck-Instituts für Biogeochemie* in Jena, forderte, neben der Parallelschaltung müsse auch die Reihenschaltung von Kohlenstoffquellen und -senken berücksichtigt werden, was das Modell komplizierter mache und die theoretische Verweildauer des Kohlenstoffs in der Biosphäre ansteigen lasse. Dietze behauptete, auch das schon durchgerechnet zu haben und verwies auf die gute Übereinstimmung seiner Berechnung mit dem in den letzten 27 Jahren gemessenen durchschnittlichen CO_2-Anstieg um etwa 1,5 ppm im Jahr. Danach würde im Jahre 2075 eine Maximalkonzentration von 470 ppm erreicht. Eine Simulation auf der Basis der *IPCC*-Parameter führe demgegenüber zu einem progressiven CO_2-Anstieg von jährlich etwa 2,6 ppm und schon die gegenwärtig messbare CO_2-Konzentration würde auf dieser Berechnungsgrundlage um 12 ppm überschritten.

Aber auch Prof. Schulze war mit dem Kioto-Vertrag nicht glücklich, obwohl er es grundsätzlich als einen *„ersten Schritt in Richtung auf eine planmäßige Gestaltung globaler Stoffkreisläufe"* befürwortete. Die in dem Abkommen erstmals eingeräumte Möglichkeit, an Stelle der

Emissionsreduktion biologische Kohlenstoffsenken durch Aufforstung neu zu schaffen, sei eine kaum verhohlene Einladung zum Missbrauch. Es sei versäumt worden, klar zu definieren, was überhaupt als C-Senke anerkannt werden kann. Zum Beispiel werden Flächen von 500 Hektar, die zu zehn Prozent vom Kronendach von Bäumen bedeckt sind, schon als Wälder gezählt. Da die Anrechnungsperiode erst 2008 begann, waren bis dahin noch großflächige Rodungen von Primärwäldern möglich. Dabei wird viel Kohlenstoff durch Humusabbau freigesetzt. Werden gerodete Flächen zum für den humuszehrenden Kartoffelanbau genützt, entstehen weitere C-Verluste. Auch beim Weizenanbau sei die C-Bilanz negativ, betont Schulze. Und bei der oft gepriesenen energetischen Nutzung landwirtschaftlich erzeugter Biomasse sei auch nicht viel zu gewinnen. Bei der Erzeugung von Rapsöl zum Beispiel gehe der anfängliche Gewinn größtenteils durch die anschließend notwendige chemische Umwandlung (Methylierung) wieder verloren.

Andererseits würden nachhaltig bewirtschaftete Wälder in den gemäßigten Zonen nicht als Senken anerkannt, obwohl die Annahme, nicht bewirtschaftete Wälder seien bessere C-Senken, nachweislich falsch sei. Schulze bezieht sich dabei auf den Modellwald Hainich in Thüringen, in dem mit Hilfe eines Messnetzes die jährliche Fixierung von sechs Tonnen Kohlenstoff je Hektar nachgewiesen wurde. Im B-Horizont des Waldbodens (Mineralboden) kann Kohlenstoff übrigens bis zu 6.000 Jahre gespeichert werden, wobei sich langkettige Lipide (Wachse) und nicht etwa der Holzstoff Lignin am langlebigsten erweisen.

Wie Prof. Dr. Wolfgang Cramer vom *Potsdam Institut für Klimafolgenforschung (PIK)* in Frankfurt darlegte, beträgt die gesamte jährliche Aufnahme von Kohlenstoff durch die Landpflanzen etwa 60 Gigatonnen (Nettoprimärproduktivität). Die nach Abzug der Atmung verbleibende Nettoökosystemproduktivität beträgt aber nur ein Zehntel davon. Noch geringer ist mit 1 bis 2 Gt/a die Nettobiomproduktivität, die Ernte-Entnahmen und Schädlingsfraß Rechnung trägt. Diese Schätzungen stimmen durchaus mit dem Modell Dietzes überein.

Schwieriger ist die Abschätzung der Auswirkungen historischer und aktueller Landnutzungsänderungen. Cramer geht davon aus, dass durch die historischen Entwaldungen insgesamt 180 bis 200 Gigatonnen Kohlenstoff freigesetzt wurden. Zwischen 1920 und 1958 sei auch die Landwirtschaft unterm Strich eine C-Quelle gewesen; seither sei sie aber eine schwache C-Senke. Nach dem einfachen *CLIMBER*-

Modell verstärken aktuelle Entwaldungen in den Tropen die globale Erwärmung, während Abholzungen in der borealen Klimazone zur lokalen Abkühlung führen. Sehr viel aufwändiger ist das LPJ-Modell, an dem das *PIK* und das Jenaer *MPI* gemeinsam arbeiten. Es trägt Ereignissen wie dem Pinatubo-Ausbruch und der Stimulierung des Pflanzenwachstums durch zusätzliches CO_2 Rechnung, erlaubt aber bis heute kaum Aussagen über konkrete Auswirkungen von Landnutzungsänderungen. Möglicherweise sei aber die Forst- und Landwirtschaftspolitik für den Kohlenstoffhaushalt in Zukunft wichtiger als die Energiepolitik, deutete Cramer an.

Auf Widerspruch stieß Dietzes Annahme, der atmosphärische Anteil (die *airborne fraction*) der globalen CO_2-Vorräte müsse in der Nachkriegszeit zugunsten des in den Ozeanen gelösten Teils abgenommen haben, da der gemessene CO_2-Anstieg hinter den stark ansteigenden Emissionen zurück bleibe. Martin Heimann vom Jenaer MPI, ein Schüler der inzwischen verstorbenen Berner Pioniere der globalen C-Kreislaufforschung, Oeschger und Siegenthaler, glaubt anhand von Messwerten demonstrieren zu können, dass unverändert etwa 40 Prozent des durch menschliche Aktivitäten freigesetzten CO_2 in der Atmosphäre landen, während insgesamt 60 Prozent von den Ozeanen und der Landbiosphäre aufgenommen werden. Die gleichzeitig mit der Zunahme des Gesamtkohlenstoffgehaltes der Ozeane registrierte leichte Abnahme des Sauerstoffgehaltes der Atmosphäre zeige, dass die Verbrennung fossiler Vorräte die Hauptquelle des globalen CO_2-Anstiegs sei. Da die am Südpol gemessenen CO_2-Zuwächse der Mauna-Loa-Kurve etwas nachhinken, stehe überdies außer Frage, dass die stärker industrialisierte und urbanisierte Nordhemisphäre die Hauptquelle der CO_2-Emissionen ist. Da es im Ozean keinen Düngeeffekt des CO_2 gebe, müsse man wegen der Nichtlinearität der Karbonatchemie überdies mit einer Verringerung der Senkenkapazität der Ozeane rechnen. Möglicherweise könne die Kohlensäure aber auch durch unterseeische Vulkanausbrüche und große Kalksteinvorkommen neutralisiert werden. Inzwischen wissen wir aber, dass die Angst vor einer „Versauerung" der Ozeane unbegründet ist.

Etwas präzisere Angaben über das CO_2-Absorptionsvermögen der Ozeane versuchte die Heidelberger Physikerin Dr. Ingeborg Levin, eine Spezialistin für Radiocarbon-Messungen, zu machen. Ihre eigenen in Zusammenarbeit mit Vago Hesshaimer und Martin Heimann durchgeführten Berechnungen auf der Basis des rasch abgeklungenen ^{14}C-Peaks aus den Kernwaffenversuchen, die 1994 im *Nature*-Magazin veröffentlicht wurden, sowie eine im Jahre 2002 abgeschlossene neue ^{14}C-Inventur der Ozeane von Peacock und Mitarbeitern legten eine Korrektur der 1995 von Wallace S. Broecker und Kollegen veröffentlichten Schätzung der CO_2-Aufnahmerate der Ozeane um 25 Prozent nach unten nahe. Jedenfalls sei die Hoffnung, die Meere könnten den menschengemachten CO_2-Überschuss aufnehmen, unbegründet. An der Umsetzung des Kioto-Abkommens führe kein Weg vorbei. Im Übrigen könnten die von ihrem Institut durchgeführten Radiocarbonmessungen den Suess-Effekt (die Verdünnung des natürlichen ^{14}C-Gehalts der Atmosphäre durch ^{14}C-freies CO_2 fossilen Ursprungs) nutzen, um die Umsetzung des Kioto-Abkommens auf regionaler Ebene zu kontrollieren. Das aber dürfte sich wegen der raschen Durchmischung der Atmosphäre als abwegig erweisen.

Demgegenüber fragte Peter Dietze, ob dem Suess-Effekt wirklich eine so große Beweiskraft zukommt, wenn man davon ausgehe, dass nicht 30, sondern allenfalls drei bis fünf Prozent des CO_2-Gehalts der Atmosphäre menschlichen Ursprungs sind. (Nach Angaben des deutschen Umweltbundesamtes sind es sogar nur 1,2 Prozent.) Sollte die von Dietze vorgestellte Modellrechnung realistisch sein, wäre das Kioto-Abkommen überflüssig. Denn die von ihm geschätzte globale Erwärmung um ein halbes Grad (und höchstwahrscheinlich auch noch einiges mehr) wäre nicht nur ohne weiteres von der Biosphäre verkraftbar, sondern könnte sich in nördlichen Breiten sogar als Segen für die Landwirtschaft erweisen. Welche Seite hier wieweit recht hat, ist selbst für ein Fachpublikum kaum auszumachen.

Wie man es auch dreht und wendet: Die globale Kohlenstoffbilanz zeigt große Lücken: Wieso konnte das ^{14}C aus dem A- und H-Bomben-Fall-out noch deutlich schneller aus der Atmosphäre verschwinden als erwartet? Warum kann die Mauna-Loa-Kurve langsamer ansteigen als die globalen CO_2-Emissionen, wenn die Weltmeere weniger Kohlenstoff aufnehmen als bislang angenommen? Diese offenen Fragen zeigen, dass wir von einer wissenschaftlichen Begründbarkeit von „Klimapolitik" so weit entfernt sind wie eh und je. Die Erklärung dieser Ungereimtheiten liegt vermutlich darin, dass der nichtbiotische Anteil des Kohlenstoffzyklus viel größer ist, als vor dem Durchbruch der Plattentektonik Alfred Wegeners angenommen worden war.

Dabei ist der Kohlenstoffkreislauf nach gängiger ökologischer Lehrmeinung ohnehin nur drittrangig. Die Entwicklung des „Erdsystems" wird in der Hauptsache vom Wasserkreislauf bestimmt. Dieser aber ist so verwickelt, dass jeder, der vorgäbe, ihn im Detail analysieren und steuern zu können, sofort für verrückt erklärt würde. An zweiter Stelle folgt der Kreislauf des Sauerstoffs. Dieser rückt erst neuerdings etwas ins Blickfeld, weil festgestellt wurde, dass der O_2-Gehalt der Atmosphäre etwas sinkt. Beunruhigend ist das aber nicht. Im Gegenteil: Die Welt wird im Prinzip sogar sicherer, weil dadurch tendenziell die Gefahr spontaner Brände abnimmt. Zum Atmen reicht der übrig bleibende Sauerstoff auch noch bei einer Konzentration von 16 statt aktuell 21 Prozent.

Wie ein beteiligter Forscher mit entwaffnender Offenheit erklärte, hat sich die Klimaforschung vor allem deshalb auf den drittrangigen C-Kreislauf konzentriert, weil sich CO_2, im Unterschied zu Wasserdampf, ziemlich gleichmäßig in der Atmosphäre verteilt und menschengemachte CO_2-Emissionen das einzige Schräubchen sind, an dem man drehen zu können glaubt. Doch wird die „Klimapolitik" zur Augenwischerei, wenn sie neben einigermaßen kalkulierbaren menschengemachten CO_2-Emissionen auch auf ein Management natürlicher C-Senken abzielt. Außer Deutschland und der EU ist denn auch bislang keine Region der Welt Kioto-Verpflichtungen in nachprüfbarer Größenordnung eingegangen. Abgesehen vom Verschwinden bestimmter Industrien aus Deutschland und der Verwandlung des Landes in einen Vogelscheuchenpark (Verzeihung: Windpark) dürfte das Kioto-Abkommen also nichts bewirken.

3

Über produktive und destruktive Missverständnisse

Daß der Gang der Dinge unabhängig von der Zustimmung der allermeisten seinen Weg nimmt: daran liegt es, daß einiges Erstaunliche sich auf der Erde eingeschlichen hat.

Friedrich NIETZSCHE,
Der Wille zur Macht

KONSENS BERUHT FAST immer auf Missverständnissen. Denn die Möglichkeiten der verbalen zwischenmenschlichen Kommunikation sind (im Unterschied zu den kulturneutralen nonverbalen Ausdrucksformen) nicht nur auf internationaler Ebene, sondern schon im nationalen und selbst im lokalen oder familiären Rahmen erstaunlich beschränkt. Fortschritte der Hirnforschung und der Neuropsychologie auf der einen und von der Wissenschaftsforschung vermittelte Einsichten in die Entstehungsbedingungen und den gesellschaftlichen Stellenwert wissenschaftlichen Wissens auf der andern Seite legen es nahe, die Hoffnung, über „herrschaftsfreie Kommunikation" in rationalen Diskursen zu einvernehmlichen und dauerhaften Lösungen gesellschaftlicher Probleme gelangen zu können, als unbegründet fahren zu lassen.

Wir wissen heute: Missverständnisse sind unvermeidlich. Wir fragen uns nur noch, ob sie destruktiver oder produktiver Natur sind. Die große Kunst der Politik besteht darin, Konsensformeln zu finden, die auf produktiven Missverständnissen beruhen. Dabei handelt es sich im Prinzip um Leerformeln, die einen so großen politischen und wirtschaftlichen Interpretations- und Gestaltungsspielraum bieten, dass alle Akteure damit lange Zeit in Frieden leben und auf einigermaßen anständige Weise ihren jeweiligen persönlichen Interessen nachgehen können.

Als eine solche „irenäische" Formel *par excellence* erwies sich in der zweiten Hälfte des vergangenen Jahrhunderts das von Alfred Müller-Armack (Ludwig Erhards rechte Hand fürs Grundsätzliche) unmittelbar nach Ende des Zweiten Weltkriegs erfundene Begriffspaar „soziale Marktwirtschaft". Niemand kann bis heute genau definieren, was darunter zu verstehen ist. Doch wurde dieses Manko keineswegs zum Anlass, Meinungsverschiedenheiten mit juristischen Mitteln oder gar durch die Anwendung physischer Gewalt auszutragen. Es zeigten sich hier die Vorteile, die die Marktwirtschaft gegenüber allen Spielarten politisch oder religiös begründeter Planwirtschaft auszeichnen. Nicht auf die soziale oder religiöse Gesinnung der Wirtschaftsakteure kommt es hier in erster Linie an, sondern auf die Einhaltung allgemeiner Spielregeln und auf solche Ergebnisse ihres Handelns, die sich mit dem wichtigsten mentalitätsneutralen Kommunikationsmittel, das die Menschheit je erfunden hat, darstellen lassen: dem Geld.

Hätten sich Wissenschaftler und Politiker jedoch schon in den fünfziger Jahren daran gemacht, die Leerformel „soziale Marktwirtschaft" zum operativen Managementkonzept mit quantifizierten Handlungszielen und einem System von zwanzig, fünfzig oder gar hundert Indikatoren für die Messung von Fortschritten bei ihrer Umsetzung auszubauen, hätte der schillernde Begriff sicher bald seine Faszination eingebüßt und wäre inzwischen höchstwahrscheinlich schon längst wieder in Vergessenheit geraten.

Genau diese Dummheit drohen Regierungen, „proaktive" (das heißt vorauseilend gehorsame) Konzerne und politisierte Wissenschaftler jedoch heute bei der schönen, weil konsensträchtigen Leerformel *sustainable development* (nachhaltige Entwicklung) zu begehen. Sie haben sich schon 1992 auf der *UN-Konferenz über Umwelt und Entwicklung (UNCED)*, dem vielzitierten „Erd-Gipfel" von Rio de Janeiro, nicht mit Leerformeln begnügen wollen, sondern auf die Kinderei eines detaillierten politischen und wirtschaftlichen Aktionsplans für das 21. Jahrhundert, die *Agenda 21*, eingelassen. Schon seit Jahren fordern denn auch europäische „Vorreiter" einer „ökologischen Wende", Schluss zu machen mit der Vagheit der Definition von *sustainable development* in der Präambel der *Agenda 21* und der Welt und jeder einzelnen Nation stattdessen präzise bezifferte Ziele eines globalen Ressourcenmanagements vorzugeben. Der 20. Jahrestag der Rio-Konferenz (*„Rio+10"*) sollte der Anlass sein, endlich damit ernst zu machen.

Johannesburg: Wasser wird wieder Thema Nummer eins

ABER ES KAM ganz anders. Nach dem Abschluss der UN-Weltkonferenz über Nachhaltige Entwicklung am 4. September 2002 beklagten viele europäische Teilnehmer dessen dürftige Ergebnisse. Vertreter von Umwelt- und Entwicklungshilfe-Organisationen sprachen gar von einer Katastrophe. Doch enthält der in Johannesburg nach zähen Verhandlungen verabschiedete Aktionsplan zumindest in einem Punkt Konkretes, und zwar die Verpflichtung der Weltgemeinschaft, den Anteil der Weltbevölkerung, der keinen Zugang zu sauberem Trinkwasser hat (zur Zeit 1,2 Milliarden Menschen), und der sogar doppelt so großen Zahl von Menschen ohne sanitäre Grundversorgung bis zum Jahre 2015 zu halbieren. Realisieren ließe sich so etwas freilich nur in einer idealen Welt. In der Welt, wie sie nun mal ist, wird ein Teil der Hilfsgelder unweigerlich sachentfremdet angelegt werden.

Wichtig ist hier lediglich, dass es in Johannesburg nur in diesem Punkt auch finanzielle Zusagen seitens der wohlhabenden Industrieländer gab. So stellt die Europäische Union jährlich 1,4 Milliarden Euro für Afrika und Zentralasien zur Verfügung. Die USA haben Investitionen von etwa einer Milliarde Dollar zugesagt und die Entwicklungsbank für Asien vergibt im Rahmen des Programms *Wasser für asiatische Städte* Kredite von umgerechnet 500 Millionen Euro. Hinzu kommen Zusagen geringeren Umfangs von insgesamt 21 weiteren Wasser-Initiativen und Selbstverpflichtungen in armen Ländern operierender internationaler Konzerne.

Da diese Festlegungen ausdrücklich (ähnlich eines Kuhhandels) als Gegenleistung für den Verzicht der EU auf ihre gegenüber der US-Delegation verfochtenen „Klimaschutz"-Forderung einer verbindlichen Erhöhung des Anteils erneuerbarer Energien auf 15 Prozent bis zum Jahre 2010 erfolgten, sahen viele Beobachter darin nicht mehr als den konkreten Ausdruck des Scheiterns des Gipfels von Johannesburg. Doch kann man die Einigung, die die Rettung der aufwändigen Veranstaltung in letzter Minute ermöglichte, auch ganz anders sehen.

In seinem vor dem Johannesburg-Gipfel erschienen Buch *The Sceptical Environmentalist* (auf deutsch 2002 als *Apocalypse No!*) hat der dänische Statistiker Bjørn Lomborg vorgerechnet, dass die Umsetzung des Kioto-Abkommens bis zu 350 Milliarden Dollar im Jahr kosten wird (siebenmal mehr als die gesamte in offiziellen Statistiken ausgewiesene „Entwicklungshilfe", was immer auch darunter zu verstehen sein mag), ohne dadurch in den nächsten 50 bis 100 Jahren zu messbaren Ergebnissen gelangen zu können. *„Was Kioto in einem einzigen Jahr kostet, würde bequem ausreichen, um das größte Problem aller armen Länder zu lösen: die Versorgung mit sauberem Trinkwasser und sanitären Anlagen"*, forderte Lomborg stattdessen.

Da das Geld nur einmal ausgegeben werden kann, so Lomborg weiter, müsse man eben Prioritäten setzen. Das aber falle schwer, wenn man die von Berufspolitikern, Bürokraten und Massenmedien gebetsmühlenartig wiederholten Katastrophenszenarien für bare Münze nehme. Die Unfähigkeit, vernünftige Prioritäten zu setzen, sei heute vielleicht unser größtes Problem. Da in Johannesburg schlussendlich dennoch Prioritäten gesetzt wurden, wenn auch vielleicht nicht aufgrund rationaler Einsicht, können sich Lomborg und seine Anhänger zu recht auf die Schultern klopfen.

Der Ausgang des Johannesburg-Gipfels bietet gleichzeitig die Chance, zu einer Weltsicht zurückzukehren, die weder den gesicherten Erkenntnissen der Naturwissenschaften noch dem praktischen Alltagsverstand widerspricht. Denn bevor sich das Weltbild der „Klimapolitiker" durchsetzte, herrschte Einvernehmen darüber, dass die Ökologie unseres blauen Planeten nicht in erster Linie vom Kreislauf des Kohlenstoffs geprägt wird, sondern vom Wasser in allen seinen Aggregatzuständen: Ozeane, Wasserdampf, Wolken, Regen, Schnee, Eis. An zweiter Stelle kommt der Kreislauf des Sauerstoffs. Und erst dann kommt der Kohlenstoffkreislauf. Wie die Ökologie und damit auch das Klima der Erde durch Eingriffe in einen drittrangigen Stoffkreislauf gesteuert werden kann, bleibt daher das Geheimnis der „Klimapolitiker".

Die komplexen Kreisläufe des Wassers und die Übergänge von einem Aggregatzustand in den anderen wie auch die nachrangigen Stoffkreisläufe sind bis heute nur sehr lückenhaft quantitativ erfasst und werden sich global nie steuern lassen. Aber auf lokaler und regionaler Ebene können die Menschen ihren Wasserhaushalt zumindest so weit kontrollieren und regulieren, dass sie ihre elementaren Lebensbedürfnisse befriedigen können. Um das zu bewerkstelligen, brauchen sie weder eine Weltregierung noch Mammut-Palaver in festungsartig abgeriegelten Kongresszentren. Was sie brauchen, ist etwas Geld und die Möglichkeit, ihr Schicksal in die eigene Hand nehmen zu können. Wird der nächste „Erd-Gipfel" 2012 in Rio de Janeiro diese Lehre beherzigen?

Nachhaltigkeit: Platonische oder regulative Idee?

NACHHALTIGE ENTWICKLUNG WAR in der Präambel der *Agenda 21* als *„globale Partnerschaft für eine ökonomisch machbare, sozial gerechte, ökologisch gesunde Entwicklung, nicht nur heute, sondern auch in Zukunft"* verstanden worden. Diese Definition, in der ökonomische, soziale und ökologische Ziele als gleichwertig gelten, lässt Nachhaltigkeit als Quadratur des Kreises, als nobles, aber prinzipiell unerreichbares Ideal erscheinen. Sie bietet insofern größtmöglichen Interpretationsspielraum und legt es (zumindest implizit) nahe, die Suche nach einer irgendwie ausgewogenen Kombination der „drei Säulen" der Nachhaltigkeit den Kräften des Marktes anzuvertrauen.

Gegen dieses pragmatische Vorgehen sträubten sich schon auf der Rio-Konferenz von 1992 zwei gegensätzliche, letztlich aber doch teilweise geistesverwandte politische Strömungen: Auf der einen Seite jene im Kalten Krieg tonangebend gewordene techno-bürokratische Elite des Westens, der infolge des sang- und klanglosen Zusammenbruchs der Sowjetunion und des Ostblocks das Feindbild abhanden gekommen war. Auf der andern Seite die Anhänger des Sozialismus beziehungsweise seiner Light-Version, des Kommunitarismus, die nach dem offenkundigen Scheitern des Experimentes „realer Sozialismus" nach neuen Wegen der Bestärkung und Anwendung ihres kollektivistischen Aberglaubens Ausschau halten mussten.

Die erstgenannte Gruppe fand in der angeblich drohenden Klimakatastrophe infolge eines menschengemachten „Treibhauseffekts" ein Ersatzfeindbild. Schon Anfang der 70er Jahre des vergangenen Jahrhunderts, als die am *Massachusetts Institute of Technology (MIT)* von einem internationalen Team junger Wirtschafts- und Computerwissenschaftler erstellte und vom *Club of Rome* medienwirksam lancierte apokalyptische Computersimulationsstudie *Die Grenzen des Wachstums* (Meadows et al., 1972) noch gar nicht erschienen war und die Geowissenschaftler weltweit noch beinahe einhellig vom Herannahen einer neuen Eiszeit überzeugt waren, hatte eine Publikation des NATO-Ausschusses *CCMS* (Huntley, 1971) den „Treibhauseffekt" in diesem Sinne in die Diskussion gebracht. Kurz vor der Rio-Konferenz lieferte dann der spätere US-Präsidentschaftskandidat Al Gore in seinem Bestseller *Earth in Balance* (1992) diesem Ansinnen eine psychologisierende theoretische Begründung.

Die Studie *Die Grenzen des Wachstums,* die nicht zufällig kurz vor der ersten Umweltkonferenz der Vereinten Nationen 1972 in Stockholm mit einem beispiellosen publizistischen Aufwand weltweit verbreitet wurde, ist bei beiden Gruppen, das heißt auch bei Sozialisten und Kommunitaristen mehr und mehr eine Art ökologischer Katechismus geworden, obwohl viele Sozialdemokraten lange Zeit Probleme mit dem wissenschaftlichen Status datenarmer Computersimulationen und dem in der *MIT*-Studie nahegelegten „Nullwachstum" hatten. Was sie daran hingegen faszinierte, war die scheinbar objektive naturwissenschaftliche Herleitung der Notwendigkeit einer weltweiten umverteilenden Planwirtschaft. Nicht die tatsächlichen Grenzen des Wissens und der Machbarkeit erschienen als Problem, sondern vorgebliche Grenzen von Freiheit, Demokratie, Wettbewerb und Wirtschaftswachstum.

Als dann aber am Ende der 80er Jahre das „realsozialistische" Experiment (für rote, grüne und schwarze Feinde des Wachstums individueller Freiheit gleichermaßen überraschend) ein jähes Ende fand, konnte kaum noch jemand offen von Planwirtschaft reden. Auf einmal waren alle für Marktwirtschaft. Allerdings beeilten sich die Anhänger des kollektivistischen Rationalismus zu präzisieren, dass sie im Wettbewerb kein ergebnisoffenes Entdeckungsverfahren sehen, sondern lediglich ein besonders effektives Instrument zur Umsetzung politischer Gestaltungsansprüche.

Dabei ging es ihnen stets weniger um Anliegen wie die Mehrung der individuellen Freiheit und die Stärkung der Demokratie, sondern vielmehr um quantifizierte Ziele eines globalen und nationalen Ressourcenmanagements. Faktisch wurde dadurch das in der Präambel der *Agenda 21* skizzierte anspruchsvolle Dreieck von wirtschaftlichen, sozialen und ökologischen Zielen schon in den einzelnen Kapiteln des Aktionsprogramms durch einen sachzwangartigen Primat der Ökologie ersetzt. Aus einer allgemeinen Orientierungshilfe, einer „regulativen Idee" im Sinne Immanuel Kants, die nicht das Ziel, sondern nur die Richtung eines Suchprozesses angibt, wurde dadurch unter der Hand die platonische Idee einer besseren Welt als Ergebnis eines umfassenden *re-engineering* (in Deutschland besser als *„ökologischer Umbau der Industriegesellschaft"* bekannt geworden).

In Deutschland ist dieser Umschlag sehr gut an zwei einflussreichen Versuchen der Übersetzung der *Agenda 21* in nationale Politikziele ablesbar. Es handelt sich zum einen um die Studie *Zukunftsfähiges Deutschland. Ein Beitrag zu einer global nachhaltigen Entwicklung* (1996), die das *Wuppertal Institut für Klima, Umwelt, Energie* im Auftrag des *Bundes für Umwelt- und Naturschutz Deutschland (BUND)* und des katholischen *Bischöflichen Missionswerks Misereor* erarbeitet hat, und zum andern um die Studie *Nachhaltiges Deutschland. Wege zu einer dauerhaft umweltgerechten Entwicklung*, die das damals noch in Berlin ansässige Umweltbundesamt 1997 vorlegte.

Beide Studien betonten auf der einen Seite, dass es in den heutigen vielgestaltigen, unüberschaubaren und offenen Gesellschaften mit einer wachsenden Pluralität individueller Lebensentwürfe keine Alternative zum Markt und zum demokratischen Diskurs gibt, weil es dort, wie in der Wuppertal-Studie zu lesen ist, weder einen Beobachtungsstandort geben kann, von dem aus die Gesellschaft als Ganzes einsehbar würde, noch ein politisches Steuerungszentrum, von dem aus gesamtgesellschaftliche Veränderungen programmiert und durchgesetzt werden könnten. *„Von daher wäre es nicht angebracht"*, folgerten die Autoren der Wuppertal-Studie, *„sich einen Wandel als das Ergebnis einer umfassenden national ins Werk gesetzten Strategie vorzustellen."* (S. 151).

Auch die *UBA*-Studie erklärte, der für die Umsetzung der *Agenda 21* als notwendig erachtete tiefgreifende Wandel von Wirtschaft und Gesellschaft könne nicht „von oben" verordnet werden. Nachhaltige Entwicklung erfordere eher Problemlösungen nach dem Prinzip der Selbstorganisation. *„Große, offene Gesellschaften"*, heißt es in der *UBA*-Studie, *„sind polyzentrische Ordnungen, in denen die Menschen abstrakten Verhaltensregeln folgen und in denen niemand über das notwendige Wissen verfügt, um das Gesamtsystem zu ganz bestimmten Resultaten zu bewegen. Eine Strategie, die versucht, die als notwendig erkannten Anpassungen allein mit Hilfe einer hoheitlichen Ressourcenbewirtschaftung zu erreichen, ist daher zum Scheitern verurteilt."* (S. 23).

Auf der andern Seite sprachen sich aber beide Studien, im Widerspruch zu diesen Einsichten, dafür aus, die Rolle demokratischer Diskurse in der Politik und wettbewerblicher Suchprozesse in der Wirtschaft auf die Umsetzung wissenschaftlich-rational begründeter politischer Ziele zu beschränken, das heißt die Zielfestlegung selbst der demokratischen Meinungsbildung und dem Spiel von Angebot und Nachfrage auf dem Markt zu entziehen.

In der Wuppertal-Studie ergibt sich die Hierarchie politischer Handlungsziele aus dem Konzept des „Umweltraums" des Niederländers Hans Opschoor. Es handelt sich dabei um ein ökologisches Nutzungskonzept, das von weltweit gleichen Pro-Kopf-Zugriffsrechten auf physische Ressourcen und von folgenden allgemeinen Regeln für die Verwaltung des „natürlichen Kapitalstocks" ausgeht:

1. Die Nutzung einer erneuerbaren Ressource darf nicht größer sein als ihre Regenerationsrate.

2. Die Freisetzung von Stoffen darf nicht größer sein als die Aufnahmefähigkeit der Umwelt.

3. Die Nutzung nicht erneuerbarer Ressourcen muss minimiert werden. Sie sollen nur in dem Maße genutzt werden, in dem ein physisch und funktionell gleichwertiger Ersatz in Form erneuerbarer Ressourcen geschaffen wird.

4. Das Zeitmaß menschlicher Eingriffe in den Naturhaushalt muss in einem ausgewogenen Verhältnis zum Zeitmaß natürlicher Prozesse stehen – sei es der Abbauprozesse von Abfällen, der Regenerationsrate erneuerbarer Rohstoffe oder Ökosysteme.

Mithilfe dieser hauswirtschaftlichen Grundsätze leiten die Autoren der Wuppertal-Studie eine *„zulässige Pro-Kopf-Emission"* von etwa zwei Tonnen Kohlendioxid im Jahr ab. Da zur Zeit der Erarbeitung der Studie aber jeder Deutsche im statistischen Mittel etwa 12 Tonnen CO_2 erzeugte, lässt die buchhalterische Logik nur einen Schluss zu: Deutschland muss seine CO_2-Emissionen mindestens um 80 Prozent verringern, um *„zukunftsfähig"* zu werden. Bereits bis zum Jahre 2010 sollte eine Reduktion um 35 Prozent erreicht werden.

Inzwischen hat der „Umweltökonom" Lutz Wicke diese urkommunistische Argumentation in einem im November 2004 vorgestellten Modell eines globalen Handels mit CO_2-Emissionsrechten aktualisiert. Realistischerweise geht Wicke davon aus, eine Stabilisierung der „Treibhausgase" auf dem gegenwärtigen Niveau (etwa 390 ppm CO_2) sei gar nicht möglich. Großzügig, wie er nun mal ist, räumte er der Menschheit noch eine Gnadenfrist ein. Erst auf dem Niveau von 550 ppm soll der CO_2-Gehalt der Atmosphäre stabilisiert werden. Daraus ergibt sich ein Pro-Kopf-Emissionsrecht von immerhin 4,9 Jahrestonnen CO_2 je Erdenbürger. Deutschland bekäme danach nur noch Emissionsrechte für 400 Millionen Tonnen CO_2 (deutlich weniger als die Hälfte der aktuellen Menge), Indien dagegen Rechte für 5 Milliarden Tonnen und damit viel mehr, als es zurzeit benötigt und wahrscheinlich jemals benötigen wird. Das Entwicklungsland könnte überschüssige Emissionsrechte an reiche Länder verkaufen, wodurch es zu einer globalen Umverteilung gigantischen Ausmaßes käme.

Dabei ist die dieser Rechnung zugrunde liegende Annahme, menschengemachte CO_2-Emissionen führten zu einer Verschlechterung der Lebensbedingungen der Spezies *homo sapiens*, reine Glaubenssache. Der *„zusätzliche, menschengemachte Treibhauseffekt"*, auf den sie sich stützt, ist ein theoretisches Konstrukt, das weder beweisbar noch ohne weiteres widerlegbar ist. Es zeigt sich hier, dass unsere exakten „Natur"-Wissenschaften in Wirklichkeit immer Laborwissenschaften waren. Ihre Erkenntnisse sind darum, wie die auf ihnen fußenden technischen Neuerungen zeigen, durchaus nicht belanglos. Aber sie gelten nur unter den Bedingungen der reproduzierbaren Versuchsanordnung. Diese werden auch bei den technischen Anwendungen respektiert. Andernfalls könnte Technik nicht funktionieren.

Demgegenüber bleiben die vom *Intergovernmental Panel on Climate Change (IPCC)*, einem in der Wissenschaftsgeschichte beispiellosen „Schiedsgericht", sowie von selbsternannten „Klimaschützern" in politischen Parteien und Öko-Verbänden in die Medien getragenen Klimamodelle trotz des enormen Aufwandes an Manpower und Rechenkapazität, der hier getrieben wird, reine Computerspielereien. Sie sind, wie es der Wissenschaftsjournalist Gero von Randow Anfang 2002 in der *Frankfurter Allgemeinen Sonntagszeitung* treffend ausdrückte, *„Nichtwissen in Formeln"*, zumal es ein „Weltklima" gar nicht gibt und die neben der Sonneneinstrahlung wichtigsten Faktoren für das regional sehr unterschiedliche Wettergeschehen, die wechselnde Wolkenbedeckung und die Entfernung zu Ozeanen, in den Computermodellen nur in Form willkürlicher Durchschnittswerte vorkommen.

Die Unmöglichkeit, die komplexen Wechselwirkungen zwischen der Sonne, der Erdatmosphäre, den Weltmeeren und den Landmassen experimentell zu entwirren, gibt niemandem das Recht, numerische Computersimulationen zum vollwertigen Ersatz für wissenschaftliche Experimente zu erklären.

Die Sonne rückt wieder in den Mittelpunkt

NACH EINER IM Jahre 2001 von der Braunschweiger *Bundesanstalt für Geowissenschaften (BGR)* unter dem Titel *Klimafakten* veröffentlichten Synthese des derzeitigen wissenschaftlichen Kenntnisstandes über die längerfristige Klimaentwicklung (Berner/ Streif, 2001) bewegt sich der Einfluss sämtlicher anthropogener „Treibhausgase" auf die Entwicklung der Durchschnittstemperatur der Erde in der Größenordnung von zwei Prozent, der von Kohlendioxid allein erreicht nur etwa ein Prozent. Damit kann die Frage nach dem Sinn oder Unsinn der 1992 auf der Rio-Konferenz aus der Taufe gehobenen globalen „Klimapolitik" als klar beantwortet gelten: Das dort zur wichtigsten Herausforderung der Menschheit hochstilisierte Kohlendioxid kann **nicht** die treibende Kraft der Klimaentwicklung sein. Die Menschen können das Konstrukt „Weltklima" **nicht** „schützen".

Über längere Zeiträume betrachtet, gibt es vielmehr eine auffällige Korrelation zwischen den Sonnenfleckenzyklen und großräumigen Trends der Temperaturentwicklung. So fiel die bekannte „Kleine Eiszeit" des 17. und 18. Jahrhunderts, deren kurze Unterbrechung durch einen besonders warmen, aber verregneten Sommer uns (nach dem französischen Historiker Emmanuel Le Roy Ladurie) im Endeffekt die Französische Revolution mit der Schreckensherrschaft Robespierres beschert hat, mit einem von Astronomen dokumentierten Sonnenfleckenminimum zusammen.

Aktuelle Satelliten-Messungen zeigen einen eindeutigen Zusammenhang zwischen der Sonnenfleckenhäufigkeit, dem wichtigsten Indikator der Sonnenaktivität, und der durchschnittlichen Bedeckung der Erde mit niedrigen Wolkenschichten: Je mehr Sonnenflecken, desto weniger Wolken und entsprechend höhere Durchschnittstemperaturen auf der Erde. Leider wissen wir noch immer nicht genau, durch welchen Faktor die relativ schwachen Schwankungen der Sonneneinstrahlung so weit verstärkt werden, dass sie in der Erdatmosphäre so große Wirkungen hervorrufen können.

Deshalb tippten vor allem Geologen, die sich weniger mit Computersimulationen, sondern vielmehr in Form von Fossilien und Sauerstoffisotopen mit „harten" Proxydaten der längerfristigen Klimaentwicklung beschäftigen (so insbesondere Ulrich Berner und Hansjörg Streif in der Synthese *Klimafakten)*, auf einen solaren Antrieb des irdischen Klimageschehens. Dabei blieben sie allerdings auf einem Erklärungsproblem sitzen: Seit den 80er Jahren des vergangenen Jahrhunderts divergieren die Temperatur- und die Sonnenaktivitäts-Kurve. Das hat eine Gruppe von acht in Deutschland und in der Schweiz arbeitenden Klimaforschern bewogen, dem Sonneneinfluss auf die irdische Klimaentwicklung in einer Stellungnahme zu einem in der *Chemischen Rundschau* 2003 erschienen Artikel des Verfassers eine *„nur untergeordnete Rolle"* zuzubilligen und die These vom menschengemachten Klimawandel zu bekräftigen.

Ein in der Juli-Nummer 2003 von *GSA Today*, dem Organ der *Geological Society of America (GSA)*, unter dem Titel *Celestial Driver of Phanerozoic climate?* publizierter Aufsatz zweier Naturwissenschaftler, die sich erst kurze Zeit vorher kennen gelernt hatten, könnte neues Licht in die zum Teil widersprüchlichen Befunde bei der Suche nach Zusammenhängen zwischen den Solarzyklen und dem irdischen Wasserkreislauf, dem Kohlenstoffkreislauf sowie der Entwicklung der globalen Durchschnittstemperatur bringen. Bei den beiden Forschern handelt es sich um den damals in Bochum und Toronto lehrenden Geologieprofessor Jan Veizer, der aufgrund der Auswertung von Meeressedimenten schon seit Jahren fordert, dem Wasserkreislauf größere Aufmerksamkeit zu schenken und den jungen Jerusalemer Astrophysiker Nir J. Shaviv. Unabhängig voneinander fanden Veizer und Shaviv bei der Analyse von *„drop stones"* (im Eis eingeschlossene Steine, die bei der Ausdehnung der Polkappen Richtung Äquator wandern und dort beim Schmelzen des Eises zu Boden sinken) und der Verteilung von Sauerstoff-Isotopen in Sedimenten beziehungsweise bei der Analyse von Eisenmeteoriten eine zunächst geheimnisvolle Periodizität von 143 +/-10 Millionen Jahren, die mit dem geologisch rekonstruierten Wechsel von Eis- und Warmzeiten übereinstimmt.

Es ist kein irdischer Prozess mit einer solchen Periode bekannt. Vor vier Jahren kam Shaviv während eines Post-Doc-Forschungsaufenthalts in Toronto die Idee, das Auf und Ab könne vielleicht mit dem ziemlich regelmäßigen Rhythmus zusammenhängen, mit dem unserer Sonnensystem, das sich an der Peripherie der Milchstraße befindet, die vier Spiralarme unserer Galaxis (mit den wohlklingenden Namen *Norma, Scutum-Crux, Sagittarius-Carina* und *Perseus*) durchquert. Shaviv kannte aus der Klimadebatte die von den dänischen Physikern Henrik Svensmark und Eigil Friis-Christensen formulierte Hypothese, energiereiche kosmische Strahlen (überwiegend Protonen) wirkten als Kondensationskeime, verstärkten also die durchschnittliche Wolkenbedeckung und damit die Reflektion (Albedo) der Erde und bewirkten so indirekt eine Senkung ihrer Durchschnittstemperatur. Daher seine

Vermutung, auf der Erde müsse es immer dann kälter werden, wenn das Sonnensystem gerade einen Galaxis-Arm durchquert, weil dann die Erdatmosphäre besonders viele Hinterlassenschaften von Sterngeburten, Super-Novae-Explosionen und anderen kosmischen Ereignissen abbekommt.

Shaviv versuchte, seine Hypothese durch die Analyse von Eisenmeteoriten zu belegen, da das periodisch verstärkte Bombardement mit kosmischen Partikeln zu deren vorzeitigen Alterung führen muss. Bislang hatten Astrophysiker allerdings angenommen, die Intensität der kosmischen Strahlung sei über die Zeit konstant und auf dieser Basis das Alter von Meteoritenfunden geschätzt. Gibt es jedoch in Wirklichkeit ein periodisches Auf und Ab der Strahlungsintensität, muss sich das in einer statistischen Häufung bestimmter Meteoriten-Altersklassen ausdrücken, sagte sich Shaviv. Genau das fand er bei der Analyse von 50 Meteoritenproben. Durch Umrechnung gelangte er etwa zur gleichen Periodenlänge, die Veizer bei der Suche nach den Hinterlassenschaften der Eiszeiten in Sedimentproben gefunden hatte. Stefan Rahmstorf vom *Potsdam Institut für Klimafolgenforschung* hält die Zahl der bislang von Shaviv untersuchten Meteoriten aber für eine noch *„zu schwache Datengrundlage"* und sieht bis auf weiteres keinen Grund, von der offiziellen Lehrmeinung abzurücken, die in der zunehmenden CO_2-Konzentration die Hauptursache der globalen Erwärmung sieht.

Prof. Veizer hingegen hatte schon vor seinem Zusammentreffen mit Shaviv ernste Zweifel an der CO_2-Treibhaus-These geäußert. Er sieht in Shavivs Arbeit lediglich eine zusätzliche Bestätigung für seine auf langjährigen geologischen Forschungen fußenden Erkenntnisse. Denn die verfügbaren geologischen Daten wie insbesondere Bohrkerne aus dem Eis der Antarktis weisen darauf hin, dass die Zunahme der Kohlendioxid-Konzentration in der Atmosphäre Wärmephasen niemals vorausging, sondern dem Temperaturanstieg mit einer Verzögerung von jeweils etwa 500 Jahren **folgte**: *„Die Erde ist ein Wasserplanet. Auch die Lebewesen bestehen zu 60 bis 95 Prozent aus Wasser"*, betont Veizer. *„CO_2 reitet quasi Huckepack auf dem Wasserkreislauf, denn bei der Photosynthese müssen Pflanzen fast 1.000 Wassermoleküle ausatmen, um ein einziges CO_2-Molekül aufzunehmen."* Werde es wärmer, beschleunige sich der irdische Wasserkreislauf, die Bioproduktivität erhöhe sich und die Bodenorganismen atmeten vermehrt CO_2 aus. Dieses könne dann als „Treibhausgas" eventuell die bereits von anderen Faktoren verursachte Erwärmung verstärken. In den vom *IPCC* favorisierten numerischen Simulationsmodellen steht dieser Zusammenhang freilich, wie so vieles andere, auf dem Kopf: Der CO_2-Kreislauf soll in Form einer positiven Rückkopplung den Wasserkreislauf antreiben.

Als Geologe konnte Veizer allerdings nicht ohne weiteres auf die Idee kommen, den irdischen Wasserkreislauf mit dem Weg unseres Sonnensystems durch die Milchstrasse in Zusammenhang zu bringen. Insofern erscheint sein Zusammentreffen mit dem jungen israelischen Astrophysiker als Glücksfall für die vorurteilsfreie Klimaforschung. Sollte Shavivs Hypothese auf einer breiteren Datengrundlage bestätigt werden, könnte sie die Ungereimtheiten ausräumen, die sich beim Versuch ergeben haben, Klimaschwankungen auf Solarzyklen zurückzuführen. Dabei war man davon ausgegangen, die kosmische Strahlung sei konstant und die Erde werde lediglich durch das bei Sonnenfleckenmaxima verstärkte solare Magnetfeld und den Sonnenwind zeitweise stärker dagegen abgeschirmt. Nun könnte es aber sein, dass der primäre Antrieb für die irdische Klimaentwicklung in Schwankungen der kosmischen Strahlung zu suchen ist. Solarzyklen können diese Schwankungen dann lediglich modulieren. Der Solareinfluss kommt, wie leicht einsichtig ist, in Perioden intensiver kosmischer Strahlung am stärksten zum Tragen. Es kann dann der Eindruck entstehen, er sei der Hauptantrieb der Klimaentwicklung.

Veizer und Shaviv haben versucht, den möglichen Einfluss der kosmischen Strahlung im Vergleich zu anderen Klimafaktoren wie CO_2 mit Hilfe aufwändiger statistischer Verfahren (*Bootstrap*-Methode) abzuschätzen, wobei sie sich aus Gründen der Datenkonsistenz auf das Phanerozoikum (die letzten 550 bis 600 Millionen Jahre, in denen das Leben auf der Erde infolge des Aufkommens vielzelliger Pflanzen und Tiere explosionsartig aufblühte) beschränkten. Ihr vorsichtig formuliertes Ergebnis: Zu mindestens zwei Dritteln lässt sich die Klimaentwicklung auf der Erde auf Schwankungen der kosmischen Strahlung zurückführen. Im Unterschied zu den vom *IPCC* favorisierten Klimamodellen, die bei einer Verdoppelung der atmosphärischen CO_2-Konzentration einen Anstieg der Meerestemperatur in niedrigen Breiten von bis zu 5,8 °C errechnen, erwarten Veizer und Shaviv davon lediglich eine Erwärmung um ein halbes Grad.

Wie die kosmische Strahlung die Wolkenbildung in der Erdatmosphäre beeinflussen kann, hat ein von Henrik Svensmark geleitetes Forscherteam am dänischen *National Space Center* in einer so genannten Wilsonschen Nebelkammer untersucht. Die Ergebnisse wurden Anfang Oktober 2006 in *Proceedings of the Royal Society A* online publiziert. Danach zeigte das Experiment, dass freie Elektronen, die beim Zusammenprall der energiereichen kosmischen Teilchen mit Luftmolekülen entstehen, als Katalysatoren der Wolkenbildung wirken, indem sie die Bildung stabiler Mikro-Cluster von Schwefeldioxid- und Wassermolekülen beschleunigen. Diese Cluster wirken dann als Kondensationskerne für niedrig hängende Wolken. Diese haben, im Unterschied zu hochfliegenden Wolken, einen deutlichen Abkühlungseffekt. Werden in einer Phase verstärkter Sonnenaktivität mehr kosmische Teilchen von der Erde ferngehalten, bilden sich im Schnitt weniger Wolken und die Erde erhält mehr Sonnenwärme. Da sich die Stärke des solaren Magnetfeldes im 20. Jahrhundert mehr als verdoppelt hat, liegt es nahe, darin die wichtigste Triebkraft der steigenden Durchschnittstemperatur zu sehen.

Es spricht heute einiges dafür, dass die Erwärmung nur noch für kurze Zeit der Haupttrend der Klimaentwicklung bleibt, da aufgrund des absehbaren Endes des aktuellen Sonnenfleckenzyklus und des übergeordneten 200-jährigen Zyklus eine Abkühlung in Form einer neuen „Kleinen Eiszeit" zu erwarten ist und uns in einigen Tausend Jahren wohl auch eine richtige Eiszeit ins Haus steht. Schon heute deuten bestimmte Zeichen wie das frühe Zufrieren beträchtlicher Teile der Ostsee in den Wintern 2002/2003 und 2010/2011, die Bildung eines ausgeprägten Kaltluftwirbels am Nordpol im Winter 2004/2005 sowie danach extreme Fröste und starke Schneefälle mit vielen Todesopfern in mehreren Wintern hintereinander im Mittleren Westen der USA, in der Mongolei und in China auf den baldigen Beginn einer solchen *Kleinen Eiszeit* hin. Die Russische Akademie der Wissenschaften warnte Ende August 2006, die vorübergehende globale Abkühlung werde schon ab 2012 spürbar sein und um die Mitte dieses Jahrhunderts ihren Höhepunkt erreichen. In einer Arbeit von 2009 sagte deren Chefastronom Khabibullo Abdusamatov gar 100 Jahre Kälte voraus.[9] Fritz Vahrenholt und Sebastian Lüning fassen den Stand der Solarforschung in ihrem Anfang 2012 erschienen Bestseller „Die kalte Sonne" zusammen.

Nichts spricht deshalb dafür, in der globalen Erwärmung eine Gefahr zu sehen. Denn es dürfte dabei wahrscheinlich mehr Gewinner als Verlierer geben. Hitzeperioden wie das Mittelalterliche Klimaoptimum vor tausend Jahren, als auf Grönland Kühe grasten, gehören eindeutig zu den glücklicheren Epochen der Weltgeschichte. Es gab

---

[9] http://www.gao.spb.ru/english/astrometr/index1_eng.html

reiche Ernten, so dass selbst die Armen genug zu essen bekamen und Mittel übrig blieben, den Bau großer gotischer Kathedralen in Angriff zu nehmen. Verteilungskämpfe flauten ab. Kriegerische Auseinandersetzungen verschwanden zwar nicht völlig, verloren aber an Schärfe und Dauer.

Deshalb erscheint es als abwegig, die Warnungen vor einer drohenden „Klimakatastrophe" unhinterfragt als „objektive" Vorgabe der Politik zu akzeptieren. Grundsätzlich haben in einer freien, ergebnisoffenen Marktwirtschaft weder feste quantitative Ziele noch vorgeschriebene Wege einen Platz, wohl aber gewisse qualitative Ordnungsvorstellungen wie die Idee der *„sozialen Marktwirtschaft"*. Zu Unrecht gehen heute alle im Deutschen Bundestag vertretenen Parteien und alle Wirtschaftsverbände davon aus, dass ein zukunftsoffenes, nichtökologisches Politikverständnis gar nicht mehr zulässig ist.

Haus und/ oder Markt?

DIE GESCHICHTE DER Ökologie begann nicht erst mit ihrer noch heute oft zitierten Definition in Ernst Haeckels Hauptwerk *Generelle Morphologie der Organismen* (1866). Der berühmte Zoologe, der in Deutschland willentlich die Rolle eines Statthalters Charles Darwins spielte, dachte damit seine *„monistische Philosophie"* (bzw. szientistischen Religion) begründen zu können. Gegenstand der *„Oecologie"* oder *„Lehre vom Naturhaushalte"* waren für Haeckel die *„äußerst verwickelten Wechselbeziehungen der Organismen."* Ökologie sei *„die gesammte Wissenschaft von den Beziehungen des Organismus zur umgebenden Aussenwelt"* und insofern *„ein Theil der Physiologie."* Darwins Evolutionstheorie (*„Descendenz-Theorie"*), so Haeckel weiter, erkläre *„die Haushalts-Verhältnisse der Organismen mechanisch, als die nothwendigen Folgen wirkender Ursachen, und bildet somit die monistische Grundlage der Oecologie."* (zit. n. Schramm 1984, S. 150ff.).

Haeckel, selbst bekennender Anhänger des Freihandels und der (von ihm allerdings sozialdarwinistisch, wenn nicht rassistisch fehlinterpretierten) freien Konkurrenz, verwendete hier den sehr viel älteren Begriff *„Ökonomie der Natur"* bzw. *„Naturhaushalt"* als Synonym für die Ökologie und legt seinen Lesern nahe, in Darwins Theorie der natürlichen Zuchtwahl im *„Kampf ums Dasein"* die theoretische Grundlegung der Haus-Lehre zu sehen – und das zu einer Zeit, als das Haus-Paradigma in der politischen und wirtschaftlichen Praxis bereits weitgehend vom Markt als Deutungsmodell und regulierendem Prinzip verdrängt worden war.

Er konnte sich dabei aber in gewisser Weise auf Darwin selbst berufen, der in seinem überaus einflussreichen Hauptwerk *Die Entstehung der Arten* (1859) nahegelegt hatte, seine Theorie sei lediglich der Schlussstein für ein altes und allgemein anerkanntes Theoriegebäude, zu dem auch die Lehre von der *„Ökonomie der Natur"* gehörte. Vieles spricht dafür, darin eine bewusste Verkaufsstrategie zu sehen. Es ging Darwin offenbar darum, nicht nur seiner frommen Ehefrau, sondern auch seinen Lesern in der ganzen Welt die revolutionären Konsequenzen seines Denkansatzes zu verbergen, um sie dort abzuholen, wo sie geistig noch standen. Immerhin erreichte er dadurch, dass sein Hauptwerk nicht nach dem Vorbild der Werke Galileo Galileis von der vatikanischen Indexkongregation beanstandet wurde. Auch praktizierende Katholiken konnten sich im Prinzip auf Darwin berufen, ohne exkommuniziert zu werden. Darwins kongenialer Zeitgenosse Alfred Russel Wallace war da weniger vorsichtig und erntete mit seiner der darwinschen entsprechenden, theoretisch ebenbürtigen Evolutionstheorie weitaus geringeren öffentlichen Beifall.

In Wirklichkeit hat Darwin mit seinem materialistischen Versuch der Erklärung der Entwicklung der Lebewelt in Richtung wachsender Komplexität, die ihrem Wesen nach eine Theorie spontaner Selbstorganisation ist, der alten Vorstellung vom *„Naturhaushalt im Gleichgewicht"* als einem planmäßig und sinnvoll geordneten Ganzen den Garaus gemacht. Deren Stimmigkeit brauchte ohnehin niemals empirisch überprüft werden, da sie nicht naturwissenschaftlichen, sondern theologischen Ursprungs ist.

Ihre Quellen sind so erbauliche Werke wie die *Physico-Theologie* des anglikanischen Kanonikus William Derham (1657-1735) oder die *Insecto-Theologie* des deutschen Pastors Friedrich Christian Lesser (1692-1754). Darin wird die scheinbare Harmonie der Natur, das Gleichgewicht zwischen Nützlingen und Schädlingen, der Kreislauf von Werden und Vergehen als Beweis für die göttliche Vorsehung (*„Providentia"*) interpretiert (Schramm, 1984). Vorbilder dieser Abhandlungen waren die im protestantischen Teil Europas weit verbreiteten volkspädagogischen Ökonomiken wie die *Oeconomia Christiana* (1529) des Thüringer Reformators Justus Menius, die unter der pejorativen Bezeichnung „Hausväterliteratur" überliefert sind (Holenstein 2002).

Es handelt sich dabei um volkspädagogische Ratgeber für die Begründung und Wahrung der häuslichen Ordnung. Deren Ursprünge reichen bis zu Platon und Aristoteles zurück. Entscheidende Quelle im deutschen Sprachraum war aber Martin Luthers Bibelübersetzung, insbesondere die Haustafeln aus den Apostelbriefen, die Luther in seinen Katechismus integrierte. Die Ökonomiken betrachteten das Haus als sozialen, wirtschaftlichen und rechtlich-politischen Mikrokosmos: Ihre normative Beschreibung bezieht sich sowohl auf die eheliche Gemeinschaft zwischen dem Hausvater und seiner Gemahlin, auf die Beziehungen zwischen Eltern und Kindern sowie auf die Führung und Anleitung des Gesindes bei der Sicherung der Subsistenz.

Menius zog in seiner, von Luthers Zwei-Reiche-Lehre ausgehenden Ökonomik auch schon den Faden von der patriarchalischen Hauswirtschaft zur politischen Monarchie: Gott hat *„zweyerley Reich verordnet [...]/Geistlich und Leiblich [...]. Leiblich regiment ist Oeconomia und Politia. Und dis eusserliche und leibliche reich ist auch zweyerley/als nemlich Oeconomia/das ist haushaltung/und Politia/das ist landregierung/ Inn der Oeconomia oder haushaltung ist verfasset/wie ein jegliches haus christlich und recht wol sol regieret werden [...] denn daran ist kein zweiffel/ aus der Oeconomia oder haushaltung mus die Politia oder landregierung/ als einen brunnequell entspringen und herkomen."* (zit. n. Holenstein, 2002).

Ausdruck der Übertragung des Hausmodells auf die staatliche Gesetzgebung und Verwaltung waren die von protestantischen Landesherren im 17. Jahrhundert erlassenen Gesindeordnungen zur Bevormundung und Disziplinierung von Untertanen, die sich (wie *„müßige"* Eigenbrötlerinnen, das heißt Dirnen, und *„liederliche"*, nicht auf Vorsorge bedachten Hausväter) gewisse individuelle Freiheiten herausnahmen. Diese Ordnungen wurden später zum Vorbild von Forstgesetzen wie dem *Badischen Forstgesetz* von 1831, die Holz- und Wilddieberei armer Landbewohner mit dem Hinweis auf die Notwendigkeit einer nachhaltigen Waldnutzung unter strenge Strafe stellten.

In Deutschland hatte diese obrigkeitsstaatliche Tradition einen besonderen Grund: Nach den Verwüstungen, die der 30-jährige Krieg hinterlassen hatte, musste das gesellschaftliche Leben „von oben" neu organisiert werden. Eine spontane Selbstorganisation über den Markt hätte in völlig entvölkerten Landstrichen vermutlich viel zu lange Zeit in Anspruch genommen. Deshalb warben die Obrigkeiten mit dem Versprechen von Steuerfreiheit und anderen Verlockungen in ganz Europa Einwanderer an. Strenge Gesetze, Bauvorschriften und Gesindeordnungen sollten dafür sorgen, dass die zusammengewürfelten Immigranten mit den Resten einheimischer Bevölkerung einigermaßen friedlich und gesittet auskamen. Die auffällige Freiheitsfurcht und

Staatsgläubigkeit der Deutschen haben hier nach Auffassung des bekannten US-Historikers Gordon A. Craig (1982) ihre Wurzeln.

Ich möchte zwar niemandem, der sich heute auf die Ökologie bezieht, unterstellen, sich bewusst in diese Tradition einreihen zu wollen. Aber es ist nicht zu übersehen, dass die deutsche Geschichte die Tendenz hat, sich zu wiederholen. Es gibt eine bedeutende Schnittmenge zwischen den geistigen Wurzeln der Grünen und der Braunen. Nicht zufällig waren bei der Gründung der Partei „Die Grünen" im Jahre 1980 etliche überlebende Fossilien der Hitlerzeit wie etwa Baldur Springmann beteiligt. Jedenfalls sollte klar sein: Ideengeschichtlich können sich ökologische Nachhaltigkeitskonzepte nicht auf demokratie- und marktverträgliche Theorien der spontanen Selbstorganisation der belebten und unbelebten Materie berufen, indem sie so tun, als seien die *„Ökonomie der Natur"* (Ökologie), die sich auf die göttliche Vorsehung beruft, und die Darwinsche Theorie der Artenveränderung im *„Kampf ums Dasein"* auf dem gleichen Holz gewachsen.

Durchaus zu Recht haben sich denn auch maßgebliche Ökologen bis in die zweite Hälfte des 20. Jahrhunderts schroff vom Darwinismus distanziert. Erinnert sei hier nur an den einflussreichen Limnologen (Süßwasserkundler) August Friedrich Thienemann, der sich in seinem 1956 erschienenen populären Büchlein *Leben und Umwelt. Vom Gesamthaushalt der Natur* ausdrücklich gegen Darwins Theorie und die damit verbundene Aufwertung von Zufall und Selbstorganisation wandte, indem er hervorhob, *„dass wir den Zufall, der gemeinsam mit der Selektion, der sog. natürlichen Auslese, die Ganzheit und Harmonie des Kosmos angeblich erklären soll, scharf ablehnen."* (1956, S. 42).

Die Wissenschaftsgeschichte gibt Thienemann in gewisser Weise recht: Die klassische Lehre vom geschlossenen und wohlgefügten Naturhaushalt, die die Erde, ihre verschiedenen Lebensräume und die menschlichen Gesellschaften als *„Organismen höherer Ordnung"* auffasste, auf der einen Seite und die neueren Theorien einer ergebnisoffenen Evolution/Selbstorganisation (*„ordre par fluctuation"* nach Ilya Prigogine und Isabelle Stengers) auf der anderen Seite sind tatsächlich zwei verschiedene, wenn nicht gänzlich unvereinbare Weltsichten (Gärtner, 1981; Gärtner/ Schramm, 1990). Die Lehre vom Naturhaushalt im Gleichgewicht stützt sich auf einen Denkansatz, den man heute als *intelligent design* bezeichnen würde, während sich der Darwinismus einreiht in die Tradition des von Bernard Mandeville und Adam Smith nahe gelegten Vertrauens in die *„unsichtbare Hand"* des

Marktes. (Hier ist nicht der Platz für eine Auseinandersetzung mit dem rationalen Kern der Lehre vom *intelligent design*.)

Vor diesem Hintergrund erhebt sich die Frage, ob die von allen im Deutschen Bundestag vertretenen politischen Parteien beschworene *„ökologische Marktwirtschaft"* nicht ein Widerspruch in sich ist. Handelt es sich doch beim Wettbewerb auf dem Markt um einen Prozess spontaner Ordnungsbildung ohne hoheitliche Vorgaben, d.h. ein ergebnisoffenes Entdeckungsverfahren, das auf den mehr oder weniger vernünftigen Entscheidungen einer Vielzahl freier Individuen beruht. Kurz: Was nachhaltig ist, „weiß" in einem freiheitlich und marktwirtschaftlich verfassten Gemeinwesen nur der Markt. Wir sind immer erst hinterher klüger.

Gegenüber der selbstgenügsamen und innovationsfeindlichen patriarchalischen Hauswirtschaft mit ihrer festen Rollenverteilung zwischen dem Hausherrn, seiner Familie und dem Gesinde bedeutet (erkämpfte oder eingeräumte) individuelle Freiheit also das Wagnis, sich auf unvorhersehbare Entwicklungen einzulassen. Dieses ist getragen von der Hoffnung, dass sich im Wettbewerb hinter dem Rücken der Akteure materielle Fortschritte einstellen, von denen zuvor niemand geträumt hat. Friedrich August von Hayek, der Wirtschaftsnobelpreisträger von 1974, hat diese Auffassung am klarsten auf den Punkt gebracht: *„Weil jeder einzelne so wenig weiß und insbesondere, weil wir selten wissen, wer von uns etwas am besten weiß, vertrauen wir darauf, dass die unabhängigen und wettbewerblichen Bemühungen Vieler die Dinge hervorbringen, die wir wünschen werden, wenn wir sie sehen."* (1991, S. 38).

Hayek sah also den wichtigsten Vorteil einer freiheitlichen Wirtschaftsverfassung in ihrem nicht zaghaften, sondern mutigen, zuversichtlichen und schöpferischen Umgang mit Nichtwissen. Grundlage dieser Zuversicht in einer weitgehend undurchschaubaren und zukunftsoffenen Welt ist die Respektierung allgemeiner Regeln, die sich im Laufe der Evolution bewährt haben, aber nichts über die Beschaffenheit der äußeren Welt aussagen. In Hayeks Worten handelt es sich dabei um *„Regeln, die uns zwar nicht sagen, was in dieser Welt geschieht, aber sagen, dass uns wahrscheinlich nichts geschehen wird, wenn wir sie befolgen."* (1969, S. 170). Solche Regeln wie die Goldene Regel beziehungsweise Kants Kategorischer Imperativ oder zumindest Teile der Zehn Gebote der Bibel finden sich deshalb nicht von ungefähr sinngemäß, wenn nicht wortgleich im Fundus aller Kulturkreise, die sich als überlebensfähig erwiesen haben. Dabei fällt im Rückblick auf, dass die Mosaischen Gesetze lange vorweg genommen haben, was später als kondensierte Erfahrung im Römischen Recht fixiert wurde. Der Judaismus und später das Christentum spielten eine Vorreiterrolle bei der schriftlichen Fixierung allgemeiner vorstaatlicher Menschenrechte. Das wird besonders augenfällig, wenn man das Alte Testament im Hinblick auf die Gleichberechtigung der beiden Geschlechter mit dem Koran vergleicht.

Inzwischen bestärken übrigens neurobiologische Forschungen die Annahme, dass die meisten Menschen das Leben in einer völlig regellosen, kontingenten Welt nicht lange aushalten würden. Sie brauchen nicht nur etwas zu essen und ein Dach überm Kopf, sondern eine Heimat, einen Kosmos, in dem sie sich wohl fühlen, einen geistigen und materiellen Bezugsrahmen, der ihnen Trost und Halt vermittelt. Mit anderen Worten: Das Wagnis, sich auf das Risiko des marktwirtschaftlichen Wettbewerbs einzulassen, sich Kräften anzuvertrauen, die wir nicht beherrschen können, fällt Menschen mit Gottvertrauen und der damit verbundenen Gelassenheit leichter als von Urängsten geplagten Heiden. Auch Hayek hat deshalb nie behauptet, der Markt könne alles regeln, sondern in der Spätphase seines Wirkens wiederholt auf die Komplementarität von Marktwirtschaft und (christlicher) Religion hingewiesen.

In der Tendenz scheint sich diese Auffassung heute vor allem im konservativen „roten" Gürtel der USA durchzusetzen. Im „alten" Europa ist diese Sicht der Dinge jedoch nicht mehrheitsfähig. Das hängt mit der historisch gewachsenen Rolle des absolutistischen Staates als Organisator des Wiederaufbaus der im Dreißigjährigen Krieg weitgehend zerrütteten, wenn nicht gänzlich zerstörten bürgerlichen Gesellschaft zusammen. In der Romantik wurde diese Notlösung dann idealistisch verklärt. Gesellschaft wurde daher im modernen Europa nicht als Gesamtresultat der Verfolgung vieler individueller Interessen und des Wettbewerbs von Glaubensinhalten begriffen. Vielmehr erscheint die Gesellschaft als durch den Staat erbaut – und zwar nach Maßgabe rationalistischer Philosophie oder romantisch-organizistischer Vorstellungen von Hauswirtschaft.

Der Rationalismus der europäischen Aufklärung wollte die Glaubenskriege des 16. und 17. Jahrhunderts gerade dadurch überwinden, dass er die Aufgabe der Sinnstiftung von Offenbarungsreligionen auf die Wissenschaft beziehungsweise eine Vernunftreligion verlagert hat. Die Romantik, soweit sie sich als reaktionäre Bewegung verstand, hat dann die Offenbarungsreligion wieder aufgewertet. In deutlichem Kontrast zu der zeitgleich in Nordamerika abgelaufenen Entwicklung ging es dabei aber weniger um individuelle Glaubensfreiheit, sondern um obrigkeitsstaatlich verordnete Einfügung in vorgegebene Glaubenssysteme unter dem Motto: *„Wes Brot ich ess', des Lied ich singe"*.

Es macht einen großen Unterschied, ob freie und eigenverantwortliche Individuen sich über die Brücke eines gemeinsamen Glaubens zu solidarischen Gemeinschaften zusammenschließen oder ob die Einzelnen von vorneherein zu Gliedern eines bereits vorgegebenen Ganzen erklärt werden, dem sie sich unterordnen müssen. Im Zuge des Säkularisierungsprozesses des 20. Jahrhunderts wurde dann Religion (im Widerspruch zur Bedeutung dieses Begriffs!) zur Privatsache erklärt und im öffentlichen Raum zunehmend durch den Glauben an die Segnungen des Wohlfahrtsstaates beziehungsweise der durch diesen vorangetriebene „ökologische Modernisierung" ersetzt. Der Wohlfahrtsstaat spielt heute in allen westeuropäischen Ländern die Rolle eines Ersatzgottes. An der Untertanenrolle der Europäer hat sich dadurch wenig geändert. Nur die Ketten wurden ihnen zumindest eine Zeit lang etwas vergoldet.

Die im alten Europa weit verbreitete Anbetung der wohlfahrtsstaatlichen Variante von Planwirtschaft geht einher mit einem (zumindest anfänglichen) Misstrauen gegenüber allem nicht bewusst Geplanten. Nur Mischformen von Plan- und Marktwirtschaft bzw. schillernde Formeln wie *„Soziale Marktwirtschaft"* scheinen hier daher Aussicht auf hinreichende Zustimmung zu haben. Zwar möchte angesichts des kläglichen Zusammenbruchs der sozialistischen Planwirtschaften im Osten heute selbst auf Seiten der alten politischen Linken kaum noch jemand auf die beeindruckenden Anpassungsleistungen von Märkten verzichten. Doch sollen marktwirtschaftliche Suchprozesse (zumindest in der Theorie) nicht ergebnisoffen bleiben, sondern sich an wissenschaftlich begründeten bzw. politisch festgelegten Leitplanken und Handlungszielen orientieren.

Dabei hatte gerade die Nachhaltigkeits-Enquête des 13. Deutschen Bundestages darauf hingewiesen, dass bei der Umsetzung politischer Gestaltungsansprüche meist andere als die gewollten Ergebnisse erzielt werden, wenn nicht sogar ihr Gegenteil: *„Am Ende kommt man bei der Gestaltung gesellschaftlicher Prozesse selten dort an, wohin man wollte – und wenn doch, hat das ursprüngliche Ziel seine Bedeutung geändert, hat der Weg selbst mit seinen Stationen und Umwegen längst die Perspektiven verschoben, neue Horizonte geschaffen. Notwendig ist deshalb die Offenheit der Suchprozesse, damit Versuch und Irrtum einander ablösen und einmal gesetzte Ziele revidiert werden können, wenn sie sich als Irrtum erweisen."*

(EK-Bericht 1998, S. 44). Überdies, so die Kommission weiter, gebe es *„keine eindeutigen Bezugspunkte, die es erlauben würden, wissenschaftlich zu entscheiden, was optimale Umweltzustände sind."* (ebd., S. 45).

Diese Einsichten sind vermutlich beim Umzug von Parlament und Regierung von Bonn nach Berlin in Vergessenheit geraten. Zwar versicherte der damals zuständige Staatsminister Hans-Martin Bury, mit Planwirtschaft habe die vom Bundeskabinett am 17. April 2002 verabschiedete „Nachhaltigkeitsstrategie", der deutsche Beitrag für die *Rio+10*-Konferenz in Johannesburg, nichts zu tun. Doch zeigen die Reihenfolge der dort gewählten 21 Schlüsselindikatoren der Nachhaltigkeit (Verdoppelung der Energie- und Rohstoffproduktivität bis 2020, Erhöhung des Anteils „erneuerbarer" Energien am Stromverbrauch auf 12,5 Prozent und des „ökologischen" Landbaus auf 20 Prozent der Nutzfläche bis 2010 u. a.) sowie das (vergebliche) Insistieren der deutschen und anderer EU-Delegationen in Johannesburg auf entsprechenden quantitativen Vorgaben im dort verhandelten globalen Aktionsplan, dass dem Papier die Überzeugung zugrunde liegt, (pseudo-)naturwissenschaftlich sei längst ausgemacht, wohin die Reise gehen muss.

Der französische Wissenschaftsforscher Bruno Latour teilt diese Ansicht nicht. In seinem Versuch einer *„symmetrischen Anthropologie"* von 1991 (deutsch 1998) und in seiner Essaysammlung *Pandora's Hope* (deutsch 2000) räumte er mit der Vorstellung auf, die exakten (Labor-) Wissenschaften *(sciences)* beschäftigten sich mit *der* Natur und lieferten den Schlüssel für die saubere Trennung zwischen Objekt und Subjekt, zwischen Tatsachen und Werten. Da es unmöglich sei, Menschen und Dinge voneinander zu trennen, existierten die Gegenstände wissenschaftlicher Forschung nicht ohne die Forscher und umgekehrt. Latour schließt daraus in provokatorischer Absicht, vor Louis Pasteur und Robert Koch habe es keine Mikroben gegeben.

Aus all dem folge: Um Glaubenskriege zu verhindern, kann sich die Politik nicht auf die *„modernistische Übereinkunft"* einer unabhängig von menschlichen Interessen existierenden Natur berufen. *„Natur"* gibt es nur im Plural. Die Erde ist nicht *a priori* die *„eine Welt"*, das *„gemeinsame Haus"* der Menschen. Die unterschiedlichen konkreten Lebenswelten müssen vielmehr erst (auf möglichst demokratische Weise) *„von unten"* zu einem solchen gemacht werden – und zwar mit Hilfe des von Latour angeregten *„Parlaments der Dinge"* mit einem *„Oberhaus"*, das entscheidet, welche Anliegen einbezogen werden, und einem *„Unterhaus"* für das Ordnen der einbezogenen Mischwesen (Latour, 2001).

Ähnlich wie Friedrich-August von Hayek (aber unter einem ganz anderen politischen Vorzeichen!) geht also auch Latour davon aus, dass die Menschen, trotz aller erreichten wissenschaftlich-technischen Fortschritte, weiterhin grundsätzlich im Dunkeln tappen müssen. Sie können sich (in Form des *„Parlaments der Dinge")* lediglich *politisch* auf eine *„experimentelle Metaphysik"* (Latour, 2001, S. 179) einigen. Das heißt, sie können nur so tun, als hätten sie das für das *„Erdsystemmanagement"* (Schellnhuber, 1999) nötige *„Hauswissen"*. Man könnte das, nüchtern besehen, auch *„Anmaßung von Wissen"* (Hayek) nennen.

In diesem Sinne interpretiert Latour Verlauf und Ausgang der Klimakonferenzen von Kioto (1997), Den Haag (2000), Bonn (2001) und Marrakesch (2001). In den Mammut-Palavern sieht er Vorstufen seines *„Parlaments der Dinge"*. Denn dort habe es erstmals eine politische Repräsentation nichtmenschlicher Wesen neben allen Formen legitimer menschlicher Interessen gegeben. Man dürfe in den Ergebnissen solcher und anderer Großveranstaltungen aber keinen durch rationale Diskurse erzielten Konsens sehen. Vielmehr handele es sich dabei um diplomatische Zweideutigkeiten. *„Diplomatie bedeutet, dass es [...] keinen Schiedsrichter gibt, der darüber wacht, ob rationale Verhandlungsbedingungen eingehalten werden und der die eine oder andere Partei des Irrationalismus zeiht, wenn die Verhandlungen scheitern. In der Diplomatie ist vielmehr die Aufrechterhaltung der Zweideutigkeit Bedingung für die Einstellung von Feindseligkeiten. In einer Welt, in der Verstehen unwahrscheinlich ist, haben wir nur den Weg der Diplomatie, um Blutvergießen zu verhindern"*, erklärt Latour. *„Der rationale Diskurs ist demgegenüber ein unerreichbares Ideal. Wir sind zu viele auf der Welt, um uns darauf einigen zu können, wie diese aussehen soll."* (*FAS*, 12. 5. 2002).

Die auf diplomatischen Arrangements fußenden Maßnahmen sind deshalb für Latour nichts weiter als (friedensstiftende) offene kollektive Realexperimente, deren Verlauf durch ein wissenschaftliches Monitoring begleitet werden sollte.

Ob das bei dem in Kioto beschlossenen Experiment einer Regulierung des globalen Kohlenstoffkreislaufs überhaupt möglich wäre, bleibt aber aus mehreren Gründen fraglich. Sollte die Annahme eines engen Zusammenhangs zwischen dem Anstieg der atmosphärischen CO_2-Konzentration und der im vergangen Jahrhundert registrierten globalen Erwärmung um etwa ein halbes Grad Celsius richtig sein, werden die beschlossenen Maßnahmen, die wegen ihres bescheidenen

Ziels (Senkung des Ausstoßes von sechs „Treibhausgasen" in den industrialisierten Ländern der Erde um durchschnittlich 5,2 Prozent bis zum Jahre 2010) eher Symbolcharakter haben, bei weitem nicht ausreichen, um die Temperaturkurve messbar beeinflussen zu können.

Selbst Tom Wigley vom *IPCC* rechnete lediglich mit einer (nicht messbaren!) globalen Temperaturabsenkung von 0,02 °C bis zum Ende des Jahrhunderts, falls das Kioto-Abkommen auch von Russland und den USA ratifiziert würde. In Wirklichkeit dürfte der Effekt des Kioto-Abkommens, falls es denn jemals umgesetzt wird, noch um eine ganze Größenordnung darunter liegen. Dafür Hunderte von Milliarden Dollar auszugeben, die die Umsetzung des Kioto-Protokolls selbst nach Schätzung des *IPCC* jedes Jahr kosten würden, müsste eigentlich von allen Menschen mit einigermaßen klarem Verstand als schlechter Witz erkannt werden.

Als problematisch erscheint denn auch nicht das Gewicht, das Latour auf die Entwicklung einer experimentellen Kultur legt, sondern seine Orientierung auf kollektive, politisch „von oben" angeordnete Experimente. Sollen wir abwarten, bis die EU ihre Volkswirtschaften durch die massive Subventionierung von Windmühlen und die Rationierung der CO_2-Emissionen über die *Nationalen Allokationspläne* für Emissionszertifikate ruiniert hat? Was passiert, wenn die Annahme einer Fortsetzung der Erderwärmung sich als nicht stichhaltig erweist und sich die von Solarforschern für dieses Jahrhundert erwartete (vorübergehende) Abkühlung einstellt? Oder umgekehrt: Was kann die Verteuerung der Energie bezwecken, wenn die These von einer kosmischen Steuerung der irdischen Klimaentwicklung zutrifft? Spricht es nicht ohnehin dem gesunden Menschenverstand Hohn, von einer Verteuerung der Energie, dem „Schmiermittel" der ganzen Wirtschaft, irgendwelche positiven Wachstumsimpulse zu erwarten?

Gesetzt, die Bedrohungen unserer globalen Lebensbedingungen seien so ernst, wie es von interessierter Seite dargestellt wird: Warum soll dann die Gesellschaft als Ganzes mit einer einzigen Strategie experimentieren, wo es doch – unter einem evolutionären Blickwinkel – eher darauf ankäme, Überlebensrisiken durch mehr individuelle Freiräume für unterschiedliche Antworten, für das Durchspielen verschiedener Strategievarianten zu minimieren? Andernfalls hätten diejenigen nicht Unrecht, die behaupten, Beten sei hilfreicher (und billiger!) als Experimentieren. Mit anderen Worten: Eine Politische Ökologie, die sich auf Darwin statt auf die Physico-Theologie bezöge, landete eher bei Friedrich August von Hayek, wenn nicht gar bei Hans-

Hermann Hoppe als beim *Club of Rome*, bei *Greenpeace*, beim *IPCC*, bei nationalen Nachhaltigkeitsräten oder bei lokalen *„Agenda-Initiativen"*.

Bruno Latour hat also mit dem von ihm vorgeschlagenen *„Parlament der Dinge"* zwar das Problem der Quellen des Management-Wissens politisch-konstruktivistisch aus der Welt geschafft und dadurch die Ökologie (zumindest in der Theorie) einigermaßen mit demokratischen Ansprüchen versöhnt. Doch treibt er damit den „Primat der Politik" *ad absurdum*. Denn die Belange der Ökonomie sind beinahe vollständig seinem Gesichtskreis entschwunden.

Obwohl in Latours Büchern - je nach Lesart - eine Menge politischer Sprengstoff steckt, hat der Meister denn auch wiederholt darauf hingewiesen, er sei alles andere als ein Revolutionär. Er ließ sogar durchblicken, im Grunde gehe es ihm nur darum, die in Europa gängige Praxis des politischen Krisenmanagements theoretisch abzusegnen und die Grünen vor sich selbst zu retten (so die Überschrift von 12 Thesen, die Latour am 7. Dezember 2001 in der französischen Tageszeitung *Le Monde* veröffentlichte).

Dabei könnte Latours Aussage, Konsens könne es nur über Verfahrensregeln, nicht aber über die Ergebnisse geben, auch als Plädoyer für einen radikalen, individualistischen Liberalismus und für den Freihandel aufgefasst werden (was Latour wahrscheinlich vehement abstreiten würde). Der utopische Charakter des *„Parlaments der Dinge"* rührt doch wohl hauptsächlich daher, dass Latour (damit ganz in der französischen Tradition) vieles politisch geregelt sehen möchte, das man lieber - unausgesprochen - dem Markt und damit einer Vielzahl mehr oder weniger rationaler individueller Entscheidungen überlassen sollte. Jeder könnte dann nach seiner Façon glücklich oder unglücklich werden.

Dagegen könnte der Autor zwar mit einigem Recht einwenden, es gebe heute keine unpolitischen Märkte mehr. Aber in einer Welt, in der Missverständnisse (wie Latour zu Recht betonte) unvermeidlich sind, ist die (modernistische) Fiktion politikfreier Räume vielleicht nicht das schlechteste aller Missverständnisse. Für ihn als Franzosen ist die Frage *„Markt- oder Planwirtschaft?"* aber offenbar völlig unwichtig. Es geht ihm einzig um die Demokratieverträglichkeit von Wissenschaft und Technik beziehungsweise die formaldemokratische Legitimation von „Klimapolitik". Und er legt seinen Lesern nahe, Schritte zum Weltfrieden eher von internationalen Bürokratien als von der Öffnung von Märkten zu erwarten. Den Ökonomen wirft Latour vor, statt auf eine Politische Ökonomie auf eine *„Ökonomie des Politischen"* im Sinne eines sparsamen Umgangs mit Politik hin zu arbeiten.

Der französische Philosoph unterschlägt dabei, dass der Pazifismus als politische Bewegung „von unten", in der Hauptsache getragen von Arbeitern, Handwerkern und Kleinunternehmern, im 19. Jahrhundert eng mit dem Kampf der heute zu Unrecht geschmähten „Manchester-Liberalen" unter Richard Cobden für den allgemeinen Freihandel verbunden war und dass die Hoffnung auf einen Weltfrieden bei der Auslösung des Ersten Weltkrieges nicht durch die Profitinteressen konkurrierender Unternehmer und Kaufleute, das heißt durch Handel und Wandel, durch Austausch zu beiderseitigem Vorteil, sondern durch das Ränkeschmieden von Spitzenpolitikern und den von ihnen - angeblich im „Gemeinwohlinteresse" - verordneten Schutzzöllen zur wirtschaftlichen Verteidigung kolonialer Imperien und davon profitierenden staatsnahen, wenn nicht staatstragenden Großkonzernen durchkreuzt wurde. Die Kolonialpolitik, nicht die Marktwirtschaft, wurde zur wichtigsten Ursache von Kriegen. Auf die Herstellung des Weltfriedens mit Hilfe klassischer Diplomatie bedacht, übersieht Latour also, dass die Politik in Friedenszeiten (frei nach Karl Kraus) das Problem ist, für dessen Lösung sie sich hält. Politik lässt sich, überspitzt gesagt, definieren als Versuch, Probleme zu lösen, die die Klasse der Berufspolitiker erst geschaffen hat.

Ist die Politik nicht längst zur Fortsetzung des Krieges mit anderen Mitteln geworden und nicht umgekehrt, wie der meist gedankenlos zitierte Spruch von Clausewitz behauptet? Zumindest aus der Sicht der Radikalliberalen begann der heutige Kriegszustand nicht erst nach dem 11. September 2001 mit seiner offiziellen Feststellung durch US-Präsident George W. Bush. Er entwickelte sich seit der Beendigung der kurzen Periode des friedensschaffenden Freihandels aufgrund des Sieges der von Disraeli in Großbritannien, Napoléon III. in Frankreich und Bismarck in Deutschland eingeleiteten Politik des „Stimmenkaufs" zum Zwecke der Umwandlung des überkommenen feudalen Privilegien in einen vordergründig demokratisch legitimierten kolonialistischen Interessengruppenstaat über die Verfechter des Freihandels. Diese Entwicklung führte folgerichtig zu den Materialschlachten des Ersten Weltkrieges, der im Rückblick als die entscheidende Zäsur der Geschichte erscheint.

Die Ökologie: Religion, Forschungsmodell oder Leerformel?

WIE MAN ES auch dreht und wendet: Haus und Markt, Ökologie und Marktwirtschaft bleiben ein Widerspruch in sich. Trotzdem gilt: *„Nachhaltigkeit wird auf dem Markt erreicht oder gar nicht."* So Friedrich Schmidt-Bleek, der Urheber des Konzeptes einer *„Dematerialisierung"* der Wirtschaft um den Faktor 10 durch die Optimierung des Materialinputs pro Service-Einheit (MIPS) in seinem Buch *Das MIPS-Konzept* von 1998. Ökologie und Marktwirtschaft sollen also auch nach den Vorstellungen der Väter der Öko-Welle irgendwie zusammenkommen. Andernfalls drohe der Idee des *sustainable business* das Schicksal der vielen Management-Moden, die wir in den vergangenen Jahrzehnten kommen und gehen sahen.

Da die Ökologie ohnehin eindeutig religiösen Ursprungs ist, könnte man versuchen, diesem Dilemma zu entkommen, indem man ihr wieder den Platz einer Religion zuweist. Soll die deutsche Bundesrepublik nicht zum Obrigkeitsstaat unseligen Angedenkens werden, müsste man ökologische Fragen dann aber der im Grundgesetz proklamierten individuellen Glaubensfreiheit (und dem damit verbundenen „Recht auf Nichtwissen") überantworten. Damit kämen wir aber sogleich in ein weiteres Dilemma: Wie sollte man dann begründen, dass etwa Zeugen Jehovas im Prinzip im Namen der Glaubensfreiheit lebensrettende Bluttransfusionen verweigern dürfen, aber nicht die Zahlung der Öko-Steuer? Der einzig denkbare Ausweg bestünde darin, der Nachhaltigkeit wieder den Status einer regulativen Idee zuzuweisen und auf deren konkrete Ausgestaltung zu verzichten, zumal es darüber schon einmal, wenn auch nur auf parlamentarischer Ebene, einen Konsens gab.

Wir benötigen kein Modell von einem mit einem Glasdach versehenen Haus, um effektiven Gesundheits- und Umweltschutz zu betreiben. Ökosysteme, die geschützt werden sollen, sind in der Regel alles andere als „natürlich", sondern Produkt menschlicher Gestaltung. Sie werden, wie landwirtschaftliche Nutzungssysteme veranschaulichen, erst durch konkrete Nutzungsinteressen in den Köpfen von Menschen konzipiert und dann in der Arbeit zum Zwecke des Broterwerbs oder der ästhetischen Befriedigung verwirklicht. Ihre Bewahrung ergibt nur Sinn im Hinblick auf diese Nutzungsinteressen. Diese können allerdings vielfältig sein.

Es geht nicht an, dabei nur die Rohstoffgewinnung oder Nahrungsmittelproduktion im Auge zu haben. Es kann sich auch um rein künstlerische Interessen handeln. Jedenfalls hätte zum Beispiel der deutsche Biologe Karl August Möbius im 19. Jahrhundert nicht die Bedeutung der Lebensgemeinschaft von Pflanzen und Tieren („Biozönose"), die lebende Komponente eines „Ökosystems", erkennen können, hätte er sich nicht mit der konkreten Frage beschäftigt, ob es möglich sei, an der deutschen Nordseeküste nach dem Vorbild der französischen Atlantikküste künstliche Austernzuchten anzulegen und deren Produkte mit Hilfe des inzwischen erfundenen schnellen Transportmittels Eisenbahn frisch in die Hauptstadt Berlin zu schaffen (Details bei Schramm, 1984, S. 158ff.). Hätte er eine andere Forschungsaufgabe gehabt, wäre das von ihm aufgedeckte Geflecht von Abhängigkeiten zwischen verschiedenen Organismen anders ausgefallen.

Ökosysteme sind demnach Modelle der Forschung, die im Hinblick auf bestimmte Erkenntnis- und Nutzungsinteressen konzipiert werden. Sie sind keine Überorganismen, sondern mehr oder weniger sinnvolle theoretische Konstrukte. Unabhängig vom jeweiligen interessegeleiteten Blickwinkel der Menschen gibt es sie nicht. Das hat in Deutschland als einer von wenigen hellsichtigen Biologen der Münchener Zoologe Josef Reichholf wiederholt betont (Vgl. Reichholf, 2002). Selbst René Descartes, einer der Begründer der französischen Aufklärung, wies im übrigen schon darauf hin, dass die sogenannten exakten Wissenschaften *(sciences)* sich eigentlich nicht mit der uns umgebenden „objektiven" Natur beschäftigen, sondern mit dem, *„was von Natur aus möglich ist."*

Was genau möglich ist, erfährt man in Experimenten unter kontrollierten Randbedingungen. Diese Bedingungen werden auch bei der technischen Nutzung experimentell erlangter Erkenntnisse eingehalten. Chemische Produktionsanlagen erinnern deshalb, wenn auch vielleicht entfernt, noch immer an die Versuchsaufbauten im Labor, deren Ergebnisse sie großtechnisch umsetzen. Es ist ausgeschlossen, die Natur „ganzheitlich" zu erfassen und zu verstehen

Dieser Perspektivwechsel, nach dem „Ökosysteme" statt als Überorganismen lediglich als vorläufige, zweckorientierte Forschungsmodelle erscheinen, hat noch eine weitere wichtige Konsequenz: Statt von „Systemen" ist im Folgenden viel öfter von „Netzwerken" die Rede. Systeme (auch das System „Gesellschaft"!) sind immer Schöpfungen des menschlichen Hirns. Im Unterschied zum Systemdenken Hegelscher Prägung, das die Konfusion zwischen theoretischen Konstrukten und Realitäten nahe legt, bleibt das Netzwerkdenken auf dem Boden von Tatsachen und Beziehungen, die mit Hilfe der fünf Sinne wahrgenommen und mit Hilfe des gesunden Menschenverstandes kritisch überprüft werden können. Nicht Systeme sollten Gegenstand einer Nachhaltigkeitspolitik sein, sondern Populationen und Netzwerke beziehungsweise Arrangements zwischen Menschen, anderen Lebewesen und unbelebten Dingen. Kurz: Es geht nicht, wie viele „Ossis" nach dem Zusammenbruch des Sozialismus 1990 irrigerweise glaubten, um die Wahl zwischen einem ineffizienten und einem effizienten „System", sondern um die Alternative zwischen einem „System" und einem „Non-System", dem offenen Markt.

Das viel zitierte „Gleichgewicht der Natur", das nach Auffassung vieler Naturschützer als interkulturelle Richtschnur des individuellen Handelns wie der nationalen und internationalen Politik dienen soll, ist in einer offenen Welt gar nicht definierbar. Denn zur „normalen" Entwicklung der Erde und unseres Sonnensystems gehören auch Katastrophen. Selbst wenn es sich bei der Ökologie um eine der Physik vergleichbare „exakte" Wissenschaft handelte, wäre es abwegig, die ganze Menschheit auf das darauf aufbauende Weltbild verpflichten zu wollen. Denn in einem auf individuelle Glaubensfreiheit gegründeten Gemeinwesen sollte dem Recht auf Wissen immer das Recht auf Nichtwissen gegenüber stehen - und zwar nicht nur in der Reproduktionsmedizin bei der Präimplantationsdiagnostik (PID) befruchteter Eizellen, wo dieses Recht heute ausdrücklich eingefordert wird. Bei beiden Rechten stellt sich allerdings die Frage, wieweit es klug ist, sie in Anspruch zu nehmen.

Jedenfalls ist die dem Erbe des Rationalismus der europäischen Aufklärung geschuldete Vorstellung vom Primat wissenschaftlichen Wissens gegenüber dem Alltagsverstand einfacher Marktteilnehmer nicht haltbar. Darauf weist übrigens auch ein im Jahre 2001 vorgelegtes *Empfehlungspapier zur Verbesserung der Kommunikation zwischen Wissenschaft, Politik und Medien, insbesondere in Hinblick auf die Wahrnehmung der Klimavorsorge* hin, das der *Sachverständigenkreis „Globale Umweltaspekte"* des deutschen *Bundesministeriums für Bildung und Forschung* erarbeitet hat. Es müsse *„von einer Eigenständigkeit der Wahrnehmung und Prozessierung von Wissen in allen großen Funktionsbereichen der Gesellschaft (Politik, Wissenschaft, Wirtschaft, Medien etc.) ausgegangen werden"*, schreiben die in diesem Beirat versammelten Naturwissenschaftler und Soziologen. Naturwissenschaftliches Wissen sei deshalb nicht unmittelbar umsetzbar in politisches Handeln.

Dennoch stelle die Politik hohe Sicherheitserwartungen an die Wissenschaft. Das rühre daher, dass die *„staatliche Daseinsvorsorge von* *der Gefahrenprävention zur Risikovermeidung"* erweitert worden sei – ein Trend, den die Autoren des Papiers allerdings nicht beklagen. Dadurch entstehe ein *„Legitimationsdilemma"*, mit dem weder die Politik noch die Wissenschaft bislang umzugehen gelernt habe: *„Die Nachfrage seitens der Politik nach gesichertem Wissen erstreckt sich auf immer komplexere Bereiche der Sicherheitsgewährleistung. Sie zwingt dadurch die Wissenschaft zu Aussagen, die immer stärker durch Nichtwissen gekennzeichnet sind. Die von der Sicherheit wissenschaftlicher Aussagen erwartete Legitimierung politischer Entscheidungen schlägt in ihr Gegenteil um."*

Das sahen die Autoren der bereits zitierten *UBA*-Studie *Nachhaltiges Deutschland* ganz anders. Es heißt dort: *„Alles Wirtschaften und auch die Wohlfahrt im klassischen Sinne stehen unter dem Vorbehalt der ökologischen Nachhaltigkeit."* (*UBA* 1997, S. 6) Und an anderer Stelle steht gar: *„Sowohl die Wertorientierungen der Individuen als auch die Dynamik der kulturellen Trends müssen [...] den umweltpolitischen Notwendigkeiten angepasst werden."* (ebd., S. 221) Das Skandalöse an diesem Satz besteht darin, dass seinen Autoren, wie es scheint, gar nicht bewusst geworden ist, welch totalitäres Programm sie da formulierten!

Das *UBA* befürchtete, die in der Enquête-Kommission des 13. Deutschen Bundestages *„Schutz des Menschen und der Umwelt"* erhobene Forderung, die ökologischen, ökonomischen und sozialen Dimensionen der nachhaltigen Entwicklung gleichgewichtig zu berücksichtigen, mache Nachhaltigkeit zur *„konsensstiftenden Leerformel"* und forderte (wie einst maßgebliche Vertreter der Partei „Die Grünen") ausdrücklich ein *„Primat der Ökologie"*. Darin zeigt sich – angesichts der zu Beginn dieser Abhandlung herausgestellten Erkenntnis, dass der Wert der Nachhaltigkeitsformel gerade in ihrer produktiven Missverständlichkeit liegt – die bis heute nicht kleiner gewordene Konfusion in der Nachhaltigkeitsdebatte. Diese rührt daher, dass es gerade in Deutschland ein unverbundenes und unerklärtes Neben- und Gegeneinander zweier Begriffe von Nachhaltigkeit gibt: einen aus der im 19. Jahrhundert aufgekommenen Forstbetriebslehre stammenden engen stofflich-betriebswirtschaftlichen und einen letztlich auf die Philosophie Kants zurückgehenden ethischen Nachhaltigkeitsbegriff.

Beim international gebräuchlichen Begriff *sustainable*, der, wörtlich übersetzt, gar nicht „nachhaltig", sondern „aushaltbar" beziehungsweise „durchhaltbar" bedeutet und damit von vornherein subjektbezogen ist, scheint diese Konfusion leichter vermeidbar, weil er im Grunde nur auf die zweite Bedeutung anspielt. Der deutsche Begriff „nachhaltig" legt hingegen ein naturalistisches Verständnis nahe –

und zwar in dem Sinne, als sei Nachhaltigkeit ein ehernes Gesetz der Natur, dem sich Wirtschaft und Gesellschaft unterwerfen müssten, um „zukunftsverträglich" zu werden. Ein solches naturalistisches Verständnis von Nachhaltigkeit liegt auch den zitierten vier stoffwirtschaftlichen „Managementregeln" zugrunde.

Diese Regeln sind nicht an und für sich falsch. Nur wäre es irreführend, sie zu Kernaussagen der Idee des *sustainable development* hochzustilisieren, wie das die Berichte der Bundestags-Enquête nahe legen. Denn es lassen sich daraus, sofern sie wie das *Wuppertal Institut* ein *„konstantes natürliches Realkapital"* unterstellen, allenfalls triviale Ziele auf technischer Ebene wie den sparsamen Umgang mit Rohstoffen und die Minimierung schädlicher Emissionen ableiten, aber gerade nicht Antworten auf Fragen nach deren Zukunftsfähigkeit finden.

Welche Rohstoffe sollen wir denn überhaupt für unsere Kinder und Kindeskinder aufheben und wie lange? Woher sollen wir wissen, was künftige Generationen von Menschen überhaupt benötigen oder wünschen? Werden sich unsere Nachkommen nicht eher über die 1,8 Billionen Euro Staatsschulden und die ungedeckten Versorgungsansprüche des aufgeblähten Beamtenheeres ärgern, die wir ihnen hinterlassen, als über verbrauchte Rohstoffvorräte und angehäufte Abfälle?

Kurzum: Solche „Managementregeln" können in ihrer Abstraktheit dazu verleiten, uns Sorgen um ungelegte Eier zu machen. Sie legen uns zum Beispiel nahe, den Einsatz des scheinbar absolut knapp werdenden Rohstoffs Kupfer streng zu rationieren, damit unsere Enkel und Urenkel noch telefonieren können. Dabei ist es schon heute absehbar, dass unsere Nachfahren bei der Verfolgung dieses Zweckes gar nicht mehr auf das Halbedelmetall angewiesen sein werden. Denn längst können Telefonverbindungen auf Kupfer verzichten, weil sie sich Lichtleitern (Glasfasern) oder der völlig kabelfreien Mobilfunktechnik bedienen. Gewiss traten auch hier schon Engpässe ein, und zwar sehr ernste, denn es steht dem Mobilfunk nur ein sehr schmales Frequenzband zur Verfügung. Aber gerade hier lässt sich demonstrieren, wie scheinbar unüberwindbare Hürden mit Hilfe menschlicher Intelligenz und Kreativität gemeistert werden: Zum Beispiel durch den Einsatz „intelligenter" Antennen, die einen Mehrfachzugriff auf ein und dieselbe Frequenz erlauben.

Wie dieses Beispiel zeigt, lassen sich Ressourcenengpässe nur durch eine sprunghafte Steigerung der Nutzungseffektivität (um den Faktor Zehn oder Hundert, wenn nicht noch ein, zwei Größenordnungen mehr) oder durch den Umstieg auf neuartige, durch wissenschaftliche Entdeckungen erschließbar gemachte Ressourcen überwinden. Im Prinzip hing die Entwicklung der Menschheit immer von Ressourcen ab, die erst noch „erfunden" werden mussten. Früher, als alles deutlich langsamer voranging, hat man das nur nicht mit einer für manche so beängstigenden Deutlichkeit sehen können wie heute. Wäre eine bestimmte Ressource nicht nur endlich, sondern auch nicht erneuerbar und unersetzlich, dann könnte auch eine noch so starke Drosselung ihres Einsatzes sie nicht retten. Bis jetzt haben aber solche Nöte die Menschen noch immer erfinderisch gemacht. Und es ist nicht anzunehmen, ihnen könnten die Ideen einmal ausgehen. Es kommt allerdings darauf an, ein innovationsfreundliches Klima zu schaffen. Sonst fehlt den Erfindern die Luft zum Atmen.

Es bringt also nicht viel, wenn Nachhaltigkeit in Form stoffwirtschaftlicher Managementregeln lediglich in Anlehnung an die klassische Forstbetriebslehre definiert wird. Der „Umweltraum" oder das „Naturkapital", mit dessen Zinsen sich zu begnügen den Menschen empfohlen wird, sind gar nicht quantitativ bestimmbar.

Auch gegenüber der eingängigen Parole *„Von der Natur lernen!"* ist Vorsicht angebracht. Was wir aus dem in Jahrmillionen in Laufe der Evolution angehäuften Schatz von Formen, Mechanismen oder Reaktionen lernen können, hängt von unseren Handlungszielen ab. Es gilt, den zumindest auf diesem Gebiet gefährlichen naturalistischen Fehlschluss zwischen Sein und Sollen, zwischen Natur und Moral zu vermeiden. Denn für sich genommen, böte die außermenschliche Natur Beispiele und Rechtfertigungen für alles Mögliche: für Sparsamkeit und Verschwendung, für Vielfalt und Eintönigkeit, für Sensibilität und Brutalität, für allmähliche und katastrophale Veränderungen, für Stabilität und Fragilität und vieles andere mehr.

Deshalb ist es besser, Nachhaltigkeit von vornherein nicht naturalistisch als Realmodell oder idealistisch als platonische Idee der Weltverbesserung zu begreifen, sondern als offenes Leitbild, als „regulative Idee" im Sinne Kants, das heißt als vernünftige subjektive Verhaltensmaxime ohne Erfahrungsgegenstand. Regulative Ideen sind Werte wie Freiheit, Wahrheit, Gesundheit oder Gerechtigkeit, die den menschlichen Verstand auf Ziele ausrichten, die nicht quantitativ oder qualitativ operationalisierbar sind.

Diese Auffassung hatte sich am Ende auch in der Stoff-Enquête des 13. Deutschen Bundestages durchgesetzt (Vgl. Gärtner, 1999). Doch auch der in der Kommission erreichte eher oberflächliche Konsens über die Interpretation von *sustainable development* überlebte den Umzug von Parlament und Bundesregierung von Bonn nach Berlin nicht. Auf breiter Front setzte sich stattdessen eine Auffassung von Ökologie und nachhaltiger Entwicklung durch, die zuvor nur in und im Umkreis der Partei „Die Grünen" vertreten worden war. Dieser Wandel lässt sich sehr deutlich in den Umweltgutachten des *Rates von Sachverständigen für Umweltfragen (SRU)* ablesen.

In seinem Umweltgutachten von 1994 hatte der *SRU* noch betont: *„Der entscheidende Erkenntnisfortschritt, der mit dem Sustainability-Konzept erreicht worden ist, liegt in der Einsicht, dass ökonomische, soziale und ökologische Entwicklung nicht voneinander abgespalten und gegeneinander ausgespielt werden dürfen."* (S. 46). Ausdrücklich hatte sich der *SRU* von einer Ideologisierung ökologischer Ansprüche distanziert, indem er schrieb: *„In einzelnen Gruppen der Umweltbewegung wird Natur als allein maßgebliche Orientierungsgröße und damit als unmittelbar handlungsleitender Wertebegriff verstanden. Hier hat sich Ökologie als eine letzte Sinnvorstellungen prägende „Heilslehre" etabliert. Manche der theoretischen Konzepte der 60er Jahre haben sich zu Mythen eines neuen Rousseauismus entwickelt."* (S. 69). Schließlich hatte er darauf hingewiesen: *„Bei der Bestimmung der Umweltqualitätsziele bleibt der Ökologe auf den Ökonomen angewiesen und umgekehrt."* (S. 79).

In seinem im Februar 2000 vorgelegten Umweltgutachten mit dem Titel *Schritte ins nächste Jahrtausend* passte sich der inzwischen zum Teil personell anders zusammengesetzte *SRU* kaum verhohlen dem im Ergebnis der Bundestagswahl von 1998 dokumentierten neuen politischen Kräfteverhältnis an. Wie schon zuvor die Bundestags-Enquête regte er die Einrichtung eines *Rates für Nachhaltige Entwicklung* an. Besonders die Funktionsbestimmung dieses Gremiums erscheint als sehr bedenklich. Nach Meinung des *SRU* soll es sich auf die *„Kernfunktionen der Vorklärung und Konsensbildung"* konzentrieren. Es solle weder ein Entscheidungsorgan noch eine zusätzliche Beratungseinrichtung darstellen. Der *SRU* empfiehlt eine *„klare Trennung der insbesondere vom Umweltbundesamt zu koordinierenden wissenschaftlichen Vorleistungen und der politischen Konsensbildung."* Nur so gelange man zu *„hochwertigem Wissens-Input"* und zum *„professionellen Management eines sektorübergreifenden integrativen Zielbildungsprozesses."*

Diese Empfehlung birgt potenziell folgenreiche Missverständnisse und bleibt letztlich dem technokratischen, einst den Anforderungen des Kalten Krieges entsprechenden Politikverständnis verhaftet. Im Unterschied zur damaligen Politik, die immerhin zum Ziel hatte, die Wachstums- und Überlebensfähigkeit des Westens zu stärken, besteht das Ziel dieser neuen Politik jedoch - unausgesprochen - darin, all das zu zerstören, was dem Westen einmal Überlegenheit gegenüber seinen Herausforderern verschafft hat.

Der *SRU* sieht (wie auch schon in seinem Gutachten von 1998) *„eine breite Reformtendenz hin zu ziel- und ergebnisorientierten Ansätzen der Politik"*, das heißt zur Ergänzung der Politiksteuerung über allgemeine Regeln und Rechtsnormen durch ein zielorientiertes Management (*„New Public Management"*). Es gelte, *„konkrete Ziele mit flexibleren Mitteln"* zu erreichen. Das setze, wie der *SRU* selbst hervorhebt, umfassende, wissenschaftlich eindeutige und im öffentlichen Bewusstsein allgemein akzeptierte Problemdiagnosen und davon abgeleitete Ziele voraus. Auf dieser Grundlage sollen dann diskursive politische Konsensbildungs- und Abstimmungsprozesse ansetzen. Eine solche Trennung zwischen Problemdiagnose und politischem Prozess erscheint aber, nach allem hier zuvor ausgeführten, nicht nur als illusorisch, sondern auch als gefährlich.

Schaut man sich, so vorgewarnt, die im April 2002 vom Bundeskabinett beschlossene nationale Nachhaltigkeitsstrategie *Perspektiven für Deutschland* an, dann fällt als erstes auf, dass sich unter den insgesamt 21 für die Messung von Nachhaltigkeitsfortschritten ausgewählten Schlüsselindikatoren mit größtenteils quantifizierten Zielen für die kommenden 10 oder 20 Jahre kein Indikator für die knappste Ressource auf der Welt, die Entwicklung individueller Entscheidungsfreiheit und Verantwortung, findet, obwohl solche Indikatoren bei internationalen Vergleichen der Leistungs- und Anpassungsfähigkeit von Volkswirtschaften längst gebräuchlich sind (so vor allem im jährlich erscheinenden *Economic Freedom Report*, der in Deutschland vom *Liberalen Institut der Friedrich-Naumann-Stiftung* herausgegeben wird).

Diese Untersuchungen zeigen erstens, dass Freiheit durchaus messbar ist und zweitens, dass es einen engen Zusammenhang zwischen dem Grad der Freiheit, der Innovationsfreude, der wirtschaftlichen Dynamik und des gesamtgesellschaftlichem Wohlstands gibt. Jeder Versuch, die Zukunftsfähigkeit einer Volkswirtschaft messbar zu machen, müsste also Indikatoren der individuellen Freiheit, angefangen von der Höhe des Staatsanteils am Bruttosozialprodukt, ins Zentrum rücken.

Stattdessen fehlt das Thema *Freiheit* im Nationalen Nachhaltigkeitsplan der Berliner Regierung beinahe völlig. Es wird lediglich angesprochen in Form einer Messgröße für die internationale Öffnung der Volkswirtschaft. Die Liste so genannter Nachhaltigkeitsindikatoren wird angeführt von stofflichen Größen wie der Energie- und Rohstoffproduktivität, die bis 2020 gegenüber 1990 bzw. 1994 verdoppelt werden sollte. An zweiter Stelle folgt die Entwicklung des Ausstoßes der sechs „Kioto-Gase". Und an dritter Stelle kommt der Anteil erneuerbarer Energien (vor allem der Windenergie) an der Stromversorgung, der bis 2010 auf 12,5 Prozent verdoppelt werden sollte.

Mit dieser Prioritätensetzung hat sich die Bundesregierung bewusst von dem von der Enquête des 13. Deutschen Bundestages noch bevorzugten marktorientierten und zukunftsoffenen *Drei-Säulen-Modell* der Nachhaltigkeit, d. h. von der Gleichrangigkeit ökologischer, wirtschaftlicher und sozialer Belange verabschiedet und sich für das Deutungs- und Ordnungsmodell *Oikos* (Haus) entschieden. Der breiteren Öffentlichkeit ist dieser Paradigmenwechsel (wohl wegen des nach wie vor sehr geringen Interesses der Bevölkerungsmehrheit am Thema Nachhaltigkeit) allerdings kaum aufgefallen.

Gefährliche Blüten treibt das Haus-Paradigma im Umweltgutachten 2004 des *SRU* (*BR-Drucksache* 15/3600). Dort **warnen** die „Sachverständigen" ausdrücklich vor einer Entstaatlichung des Umweltschutzes und empfehlen, die *„Environmental Governance"* nach dem Vorbild des betrieblichen *„Management by Objectives"* mit einer *„förmlichen staatlichen Problemfeststellung"* zu beginnen. Die Forderung nach einer achtzigprozentigen Reduktion der deutschen CO_2-Emissionen bis zum Jahre 2050 wie auch das Etappenziel einer 40-prozentigen CO_2-Reduktion bis zum Jahre 2025 seien *„wissenschaftlich gut begründet und notwendig"*. Das gebe den Entwicklungsländern Spielraum für ein moderates Wirtschaftswachstum.

Um diese (im wahrsten Sinne des Wortes ebenso umstürzlerischen wie selbstzerstörerischen) Ziele zu erreichen, bedürfe es eines *„Transition Management"*, schließt der Umweltrat. Da dieses auf eine Verschärfung des Kampfes deutscher und europäischer „Eliten" gegen den gesunden Menschenverstand ihrer Ernährer hinausläuft, kann den Freiheitsfreunden angesichts einer solchen Politikberatung angst und bange werden. Folgte die deutsche Politik diesen Ratschlägen, entfernte sie sich weiter vom Anspruch der Aufklärung als die untergegangene DDR und näherte sich Nazi-Phantasien. Die Veröffentlichung des Gutachtens *Gesellschaftsvertrag für eine Große Transformation* des *Wissenschaftlichen Beirats der Bundesregierung Globale Umweltveränderungen* im Jahre 2011 hat diese Befürchtung bestätigt (dazu später).

Nachhaltigkeit – eine Frage des gesunden Menschenverstandes

DIE TOP-MANAGER VON Großbanken und international ausgerichteten Industriekonzernen, die *sustainable development* zum Kern ihrer *corporate identity* und entsprechender PR-Kampagnen gemacht haben, bekamen es angesichts fehlender Aufbruchsstimmung vor und Enttäuschung nach dem „*Rio+10*-Event" in Johannesburg, angesichts magerer Kompromisse durch die Anrechnung virtueller „Kohlenstoffsenken" auf den „Klima-Gipfeln" von Den Haag, Bonn und Marrakesch und angesichts der nachhaltigen Verschiebung des Problemhorizonts seit dem Terrorangriff auf das *World Trade Center* am 11. September 2001 immer mehr mit der Angst zu tun. Deshalb starteten sie Initiativen wie den *World Business Council on Sustainable Development (WBCSD)* und gaben große Summen aus, um sich von Unternehmensberatern tischfertige Zukunftsvisionen liefern zu lassen.

Viel Hirnschmalz investierten sie auch in den Aufbau „ganzheitlicher" Produktbewertungs- und Entscheidungssysteme nach Art der „Ökoeffizienzanalyse" des Chemiekonzerns *BASF*, unterzogen sich mühsamer Auditierungs-, Zertifizierungs- und Rating-Prozeduren durch Wirtschaftsprüfungsgesellschaften wie *KPMG, Price Waterhouse Coopers* oder der inzwischen infolge ihrer Verwicklung in den *Enron*-Skandal in den USA bereits selbst als „nichtnachhaltig" erkannten und in *Accenture* umgetauften Beratungsfirma *Arthur Andersen*, um ihre „Zukunftsverträglichkeit" (beziehungsweise *political correctness*) unter Beweis zu stellen. Aber kaum jemanden unter den normal Sterblichen interessierte, was dabei herausgekommen ist. Schlimmer noch: Die Zahl derer, die mit dem Schlagwort *sustainable development* etwas anzufangen wissen, sank in Meinungsumfragen weiter.

Dabei dürfte die große Mehrheit unserer Zeitgenossen das Anliegen, nicht auf Kosten unserer Kinder und Enkel zu wirtschaften, durchaus teilen. Aber offenbar sträubt sich der *common sense* des kleinen Mannes (oder der Frau) gegen die von westlichen Eliten bevorzugte und in der *Agenda 21* festgeschriebene Auslegung von Nachhaltigkeit als globale, wissenschaftlich untermauerte Ressourcenbewirtschaftung und Klimasteuerung. Die einen möchten diesem Problem beikommen, indem sie in den audiovisuellen Medien immer verbissener Klimakatastrophen im Computer oder auf der Kinoleinwand vorführen, um den uneinsichtigen Normalmenschen Angst einzujagen. Manch einer könnte sich aber auch daran erinnern, dass Demokratie nicht darin bestehen kann, bei den Wählern abzufragen, ob sie die von

Katastrophenbestsellern, internationalen Mammutkonferenzen, exklusiven Gipfeltreffen oder „Experten"-Gremien vermittelten Lektionen brav gepaukt haben. Demokratie besteht vielmehr nach klassisch-liberalem Verständnis darin, Personal- und Sachentscheidungen einer mit parlamentarischer Mehrheit gewählten Regierung dem Urteil des *common sense* (auf Deutsch je nach Blickrichtung „gesunder Menschenverstand" oder „Gemeinsinn") zu unterwerfen.

Leider wurde der *common sense* durch den Siegeszug der modernen Wissenschaftsgläubigkeit dermaßen abgewertet, dass bislang kaum ein theoretischer Kopf versucht hat, dessen Inhalt und Stellenwert zu bestimmen. Bereits der sozialistische Säulenheilige Friedrich Engels nannte den gesunden Menschenverstand im *„Anti-Dühring"* abschätzig einen *„hausbackenen Gesellen"*, den es durch das Eintrichtern einer wissenschaftlichen Weltanschauung zu verdrängen gelte. Seine Nachfolger gefallen sich heute darin, ihn mit dem *„gesunden Volksempfinden"* gleichzusetzen und damit all jene, die sich darauf berufen, als rechtspopulistisch, wenn nicht als faschistoid zu brandmarken. Es scheint sie wenig zu stören, dass die Berufung auf den *common sense* in der Tradition des legitimatorischen Individualismus steht, der einem völkischen Verständnis von Politik diametral widerspricht.

Unter gesundem Menschenverstand verstehe ich (in lockerer Anlehnung an den portugiesisch-kalifornischen Hirnforscher Antonio Damasio und den Aachener Soziologen Karl H. Hörning) die spontan-emotionale Urteilskraft erwachsen gewordener Individuen. Diese wahrscheinlich an bestimmte neuroanatomische Strukturen des Vorderhirns gebundene Fähigkeit zur Unterscheidung von Gut und Böse, Gerecht oder Ungerecht gründet sich weder auf angeborene Instinkte noch auf theoretische Kenntnisse beziehungsweise kohärente rationale Weltbilder und einen damit verbundenen Willen zur Weltverbesserung, sondern auf eine in den praktischen Lebensverhältnissen des Alltags wurzelnde und daher historisch wandelbare Überzeugung vom „richtigen Leben" in einer hinreichend geordneten Gesellschaft, die die frankophonen Philosophen und Wissenschaftsforscher Isabelle Stengers und Bruno Latour mit dem antiken „Kosmos" vergleichen.

Wieweit das gerechtfertigt ist, sei hier dahin gestellt. Wichtig ist nur, dass erwachsenen Individuen die Moral nicht von außen, das heißt von einer Priesterkaste oder wissenschaftlichen „Expertengremien" (was, wie im Falle der „Klimaforschung" beobachtbar, oft auf dasselbe hinausläuft) eingetrichtert oder übergestülpt werden muss, sondern dass sich diese schon längst in deren Köpfen (und/oder Bäuchen) befindet – zumal schon Affen und vermutlich auch die affenartigen Vorfahren der Menschen in Ansätzen herausgefunden haben, worauf es beim Zusammenleben in der (überschaubaren) Gruppe ankommt. Unter dem Einfluss des psychischen Gruppendrucks geht das sittliche Urteilsvermögen einzelner, wie der französische Arzt Gustave Le Bon schon vor über hundert Jahren in seiner *Psychologie der Massen* demonstrierte, allerdings leicht wieder verloren. Was die Masse fordert, kann dem gesunden Urteilsvermögen des Einzelnen Hohn sprechen (dazu später).

Auch der vor wenigen Jahren verstorbene österreichisch-englische Wissenschaftsphilosoph Sir Karl R. Popper ging übrigens davon aus, dass sich das für das Überleben in Frieden und Freiheit notwendige Wissen zu 90, wenn nicht 99 Prozent schon in den Köpfen gesunder einfacher Menschen befindet – und zwar größtenteils in nicht verbaler Form. Die Rolle, die Intellektuelle und wissenschaftliche Politikberater in der Gesellschaft glauben spielen zu müssen, beruhe auf reiner Anmaßung, wurde Popper zu wiederholen nicht müde. Allerdings glaubte Popper vielleicht zu Unrecht, dieses Wissen sei nach Art der Kantschen Kategorien einfach angeboren.

Meme im Überlebenskampf

ERWERB UND WEITERGABE des *common sense* erfolgen über das Imitieren von Memen (Denkfiguren), die sich im Alltag bewähren. Dieser 1976 vom dogmatischen Darwinisten Richard Dawkins in seinem Bestseller *Das egoistische Gen* für die Ausbreitung stereotypischer Informations- und Denkmuster („Info-Viren") eingeführte Begriff bezeichnet die kulturelle Entsprechung zu den Genen. Die britische Psychologin Susan Blackmore (2000) baute diesen Ansatz später zu einer Memetik-Theorie aus, in der sie Gene und Meme, allerdings ohne Begründung, gegeneinander ausspielte.

Die Meme unterliegen, wie die genetische Information, einer weitgehend unbewussten Auslese. Bestimmte Denkmuster beziehungsweise religiös aufgeladene Handlungsanweisungen wie etwa der Dekalog, die Zehn Gebote der Bibel, bewähren sich im praktischen Leben so sehr, dass sie sich unabhängig von bestimmten religiösen Glaubenssystemen fortpflanzen und sich heute in ganz unterschiedlichen Kulturen wiederfinden, die sich im Zusammenspiel von Mutation und Selektion als nachhaltig erwiesen haben.

Bruno Latour sieht in der Ausbreitung der Meme eine Parallele zu den *„Gesetzen der Nachahmung"*, die der französische Jurist und Soziologe Gabriel Tarde (wie der schon zitierte Arzt Gustave Le Bon einer der Begründer der Massenpsychologie) schon 1890 am Beispiel der Ausbreitung wechselnder „Verbrechensmoden" hergeleitet hat. Der Wissenschaftsforscher wundert sich allerdings darüber, dass Susan Blackmore Tarde nicht einmal erwähnt. Latour (2002) sieht in Tardes Buch *Monadologie et Sociologie* eine ihrer Zeit weit vorauseilende theoretische Begründung des aktuellen, durch die Ausbreitung des Internet geförderten Akteur-Netzwerk-Theorie (ANT) in der Soziologie und der damit vollzogenen Abkehr vom Denken in hierarchischen Systemen, die dabei statt als theoretische Gedankengebäude als Überorganismen (miss-)verstanden werden.

Latour findet schon bei Tarde *„das Ende des Sozialen"*, wie es von Tardes Gegner Émile Durkheim sowie von den von ihm geprägten Generationen von Soziologen verstanden worden war. Denn es gibt bei ihm kein kollektives Selbst. Das Ganze ist den Monaden nicht übergeordnet, sondern ist lediglich ein vereinfachter, standardisierter Ausdruck eines ihrer Ziele. Das Ganze ist daher weniger als das Teil, die Individuen sind unvergleichlich komplexer als die Gesellschaften, die sie bilden. Tarde hielt die schon zu seiner Zeit größte Gesellschaft der Welt, die chinesische, die damals etwa 300 Millionen Individuen umfasste, für weniger komplex als selbst als primitiv eingestufte Einzelorganismen.

Und man kann heute hinzufügen: Selbst die heutige schätzungsweise 1,3 Milliarden Mitglieder umfassende Gesellschaft Chinas besteht lediglich aus einer beinahe noch überschaubaren Menge standardisierter Verknüpfungen, die sich nach Art einer fraktalen geometrischen Struktur wiederholen, während die Neuronen im Hirn jedes einzelnen Individuums im Prinzip unendlich viele Zustände ermöglichen. Erst über die Konkurrenz verschiedener Meme um die Vorherrschaft kommt es zur Ausbildung von Sprachen, Glaubenssystemen und Problemsichten, die von vielen, wenn nicht allen Individuen eines Kulturkreises geteilt werden.

Das Geheimnis der kollektiven Intelligenz

GANZ IM GEGENSATZ zu der bei uns in den letzten Jahrzehnten bis zum Umfallen wiederholten Behauptung des Psychoanalytikers Erich

Fromm, das Sein genieße Vorrang vor dem Haben, erkannte Tarde vor über hundert Jahren: Nicht das Sein, sondern das Haben macht die Individuen netz- beziehungsweise gemeinschaftsfähig. Mit dem Spruch „*Haste was, biste was*" hat der Volksmund vielleicht nicht die ganze Tragweite von Tardes Einsicht erfasst, aber unrecht hat er damit sicher nicht. Wir beginnen jedenfalls zu verstehen, warum die Vertreter der Sansculotten die Parole „*Liberté, Égalité, Sûreté, Propriété!*" in die Verfassungen von 1793 und 1795 schrieben und warum später reaktionäre Kräfte, die hinter Napoléon III. standen, ein Interesse daran hatten, die Forderung nach Eigentum, beginnend mit dem Eigentum am eigenen Körper (samt Kopf!), durch die schwammige, regressivromantische Forderung nach „*Fraternité*" zu verdrängen (Vgl. Krämer et al., 2000, S. 47 ff.).

Gerade weil die Individuen/Monaden komplexer sind als die Gesellschaften, die sie bilden, muss geklärt werden, inwieweit menschliche Gemeinwesen mit Ameisenvölkern vergleichbar sind. Zwar sind menschliche Gesellschaften nicht wesentlich komplexer als Ameisenbauten. Sie können sich jedoch unter extremen Lebensbedingungen oder in Krisen als viel flexibler und anpassungsfähiger erweisen - allerdings nur unter der Voraussetzung, dass sie Arbeitsteilung und Meinungspluralismus zulassen. Im Ameisenstaat fügen sich Tausende und Abertausende winziger Hirne scheinbar spielerisch leicht zu einem leistungsfähigen großen zusammen. Geht der Zusammenhang jedoch einmal verloren, kann sich eine tödliche „Kreismühle" bilden, weil einfach jede Ameise der vorangehenden nachläuft.

Ähnlich kann sich bei den Menschen die Intelligenz leicht in einem Kollektiv verflüchtigen, wenn dieses zu einer gleichgeschalteten Masse wird. Deshalb sollte der litaneiartig wiederholte Satz „*Das Ganze ist mehr als die Summe seiner Teile*" in dieser undifferenzierten Form als Mem-Müll beziehungsweise organizistisch-romantischer Kitsch betrachtet werden, der erst einem „Upcycling" unterworfen werden muss, um ihn für eine Theorie gebrauchen zu können, die erklärt, unter welchen Umständen Kollektive intelligenter sein können als vereinzelte Individuen.

Im Mittelpunkt dieser Theorie müsste die Erklärung des Unterschieds zwischen der undifferenzierten „Urhorde" der Neandertaler und modernen, hoch arbeitsteiligen Gesellschaften stehen. Worin bestand der Selektionsvorteil der neben den Neandertalern in Europa aufgetauchten Menschen von Cro Magnon *(Homo sapiens sapiens)* gegenüber ihren dort zunächst noch heimischen körperlich überlegenen

Vettern? Dieser empirisch nicht beantwortbaren Frage ist der amerikanische Ökonom Jason Shogren an der Universität von Wyoming mit Hilfe von relativ einfachen (nicht numerischen!) Computersimulationen nachgegangen.[10] Er demonstrierte, schon allein die Annahme, dass *Homo sapiens sapiens* die Vorteile der Arbeitsteilung und des Tauschhandels zwischen mehr oder weniger entfernten Regionen erkannte, erkläre, warum dieser kleinere Menschentyp die Eiszeiten überlebte, während die Neandertaler untergingen. *Homo sapiens sapiens* brauchte als Einzelner seinem gröber gebauten Cousin nicht intellektuell oder jagdtechnisch überlegen zu sein, um bessere Überlebenschancen zu haben. Es genügte, dass seine Horde es zuließ, dass sich Angehörige des Kollektivs auf Tätigkeiten spezialisierten, für die sie besonders begabt waren beziehungsweise Aktivitäten mieden, die ihnen weniger lagen. So konnten sich geschickte Jäger auf die Fleischbeschaffung konzentrieren, während dafür weniger begabte sich um das Sammeln von Wurzeln und Früchten oder um die Herstellung von Kleidern kümmerten. Diese konnten sie dann über mehr oder weniger große Entfernungen gegen Fleisch oder Fisch tauschen. Das versetzte die Cro-Magnon-Menschen in die Lage, magere Kälteperioden zu überstehen, während die einseitig von Fleischnahrung abhängigen Neandertaler ausstarben.

Kurz: Es war weder der aufrechte Gang noch ein größeres Hirn, die *Homo* zum *„sapiens"* (Weisen) machten, sondern die Entdeckung der Vorzüge der Arbeitsteilung und des Fernhandels. *Homo sapiens sapiens* lernte nach und nach, in einer offenen Welt zu leben und konnte so den Engpässen ausweichen, die den Neandertalern zum Verhängnis wurden. Man könnte deshalb die heutigen Gegner des Freihandels mit Fug und Recht mit Vormenschen vergleichen.

Der Markt als Vermittlungsinstanz der Arbeitsteilung zwischen unterschiedlichen Begabungen und Weltsichten und als Entdeckungsverfahren für die Lösung von Ressourcenproblemen ist die wichtigste Bedingung für die intellektuelle Überlegenheit von Kollektiven gegenüber isolierten Einzelnen oder gleichgeschalteten Menschenmassen. Kollektive, die es nicht gelernt haben, dem Markt zu vertrauen, haben nur eine geringe Überlebenschance. In Menschengruppen, die ohne klare Arbeitsteilung um knapper werdende Ressourcen konkurrieren, ist ein Krieg aller gegen alle unvermeidlich. Nur Arbeitsteilung und

---

[10] http: //uwacadweb.uwyo.edu/Shogren/

Fernhandel lassen überhaupt eine friedliche Lösung von Knappheitsproblemen zu. Das gilt bis zum heutigen Tag.

Wie *Homo sapiens sapiens* seinen schwierigen Kampf ums Dasein unter den Bedingungen der Eiszeit konkret gewonnen hat, lässt sich freilich, wie schon angedeutet, nach unserem heutigen Kenntnisstand nur erraten. Shogrens Computersimulationen bestätigen jedenfalls, was Friedrich August von Hayek schon vor längerer Zeit theoretisch hergeleitet hat: Niemand kann als Einzelner oder als Angehöriger politischer Gremien klüger entscheiden als die Summe der mehr oder weniger vernünftigen Marktteilnehmer.

Heute kommt diese nach Jahrzehnten scheinbar erfolgreicher paternalistischer Politik beinahe verdrängte Einsicht in Theorien einer *„Schwarmintelligenz"* zu neuen Ehren. Der amerikanische Publizist James Surowiecki, einer der bekanntesten Verfechter des neuen, gegen autoritäre Entscheidungsmethoden gerichteten Denkansatzes, bezieht sich in seinem 2004 erschienenen Bestseller *The Wisdom of Crowds* ausdrücklich auf Hayeks Kritik der *„Anmaßung von Wissen"*. Surowiecki arbeitet aufgrund von Erfahrungen mit dem TV-Quiz *Who wants to be a Millionaire?* heraus, dass vier Bedingungen erfüllt sein müssen, um ein Kollektiv intelligenter als Einzelpersonen zu machen:

- Die Gruppe muss erstens aus Menschen unterschiedlicher Meinung zusammengesetzt sein.
- Ihre Mitglieder müssen zweitens so weit wie möglich unabhängig voneinander sein.
- Sie muss drittens dezentral organisiert sein.
- Schließlich muss sie über eine gute, das heißt anonyme, marktähnliche Vermittlungs- beziehungsweise Aggregationsmethode des auf viele Individuen verteilten Wissens verfügen.

Vor diesem Hintergrund erscheinen Einrichtungen wie der zwischenstaatliche Klimarat *IPCC* von vorneherein denkbar ungeeignet, der Wahrheitsfindung zu dienen. Denn für die Einschätzung der längerfristigen Klimaentwicklung wichtige wissenschaftliche Disziplinen wie die Geologie und die Astronomie sind darin überhaupt nicht vertreten. Es dominieren sehr stark Spezialisten für numerische Computersimulation. Und deren Homogenität wird obendrein durch eine Gleichschaltung des Denkens verstärkt, die man nur religiös nennen kann. Handelte es sich hingegen bei der Frage nach den Ursachen des Klimawandels nicht um ein politisch-religiöses, sondern um ein wissenschaftliches Problem, dann bräuchte man ein Gremium wie den *IPCC* gar nicht. Ein einzelner Mensch (mit dem Beweisstück in der Hand!) genügte, um die Frage zu klären.

Nicht nur die Bedingung der individuellen Unabhängigkeit ist bis heute bei vielen kollektiven Entscheidungsstrukturen in Wirtschaft und Staat selten gewährleistet. Auf der Hand liegt diese Feststellung beim parteipolitischen Fraktionszwang in unseren Parlamenten. Es scheint nicht abwegig zu behaupten, dass die Parteiendemokratie nach dem bislang in Deutschland vorherrschenden Muster die *„Schwarmintelligenz"* tendenziell schon in der Wiege tötet. Etwas subtiler sind oft die Abhängigkeitsverhältnisse im Management großer Konzerne, zumal wenn gerade deren Aufsichtsräte - wie es in der *Deutschland AG* bis vor Kurzem gang und gäbe war - ineinander verwoben und verschachtelt sind.

Auch die Bedeutung der Anonymität in kollektiven Entscheidungsprozessen wird gemeinhin unterschätzt - vielleicht gerade, weil wir es in westlichen Demokratien heute für selbstverständlich halten, dass die Wähler ihr Kreuzchen in der Wahlkabine geschützt vor fremden Blicken machen und ihre ausgefüllten Wahlzettel in anonymisierten Kuverts in die Wahlurnen stecken. Geschichtlich wurde die Bedingung der Anonymität erst erfüllt mit der Entdeckung des Geldes als universelles Tausch- bzw. Zahlungsmittel. Es ist nicht übertrieben, zu behaupten, dass die Ablösung des Naturaltausches durch das Geld einem qualitativen Sprung in der Entwicklung kollektiver Intelligenz gleichkommt, da erst sie es den Einzelnen erlaubte, sich dauerhaft aus dem Gruppenzwang der Familie, der Horde oder des Volksstammes zu befreien und sich auf ihre jeweiligen eigenen Stärken und Neigungen zu konzentrieren.

Von da an standen die Individuen allerdings vor der Alternative, entweder in mindestens zwei verschiedenen Welten leben lernen zu müssen oder schizophren zu werden. Denn zum einen bestehen die ursprünglichen Blutsbande und andere, durch Herkunft und starke Gefühle wie Liebe, Zu- oder Abneigung, wenn nicht Neid oder Hass geprägten persönlichen Beziehungen weiter.

Gleichzeitig müssen sich die Menschen aber nun in einer anderen, durch „kalte", das heißt abstrakte Regeln des geldvermittelten Austausches geordneten arbeitsteiligen Welt zurechtfinden, die Hayek (1981) *Große Gesellschaft* nannte. Die *Große Gesellschaft* wird, wie schon Ludwig von Mises in seiner *Theorie des Handelns und Wirtschaftens* von 1940 herausarbeitete, nicht durch übergeordnete Ziele und Zwecke, sondern durch gemeinsame Mittel, die spezialisierte Arbeit im Eigeninteresse jedes Individuums, zusammengehalten. *„Die gesellschaftliche Kooperation ist für jeden Einzelnen Mittel im Dienste seiner eigenen Zwecke"* (S. 122).

Deshalb haben Begriffe wie „Solidarität" oder übergeordnete Ziele wie „Klimaschutz" oder „Nachhaltigkeit" hier nichts zu suchen. Vielmehr müssen allgemeine Verhaltensregeln wie Vertragsfreiheit, Schutz des Privateigentums und die Verpflichtung, Versprechungen einzuhalten beziehungsweise für angerichtete Schäden aufzukommen, genügen. Alles, was darüber hinausgeht, wie vor allem die Forderung nach „sozialer Gerechtigkeit", birgt die Gefahr des Totalitarismus. *„Alle Versuche, die große Gesellschaft nach dem Vorbild der vertrauten kleinen Gruppe zu formen, oder sie dadurch in eine Gemeinschaft zu verwandeln, dass man die Individuen auf gemeinsame, sichtbare Ziele hinlenkt, müssen eine totalitäre Gesellschaft hervorbringen"*, mahnte Hayek (1981, S. 198).

Die Unfähigkeit, wenn nicht der Unwille, das zu begreifen, ist allen Schattierungen von Sozialromantik gemeinsam. Es handelt sich dabei um eine Form von Schizophrenie bzw. um einen krankhaften Rückfall in die Stammesethik der Frühmenschen, der die Überlebensfähigkeit unserer Gemeinwesen in Frage stellt. Denn wer die Leistungen des Marktes und des Freihandels in Frage stellt, fällt gewissermaßen in die Mentalität der Neandertaler zurück, die es nicht schafften, mit den Folgen des Klimawandels in der Steinzeit fertig zu werden.

Noch einmal: Die Menschen von Cro Magnon erwiesen sich gegenüber den Neandertalern, die vor Ihnen Westeuropa besiedelt hatten, höchstwahrscheinlich nicht deshalb als überlegen und unter den schwierigen Bedingungen der Eiszeit als überlebensfähig, weil sie intelligenter oder moralisch vollkommener gewesen wären, sondern weil sie (vielleicht zufällig oder aus heute nicht mehr rekonstruierbaren religiösen Gründen) die Vorteile der Arbeitsteilung und des weiträumigen Handels erkannten. Damit machten sie den Weg frei für eine allmähliche Verdrängung der partikularistischen und heteronomen Stammesethik durch die abstrakten Spielregeln der *Großen Gesellschaft* und damit für das Aufkommen einer autonomen, individualistischen und gleichzeitig universellen Ethik.

Das *„Ende des Sozialen"* bedeutet also nicht, dass es menschliche Gesellschaften nicht gibt. Wir können diese aber nicht im Sinne eines Begriffsrealismus als autonome Wesenheiten verstehen. Das heißt wir dürfen in ihnen weder Überorganismen mit Hirnen und Bewusstsein noch zweckgerichtete Organisationen beziehungsweise Unternehmen mit eigenen Geschäftsmodellen und dem entsprechenden Jobzuteilungen sehen. Menschliche Gesellschaften sind ihrem Wesen nach marktvermittelte Netzwerke, nicht bewusst erdachte Systeme.

Auch der Begriff „Zivilgesellschaft", wie er in politischen Diskursen strapaziert wird, ist ein soziologisches Konstrukt, das der Realität der größtenteils über die Arbeitseilung und den Markt vermittelten Interaktionen zwischen den Individuen nicht gerecht wird. Wer im alten Europa unter dem Einfluss der Romantik und des Etatismus von „Gesellschaft" redet, hat in der Regel gar nicht in erster Linie zwischenmenschliche Beziehungen im Auge, sondern Staat und Politik, die längst alles durchdrungen haben. Eine Abgrenzung zwischen dem Staatlichen und dem Zivilen ist unter diesen Bedingungen kaum noch möglich.

Dass im alten Europa in der Diskussion über die Bedingungen der Integration muslimischer Einwanderer ständig die Gefahr der Bildung von „Parallelgesellschaften" an die Wand gemalt wird, zeigt, mit welcher Selbstverständlichkeit hier noch immer überaus fragwürdige romantisch-organizistische Gesellschaftsbilder als Argumentationsgrundlage dienen. Denn eine nicht mit einem Willen ausgestattete Gesellschaft kann niemanden integrieren. Integrieren können sich nur Einzelpersonen oder Familien, indem sie erfolgreich ihre Arbeitskraft oder etwas anderes auf dem Markt anbieten.

Infoviren und Schweigespirale

GERADE WEIL DER Zusammenhalt der *Großen Gesellschaft* auf kalten Regeln und nicht auf starken Gefühlen beruht, ist er heute überaus gefährdet – und zwar in ähnlicher Weise, wie Computerbetriebssysteme und -programme ständig durch Viren gefährdet sind. Denn seit audiovisuelle Massenmedien eine überragende Bedeutung erlangt haben, können sich Meme in Form von „Infoviren" verselbständigen. Das heißt, sie brauchen nicht mehr mit anderen Memen um die bessere Tauglichkeit für das praktische Leben zu konkurrieren. Es genügt, gewisse Argumentationsmuster oft und lange genug zu wiederholen, um ihnen Eingang in die Denkstrukturen einer Vielzahl von Individuen zu verschaffen. So kommt es dann, dass Menschen, die nie eine Zeile von Hegel oder sonst einem idealistischen oder materialistischen Philosophen gelesen haben, jeden Tag mit Begriffen wie „System" oder „Gleichgewicht" hantieren, ohne sich etwas dabei zu denken.

Elisabeth Noelle-Neumanns lange vor der Idee der Meme auf der Grundlage empirischer Beobachtungen entwickeltes Modell der *Schweigespirale* beschreibt treffend, wie leicht es umtriebigen und lautstarken, durch hohen Gruppendruck zusammengehaltenen Minderheiten mit Hilfe audiovisueller Massenmedien gelingen kann, ihre Sicht der Welt gegenüber der *„schweigenden Mehrheit"* politisch zur Geltung zu bringen. Ausschlaggebend für die Unterwerfung der *„schweigenden Mehrheit"* unter Meinungen, die zunächst nur für vorherrschend beziehungsweise stark im Kommen gehalten werden, ist die Angst der Individuen vor sozialer Isolierung. Es handelt sich hier, wie betont werden muss, nicht um eine Verschwörungstheorie, sondern um eine Erklärung für die naturwüchsige Ausbreitung bestimmter Denkmuster, die auf der Isolationsangst der Individuen aufbaut. Schon das berühmte Experiment von Salomon Asch, auf dem Noelle-Neumanns Argumentation aufbaut, zeigt: Aus Angst, alleine da zu stehen, schließen sich die meisten Menschen bereitwillig der Meinung an, die am raschesten Anhänger zu gewinnen scheint.

Es geht dabei nicht darum, die Entwicklung der Massenmedien in rückwärts gewandter Manier zu beklagen. Aber es wäre naiv, in ihnen neutrale Vermittler von Informationen und Meinungen zu sehen. Aufgrund ihrer Funktionsweise spielen sie aber eine eher passive Rolle bei der Verbreitung aggressiver Meme. Ihr Grundprinzip ist die Skandalisierung und Personalisierung. Spontan und oft unbewusst ergreifen sie dort, wo sie frei von direkter staatlicher Gängelung sind, Partei für real oder auch nur scheinbar benachteiligte Personen oder Gruppen und deren Weltsicht. Kurz: Wer in den Medien Chancen auf die Verbreitung seiner Denk- und Argumentationsfiguren haben will, der muss sich als unschuldiges Opfer böser Mächte oder als Anwalt der Schwachen und Sprachlosen ausgeben.

So lassen sich die Medienerfolge der Organisation *Greenpeace* zumindest vordergründig erklären. Für den Aufstieg des Ökologismus zur Staatsreligion bedurfte es aber mehr. Im Kapitel 6 über die Geschichte des „Vorsorgeprinzips" als Denkfigur werde ich zeigen, wie alles andere als uneigennützige Ministerialbürokraten sowohl in den USA als auch in Westeuropa seit den 60er Jahren systematisch auf eine Symbiose zwischen nationalen und internationalen Bürokratien und wadenbeißerischen „Nichtregierungsorganisationen" *(NGOs)* hingearbeitet haben. In vielen Ländern bekamen diese sogar Starthilfen in Form staatlicher „Anschubfinanzierung". Es lässt sich leicht belegen, dass die Proteste ganz unterschiedlicher *NGOs* letztlich immer zu einer Stärkung von Bürokratien und zu einer Schwächung der Selbstorganisationsfähigkeit freier Märkte geführt haben. Das gilt nicht nur für Warenmärkte, sondern auch für den Meinungsmarkt, auf dem politische und religiöse Ideen beziehungsweise Glaubenssysteme miteinander wettstreiten.

Wie beim „wissenschaftlichen Sozialismus" unseligen Angedenkens handelt es sich beim Ökologismus um eine politische Religion, die sich als Überwissenschaft und somit als alternativlos ausgibt und daher nicht mit anderen Glaubenssystemen auf dem Markt der Ideen konkurrieren braucht. Kern dieser Religion ist ein gnostischer Reinheitskult, ein Opfer- beziehungsweise Ablaßritual gegenüber einer vergötterten „Natur". Selbst in den abgemilderten, weil fachbürokratisch differenzierten Formen der Ökologie bleiben als unberührt, das heißt menschenfrei gedachte, wenn nicht gar gemachte „Ökosysteme" das Maß allen Tuns und Lassens.

Es wird dabei übersehen, dass der bisherige Erfolg des *homo sapiens* im Kampf ums Dasein ***auch*** darauf beruht, dass er sich als dominante Organismenart über den ganzen Erdball ausgebreitet und konkurrierende Großsäugerarten verdrängt hat (was nicht ausschloss, dass es gerade in unseren Großstädten zu einer für viele überraschenden friedlichen Koexistenz der Menschen mit einer Vielzahl von Vogel- und Kleinsäugerarten gekommen ist, die vor Jahren noch auf der „roten Liste" aussterbender Arten standen).

Oberflächlich besehen, ist es einigen Müsli-Essern, die ihren größten Lustgewinn aus ihrem „Anderssein" zogen, in Deutschland und Europa in kaum mehr als zwei Jahrzehnten gelungen, in der breiten Mittelschicht immer mehr Anhänger zu gewinnen, zum Mainstream des Denkens zu werden und dabei dennoch fortzufahren, in der Pose einer unterdrückten Minderheit aufzutreten - bis am Ende selbst Großbanken und Industrieverbände mit ihren naturromantisch-urkommunistischen Memen infiziert waren.

Beachtet man jedoch die Tatsache, dass die Weichen der Umweltpolitik ein ganzes Jahrzehnt vor der Gründung der Partei „Die Grünen" gestellt wurden, erscheinen Grüne und *NGOs* eher als naive Verstärker, wenn nicht nützliche Idioten, die mit der „Klimapolitik" und dem *EEG* letztlich umsetzen, was andere Parteien ihren Wählern nicht zumuten wollten oder konnten.

Grundlage für die rasche Verbreitung der Umweltideologie ist die für Massenmedien in demokratisch regierten Gemeinwesen (zu Recht!) geltende Spielregel, immer für Benachteiligte Partei zu ergreifen. Die Rolle des unschuldigen und sprachlosen Opfers spielt in der Politischen Ökologie die „Umwelt", von der immer in der dritten Person und in der Einzahl die Rede ist – als gäbe es nicht, je nach Blickwinkel, verschiedene Umwelten und als gehörten wir Menschen nicht selbst dazu! So wird auch erklärlich, wie eine Bewegung, selbst wenn sie längst zum Mainstream geworden ist, noch immer in der Pose einer unterdrückten Minderheit auftreten kann und warum deren Kritiker in die Rolle von herzlosen Egoisten und Apologeten des Bösen gedrängt werden.

Kaum jemand fragt heute noch beispielsweise, ob es überhaupt sinnvoll ist, sich die Erdatmosphäre als Glashaus vorzustellen. Nur wenige regen sich darüber auf, dass die an die Schalthebel der politischen Macht gelangten Anbeter der Erdgöttin Gaia auch Ungläubige zur Zahlung einer „Öko-Steuer" verdonnern, um Witterungsextreme abzuwenden und das „Erd-System" im „Gleichgewicht" zu halten. Wie selbstverständlich sollen auch die, die es gerne etwas wärmer hätten, dafür bezahlen, dass es auf der Erde wieder kühler wird. Ebenso gut könnten sie bei Konfessionslosen die katholische oder evangelische Kirchensteuer eintreiben! Wo bleibt da die im deutschen Grundgesetz verbriefte Glaubensfreiheit?

Es ist allerdings spürbar, dass der Einfluss der Öko-Meme seinen Zenit bereits überschritten hat. Zu groß ist die Diskrepanz zwischen den Erfordernissen der zunehmend global vernetzten Arbeits- und Lebenswelt und symbolischen Akten wie die Trennung von Verpackungsmüll, der Bau von Windrädern (auch in Landschaftsschutzgebieten!) oder die Anlage von Froschteichen, mit deren Hilfe der Zorn Gaias besänftigt werden soll. Denn die oben zitierte Spielregel der Mediendemokratie kann im Prinzip auch jene begünstigen, die eine Zeit lang im Namen der *political correctness* mundtot gemacht wurden, dann aber plötzlich als unterdrückte Minderheit dastehen.

Ein untrügliches Zeichen dafür ist der beachtliche Erfolg des 2001 erschienenen ketzerischen Buches *The Sceptical Environmentalist* des dänischen Ex-*Greenpeace*-Aktivisten und heutigen Statistik-Professors Bjørn Lomborg, das zunächst nur als Geheimtipp im Internet gehandelt wurde, später aber zum internationalen Bestseller geworden ist (wenn auch leider nicht in Deutschland). Dort demonstrierte Lomborg Punkt für Punkt, dass die in apokalyptischer Manier an die Wand gemalten Zukunftsbilder heraufziehender Hungersnöte, Epidemien, Rohstoffverknappungen und Umweltverderbnis aus der Luft gegriffen sind. Wie gesagt: Einen durchschlagenden Umschwung der öffentlichen Meinung erreichte Lomborg damit nicht - vielleicht, weil er selbst noch allzu sehr dem Weltbild der internationalen Umweltbürokratie verhaftet geblieben ist und im Grunde lediglich fordert, Steuergelder nach anderen Prioritätskriterien umzuverteilen.

Ein noch größerer Erfolg als dem Buch von Lomborg sollte dem Thriller *State of Fear* (*Welt in Angst*, 2004) von Michael Crichton beschieden sein. Darin bringt dieser das Weltbild der Öko-Bürokraten und ihrer Gefolgschaft von Gutmenschen von vornherein mit kriminellen Methoden der Geldbeschaffung und weltweit koordinierten terroristischen Bestrebungen in Verbindung. Er zeigt aber auch auf, wie das Internet der Wahrheit und dem gesunden Menschenverstand gegen die Keule der *political correctness* zum Durchbruch verhelfen kann. Leider hat sich das Buch in Deutschland nur sehr kurz in den Bestsellerlisten gehalten - wohl in der Folge einer regelrechten Immunisierungskampagne gegen das Werk in deutschen Massenmedien.

Die für viele Bürokraten überraschende Ausbreitung des Internet mit seiner unüberschaubaren Vielfalt von Informations-, Kommunikations- und Lernangeboten bringt den einzelnen nicht nur neue Qualen der Wahl, sondern gibt auch dem gesunden Menschenverstand und dem Denken und Handeln in persönlichen Netzwerken statt in abstrakten (Management-)Systemen neue Chancen. Denn die Netzwelten sind nicht hierarchisch aufgebaut. Die Individuen können sich weitläufig vernetzen, ohne als Rädchen zur Umsetzung zentral entschiedener und *top-down* verordneter Konzepte für den Umbau von Ressourcenmanagement- und Wertesystemen zu fungieren. Das beunruhigt die selbsternannten Verwalter der „einen Welt". Denn jeder kann sich (im Guten wie im Bösen!) seine eigene Netzwelt schaffen. Von daher sollte es nicht überraschen, dass nationale und internationale Bürokratien eifrig nach technischen Möglichkeiten suchen, um auch im Internet Zensur ausüben zu können.

„Was der Bauer nicht kennt, das klickt er nicht an." Mit diesem Bonmot hat die FAZ vom 28. Mai 2002 auf den Begriff gebracht, was vor allem linksorientierten soziologischen Systemdenkern Kopfzerbrechen bereitet. Das auf Soziologiekongressen umgehende Schlagwort *Glocalisation* trägt der Erkenntnis Rechnung, dass die fortschreitende Globalisierung der Märkte durchaus nicht automatisch zur Vereinheitlichung von Sichtweisen und Wertesystemen führt. Auch Hollywood-Filme, die rund um den Globus hohe Summen einspielen, werden bekanntlich durchaus nicht überall mit den gleichen Augen gesehen.

Noch weitaus unterschiedlicher fällt der Gebrauch aus, der vom Internet gemacht wird. Wenn zum Beispiel Franzosen eine Netzwelt bauen, ist es sehr viel wahrscheinlicher, dass dabei etwas Hexagonales statt etwas Rundes herauskommt. Wenn sich Unternehmer und Freiberufler vernetzen, entsteht mit Sicherheit eine Welt, die mit der Welt beamteter oder fest angestellter Funktionäre wenig gemein hat. Menschen, die sonst nichts Besseres zu tun haben, engagieren sich in Anti-Globalisierungs-Bewegungen oder anderen mehr oder weniger friedlichen Nichtregierungsorganisationen *(NGOs)*.

Man braucht jedenfalls kein Anhänger des Anti-Systemdenkers Friedrich Nietzsche zu sein, um zu erkennen, dass das in Deutschland stark von Hegel und seinen Nachfolgern beeinflusste Systemdenken den Lebens- und Arbeitsbedingungen im Zeitalter des Internet nicht gerecht werden kann.

Chancen für den gesunden Menschenverstand

DIE REHABILITIERUNG DES gesunden Menschenverstands als Leitbild und Prüfinstanz der Politik ist alles andere als eine triviale Aufgabe, denn sie ist gleichbedeutend mit dem Abschied von der Privilegierung des theoretischen Wissens im Abendland. Zur Disposition steht das gängige, von den Wissenschaftssoziologen Peter Weingart, Anita Engels und Petra Pansegrau im Jahre 2002 in einer Analyse des Diskurses zwischen Wissenschaft, Politik und Massenmedien über den Klimawandel als *„naiv"* bezeichnete rationalistisch-instrumentelle Modell wissenschaftlicher Politikberatung.

Weingart und seine Mitarbeiterinnen analysieren dort im Detail, wie aus der vagen Vermutung einer drohenden Klimaverschlechterung aufgrund des menschengemachten Kohlendioxid-Eintrags in die Atmosphäre im Zusammenspiel zwischen einer Klimatologen- beziehungsweise Computersimulations-Lobby, einem einflussreichen Massenmedium wie etwa *Der Spiegel* und den mit der öffentlich demonstrierten Sorge um ein fiktives „Gemeinwohl" um Wählerstimmen buhlenden Berufspolitikern in kurzer Zeit die kaum noch hinterfragte politische Regulierungsaufgabe *„Abwendung der Klima-Katastrophe"* wurde – mit der von allen im Deutschen Bundestag vertretenen Parteien einhellig unterstützten einseitigen Selbstverpflichtung Deutschlands, seine CO_2-Emissionen bis zum Jahre 2005 um 25 Prozent zum Zwecke des „Klimaschutzes" zu senken.

„Das markanteste Merkmal des Mediendiskurses", schreiben die Wissenschaftssoziologen, *„ist die Transformation des hypothetischen Charakters wissenschaftlicher Prognosen und damit der Unsicherheit des Wissens in Gewissheiten."* (S. 92) *„Das besondere Problem der wissenschaftlichen Warnkommunikation besteht offenbar in diesem Fall darin, dass sie sehr erfolgreich ist. Abgesehen davon, dass die Warnungen geglaubt werden, erzeugen sie auch noch ein so hohes Maß an Resonanz, dass sie im Weiteren in der öffentlichen Debatte ein von den ursprünglichen wissenschaftlichen Konzepten und Aussagen weitgehend abgekoppeltes Eigenleben entwickeln."* (S. 138).

Der gesunde Menschenverstand hatte hier keine Chance. Er blieb aber, wie hinzugefügt werden muss, durchaus nicht auf der Strecke. Denn er verschafft sich durch die Hintertür wieder Zugang zum politischen Prozess. Sichtbar ist das am Unmut, auf den die sogenannte „Öko-Steuer" (die inkonsequente, weil durch etliche Ausnahmen *ad absurdum* geführte fiskalische Verteuerung von Kraftstoffen und Elektrizität, mit deren Hilfe das „Klimaschutz-Ziel" von 25 Prozent erreicht werden soll) in weiten Kreisen der Bevölkerung stößt. So sprachen sich in einer im September 2004 vom Meinungsforschungsinstitut *TNS Emnid* im Auftrag des BMU und des Umweltbundesamtes durchgeführten Umfrage zwar 56 Prozent für eine „Voreiterrolle" Deutschlands in der „Klimapolitik", aber nur 25 Prozent für die „Öko-Steuer" aus. Spätere Umfragen förderten eine noch geringere Zahlungsbereitschaft für den „Klimaschutz" zutage.

Der Bochumer Wirtschaftsprofessor Carsten Vogt hat im Jahre 2010 ein interessantes Experiment durchgeführt, um der Frage nachzugehen, warum Untersuchungen, die ausschließlich auf der Auswertung von Fragebögen beruhen, so unterschiedliche Angaben über die Zahlungsbereitschaft der Deutschen für den „Klimaschutz" zutage fördern. Die gemessenen Werte für die Zahlungsbereitschaft zur Vermeidung einer Tonne CO_2 reichen von 25 bis hin zu knapp 500 Euro. Vogt und seine Mitarbeiter Andreas Löschel und Bodo Sturm legten ihr Experiment[11] nach dem Modell des europäischen Emissionshandelssystems *ETS* an. Die gut 200 Probanden erhielten jeweils 40 Euro als Aufwandsentschädigung für ihre Teilnahme. Zunächst wurden ihnen die vermuteten Folgen des Klimawandels sowie die Funktionsweise des EU-Emissionshandels erklärt. Dann wurden ihnen fünf zufällig ausgewählte Preise präsentiert und sie wurden gefragt, wie viele CO_2-Zertifikate sie zu dem ausgewählten Preis kaufen möchten. Die

[11] http://idw-online.de/pages/de/attachmentdata5805.pdf

Teilnehmer hatten also die Möglichkeit, durch ihr Handeln die insgesamt in Europa emittierte Menge von CO_2 zu reduzieren.

Im Mittel betrug die Zahlungsbereitschaft für die Vermeidung einer Tonne CO_2 knapp 12 Euro. Das entsprach in etwa dem gerade aktuellen Wert der CO_2-Zertifikate an der Europäischen Energiebörse *EEX* in Leipzig. In den USA hingegen näherte sich der Preis für eine Tonne CO_2 seit den drastischen Verlusten der Demokraten bei den Halbzeitwahlen der Null-Linie. Sehr interessant ist deshalb die Beobachtung, dass auch gut 60 Prozent der Teilnehmer am Experiment Vogts eine Zahlungsbereitschaft von Null Euro an den Tag legten. Das bedeutet, dass es auch im „Musterland" Deutschland für die kostspielige Klimaschutzpolitik der Bundesregierung keine politische Mehrheit gibt. *„Wenn selbst in einem Land wie Deutschland die Zahlungsbereitschaft so gering ist, wie soll dann Chinesen und Indern in einem Kioto-Folgeabkommen die Übernahme eigener kostspieliger Minderungspflichten zulasten von weiterem wirtschaftlichem Wachstum und Entwicklung schmackhaft gemacht werden?"*, fragt sich Professor Carsten Vogt zu Recht. Die geringe Zahlungsbereitschaft erklärt übrigens gut, warum wichtige Vertragsstaaten nach der Aushandlung des Kioto-Abkommens von 1997 durch zahlreiche Nachverhandlungen die Klimapolitik auf symbolische Politik reduziert haben.

Mit diesem Forschungsergebnis im Hinterkopf wird auch verständlich, wie in Deutschland und Frankreich die von oben verordnete Einführung des E10-Bio-Benzins zum Debakel werden konnte. Die Regierungen beider Länder haben sich vorgenommen, ihre Völker umzuerziehen. Doch zwischen deren politischen Klassen und dem Alltagsverstand der Wahlberechtigten klaffen Welten. Schon das bereits zitierte *„Empfehlungspapier"* des deutschen *Sachverständigenkreises des BMBF für Globale Umweltaspekte* hatte darauf hingewiesen: *„Ohne direktes Anschließen der Global-Change-Forschung an das Alltagsverständnis bleiben deren Ergebnisse weitgehend abstrakt."* Wie das erreicht werden soll, deuteten die Autoren dieses Papiers aber nicht einmal an.

Wie könnten sie auch! Ginge es doch dabei, in letzter Konsequenz, um nicht weniger als um die Einsicht, dass auch wir scheinbar Modernen, wie es Bruno Latour im Titel eines erstmals 1991 erschienen Essays treffend formulierte, im Grunde *„nie modern gewesen"* sind, uns also nur in Nuancen von *„vormodernen"* oder *„primitiven"* Gemeinwesen unterscheiden. Das Leben der rezenten Menschen und deren Beziehungen zu belebten und unbelebten Dingen bleibt nach Ansicht Latours mit den Methoden der Ethnologie analysierbar.

Die Moderne ist im Lichte dieses Netzwerkdenkens keine präzise datierbare Epoche der Weltgeschichte im Sinne einer hegelianischen Geschichtsphilosophie, die mit einem Paukenschlag (der Entdeckung der „neuen Welt" durch Christoph Columbus, dem Anschlag der Thesen Martin Luthers oder der Einführung des *Code Civil* durch Napoleon Bonaparte) das „finstere" Mittelalter abgelöst hat. Sie bleibt vielmehr ein zwar anspruchsvolles, aber nur in Ansätzen verwirklichbares Programm. Auch die französische Revolution von 1789 ist ein Mythos. Sie hat als solche real gar nicht stattgefunden, sondern sie war ein grausamer Bürgerkrieg (in der Folge einer witterungsbedingten Hungersnot und einer Kette unproduktiver Missverständnisse), dessen Sieger diesen im Nachhinein zur Großen Revolution und zum quasi offiziellen Beginn der Neuzeit hochstilisiert haben.

In Wirklichkeit gab und gibt es seit der Antike ständig ein Nebeneinander antiker und neuzeitlicher Mythen und ein Durcheinander von „modernen" und „primitiven" netzwerkartigen Beziehungen zwischen Menschen, anderen Lebewesen und unbelebten Dingen. Ein und dasselbe Individuum kann ohne weiteres gleichzeitig Glied beider Typen von Netzwerken sein. Das zeigte sich übrigens auf makabre Weise bei den Vorbereitungen des Terrorangriffs vom 11. September 2001. Wie das Neben- und Durcheinander verschiedener Sprachen, Religionen, Klassen und Kasten kreativ gewendet werden kann, zeigt hingegen die beeindruckende wirtschaftliche Wachstumsdynamik des „Schwellenlandes" Indien.

Die wichtigste Aufgabe einer Nachhaltigkeitspolitik, die diesen Namen verdient, bestünde also darin, die besten Wege einer friedlichen und kreativen Koexistenz zwischen heterogenen Netzwerken auszukundschaften. Es kann keineswegs darum gehen, den „primitiven" Typ von Netzwerken durch eine gleichwie geartete „Modernisierung" zu verdrängen! (Das tut in Wirklichkeit auch kaum jemand. Gerade die ökologischen Modernisierer erweisen sich ja in gewisser Hinsicht als Meister im Networking.)

Wie Bruno Latour (1999) hervorhebt, ist die auf dem Programm der Moderne fußende westliche Kultur die einzige Kultur auf der Welt, die versucht, durch die saubere Trennung zwischen außermenschlicher „Natur" und menschlicher Gesellschaft politischen Frieden zu stiften. Die anderen Kulturen suchen stattdessen, entgegen einem weit verbreiteten Gerücht, nicht die Harmonie mit der angeblich objektiven und einheitlichen äußeren „Natur". Sie kennen eine solche gar nicht, weil sie nichtmenschliche Lebewesen und selbst unbelebte

Objekte, mit denen sie im Alltag zu tun haben, ganz selbstverständlich als Bestandteil ihrer Lebensnetzwerke, ihres Kosmos ansehen.

In Wirklichkeit vermögen auch wir Abendländler nicht, zwischen „Natur" und gesellschaftlicher Übereinkunft, zwischen Tatsachen und Werten zu trennen, sondern beschäftigen uns immer mit gesellschaftlich/natürlichen Mischwesen (Quasi-Objekten) und spannen dabei unsere Netze lediglich etwas weiter als unsere „primitiven" Vorfahren. Die endlose Debatte über die Tragweite des „Treibhauseffekts" und die darauf aufbauenden numerischen Klimamodelle oder der unsägliche Eiertanz um das angeblich überraschende BSE-Problem verdeutlichen zur Genüge die Grenzen des Projekts der Moderne.

Kurz: Das „Mittelalter" ist, so gesehen, eigentlich nie zu Ende gegangen. Oder, anders ausgedrückt: Es gibt keine gesetzmäßige Abfolge von Altertum, Mittelalter und Neuzeit. Die Welt wird einfach älter und immer komplizierter. Deshalb ist es schwierig, ein anderes Fortschrittskriterium auszumachen als die Zunahme individueller Wahlmöglichkeiten beziehungsweise die Abnahme persönlicher Abhängigkeit, Unterordnung und Bevormundung. Menschliche Freiheit, auch die Freiheit zur religiösen und politischen Bindung, erscheint unter diesem Blickwinkel nicht in erster Linie als Funktion zunehmender Naturbeherrschung und somit als dialektisch verbunden mit der „*Einsicht in die Naturnotwendigkeit*" (des politischen Herrschaftsanspruches einer Bourgeoisfraktion), wie Hegel und andere Vordenker des deutschen Bildungsbürgertums einmal glaubten, sondern ist im Gegenteil gerade auf Unbestimmtheit (Kontingenz) als Ressource angewiesen.

Die unvermittelte Gegenüberstellung zwischen der menschlichen Gesellschaft und der Welt der Dinge wie zwischen der abgehobenen, nach eindeutigen Wahrheiten suchenden Wissenschaft und dem an den Umgang mit dem Dickicht verschlungener Kontingenzen gewöhnten Alltagsverstand ist nach Latour unhaltbar. Das betont auch der Aachener Techniksoziologe Karl H. Hörnig (2001). Es geht bei der naheliegenden Abkehr von der modernistischen Subjekt-Objekt-Trennung jedoch keineswegs um Zugeständnisse an pseudo- oder antiwissenschaftliche Esoterik und Romantik.

Eine von etlichen weiteren Konsequenzen der Relativierung des Projekts der Moderne, des Ziels der globalen, rationalen Gestaltung der Beziehungen zwischen den Menschen und der „objektiven" äußeren Natur, wäre die Einsicht, dass es unsinnig ist, von „Natur" oder „Umwelt" nur im Singular zu sprechen (Zumal, da man sich im deutschen Sprachraum, unter dem Einfluss des Biologen Jakob von Uexküll, vor der Hitlerzeit schon einmal daran gewöhnt hatte, immer von „Umwelten" zu sprechen. Ab 1933 war dann von „Lebensraum" und „Umwelt" nur noch im Singular die Rede.). Statt einen Multikulturalismus auf dem Hintergrund der *„einen"* Natur zu predigen, sollte die Politische Ökologie besser von einem *„Multinaturalismus"* ausgehen, regte demgegenüber Bruno Latour an.

Mit der Fiktion der „einen" Natur lasse sich die Politik nicht erneuern, warnte der Wissenschaftsforscher. Und man muss wohl hinzufügen: Auch „die" Wirtschaft tut sich höchstwahrscheinlich keinen Gefallen, wenn sie (unter Ausschluss der echten, eher aus dem Bauch entscheidenden mittelständischen Unternehmer) über das unvermeidliche Maß von Anpassung an die gegebenen politischen Machtverhältnisse hinaus im Rahmen des deutschen *Forum Nachhaltige Entwicklung*, der *UN-Nachhaltigkeitskommission* oder Kofi Annans *Global Compact* auf freiwilliger Basis einen kopflastigen Konsens über die Verwaltung der „ökoeffizient" rationierten „einen Welt" um jeden Preis sucht. Denn sie setzt sich damit dem Verdacht aus, mit dem *common sense* und mit der Idee einer pluralistischen Gesellschaft auf Kriegsfuß zu stehen und verbaut sich obendrein Kommunikationswege für die Vermarktung von Innovationen. Kurz: Die Wissenschaft mag noch so oft betonen, dass die Welt rund ist, für Normalsterbliche bleibt sie im täglichen Leben eine Scheibe (die beispielsweise für Franzosen die Form eines Sechsecks hat).

Schon die *Agenda 21* ist demgegenüber, trotz gewisser Zugeständnisse an den *common sense*, stark geprägt von der Wissensanmaßung und vom Missionierungseifer von „Modernisten" beziehungsweise bürokratischen Weltverbesserern. Es geht diesen im Endeffekt darum, die *„Kultur der hauswirtschaftlichen Rationalität"* über den ganzen Erdball zu verbreiten, die uneinsichtigen Menschen durch den *„Umstieg auf eine umweltverträgliche Preisgestaltung"* (Öko-Steuer) zur Veränderung ihrer *„Konsum-Muster"* zu erziehen.

Zwar räumt die *Agenda 21* in einem kleinen Kapitel auch der Privatwirtschaft einen gewissen Stellenwert ein und führt die *Responsible Care*-Initiative der chemischen Industrie als positives Beispiel für eigenverantwortliches Handeln von Unternehmen an. Aber welcher Raum bleibt Experimenten und offenen marktwirtschaftlichen Suchprozessen, wenn von vornherein feststeht, was dabei herauskommen soll, und wenn sich die Privatwirtschaft im Eifer, es allen *stakeholders* des Rio-Prozesses recht zu machen, sozusagen selbst gleichschaltet? Wäre es nicht besser, die Industrie verbündete sich mit dem gesunden

Menschenverstand der schweigenden Mehrheit, als den Konsens mit Gruppen und Grüppchen zu suchen, die die *Agenda 21* als Light-Version des „wissenschaftlichen Sozialismus" interpretieren?

Wir können nicht voraussetzen, dass über sieben Milliarden Menschen bereit sein werden, „Natur" in erster Linie als die „eine Welt" von Rohstoffvorräten und (Un-)Gleichgewichten zu sehen, die dauerhaft (nachhaltig) verwaltet und rational genutzt beziehungsweise ausgeglichen werden sollten. Wenn überhaupt, können die vielfältigen natürlich/gesellschaftlichen Mischwesen (Quasi-Objekte), mit denen sie es im Alltag zu tun haben, nur „von unten" zu einer gemeinsamen Welt gemacht werden. Mit anderen Worten: Solange die einfachen Menschen (nicht zu Unrecht) das Gefühl haben, dass *sustainable development* lediglich eine neue, ihnen von einer selbsternannten Avantgarde von oben verordnete Management-Mode, ja imperialistische Ideologie ist, die weder zu mehr Respekt vor Tradition und Erfahrung noch zu mehr individueller Freiheit und Verantwortung, sondern zum Ausbau entmündigender Techno-Bürokratien führt, dürfte die Vision der „einen Welt" keine Begeisterungsstürme auslösen.

Der *Rio+10*-Gipfel in Johannesburg hätte eine Gelegenheit sein können, um die *Agenda 21* vom Kopf auf die Füße zu stellen, sie im Sinne eines nicht obrigkeitsstaatlich, sondern als Ausdruck der Konsumentendemokratie verstandenen *„Parlaments der Dinge"* umzuschreiben. Man hätte zumindest davon ausgehen sollen, dass nachhaltig nur das sein kann, was sich ohne Subventionen auf dem Markt durchsetzt und was erwachsene Individuen, unbeeinflusst von volkspädagogischen Experimenten wie der sogenannten Öko-Steuer, bereit sind, um seiner selbst willen zu tun.

4

Nachhaltigkeit: Von der Wissensanmaßung zur regulativen Idee

[M]an gratuliert einem Lehrer nicht, weil er lehrt, dass zwei und zwei vier ist [...]. Aber es kommt immer eine Stunde in der Geschichte, da derjenige, der zu sagen wagt, dass zwei und zwei vier ist, mit dem Tod bestraft wird.

Albert CAMUS,
Die Pest

ÜBLICHERWEISE BEGINNEN ABHANDLUNGEN über die Idee der nachhaltigen Entwicklung *(sustainable development)* mit Hinweisen auf den historischen Ursprung dieses Konzepts in der deutschen Forstbetriebslehre des 18. und 19. Jahrhunderts. Ich gehe diesen Weg der Darstellung hier bewusst nicht, weil er einem verkürzten bürokratischen Verständnis von *sustainable development* nach Art einer globalen Betriebswirtschaft („Stoffstrom-Management") unter einer zentralen Geschäftsführung Vorschub leisten könnte. Stattdessen beginne ich bei meiner vorwiegend ökonomischen Argumentation mit einigen elementaren philosophischen, ordnungspolitischen und demokratietheoretischen Überlegungen. Dabei geht es mir um die Begründung einer liberalen, den individuellen Menschenrechten verpflichteten Politik für Deutschland unter den Bedingungen der Globalisierung von Wirtschaft, Wissenschaft und Kultur.

Was ist nachhaltig?

NÜCHTERN BETRACHTET, BÖTE es sich an, den Begriff „nachhaltig" zum Unwort des Jahrhunderts zu küren. Denn es ist nicht möglich, eine Handlung, deren Folgen sich erst in der näheren oder ferneren Zukunft zeigen, im Voraus als „nachhaltig" zu bezeichnen. Niemand (außer Gott) kann wissen, was die Zukunft bringt. Insofern ist die Kampagne für eine „nachhaltige Entwicklung" Ausdruck irrationaler Wissensanmaßung. Es gibt aber auch einen durchaus rationalen Gebrauch des Nachhaltigkeitsbegriffes, wenn er etwa dazu dient, seriöse Geschäfte nach den in Jahrhunderten bewährten Regeln guter kaufmännischer Praxis von der Jagd nach dem schnellen Reibach abzugrenzen oder wenn es gilt, die beharrliche, strategiegeleitete Verfolgung realistischer Ziele von kurzsichtigem, opportunistischem Verhalten oder nur strohfeuerartiger Begeisterung für rationale Anliegen und längerfristige Orientierungen abzugrenzen.

Was, so verstanden, unter „nachhaltig" zu verstehen ist, müsste eigentlich jeder wissen, der mit einem halbwegs gesunden Menschenverstand ausgestattet ist, und zwar auch in einem Land wie dem unsrigen, in dem der gesunde Menschenverstand nur mit großen Einschränkungen als politisch korrekt gilt. Zu Sprichworten verdichtete Jahrhunderte, wenn nicht Jahrtausende alte Erfahrungen und Volksweisheiten *wie „Ehrlich währt am längsten", „Lügen haben kurze Beine", „Verschiebe nicht auf morgen, was Du heute kannst besorgen", „Spare in der Zeit, so hast Du in der Not"* drücken unmissverständlich aus, worum es in der Debatte über die Umsetzung der 1992 in Rio de Janeiro auf der *UN-Konferenz für Umwelt und Entwicklung (UNCED, Earth Summit*) von über 170 Staaten angenommenen *Agenda 21* zur weltweiten Umsetzung der Nachhaltigkeitsidee eigentlich gehen sollte: Um Wahrhaftigkeit, Ehrlichkeit, Klugheit im Umgang mit den gegenständlichen und gesellschaftlichen Lebensbedingungen. Ziel ist ein langes Leben frei von Missachtung und Gewalttätigkeit seitens habgieriger, neidischer oder rechthaberischer Mitmenschen, frei von Unterdrückung und Bevormundung durch Machthaber, frei von Langeweile, frei von materieller Not sowie körperlichem und seelischem Leid. Das soll aber nicht nur für die einzelnen Individuen gelten, sondern im Prinzip auch für die Gemeinwesen, in die sie hineingeboren wurden oder denen sie sich freiwillig angeschlossen haben. Mit anderen Worten: Das individuelle Ziel eines erfüllten und gesunden Lebens soll weder auf Kosten der lebenden Mitmenschen noch auf Kosten der Kinder und Kindeskinder erreicht werden.

Da ich hier noch öfters das Qualitätsmerkmal „gesund" verwenden werde, möchte ich kurz erklären, was ich damit meine. „Gesundheit" verstehe ich weniger im Sinne der leider viel zu oft zitierten Gesundheitsdefinition der Weltgesundheitsorganisation *(WHO)* von 1948 als *„Zustand des (vollständigen) physischen, geistigen und sozialen Wohlbefindens"*. Denn diese passive, gefühlsbetonte Definition öffnet nur kollektivistischem Anspruchsdenken Tür und Tor.

Ich verstehe Gesundheit eher entsprechend einer von nicht weniger als 200 neueren Definitionen der *WHO*: *„Health is the capability of a person to cope with disturbances and adverse factors."* Hier steht die Fähigkeit von Individuen, aus eigener Kraft mit unvorhergesehenen Entwicklungen und Widrigkeiten des Lebens fertig zu werden, im Vordergrund. Wie man Gesundheit nach der sogenannten Gesundheitsreform der deutschen Bundesregierung definieren wird, steht auf einem ganz anderen Blatt.

Der harte Kern von Zukunftsfähigkeit - so hat es der evangelische Theologe Klaus D. Wachlin, in der Ende 2003 geschlossenen Stuttgarter *Akademie für Technikfolgenabschätzung* eine Zeit lang zuständig für das Management von Diskursen, einmal auf den Punkt gebracht - ist die Wahrheit. Denn wer nicht „wahr" denkt, redet und handelt, den bestraft das Leben. *„Zivilisationen bewältigen Wandlungsprozesse in dem Maß, wie sie rückgekoppelt bleiben an Wahrheit, und es schaffen, Individuen, Gruppen und Institutionen über Wahrheit zu integrieren"*, betonte er.

Dabei verwendete er im Unterschied zur glücklicherweise außer Mode kommenden Postmoderne, die den Begriff „Wahrheit" nur noch im Plural zulassen wollte, den nichttrivialen Wahrheitsbegriff des spätmittelalterlichen Kirchenlehrers Thomas von Aquin (1225 bis 1274): *„Ratio veritatis subsistit in adaequatio rei et intellectus."* Zu Deutsch: *„Der Sinn von Wahrheit liegt in der Entsprechung von Sachverhalt und Bewusstsein."* Dabei ging Thomas aber von einer durchaus nicht anmaßenden Position aus. Denn nach seinem Verständnis fallen Bewusstsein und Sachverhalt grundsätzlich auseinander. Die absolute Wahrheit ist für Menschen unergründbar. Sie bleibt nach christlicher Auffassung Gott vorbehalten. Die Menschen können jedoch Teilwahrheiten erkennen, sich in einem offenen, nie endenden Erkenntnis-, Lern-, Erziehungs- und Verständigungsprozess der Entsprechung von Sachverhalt und Bewusstsein annähern und dabei im Prinzip auch fernere Folgen ihres Tuns bedenken. Erkenntnisse über Sachverhalte bleiben deshalb zeit-, raum- und standortgebunden.

Demgegenüber erscheinen naturalistische beziehungsweise technokratische Ideologien, die die Differenz zwischen Sachverhalt und Bewusstsein leugnen und zwischen Sein und Sollen kurzschließen, als grundsätzlich nicht diskurs- und daher auch nicht wahrheits- und zukunftsfähig.

Betrachtet man die Idee *Gott* im Sinne Kants als einen Begriff, der die prinzipielle Begrenztheit menschlicher Erkenntnisfähigkeit gegenüber einem nur denkbaren Ideal zum Ausdruck bringt, dann leitet der Wahrheitsbegriff im Sinne Thomas von Aquins direkt über zur moderneren, maßgeblich von Karl R. Popper geprägten Wahrheitsauffassung. Danach lernen die Menschen - wie alle höheren Organismen - durch Versuch und Irrtum, Probleme zu lösen und sich dabei der Wahrheit anzunähern, ohne das *„Ding an sich"* beziehungsweise die *„Welt als Ganzes"* jemals begreifen zu können.

So verstanden, ist „Wahrheit" nichts Greifbares, das von einzelnen oder Gruppen von Menschen monopolisiert werden könnte, sondern (in den Worten Immanuel Kants) eine *„regulative Idee"*. Darunter verstand der Königsberger Philosoph keine theoretischen Begriffe, sondern praktische Maximen der Vernunft ohne Erfahrungsgegenstand. Man spricht auch von heuristischen Prinzipien für den Umgang mit Erfahrung. Gemeint sind damit Regeln, nach denen der Verstand Begriffe und Gesetze ordnen kann. Neben der Wahrheit gehören zu den regulativen Ideen nach Kant auch Ideen wie Freiheit, Fortschritt, Unendlichkeit und Gott. Heute könnte man auch die Idee der Nachhaltigkeit und den im Folgenden noch öfters bemühten Gesundheitsbegriff hinzufügen.

Im Übrigen bedeutet die Einstufung dieser Ideen als „praktisch" keineswegs ihre Herabsetzung im Vergleich zu Kategorien und hehren theoretischen Begriffen. Denn gerade Ideen wie Wahrheit, Freiheit, Gerechtigkeit oder auch Gott sind imstande, in den Menschen Leidenschaften zu wecken - bis hin zur Bereitschaft, dafür auf dem Schlachtfeld, auf Barrikaden oder auf dem Scheiterhaufen zu sterben. Offen ist allerdings die Frage, ob auch die Idee der Nachhaltigkeit in der Lage ist, solches Engagement zu begründen oder ob die Wahrheit nicht schlicht darin besteht, dass Nachhaltigkeit *„nur so 'ne Idee"* ist und bleibt.

Die Täuschung als Lokomotive der Geschichte

BEI NÄHEREM HINSEHEN und Nachdenken erscheint nun aber Klaus D. Wachlins Satz *„Zivilisationen bleiben zukunftsfähig in dem Maße, als ihre Entwicklungsdynamik gesteuert bleibt durch Wahrheit."* doch allzu leicht daher gesagt. Denn die Geschichte lehrt, dass sich alle eingangs zitierten klugen Sprichworte ausschließlich auf Individuen und nicht auf Kollektive in irgendeiner Form beziehen. Die bisherigen Fortschritte menschlicher Zivilisation samt der Entwicklung von Moral, Recht und Kultur wurden nicht im geringsten vom Intellekt, das heißt von rationalen Einsichten und deren bewussten Umsetzung in Zukunftsentwürfe gesteuert. Sie haben sich vielmehr hinter dem Rücken der Menschen durchgesetzt. Sagen wir es ganz klar: Alles wirklich Wahre, Gute und Schöne (und damit auch Nachhaltige) hat sich in der Geschichte unbewusst, in einem Prozess von Mutation und Selektion, von Versuch und Irrtum herausgebildet. In Soziologendeutsch: Die Evolution der Zivilisation ist ein dynamischer Prozess ohne Handlungssubjekt.

„Die große Triebkraft der Völkerentwicklung war niemals die Wahrheit, sondern der Irrtum", schrieb der französische Arzt und Begründer der Massenpsychologie Gustave Le Bon 1895. *„Die soziale Täuschung"*, fährt Le Bon fort, *„herrscht heute auf allen Ruinen, die die Vergangenheit auftürmte, und ihr gehört die Zukunft. Nie haben die Massen nach Wahrheit gedürstet. Von den Tatsachen, die ihnen missfallen, wenden sie sich ab und ziehen es vor, den Irrtum zu vergöttern, wenn er sie zu verführen vermag. Wer sie zu täuschen versteht, wird leicht ihr Herr, wer sie aufzuklären sucht, stets ihr Opfer."* (S. 78). Le Bons Abhandlung über die *Psychologie der Massen* wirkt noch heute so aktuell, als wäre sie hundert Jahre später geschrieben worden. Sie erklärt, warum es in der politischen Praxis meist einzelne Querköpfe und nicht Massenbewegungen sind, die den gesunden Menschenverstand zur Geltung bringen.

Dabei war Le Bon, bei allem düsteren Sarkasmus, sogar noch verhältnismäßig optimistisch. Er konnte noch die Hoffnung hegen, aus der Entgleisung der französischen Revolution unter der Terrorherrschaft Robespierres und dem missglückten Versuch, von einem leitenden Zentrum aus eine Gesellschaft um den Preis von Tausenden und Abertausenden von Toten ausschließlich nach Prinzipien der *„reinen Vernunft"* umzumodeln, sei etwas gelernt worden. Heute wissen wir es besser. Der im Gefolge des Sturms auf die Bastille in die Welt gesetzte Revolutionsmythos war überaus verführerisch und stellte die magere, wenn nicht gar desaströse Bilanz der Schreckensherrschaft Robespierres in den Schatten. So kam im 20. Jahrhundert alles noch viel schlimmer.

Rousseaus verhängnisvolle Weichenstellung

C'EST LA FAUTE à Rousseau!" – „Daran ist Rousseau schuld." singen französische Schüler auf einer bekannten Compact Disk mit kommerziellen Kinderliedern. Unrecht haben sie damit jedenfalls nicht. Denn weder der Weltgeist noch der profanere Zeitgeist flüstern den Menschen die politischen Parolen ins Ohr. *„Alles, was in gebildeten Köpfen herumgeistert und in den Schulen gelehrt wird, nahm seinen Ursprung im Geheimnis eines einsamen Kopfes"*, erklärte der soziologische Gründervater Gabriel Tarde vor über 100 Jahren in seiner Abhandlung *Les Lois Sociales.* Insofern lohnt es sich, die Spuren der heute maßgeblichen politischen Vorstellungen vom „Wohlfahrtsstaat" bis zu ihren geistigen Urhebern zu verfolgen.

Die Erkenntnis, dass die Geschichte von den Siegern geschrieben wird, ist zwar längst Gemeinplatz und damit auch die Einsicht, dass gerade den Siegesparolen sozialer Bewegungen mit größter Vorsicht begegnet werden muss. Aber unser Abstand zur siegreichen französischen Revolution ist offenbar noch nicht groß genug, um unbefangen analysieren zu können, wie es passieren konnte, dass die ursprüngliche Parole der Sansculotten *„Liberté, Égalité, Sûreté, Propriété"* durch den Einfluss der Sozialromantik unter dem verkommenen Regime von Napoléon III. unter der Hand zu *„Liberté, Égalité, Fraternité"* verkitscht wurde, was den Weg ebnete für jene von Friedrich August von Hayek angeprangerte konservative Korruption der Demokratien durch Finanzoligarchien, die sich zu Unrecht auf das ursprüngliche Anliegen der amerikanischen oder der französischen Revolution berufen.

Die Reihenfolge der von der französischen Revolution auf die Fahnen geschriebenen Ideale ist allerdings auch in ihrer sozialromantisch verfälschten Form nicht beliebig. Auch im Französischen handelt es sich dabei durchaus nicht um eine alphabetische Aufzählung. Es ist kein Zufall, dass die Freiheit am Anfang steht. So setzte schon Jean Jacques Rousseau, der wichtigste geistige Wegbereiter des Sturms auf die Bastille, die Freiheit mit Bedacht an die erste Stelle. Allerdings war Rousseau aufgrund der Widersprüche und Inkonsequenzen in seinen Schriften selbst keineswegs unschuldig daran, dass seine Botschaft von den Anführern der gegen schreiende Ungerechtigkeiten der Monarchie aufbegehrenden Volksmassen bald im Sinne eines Primats der Gleichheit ausgelegt wurde.

Angelegt ist dieses Missverständnis in Rousseaus Verständnis von Volkssouveränität, das sich Demokratie nicht anders denn als Diktatur der Mehrheit (oder deren selbsternannten Stellvertreter) über Andersdenkende, das heißt als umgedrehte, auf den Kopf gestellte absolute Monarchie vorstellen kann und von einer Einschränkung der politischen Macht durch Gewaltenteilung, Föderalismus und Subsidiarität sowie durch wirtschaftliche und gesellschaftliche Gegengewichte *(checks and balances)* nichts wissen will.

Inspiriert einerseits von antiken Kosmos- und Organismus-Vorstellungen, andererseits aber auch vom *corpus Christi mysticum*, der dem allmächtigen *„Leviathan"*, dem *„sterblichen Gott Staat"* von Thomas Hobbes als Folie diente, schwebte Rousseau in *„Du contrat social"* (1762) ein überschaubares kleines, wirtschaftlich autarkes und geschlossenes Staatsgebilde nach dem Vorbild seiner damals etwa 30.000 Einwohner zählenden Heimatstadt Genf vor, in dem eine Behörde die wirtschaftliche und gesellschaftliche Entwicklung nach übergeordneten politischen Kriterien des Gemeinwohls und der Gleichheit steuert.

In Deutschland fielen Rousseaus Ideen auf besonders fruchtbaren Boden. Während in Frankreich unter dem Einfluss Voltaires, Condorcets und Saint Simons eine optimistische Einstellung gegenüber dem wissenschaftlich-technischen Fortschritt vorherrschend blieb, legte der idealistische Philosoph Georg Friedrich Hegel in Deutschland mit seiner Entfremdungstheorie die Fundamente für eine bis heute fortwirkende grundsätzliche Technikskepsis, wenn nicht -feindschaft.

Indem der Mensch die Arbeit an Apparate delegiere, werde er sich selbst fremd, behauptete Hegel schon in seiner *Jenenser Realphilosophie* zu Beginn des 19. Jahrhunderts. Hegel idealisierte hier das Bild des mittelalterlichen Handwerkers und Kleineigentümers und bediente sich damit der von Rousseau in die Welt gesetzten Denkfigur: Das glückliche, nicht entfremdete Leben liegt in der Vergangenheit. Es bleibt aber die Hoffnung, durch die Aufhebung der *„Entfremdung"* in der Zukunft wieder in ein *„Goldenes Zeitalter"* zurückkehren zu können.

Auf dem gleichen Mythos aufbauend, hatte schon der idealistische Philosoph und gescheiterte Kleinunternehmer Johann Gottlieb Fichte unter Berufung auf Rousseau am Ende des 18. Jahrhunderts die Lehre vom *„geschlossenen Handelsstaat"* entwickelt. Das ist der Entwurf eines autarken diktatorischen Systems von Kleineigentümern mit maximaler Vermögensgleichheit. Wie Rousseau sah Fichte die Entwicklung des Welthandels nicht als Chance zur Friedenssicherung, sondern im Gegenteil als Hauptgrund für das Aufkommen von Neid und Zwietracht zwischen den Völkern.

Ein solches Politikverständnis muss notwendigerweise mit technischen Neuerungen und anderen Innovationen in Konflikt geraten. Denn diese erzeugen oder verstärken – gewollt oder ungewollt – die Ungleichheit unter den Menschen, indem sie ihren Erfindern und Erstanwendern Konkurrenzvorteile auf dem Markt verschaffen oder einen exklusiven Lebensstil ermöglichen.

Deshalb haben bis heute alle sozialistischen Parteien und nationalistische, sozial- und/oder naturromantische Bewegungen, die das Gleichheitsideal über die Freiheitsansprüche von Individuen stellen, Probleme mit dem technischen Fortschritt, zumal dieser sich als nicht steuerbar erweist. Am liebsten würden sie ihn ganz aufhalten und stemmen sich daher beliebigen technischen Neuigkeiten vom Automobil über den PC bis zum „Handy" mit zum Teil aberwitzigen Begründungen so lange entgegen, bis sie ihnen selbst unentbehrlich geworden sind. (Die „Grünen" möchten heute nicht mehr daran erinnert werden, dass ihre erste Bundestagsfraktion in den achtziger Jahren die Aufstellung von Bürorechnern in den Bonner Abgeordnetenbüros strikt ablehnte.)

Auch die in der Bundestags-Enquête *Schutz des Menschen und der Umwelt* in den 90er Jahren lang und breit diskutierte und inzwischen von der Schröder-Regierung in die Tat umgesetzte Vorstellung, nachhaltiges Wirtschaften lasse sich über einen *Rat für Nachhaltigkeit* oder einen nationalen Nachhaltigkeitsplan wenn schon nicht „von oben" verordnen, dann zumindest durch gezielte Bewußtseinsveränderung anregen, gehen letztlich auf Ideen Rousseaus und Fichtes zurück.

Die Forderung *„Zurück zur Natur!"* stammt nicht von Rousseau selbst, sie wurde ihm aber von seinem Widersacher Voltaire nicht ganz zu Unrecht in den Mund gelegt. Rousseau idealisierte in seiner

Beantwortung der Preisfrage der Akademie von Dijon nach dem Ursprung der Ungleichheit zwischen den Menschen *(Discours sur l'origine et les fondements de l'inégalité parmi les hommes,* 1754) den angenommenen *„Naturzustand"* einer Menschheit ohne Arbeitsteilung. Alle Menschen könnten gesund und glücklich sein, wenn sie bei der anspruchslosen Lebensweise ihrer vorgeschichtlichen Urahnen geblieben wären, erklärte Rousseau. Erst die Spezialisierung der einen auf den Ackerbau und der anderen auf die Metallverarbeitung habe die Menschen ihrer natürlichen Freiheit und Güte beraubt, sie voneinander abhängig und ungleich gemacht. Die Arbeitsteilung und die damit aufgekommenen Ideen des Privateigentums und der Konkurrenz hätten einer Minderheit Luxus und Müßiggang ermöglicht, während sie die Mehrzahl der arbeitenden Menschen ins Elend stürzten.

Die Verführungskraft von Rousseaus Schrift beruht auf einer geradezu genialen Art, Sachverhalte auf den Kopf zu stellen. Zum Beispiel ist kaum ein Zusammenhang besser belegt als die Abhängigkeit von Gesundheit und Lebenserwartung der Menschen vom ihrem wirtschaftlichen Wohlstand. Doch Rousseau behauptete das glatte Gegenteil: Die Zivilisation ist die Hauptursache für Krankheit und Gebrechlichkeit, weil sie die Menschen verweichlicht. *„Armut und Naivität sind gesund"*, lautet Rousseaus Botschaft.

Zwar erkannte Rousseau einerseits recht klar, was die Unterschiede zwischen Mensch und Tier ausmacht: Die Freiheit, Gutes oder Böses tun zu können. Er weist zum Beispiel darauf hin, dass die Menschen in ihrem *„unnatürlichen"* Zustand der *„Réflexion"* sogar ihr Leben opfern können. Und hellsichtig schreibt er, Gustave Le Bon vorgreifend: *„Der Weise hält sich fern von Massenzusammenrottungen und Straßengezeter."* Bei Rousseau dient das allerdings zur Begründung seiner Idee der *„Perfektibilität"* des Menschen und damit der Abkehr von der Idee einer fixen *„menschlichen Natur"*, die den alten Griechen heilig war. Damit machte er die Bahn frei für verschiedene Programme planmäßiger „Menschenzüchtung" durch eugenische Experimente im 19. und 20. Jahrhundert.

Andererseits erscheint Rousseau die Freiheit aber im Endeffekt gar nicht als Vorteil gegenüber tierischen Konkurrenten der Menschen, wenn er betont, das Menschengeschlecht sei wohl längst ausgestorben, wenn seine Erhaltung von den Überlegungen seiner einzelnen Mitglieder abhängig wäre. In der Freiheit sieht Rousseau also den eigentlichen Grund der Erbsünde, derentwegen die Menschen aus dem ursprünglichen Paradies verstoßen wurden. Und es ist nur logisch, dass im *contrat social* (1762) von der Freiheit nur die freiwillige Unterordnung unter die *volonté générale*, den Gemeinwillen, übrig bleibt. Immerhin scheinen Rousseau gegen Ende seines Lebens gewisse potentiell gefährliche Konsequenzen dieser Gedanken selbst bewusst geworden zu sein. Aber er konnte sie, einmal als „Info-Viren" in die Welt gesetzt, nicht mehr zurück rufen.

Rousseaus Ideen bestärken bis heute schlichte Gemüter in ihrem Gefühl, dass in der „guten alten Zeit" alles besser gewesen sei, dass die Bereicherung der einen nur auf Kosten der andern möglich sei und Probleme des menschlichen Lebens besser ohne Markt und Wettbewerb gelöst werden. Auch die enge physisch-naturale Sicht der Nachhaltigkeit, die Problemen der Erhaltung physischer Lebensbedingungen durch eine Umverteilung beziehungsweise Rationierung von Ressourcen und durch eine Rückkehr zu einem einfachen und knauserigen Leben (Suffizienz) beizukommen sucht, geht direkt auf Denkfiguren Rousseaus zurück.

So erlebten wir Ende 1999 bei den Tumulten, in denen die Tagung der Welthandelsorganisation *(WTO)* in Seattle (USA) unterging, wie die von Roussseau in die Welt gesetzte abwegige Idee, internationaler Handel könne unterm Strich nicht allen Partnern Vorteile bringen, sondern sei bestenfalls ein Nullsummenspiel, protektionistischen Besitzstandswahrern verschiedenster Couleur „Argumente" lieferte. Kurz: Rousseau machte jenen politischen Infantilismus salonfähig, der sich heute auf internationalen Mammut-Konferenzen über Konstrukte wie das „Weltklima" mit ausufernden internationalen Bürokratien in Form einer immer intimer werdenden Symbiose verbündet.

Rousseaus widersprüchliches, aber im Endeffekt eindeutig platonisches Verständnis der *volonté générale*, wonach Andersdenkende nötigenfalls zu ihrem Glück gezwungen werden können, lieferte die Begründung für den noch immer aktuellen jakobinischen „Primat der Politik", bei dem das Recht auf Freiheit hinter das Recht auf Existenz durch staatliche Fürsorge zurücktritt. Dieser setzt jedoch ein Wissen über die gesellschaftliche Totalität und ihren Entwicklungsgang voraus, das weder Einzelne noch Kollektive jemals haben können.

Um das zu begreifen, bedurfte es eigentlich nicht der bitteren Erfahrungen, die Völker und Kontinente seither mit diesem „Primat der Politik" gemacht haben. Denn es war gerade eine der großen Leistungen Kants, eines Zeitgenossen und grundsätzlichen Bewunderers Rousseaus und der Anfänge der französischen Revolution, das erkannt zu haben. Zwar berief sich auch Kant auf die *volonté générale*.

Aber er bestimmte den Gemeinwillen (wie alles Unbedingte, Absolute) als *„regulative Idee"*. Er bezog damit, im Unterschied zu Rousseau und seinen Anhängern, im Hinblick auf den scholastischen Universalienstreit keine realistische (platonische), sondern eine nominalistische Position. Damit stellte sich Kant implizit (in seiner Polemik gegen den Paternalismus auch explizit) auf die Seite des politischen und ökonomischen Liberalismus, bei dem das Einzelne Vorrang vor dem Allgemeinen, das Individuum Vorrang vor dem Kollektiv genießt.

Leider reichte die politische Wirksamkeit von Kants Philosophie, die man als notwendiges Korrektiv der Parolen der französischen Revolution betrachten kann, nicht entfernt an die Verführungskraft des Jakobinismus heran. Dieser machte im Übrigen durchaus nicht nur auf Seiten der politischen Linken, sondern auch rechtsgewendet in Form verschiedener Strömungen des „Nationalen Sozialismus" Schule. So etwa in Frankreich in dem bereits von Le Bon analysierten Boulangismus (eine antisemitische und antikapitalistische Massenbewegung um den ehemaligen General und Kriegsminister Georges Boulanger am Ende der 80er Jahre des 19. Jahrhunderts).

Auch der Ausbruch des ersten Weltkrieges – so erscheint uns der Sachverhalt heute – ging keinesfalls in erster Linie auf die Konkurrenz auf dem bis dahin offenen Weltmarkt zurück, sondern auf die populistische Abwendung etlicher Regierungen von der Freihandelspolitik und die Flucht in den Protektionismus. Es geht also nicht an, die Gräuel der Materialschlachten des Ersten Weltkrieges dem „bösen" Weltkapitalismus anzulasten. Mit größerem Recht könnte man dafür den nationalistischen Jakobinismus der *union sacrée* in Frankreich und des „Burgfriedens" in Deutschland sowie die von den beiden „Erbfeinden" aufgebauten staatsmonopolitischen Kriegswirtschaften verantwortlich machen. Auch der Nationalsozialismus Adolf Hitlers konnte an den von Rechts- und Links-Jakobinern postulierten „Primat der Politik" anknüpfen, auch wenn es sich bei ihm, wie Albert Camus 1951 unterstrich, genau genommen nicht um Jakobinismus handelt.

Das einschlägigste Beispiel für die verhängnisvollen Auswirkungen eines explizit am jakobinischen „Primat der Politik" orientierten Versuchs der totalen Umgestaltung von Wirtschaft und Gesellschaft ist die Entwicklung der Sowjetunion. Die russische Oktoberrevolution von 1917 und die Jahrzehnte währende despotische Herrschaft, der sie den Weg ebnete, zeigte, wie angemaßte Wissenschaft und technobürokratischer Machbarkeitswahn in finstersten Aberglauben, primitive Magie und rohe Gewalt umschlugen, denen bis zu hundert Millionen Menschenleben zum Opfer fielen. Statt zur versprochenen höheren Form der Menschlichkeit führte das Experiment am lebendigen Leibe der Gesellschaft bekanntlich zu einer allgemeinen Regression: zur Refeudalisierung, zum Wiederaufleben ständischer Lebensformen auf Seiten der *Nomenklatura* und zur Entdifferenzierung, ja Amorphisierung, Atomisierung, Anomisierung (und Alkoholisierung) der Gesellschaft. Diese wurde nur noch durch Befehl, Zensur und Liturgie zusammengehalten. Alle aus sich heraus, das heißt aus spontanen individuellen Motiven entstandenen lebens- und reproduktionsfähigen gesellschaftlichen Beziehungen wurden zerstört.

Nach dem Zusammenbruch des Sowjetreiches blieb eine *tabula rasa,* auf der sich zunächst archaische Clan- und kriminelle Bandenstrukturen ausbreiteten, die später unter der eisernen Faust des zum Präsidenten aufgestiegenen subalternen Geheimdienstbeamten Wladimir Putin durch den Aufbau der unheimlichen „Kreml AG" abgelöst wurden.

Lenin, dessen Vorstellungen über den Aufbau des Sozialismus in Russland sich explizit am deutschen Staatskapitalismus des Ersten Weltkriegs mit Arbeitspflicht und Brotkarten orientierten, hatte sich vorgenommen, bei der Errichtung der *„proletarischen Diktatur"* weit über Robespierre hinauszugehen, das heißt jeglichen Widerstand gegen die Kollektivierung, gegen das „Einschmelzen" der gewachsenen gesellschaftlichen Gruppen und Beziehungen zu brechen. Zu diesem Zweck wurden noch zu Lenins Lebzeiten erste Konzentrationslager eingerichtet. Stalin vollendete später das Werk der Vernichtung aller historisch gewachsenen Klassen der bürgerlichen Gesellschaft.

Geradezu als Sinnbild der Verletzung des Nachhaltigkeitspostulats kann die Tatsache gelten, dass die stalinistischen „Organe" bei der Liquidierung des selbständigen Bauerntums in Russland nicht davor zurückschreckten, deren Saatgut zu zerstören und damit unvorstellbare Hungersnöte heraufbeschworen. Von der Kollektivierung hat sich die russische Landwirtschaft bis heute nicht vollends erholt. Und die Modernisierung der Volkswirtschaft kommt nur inselartig und „wild" in Gang, weil es keine Tradition der Vertragstreue beziehungsweise der Rechtstaatlichkeit und somit außerhalb politischer Netzwerke und Festlegungen keine Vertrauensbasis für Investoren gibt.

Demgegenüber darf das Regime Hitlers zwar nicht verniedlicht werden. Trotzdem kann ich mich der Meinung Gerd Koenens anschließen, dass der Begriff „Totalitarismus" am ehesten auf den Bolschewismus passt. Der „Primat der Politik" ging im deutschen Nationalsozialismus trotz Gestapo und systematischer Judenvernichtung in Konzentrationslagern bei weitem nicht bis zum Versuch der totalen Umgestaltung von Wirtschaft und Gesellschaft gemäß ideologischer Vorgaben, zumal Hitlers Macht zumindest in der Vorkriegszeit alles andere als unumschränkt war. Vielmehr blieben die gegebene gesellschaftliche Gliederung und das Zivilrecht im Wesentlichen unangetastet. Außerdem lockerte bereits Hitlers Rüstungsminister Albert Speer ab 1942 die staatliche Bevormundung der Wirtschaft, um angesichts der drohenden militärischen Niederlage die Effizienz der deutschen Kriegswirtschaft zu erhöhen. Die Wirtschaft verwaltete sich mit Hilfe starker Industrieverbände zusehends selbst. Es entstanden der Typus des selbstverantwortlich handelnden Geschäftsführers und des technisch kompetenten Facharbeiters (Vgl. Abelshauser, 1999).

So fand die Wirtschaft nach dem Zusammenbruch des Hitler-Regimes in Westdeutschland rasch zurück auf den Weg der Selbststeuerung. Eine Anstoßfinanzierung durch den US-amerikanischen Marshall-Plan (deren Wert und Einfluss übrigens sehr umstritten ist) und die Befreiung der Marktkräfte durch die Aufhebung der Preiskontrollen unter Ludwig Erhard genügten, um den raschen Wiederaufbau der zerstörten Städte in Gang zu setzen und ein historisch beispielloses „Wirtschaftswunder" einzuleiten.

Alles in allem liefert das 20. Jahrhundert mehr als genügend Anschauungsunterricht darüber, wie Nachhaltigkeit mit Sicherheit nicht erreicht werden können: Es sah ein „Tausendjähriges Reich", das nach sechs Jahren Kriegsvorbereitung und knapp sechs Jahren Krieg mit der bedingungslosen Kapitulation endete. Es erlebte eine „proletarische Diktatur", die nach (immerhin) sieben Jahrzehnten wegen innerer Erschöpfung zusammenbrach. Wir waren Zeitzeugen des Regimes der „Roten Khmer" in Kampuchea, dem innerhalb weniger Jahre schätzungsweise zwei Millionen Menschen (ein Viertel der Bevölkerung des Landes) zum Opfer fielen. Und wir beobachteten aus der Ferne, wie es das fast irreal wirkende Terrorregime der Kims in Nord-Korea schaffte, die Hungersnot in einem einst blühenden Land zum Dauerzustand zu machen.

Lernen könnten wir aus diesen Katastrophen, dass nicht das Bestand hat, was arrogante Intellektuelle sich ausdenken und Bürokraten am grünen Tisch entscheiden. Bestand haben auch nicht die von „kleinen Leuten" erträumten scheinbar bequemen bürokratisch-kollektivistischen „Lösungen" von Problemen wie Arbeitslosigkeit, Umweltverderbnis und Armut. Bestand hat letztlich nur das, was sich so niemand ausgedacht hat, weil es nicht das Ergebnis feststehenden Wissens, sondern das Ergebnis von Suchen, Lernen und Wetteifern auf dem Markt ist.

Nur Einzelne denken an morgen und übermorgen

NACHHALTIGKEITSORIENTIERTES VERHALTEN GIBT es, wie die eingangs zitierten Sprichworte schon angedeutet haben, zunächst nur bei Individuen. (Was nicht heißt, die Menschen könnten außerhalb von Familie und Gesellschaft existieren!) Wir können davon ausgehen, dass sich die meisten erwachsenen Menschen, solange sie gesund sind, als Einzelne spontan zukunftsorientiert verhalten, weil sie zu einem Teil von Geburt an, zum andern Teil mit dem Abschluss der Pubertät nach Art der Kantschen Kategorien mit einem Vorrat an rational-emotionalen Urteilsvermögen, an zukunftsbezogenem „Vermutungswissen" (Popper) ausgestattet sind. Sie zeichnen sich gegenüber tierischen Konkurrenten dadurch aus, dass sie neben einem allen Wirbeltierarten gemeinsamen Selbsterhaltungstrieb auch einem Gewissen, das heißt einer mit körperlichen Symptomen („Bauchschmerzen") verbundenen rational-emotionalen Prüfungsinstanz gehorchen.

Nach Ansicht von Antonio Damasio (1999) ist das Gewissen Ausdruck des menschlichen Selbstbewusstseins. Dieses gilt inzwischen nicht mehr lediglich als Gegenstand metaphysischer oder psychoanalytischer Spekulation, sondern ist biologischer Forschung zugänglich geworden, weil es bereits im Tierreich Ansätze dafür gibt.

Die Verankerung des moralischen Urteilsvermögens in Hirnstrukturen, die sich erst in der Pubertät fertig ausdifferenzieren, könnte nicht nur erklären, warum es so lange dauert, bis Menschen erwachsen werden, sondern auch, warum es zwischen westlichen und östlichen Kulturen seit zweieinhalbtausend Jahren keine nennenswerten Unterschiede in den elementaren Vorstellungen von Menschenwürde, Menschenrechten und moralischen Verpflichtungen gibt.

Genau genommen erklärt das sogar, warum zwei plus zwei überall auf der Welt vier ist! Die Goldene Regel: *„Was Du nicht willst, dass man Dir tue, das füg' auch keinem andern zu"*, von Kant in seinem *„kategorischem Imperativ"* zu einem dem Status einer *„regulativen Idee"* widersprechenden, von jeglicher organischen Grundlage abgehobenen moralischem Rigorismus überhöht, gilt im Konfuzianismus ebenso wie im Buddhismus, im Islam oder im Christentum. Schon Rousseau erklärte die Goldene Regel - anders als Kant - aus einem allen Menschen gemeinsamen Mitgefühl *(pitié)*. Die Tatsache, dass heute noch immer in Ländern wie China Menschrechtsverletzungen an der Tagesordnung sind, widerspricht dem nicht.

Diese Ausführungen, die manchem als biologistisch erscheinen mag, stützen sich auf neueste Ergebnisse der Hirnforschung. (Ich denke hier vor allem an die Untersuchungen des portugiesisch-amerikanischen Forscherpaares Hanna und Antonio Damasio an Hirnverletzten sowie der Kinderpsychiater Jay Giedd und Elizabeth Sowell an Teenager-Hirnen.) Das Gewissen ist offenbar keine Erfindung von Moralaposteln, sondern beruht, wie schon Kant logisch folgerte, aber nicht beweisen konnte, auf bestimmten Strukturen des Gehirns. Zwar gibt es im strengen Sinn kein „anatomisches Korrelat" für das Gewissen. Erwiesen ist indes, dass im vorderen Stirnhirn Gefühle und Intellekt zusammengeschaltet werden. Wird dieser Teil des Hirns schwer verletzt, so verschwindet das Gewissen als Entscheidungsinstanz.

Der an der *John Hopkins University* in Baltimore lehrende Philosoph und Politologe Francis Fukuyama entwickelte, ausgehend von diesen Erkenntnissen der Hirnforschung, in seinem Buch *Das Ende des Menschen* (2002) ein Konzept von menschlicher Würde, das nicht auf religiösen Annahmen über den Ursprung des Menschen beruht, aber dennoch religiösen Gefühlen breiten Raum lässt. Er stützt sich dabei bewusst auf eine aristotelische, das heißt vorkantianische Argumentation, in deren Zentrum die *„menschliche Natur"* und davon abgeleitete Naturrechte stehen.

Zu Recht weist Fukuyama hier die auf Locke, Rousseau und Kant zurückgehende und später von Hegel und Marx aufgegriffene Idee, das menschliche Hirn gleiche bei der Geburt einer *tabula rasa* und das menschliche Wesen sei daher tendenziell unbegrenzt formbar, entschieden zurück: *„Heute liegt die Vorstellung einer tabula rasa in Trümmern"*, schreibt er. *„Forschungen der Neuropsychologie haben die leere Tafel durch ein modulares Organ ersetzt, dessen hoch angepasste kognitive Strukturen meist einzig bei der Gattung Mensch auftreten. Es gibt tatsächlich so etwas wie angeborene Ideen – oder genauer gesagt – ererbte gattungstypische Formen von Wahrnehmung sowie gattungsspezifische emotionale Reaktionen auf Erkenntnisse."* (S. 199).

Beispiele dafür seien das Farbensehen, die Reaktion auf angenehme oder unangenehme Gerüche, das Lesen in Gesichtsausdrücken, das Analysieren der Sprache auf Glaubwürdigkeit, das spontane Ausweichen vor bestimmten Gefahren, das Streben nach Gegenseitigkeit, aber auch nach Rache, das Spüren von Befriedigung oder Enttäuschung, die Sorge für Kinder und Eltern, die Abscheu vor Inzest und Kannibalismus, die Suche nach kausalen Erklärungen für Ereignisse, die in den unterschiedlichsten Kulturkreisen der Erde übereinstimmen. Damit bestätigt Fukuyama, wie er zwischen den Zeilen erkennen lässt, letztlich die Auffassung der Liberalen, es gebe so etwas wie den gesunden Menschenverstand und dieser setze sich durch, wenn die Politik dem Streben der Individuen nur genügend Raum lasse. Fukuyama konnte das aber mit Rücksicht auf einen Flügel der Republikanischen Partei, der er damals nahe stand, nicht so klar aussprechen.

Die Entdeckungen der Hirnforschung ändern aber nichts an der bereits auf den deutschen Klassiker Johann Gottfried Herder zurückgehenden Einsicht, dass der Mensch sich von den höchstentwickelten Menschenaffen dadurch unterscheidet, dass er *„von Natur"* aus ein Kulturwesen ist. Denn nicht der Werkzeuggebrauch unterscheidet die Menschen, wie man früher annahm, in erster Linie von den Tieren. Der entscheidende Unterschied zu den ihm genetisch am nächsten stehenden Menschenaffen besteht vielmehr im Gebrauch einer künstlichen, über unmittelbare Gefühls- und Willensäußerungen weit hinaus gehenden Sprache. Mit dem Sprachgebrauch und der Weiterentwicklung der gesprochenen Sprache zur Schriftsprache entfaltet sich auch die (wie Rousseau richtig sah) „unnatürliche" Fähigkeit zur Reflexion. Diese macht es dem Menschen unter anderem möglich, sich selbst zu beobachten und von sich selbst in der ersten, zweiten und dritten Person zu sprechen, sich in verschiedene Rollen zu versetzen.

Und daraus erwächst auch die Lust oder Last der Freiheit – angefangen mit der Freiheit, die Wahrheit zu sagen oder zu lügen. Der Mensch kann, wie die berüchtigten Kaspar-Hauser-Experimente Friedrichs des Großen zeigten, seine Lebensfähigkeit und sein Selbstbewusstsein nur durch die Kommunikation mit anderen selbstbewussten Wesen entwickeln. Dabei entfalten sich aber nur Fähigkeiten, die in seinen Hirnstrukturen und in anatomischen Besonderheiten des Kehlkopfs, der Wirbelsäule (aufrechter Gang) und der Hände bereits angelegt sind.

So wissen wir seit etwa anderthalb Jahrzehnten aufgrund der Arbeiten der Neurologen Vittorio Gallese und Giacomo Rizzolatti, dass gegenseitiges Verstehen von Absichten, Mitfühlen von Emotionen und Lernen durch Nachahmung, ohne die die Ausbreitung und Fortentwicklung von Kulturen nicht vorstellbar ist, an die Existenz sogenannter Spiegelneurone in verschiedenen Regionen der Hirnrinde gebunden sind. Noch weitgehend unverstanden ist hingegen die Entstehung des Bewusstseins. Es gibt (vor allem in Schilderungen von so genannten Nahtod-Erfahrungen) etliche Hinweise dafür, dass das Hirn Bewusstsein nicht produziert, sondern empfängt. Mögliche weltanschauliche Konsequenzen dieser Beobachtungen sind nicht Gegenstand dieser Abhandlung.

Lernen heißt deshalb aber nicht, wie manche Aufklärer im Anschluss an John Locke glaubten und manche „Umweltpädagogen" offenbar noch heute glauben, einem als *tabula rasa* angenommenen oder durch Gehirnwäsche zur *tabula rasa* gemachten Hirn Wissen und Bewusstseinsinhalte einzutrichtern beziehungsweise die grauen Zellen umzuprogrammieren. Vielmehr geht es darum, bereits vorhandenes „Vermutungswissen" zu aktualisieren, das heißt den allen gemeinsamen gesunden Menschenverstand mit konkreten Inhalten zu füllen. Wäre das menschliche Wissen nicht, wie Karl Popper mit seinem Freund, dem bekannten Hirnforscher John Eccles, vermutete, bereits zu über 90 Prozent in Hirnstrukturen vorgeprägt, gäbe es übrigens kaum eine Chance, jemals einen Weltfrieden zu erreichen!

Unsere Hoffnung gründet sich aber gerade auf die Annahme, dass das „Vermutungswissen" erwachsener Chinesen zu über 90 Prozent mit dem erwachsener Deutscher übereinstimmt. Denn die genetischen Unterschiede zwischen Asiaten und Europäern sind zumindest, was die Anlagen für intellektuelle Fähigkeiten anbelangt, nicht sehr groß. Denn die genetische Variabilität der menschlichen Spezies ist im Vergleich zu anderen Säugetierarten insgesamt extrem niedrig. Es gibt, trotz einer ungleichen Verteilung von Begabungen für verschiedene Sportarten und intellektuellen Lernleistungen bei Trägern verschiedener Hautfarbe, keine klar voneinander abgrenzbaren Rassen, weil die Variabilität zwischen Weißen, Schwarzen und Gelben niedriger ist als innerhalb der nur scheinbaren „Rassen".

Die hohe genetische Gleichförmigkeit der Menschheit lässt sich übrigens nur damit erklären, dass ihre Entwicklung den engen Flaschenhals einer extrem starken Selektion überwinden musste. Wie Svante Pääbo und Mitarbeiter vom *Max-Planck-Institut für evolutionäre Anthropologie* in Leipzig 1999 gezeigt haben, sind zwei beliebig aus geographisch weit auseinanderliegenden Sprachgruppen ausgewählte Menschen enger miteinander verwandt als zwei Schimpansen, die in Afrika nahe nebeneinander leben.

Wir können deshalb annehmen, dass alle Vor- und Frühmenschengruppen, denen die Anlagen für die besagten Hirnstrukturen fehlten und die es deshalb nicht schafften, aus Schaden klug zu werden, bald ausgestorben sind. Gruppen, die mit sozialem Einfühlungs- und Kooperationsvermögen sowie Verantwortungsbewusstsein ausgestattet waren, das heißt für in Not geratene Angehörige und für ihre Kinder und Kindeskinder sorgten, indem sie Vorräte anlegten, mit Hilfe einer elaborierten Sprache überlebenswichtige Kenntnisse und Verhaltensregeln weitergaben, konnten hingegen überleben. Wäre das anders gewesen, hätte sich der in kleinen Horden organisierte Urmensch als physisch schwache Organismenart niemals über „Klimakatastrophen" wie die Eiszeit hinweg retten und gegenüber physisch stärkeren, aber intellektuell unterlegenen tierischen Konkurrenten wie etwa Bären behaupten können.

Die moderne Hirnforschung liefert somit neue, eindrucksvolle Argumente für die politische Theorie des methodischen oder legitimatorischen Individualismus und das darauf aufbauende Subsidiaritätsprinzip (dazu näheres im Kapitel 8). Weil der Gesellschaft ein dem Gewissen vergleichbares „Organ" fehlt, führen alle Versuche, Probleme menschlicher Gemeinwesen unter Umgehung oder Ausschaltung, wenn nicht durch gewaltsame Unterdrückung des Gewissens der Individuen allein auf der Grundlage theoretischer Vernunft beziehungsweise davon abgeleiteter ideologischer Vereinfachungen zu lösen, zum Verlust des gesunden Menschenverstandes und damit letztlich ins Verderben.

Auf die Institutionen kommt es an

WIE SICH MENSCHEN verhalten, wenn sie im Kollektiv auftreten, haben Soziologen und Psychologen eingehend untersucht. Der wesentliche Unterschied zum Einzelkämpfer lässt sich wie folgt charakterisieren: Während der Einzelne bei Strafe seines finanziellen Ruins oder sogar physischen Untergangs immer davon ausgehen muss, dass zwei und zwei vier ist, kann ein Kollektiv, wenn gewisse Hemmungen erst einmal gefallen sind, leicht fünf gerade sein lassen. Ob ein gleichgeschaltetes Kollektiv Gutes oder Schlechtes bewerkstelligt, hängt deshalb ganz von der Einstellung und den Führungsqualitäten seines Chefs beziehungsweise seiner Chefin ab.

Ganz anders steht es, wie schon dargelegt, um Kollektive, die über marktähnliche Mechanismen der Aggregation des beschränkten Wissens ihrer Mitglieder verfügen. Hier ergibt sich die Stärke des Chefs nicht dadurch, dass er den Einzelnen seinen bornierten Willen aufzwingt, sondern durch seine Fähigkeit, die Ergebnisse kollektiver Lernprozesse (*„Schwarmintelligenz"*) auf den Punkt zu bringen und in kollektive Handlungen umzusetzen.

Bewegte Menschenmassen können Einzelne anstacheln, Großartiges, ja Übermenschliches zu leisten. Sie können aber auch brave Bauern oder Büroangestellte zu Teufeln machen. Denn in einer größeren, quasi unter Hypnose stehenden Masse verhalten sich die Menschen, wie schon Gustave Le Bon erkannt hat, oft extrem kurzsichtig, lassen sich von flüchtigen Stimmungen und Halluzinationen zu unverantwortlichen Entscheidungen und zerstörerischen Handlungen bis zu Mord und Totschlag hinreißen. Die Blutorgien der Hutus in Rwanda, der *frenkie boys* im ehemaligen Jugoslawien oder die Ausschreitungen von *Hooligans* bei Sportveranstaltungen in unseren Breiten liefern heute plastischen Anschauungsunterricht für die massenpsychologischen Mechanismen, die brave Familienväter in blutrünstige Bestien verwandeln können.

Zwar unblutig, aber in den wirtschaftlichen Konsequenzen kaum weniger verheerend kann das Gruppenverhalten der Manager von Banken und Investmentfonds und das Herdenverhalten von Anlegern an den Weltbörsen sein. Der Anlagestrategie James Montier von *Dresdner Kleinwort Wasserstein (DrKW)* hat empirisch nachgewiesen, dass durch Teams gesteuerte Investmentfonds immer eine schlechtere Performance haben als die individuellen Entscheidungen unterliegenden (vgl. *Die Welt*, 18. 9. 2004). Offenbar genügten die untersuchten Teams nicht grundlegenden Bedingungen einer *„Schwarmintelligenz"* wie Unabhängigkeit und Anonymität der einzelnen Mitglieder.

Rousseau sah zwar richtig, dass die Freiheit, Gutes oder Böses zu tun, das Wesen des Menschen ausmacht. Aber er irrte sich gründlich, als er annahm, die Menschen seien von Natur aus gut und büßten ihre *„natürliche Freiheit"* durch die Entwicklung der Arbeitsteilung, des Privateigentums und des Geldes wieder ein. Freiheit und Moral sind vielmehr Produkte der Zivilisation. Erst die fortschreitende Arbeitsteilung ermöglichte es den Individuen, sich mehr und mehr auf ihre jeweiligen Stärken zu konzentrieren und sich so von der Qual unschöpferischer Tätigkeiten zu befreien. Erst dann konnten verschiedene Freiheitsideen und Moralvorstellungen überhaupt aufkommen.

In der Urhorde waren demgegenüber, abgesehen vom Häuptling und vom Medizinmann, alle gleich, aber nicht frei. Forschungen an den letzten überlebenden Naturvölkern weisen darauf hin, dass in der

Urhorde strengster Gruppenzwang herrschte. Und die nach Maßstäben der biologischen Evolution sehr kurze Zeit zwischen der Zähmung des Feuers und der heutigen Zivilisation hat mit Sicherheit nicht ausgereicht, um die den Lebensbedingungen der Urhorde entsprechende genetische Ausstattung der Menschen nennenswert zu verändern.

Entgegen der Annahme Rousseaus, die Entwicklung von Kunst und Wissenschaft führten zu moralischer Verderbnis und Sittenzerfall, haben die Menschen gerade in den letzten drei Jahrtausenden erhebliche moralische Fortschritte gemacht, so dass die Chancen für eine wirklich nachhaltige Entwicklung gestiegen sind. Das ist nicht so zu verstehen, als seien die Individuen zunehmend engelsgleich geworden. Vielmehr kann sich jedermann leicht selbst davon überzeugen, dass der alte Adam noch in ihnen steckt. Was sich jedoch gebessert hat, sind die Institutionen, das heißt die Spielregeln menschlicher Kommunikation und Zusammenarbeit beziehungsweise Konkurrenz, die auch eigensüchtige Menschen dazu bringen können, sich moralisch korrekt, das heißt im Sinne des Gemeinwohls zu verhalten.

So gewinnt neben dem naturwüchsigen, in Hirnstrukturen vorgeprägten individuellen Nachhaltigkeitswissen mehr und mehr ein in Institutionen objektiviertes Wissen über die Bedingungen einer dauerhaften Mehrung des Gemeinnutzes durch die Verfolgung mehr oder weniger eigennütziger Ziele an Bedeutung. Treffend formulierte der schottische Moralphilosoph Adam Smith in seiner vielzitierten *Untersuchung über Wesen und Ursachen des Reichtums der Völker* (1776) worum es geht: „*Nicht vom Wohlwollen des Metzgers, Brauers oder Bäckers erwarten wir unsere Mahlzeit, sondern von deren Bedachtnahme auf ihr eigenes Interesse. Wir wenden uns nicht an ihre Menschenliebe, sondern an ihre Eigenliebe und sprechen ihnen nie von unseren eigenen Bedürfnissen, sondern von ihren Vorteilen.*" (zit. n. Streissler (Hg.), 1999, S. 98).

Kollektive und den Bedingungen anonymer Großgesellschaften entsprechende Formen vorsorgenden, nachhaltigkeitsorientierten Fühlens, Denkens und Tuns oder Lassens können sich nur in sehr beschränkten Maße auf angeborene Instinkte oder in der Pubertät nachgewachsenes rational-emotionales Urteilsvermögen verlassen und auch nicht aus irgendwelchen Wissenschaften abgeleitet werden. Wissenschaftliche Erkenntnisse können den gesunden Menschenverstand nur ergänzen, aber nicht ersetzen. Kollektives, in Institutionen verkörpertes Nachhaltigkeitswissen kann zum allergrößten Teil nur das Ergebnis eines mühsamen Lernprozesses durch Versuch und Irrtum sein. Philosophen und Gesellschaftstheoretiker haben dieses in einem weitgehend unbewussten Evolutionsprozess entstandene Wissen vermutlich nur zusammengefasst und in griffige Formeln gegossen, aber nicht erfunden.

Wir sind damit bei der zentralen Frage, wie das durchaus zukunftsorientierte Verhalten gesunder Einzelmenschen, massenpsychologische Fallen vermeidend, auf Großgesellschaften übertragen werden kann. Es wäre naiv, hier einfach Werte wie „Liebe" oder „Solidarität", die allenfalls überschaubare Kleingruppen zusammenhalten können, zu bemühen. Kann es denn Liebe geben ohne Bezug auf konkrete Personen mit all ihren Stärken und Schwächen? Kann es Solidarität geben außerhalb einer mehr oder weniger verschworenen Urhorde oder modernen Gesinnungsgemeinschaft? Kann es Solidarität geben ohne jemanden oder etwas, gegen den oder das man sich solidarisiert? Kann Solidarität etwas zur Befriedigung unbekannter Bedürfnisse unbekannter Menschen in Großgesellschaften beitragen? Gibt es keinen Unterschied zwischen Solidarität und Mitleid beziehungsweise Barmherzigkeit, das heißt selbstloser Hilfe für unverschuldet von Leid und Not getroffene Menschen? Was heißt „soziale" Gerechtigkeit? Kann es eine noch bessere Gerechtigkeit geben als die den Geboten des fairen Wettbewerbs entsprechende? Kann es distributive (austeilende) Gerechtigkeit geben ohne Despoten und/oder Bürokraten, die willkürlichen Eingebungen oder bürokratischen Regeln folgend austeilen? Aufgrund welchen Wissens soll die Zuteilung erfolgen? Was heißt überhaupt „sozial"? Gibt es dafür eine nicht-tautologische Definition? Ich möchte mir die Beantwortung dieser Fragen in den folgenden Kapiteln nicht zu leicht machen.

Für die Übertragung des Nachhaltigkeitsprinzips vom naturwüchsig zukunftsorientierten Verhalten gesunder erwachsener Individuen auf anonyme Großgesellschaften gibt es nach allem, was uns die Geschichte lehrt (oder lehren könnte), nur einen Weg: Man muss erstens den Einzelnen die Freiheit lassen, ihren eigenen Motiven und Antrieben zu gehorchen, ihr angeborenes und erlerntes Wissen zu mobilisieren, ihrer Kreativität freien Lauf zu lassen, ihre je eigenen Interessen und Zwecke zu verfolgen. Das entspricht auch der christlich-abendländischen Tradition, die den einzelnen Menschen als Ebenbild Gottes prinzipiell als unverfügbar und mit der „Freiheit des Willens" und der Kraft eigener Entscheidung ausgestattet betrachtet.

Um die Gesellschaft zusammenzuhalten, muss aber zweitens ein gesetzlicher Ordnungsrahmen dafür sorgen, dass sich die Menschen bei ihren Entscheidungen weniger an persönlichen Sympathien oder Antipathien als an den Preissignalen des Marktes orientieren und dabei einfache, abstrakte Verhaltens- beziehungsweise Spielregeln, Normen und Tabus beachten, deren universelle (und weitgehend unbewusste) Anwendung nach bisherigen Erfahrungen mit großer Wahrscheinlichkeit den Zusammenhalt des Gesellschaftsganzen fördert oder zumindest nicht in Frage stellt.

Ich möchte also keineswegs einer einseitigen Betonung ökonomischer Berechnung das Wort reden. Eine realistische Nachhaltigkeitsstrategie sollte im Auge behalten, dass Märkte, nach allen historischen Erfahrungen, nicht immer aus sich heraus funktionieren, sondern in der Regel „multi-institutioneller" Voraussetzungen bedürfen, die politisch gestaltet werden können/müssen.

So führt der peruanische Ökonom Hernando de Soto (2002) die Entwicklungshemmnisse in vielen Ländern Lateinamerikas hauptsächlich auf die ungeklärten Eigentumsverhältnisse zurück. Wer dort legal Eigentum erwerben und ein Unternehmen aufbauen will, sieht sich einem kaum durchdringbaren bürokratischen Dschungel gegenüber. Und wo nicht einmal der Eigentumsbegriff geklärt ist, ist es müßig, nach fairem Wettbewerb zu rufen. Wo die Zehn Gebote aufgrund historischer Zufälle nicht respektiert werden, braucht sich niemand zu wundern, dass die Regeln guter kaufmännischer Praxis, die dafür sorgen, dass mittel- und längerfristig nicht der Ehrliche, sondern der Betrüger der Dumme ist, dort fremd sind.

Das betont auch Amartya Sen, der Wirtschaftsnobelpreisträger von 1998. *„Der Kapitalismus bezog seine Kraft auch aus einem System von allgemein anerkannten Werten, von Vertrauen, Zuverlässigkeit und Geschäftsmoral"*, stellt Sen fest und fordert deshalb: *„Wir müssen den Anteil nichtmarktlicher Institutionen am Erfolg der Marktwirtschaft künftig besser erkennen und anerkennen als bisher. Wir müssen uns klar werden darüber, dass der Erfolg des Kapitalismus auch von moralischen Werten abhängt, die mit dem maximalen Gewinn nichts zu tun haben."* (*FAZ*, 31. 12. 1999).

Das kann jedoch nicht die heute bei Spitzenmanagern von Großkonzernen oft beobachtbare Neigung rechtfertigen, bei alltäglichen Problemen sofort nach staatlichen Eingriffen in den Markt durch Forschungssubventionen, Investitionsanreize und branchenbezogenen Regulierungsbehörden zu rufen. Solche Detailregelungen durch „Dritte" eignen sich lediglich dazu, Verantwortung auf andere abzuwälzen. Bei den angesprochenen allgemeinen moralischen Verhaltensregeln handelt es sich nicht um solche externen Vorgaben, sondern vielmehr, formuliert in den Worten Friedrich August von Hayeks, um „*Regeln, die uns zwar nicht sagen, was in dieser Welt geschieht, aber sagen, dass uns wahrscheinlich nichts geschehen wird, wenn wir sie befolgen.*" (1969, S. 170).

Solche Spielregeln können nicht in Studierstuben von Professoren ergrübelt oder von Bürokraten am Grünen Tisch entworfen werden. Sie bilden sich vielmehr im praktischen Leben heraus und werden, wenn sie sich bewährt haben, als zentraler Bestandteil kultureller beziehungsweise religiöser Tradition von einer Generation zur anderen weitergegeben.

So werden die Zehn Gebote (beziehungsweise Verbote) heute nicht deshalb in der Tendenz überall auf der Welt respektiert (abgesehen von Psychopathen), weil sie in der Bibel stehen, sondern weil gesellschaftliche Systeme, in denen sie als Ausdruck universaler, vorstaatlicher Menschenrechte (Recht auf Leib und Leben, Recht auf Eigentum usw., Pflicht zur Nächstenliebe, Pflicht zur Wahrhaftigkeit, usw.) nicht respektiert wurden, größtenteils untergegangen sind oder zumindest vor dem Untergang stehen. Wer heute die Ergänzung des Dekalogs durch Umweltvorschriften fordert (wie etwa mein ehemaliger Weggefährte Reinhard Loske als umweltpolitischer Sprecher der Grünen im Deutschen Bundestag), der hat nicht verstanden, warum diese Gebote keinerlei Aussage über Natur und Gesellschaft enthalten.

Ähnlich wie bei den Zehn Geboten ist es bei den Regeln von Angebot und Nachfrage auf dem Markt, die in erster Näherung nichts weiter als pure Arithmetik sind. Und auch die Grundsätze des (noch immer gültigen) römischen Rechts, dass Privateigentum unantastbar ist und Verträge einzuhalten sind, wurden wohl von niemandem mit fester Absicht ersonnen. Alle gegenteiligen Regelungen haben sich einfach nicht bewährt und sind längst wieder in Vergessenheit geraten. Die universelle Anwendung solch einfacher Regeln ermöglicht hingegen die Entwicklung beständiger gesellschaftlicher Ordnungen, deren materieller und kultureller Reichtum durch keinen noch so detailliert ausgetüftelten Plan je hätte erreicht werden können.

Um eine Gesellschaft zusammenzuhalten, „zukunftsfähig" zu machen, bedarf es also im Prinzip keiner Soziologen oder Sozialarbeiter, dafür aber unparteiischer öffentlicher Institutionen zum Schutz des Lebens und des Eigentums, zur Durchsetzung des Vertragsrechts und zur Förderung des Wettbewerbs sowie nicht zuletzt unabhängiger Richter. Und wir bräuchten, was die stoffliche Ressourcenbasis der Nachhaltigkeit anbelangt, im Prinzip auch keine Ökologen, weil Regeln der Nachhaltigkeit, die nicht am grünen Tisch erdacht und auf bürokratischem Wege in Kraft gesetzt werden, sondern sich im *„Wettbewerb als Entdeckungsverfahren"* (von Hayek) durchsetzen, nicht notwendigerweise Aussagen über die außermenschliche Natur enthalten müssen. Das ist übrigens ein grundsätzlicher Einwand gegen die in der *Agenda 21* empfohlene Erarbeitung eines Systems von Indikatoren der Nachhaltigkeit (dazu später).

Agenda 21 – Steinbruch der Weltverbesserer

DIE 1992 IN Rio beschlossene *Agenda 21* zeichnet sich demgegenüber allerdings (wie viele andere umwelt- beziehungsweise nachhaltigkeitspolitische Verlautbarungen) dadurch aus, dass sie das oben herausgearbeitete zentrale Problem der Nachhaltigkeitspolitik gewissermaßen auf den Kopf stellt: Während es darauf ankäme, dem naturwüchsig zukunftsorientierten Verhalten gesunder Individuen durch institutionelle Innovationen besser als in den bisherigen Formen der Vergesellschaftung in der großen Politik zum Durchbruch zu verhelfen, sahen die in Rio de Janeiro versammelten Vertreter der 170 Unterzeichnerstaaten der *Agenda 21* die eigentliche Wissensbasis einer Nachhaltigkeitspolitik in Klimamodellen und anderen ökologischen und ökonomischen Simulationen der der zukünftigen globalen Lebensbedingungen der Menschheit.

Ihnen geht es ganz im Gegenteil darum, die Menschen zur Verinnerlichung der von politisch korrekten „Experten" abgeleiteten Grenzen des ökonomischen Wachstums und der Selbstentfaltung zu erziehen. Mit anderen Worten: Die in Rio versammelten Regierungschefs und Minister taten so, als werde „oben" bereits verstanden, was die zentralen Aufgaben einer Nachhaltigkeitspolitik sind, und es komme jetzt nur noch darauf an, den unwissenden Völkern die Ziele dieser Politik einzuhämmern.

In der Tat liest sich die, nur ein Jahr nach dem (endgültigen?) Zusammenbruch des Sozialismus verfasste *Agenda 21* streckenweise wie ein sozialistisches Umerziehungsprogramm. So zum Beispiel das Kapitel 4 über die Veränderung der Konsumgewohnheiten. Vor allem versteht die *Agenda 21* die Nachhaltigkeitsidee nicht lediglich als allgemeine Orientierungshilfe einer integrativen, das heißt ökonomische, soziale und ökologische Aspekte gleichermaßen umfassenden Politik (wie das in der Präambel anklingt), sondern stofflich-naturalistisch im Sinne einer globalen Ressourcenbewirtschaftung.

Unter diesem Blickwinkel wird auch der Schutz der Erdatmosphäre beziehungsweise des Weltklimas abgehandelt – so als stünde ein für allemal fest, was als Ressource gelten kann, und als werde die Klimaentwicklung schon halbwegs verstanden. So schlägt ökologisches und soziales Engagement an etlichen Punkten in Wissensanmaßung um. Wer sind überhaupt die Adressaten der *Agenda 21*? *„Die Regierungen"*, sagt die Präambel. Viele Forderungen sind aber so formuliert, als richteten sie sich an eine nicht existierende Weltregierung. War den Unterzeichnern der *Agenda 21* bewusst, was sie da durchgehen ließen?

Jedenfalls verstehen wir auf diesem Hintergrund besser, warum 1992, kurz vor der Rio-Konferenz, 264 bekannte Wissenschaftler und Schriftsteller (darunter 52 Nobelpreisträger) im *Heidelberger Aufruf* vor Angstmache, Pseudowissenschaft und Irrationalismus warnten – leider ohne an konkreten Beispielen zu demonstrieren, was und wen genau sie damit im Auge hatten. Das könnte man aber leicht nachholen.

Insbesondere die in Rio neben der *Agenda 21*, der Rio-Deklaration, der Walderklärung und der Konvention über die Biologische Vielfalt verabschiedeten Klimarahmenkonvention dokumentiert einen von der „grünen" beziehungsweise der 68er Bewegung über die Massenmedien in die Diskussion gebrachten romantisierenden und gleichzeitig moralisierenden Umgang mit Nichtwissen und Unsicherheit in Form eines weniger im Sinne von Vorratsbildung und Versicherung, sondern einseitig im Sinne bevormundender Risikovermeidung interpretierten *„Vorsorgeprinzips"* (Artikel 3.3), der mir äußerst bedenklich erscheint. Denn er könnte zum Einfallstor willkürlicher Verdächtigungen, verschiedener Formen des Aberglaubens und damit begründeter Tyrannei werden.

Eine wirkliche Vorsorgepolitik müßte vor allem folgendes bedenken: Investitionen zur Erhöhung der Sicherheit technischer, ökonomischer oder sozialer Systeme unterliegen wie alle anderen Investitionen auch dem Ertragsgesetz. *„Allzu viel ist ungesund!"* oder *„Des Guten zu viel!"* sagt der Volksmund. Wird zu viel in Sicherheit und Vorsorge investiert, werden Störfall- und Katastrophenrisiken infolge sinkender Flexibilität und Handlungsfähigkeit größer statt geringer, während die Lebenschancen und Wahlmöglichkeiten der Menschen kleiner und ihre wirtschaftlichen wie kulturellen Wahl- und Entfaltungsmöglichkeiten enger werden. Sozialistischer Aberglaube kann dann obendrein Politiker dazu verführen, dieses kontraproduktive Ergebnis dadurch korrigieren zu wollen, dass sie noch mehr von der falschen Medizin verschreiben.

Stattdessen käme es darauf an, über das rechte Maß an Vorsorge nachzudenken. Dieses lässt sich nicht ohne weiteres aus dem Streben, Lebensrisiken zu minimieren, ableiten. Denn mit den Risiken sinken meist auch die Chancen. Überhaupt ist die landläufige Gegenüberstellung von Risiken und Chancen - wortwörtlich genommen - barer Unsinn. Ginge man davon ab, in Risiken von vornherein etwas Negatives zu sehen, dann käme man zur Unterscheidung zwischen guten und schlechten Risiken und zwischen guten und schlechten Chancen, wie es in der Finanzwelt (und in der englischen Sprache) üblich ist. Ein gutes Risiko ist dann auch eine gute Chance, die Begriffe „Chance" und „Risiko" wären also gegeneinander austauschbar. Der gegenwärtige Sprachgebrauch in Deutschland unterstellt hingegen untergründig, man könne das eine ohne das andere haben. Hier zeigen sich späte Nachwirkungen gewisser Strömungen der 68er-Revolte, die Genuss ohne Reue predigten (dazu später).

Es geht im praktischen Leben schlicht um die Entscheidung, ob man zum Beispiel in einen bestimmten Börsenwert (dem Analysten ein gutes Risiko bescheinigen) investiert oder lieber an einer Lotterie teilnimmt. Alleiniges Trachten nach Risikominimierung führt schlicht zu Lähmung und Stillstand und damit in den sicheren Abstieg, wenn nicht Untergang. Der gesunde Menschenverstand wendet bei seinen alltäglichen Operationen deshalb seit eh und je neben der „Übelminimierungsregel" auch eine „Übelabwägungsregel" an. Danach ist Handeln, wenn es einem guten, mit der Menschenwürde vereinbaren Zweck dient, auch dann gerechtfertigt, wenn nicht geboten, wenn seine unerwünschten Nebenfolgen geringer sind als die Übel, die bei Nichtstun heraufbeschworen würden.

Solche Überlegungen sind auch in die Diskussionen um die *Agenda 21* eingeflossen, und zwar in Form sogenannter *„no regret"*-Lösungsvorschläge. Es handelt sich dabei um Investitionen (zum Beispiel in die Erschließung neuer Energiequellen oder zur Verbesserung der Energieeffizienz), die sich bis zu einem gewissen Grade auch dann auszahlen würden, wenn sich Motive wie die Abwendung einer drohenden Klimaverschlechterung als grundlos erweisen sollten. Die bei der Formulierung der *Agenda 21* und der Klimarahmenkonvention getroffene Übelabwägung ist jedoch rational nicht nachvollziehbar, wenn man die Hypothese einer menschengemachten Überhitzung der Atmosphäre als das nimmt, was sie ihrem wissenschaftlichen Status nach tatsächlich ist: als eine unbestätigte Vermutung neben anderen.

In einer solchen Situation erscheint Lotteriespielen als die rationalste und kostengünstigste Entscheidungsalternative.

Die bedenklichsten Formulierungen der Klimarahmenkonvention sind demnach die folgenden: Ziel des Abkommens sei *„die Stabilisierung der Treibhausgaskonzentrationen in der Atmosphäre auf einem Niveau[...], auf dem eine gefährliche anthropogene Störung des Klimasystems verhindert wird. Ein solches Niveau sollte innerhalb eines Zeitraums erreicht werden, der ausreicht, damit sich die Ökosysteme auf natürliche Weise den Klimaänderungen anpassen können, die Nahrungsmittelerzeugung nicht bedroht wird und die wirtschaftliche Entwicklung auf nachhaltige Weise fortgeführt werden kann."* (Artikel 2) Und: *„In Fällen, in denen ernsthafte oder nicht wiedergutzumachende Schäden drohen, soll das Fehlen einer völligen wissenschaftlichen Gewissheit nicht als Grund für das Aufschieben solcher Maßnahmen dienen[...]"* (Artikel 3.3). Dies setzt jedoch voraus,

- dass erstens die seit etwa einem Jahrhundert beobachtete leichte Erhöhung der Durchschnittstemperatur über den Landmassen der Erde hauptsächlich auf menschliche Einflüsse wie die Freisetzung sogenannter Treibhausgase wie Kohlendioxid durch die Verbrennung fossiler Energieträger zurückgeht (was nicht bewiesen und wahrscheinlich sogar grundsätzlich nicht beweisbar ist) und
- dass diese zweitens durch bewusste, weltweit koordinierte Gegenmaßnahmen gestoppt werden kann.

Selbst wenn die erste Bedingung erfüllt wäre, bliebe die Hoffnung auf die Wirksamkeit von Gegenmaßnahmen äußerst schwach begründet, da wirtschaftliche und gesellschaftliche Großexperimente, wie eingangs geschildert, meistens zu Ergebnissen führen, die so niemand gewollt hat. Ich fürchte, dass bei dem zum Beispiel von Hermann Scheer (1999) geforderten vorsorglichen radikalen Umbau der heutigen *„Verbrennungswirtschaft"* zur globalen *„Solarwirtschaft"* nicht nur stoffliche Grundlagen unseres Wohlstandes und materielle Vorkehrungen für den Fall einer möglichen drastischen Abkühlung des Weltklimas in Form von Atomkraftwerken auf der Strecke blieben, sondern auch essentielle immaterielle Werte wie Freiheit und Selbstverantwortung, weil eine starr auf quantitative physische Ziele ausgerichtete Politik selbst bei den besten Vorsätzen kaum den Schritt vom Wert- zum Zweckrationalismus oder Konsequenzialismus (wonach der Zweck die Mittel heiligt) vermeiden könnte.

Ich fürchte also, dass eine Politik, die sich an vermeintlich objektiven, von computerbasierten „Weltmodellen" abgeleiteten Sachzwängen orientiert, gerade das opfert, was eine Nachhaltigkeitspolitik, die diesen Namen verdient, längerfristig bewahren sollte: die Freiheit. Bei einer Übelabwägung unter diesem Blickwinkel erschiene der Weltuntergang wohl etlichen Zeitgenossen als das kleinere Übel. Um noch deutlicher zu werden: Welchen Sinn hätte es für Menschen, die die Freiheit lieben und deshalb bereit sind, für deren Verteidigung ihr Leben einzusetzen, ihre Freiheit für eine hypothetische Stabilisierung des Weltklimas zu opfern – ohne die geringste Gewissheit zu haben, mit diesem Opfer irgend etwas nützliches zu bezwecken? Es verwundert, so besehen, nicht, dass sich das auf der Basis der Klimarahmenkonvention von Rio ausgehandelte Kioto-Abkommen als so schwer umsetzbar erweist.

Tatsächlich sprechen zurzeit in der internationalen Klimadebatte mindestens ebenso viele Forschungsergebnisse für eine erneute *Abkühlung* des Erdklimas wie für eine Fortsetzung der begonnenen Erwärmung. Eine Politik, die sich an „objektiven" Vorgaben orientieren möchte, läuft deshalb Gefahr, gerade das Falsche zu tun. Es gibt deshalb wohl keine Alternative zu der vom gesunden Menschenverstand nahegelegten Auffassung, dass die Klimaentwicklung (wie das Wetter) von der Position unseres Sonnensystems in der Milchstraße und den Launen der Sonne abhängt, folglich ohnehin *„kommt, wie es kommt"* und es deshalb besser ist, die Probleme der Anpassung von Wirtschaft und Gesellschaft auf sich zukommen zu lassen, anstatt sich um ungelegte Eier zu sorgen. Wie steht es demgegenüber um die Ehrlichkeit und damit auch um die geistige Gesundheit eines politischen und rechtlichen Systems, das zwar Streiks, Arbeitsverweigerungen abhängig Beschäftigter als *„höhere Gewalt"* anerkennt, nicht aber Klimaveränderungen?

Der Grundsatz der Ehrlichkeit gebietet es auch einzugestehen, dass eine inzwischen auf sieben Milliarden Menschen angewachsene und mit einiger Sicherheit noch bis auf acht bis neun Milliarden Menschen weiter wachsende Weltbevölkerung auf der Basis heutiger Techniken und gegebener sozialer Systeme nicht dauerhaft, das heißt wenigstens Jahrhunderte lang auf der Erde leben könnte. Das gilt unabhängig von der Richtung, die die Klimaentwicklung einschlagen wird. Wir stehen heute vor dem schier unlösbar erscheinenden Problem, die Nahrungsmittelproduktion global in nur 25 Jahren verdoppeln zu müssen. Deshalb brächte ein buchhalterisches Herangehen an die Ressourcenfrage mit der mehr oder weniger klaren Absicht der Rationierung gar nichts. Vielmehr benötigt die physische Umsetzung der Nachhaltigkeitsidee Dinge und Verhältnisse, die erst noch erfunden werden müssen. Diese Situation erfordert einen Politikansatz, der auf den Erfindungsreichtum freier Menschen baut. Die heutige Politik tut aber genau das Gegenteil, indem sie vordringlich nur solche Forschung fördert, die Zukunftsängste und den dadurch geförderten Aberglauben bestärken.

Das Überleben der Menschen hängt heute stärker denn je zuvor von technischen und sozialen Innovationen ab. Diese können nicht am runden Tisch ausgehandelt oder durch demokratische Mehrheitsbeschlüsse, wenn nicht gar durch revolutionäre Massenerhebungen herbeigeführt werden. Denn Revolutionen vom Typ der französischen Revolution orientieren sich, trotz aller Innovationsrhetorik, in Wirklichkeit immer an eher rückwärtsgewandten Zielen und erweisen sich als „nachhaltig" nur in dem Sinne, dass sie das Denken der Menschen über Jahrhunderte in die falsche Richtung lenken. Statt des jakobinischen Konformismus *(Quelle horreur!)* erfordern Innovationen vielmehr gesellschaftliche und wirtschaftliche Verhältnisse, die Tüftlern, Spinnern und Ketzern Freiräume gewähren und jene belohnen, deren Erfindungen bekannte Probleme menschenwürdiger, effizienter und kostengünstiger lösen als herkömmliche Techniken und Systeme.

Nur die Verbindung von demokratischer Politik und entpolitisierter Marktwirtschaft, nur die Kombination des Schutzes individueller Eigentums- und Menschenrechte wie des Rechtes auf körperliche Unversehrtheit, der Meinungs- und Vertragsfreiheit mit einem politikfreien, aber harten, disziplinierenden marktwirtschaftlichen Wettbewerb schafft solche Anreize für Innovationen und die dafür nötigen Freiräume.

Der Kölner Ökonom C. Christian von Weizsäcker brachte diese Aufgabe 1999 wie folgt auf den Punkt: *„Damit ein sanktionsschwacher Bereich des Politischen in der gleichen Gesellschaft Platz hat neben einem sanktionsstarken Bereich der Arbeitsteilung, müssen die beiden Bereiche voneinander getrennt werden. Würden die beiden Bereiche vermischt, so wäre entweder die Wirtschaft nicht mit hinreichend starken Anreizen ausgestattet: eine sanktionsschwache Wirtschaft funktioniert nicht. Oder der politische Bereich wäre mit starken Sanktionen versehen: dann gäbe es keine Meinungsfreiheit. Eine politisierte Wirtschaft schafft entweder Armut oder Unfreiheit, entweder Chaos oder Diktatur."* (1999, S. 41f.). Demgegenüber kann die in Rio aus der Taufe gehobene „Klimapolitik" als Versuch charakterisiert werden, den jakobinischen „Primat der Politik" ins Zeitalter der Globalisierung zu retten.

Freilich haben sich auch in der *Agenda 21* gewisse ökonomische Einsichten und liberale politische Orientierungen in Form der Forderung nach Stärkung der Privatwirtschaft und der Anregung eines offenen internationalen Wirtschaftssystems ohne einseitig diskriminierende Handelspolitik niedergeschlagen. Diese Kapitel stehen aber unverbunden neben den erwähnten Ansätzen einer globalen Ressourcenbewirtschaftung mit strenger bürokratischer Zielorientierung, die in der *Agenda 21* den größten Raum einnehmen. Es fehlt eine klare Unterscheidung zwischen politisch gestaltbaren und nicht gestaltbaren Prozessen und somit auch eine Klärung des Verhältnisses zwischen Politik und Ökonomie auf globaler, kontinentaler, einzelstaatlicher, regionaler und lokaler Ebene.

So erscheint die *Agenda 21* in der politischen Praxis denn auch weniger als ein ganzheitlich umsetzbares Aktionsprogramm, sondern eher als Steinbruch, in dem sich jede Gruppierung heraussucht, was ihr gerade in den Kram passt. Es ist aber keineswegs ausgemacht, dass sich die der *Agenda 21* zugrunde liegende Idee des *sustainable development* sowohl global als auch national und lokal als eine bessere Orientierungshilfe für die Politik erweisen wird als frühere, noch stärker vom Kalten Krieg geprägte Leitideen. Denn es ist noch keineswegs bewiesen, dass die gar nicht so neue Idee der Nachhaltigkeit ähnliche Leidenschaften wecken kann wie die Idee der Freiheit.

Einen (begrenzt) positiven Einfluss der Nachhaltigkeitsidee sehe ich hingegen vor allem im folgenden: Auch wenn sie die einen eher für eine Zauberformel, ja eine säkularisierte Heilslehre, die anderen mehr für eine modische, beinahe beliebig für unternehmens- oder parteipolitische Zwecke nutzbare Leerformel halten, gilt *sustainable development*, auf deutsch parlamentsoffiziell: *„nachhaltig zukunftsverträgliche Entwicklung"* (so als wüsste man, was die Zukunft bringt!) seit der Rio-Konferenz bei Nichtregierungsorganisationen *(NGOs)* wie bei Regierungen, politischen Parteien, Wirtschaftsverbänden und Großunternehmen einhellig als nützliches, weil friedenstiftendes Leitbild, das heißt als ein echtes produktives Missverständnis. Das ist kein geringer Vorteil, denn es hat sich zumindest in Einzelfällen erwiesen, dass mit Hilfe dieser Orientierung langjährige fruchtlose umweltpolitische Konfrontationen zwischen der „grünen" Bewegung und der Industrie in konstruktive Diskurse verwandelt werden konnten.

Ein herausragendes Beispiel dafür ist der Dialog zwischen dem deutschen *Verband der Chemischen Industrie (VCI)* und der *Arbeitsgemeinschaft PVC und Umweltschutz (AgPU)* auf der einen und Umweltverbänden sowie der Partei *Bündnis 90/Die Grünen* auf der anderen Seite über Probleme und Perspektiven der Chlorchemie. Dieser Dialog hat zum Beispiel bewirkt, dass inzwischen auch rot-grün-regierte Kommunen nüchtern zwischen den Vor- und Nachteile des lange Zeit verteufelten Kunststoffs PVC abwägen. Nur die Organisation *Greenpeace* hält noch (aus naheliegenden Gründen) an der undifferenzierten Ablehnung, wenn nicht Verteufelung von PVC fest.

Der Bundestag entdeckt den gesunden Menschenverstand

IN DER ALTEN (Bonner) Bundesrepublik beschäftigte sich in zwei aufeinanderfolgenden Wahlperioden eine Enquête-Kommission des Bundestages mit der Konkretisierung des Leitbildes *„nachhaltige Entwicklung"*. Die erste Enquête-Kommission *„Schutz des Menschen und der Umwelt – Bewertungskriterien und Perspektiven für Umweltverträgliche Stoffkreisläufe in der Industriegesellschaft"* befasste sich, ausgehend von Herausforderungen wie die pauschale Verurteilung der Chlorchemie durch die Umweltverbände, fast ausschließlich mit Fragen der Stoffbewertung und des Stoffstrom-Managements. Die in der Präambel der *Agenda 21* beschworene *„globale Partnerschaft für eine ökonomisch machbare, sozial gerechte, ökologisch gesunde Entwicklung"* stand nicht im Zentrum der Diskussionen.

Der im Juli 1998 vorgestellte Abschlußbericht der 1995 eingesetzten zweiten Enquête-Kommission des Deutschen Bundestags zum Thema *„Schutz des Menschen und der Umwelt – Ziele und Rahmenbedingungen einer nachhaltig zukunftsverträglichen Entwicklung"* markiert demgegenüber einen Paradigmenwechsel und gleichzeitig eine Relativierung des stofflich-naturalistischen Ansatzes der *Agenda 21*. Nachhaltigkeit galt in diesem Bericht nicht länger als Formel für die heile Welt beziehungsweise als ein der Natur abgeschautes technokratisches Konzept zur Rettung des Lebensraums Erde, das sich mit Hilfe strikter „Stoffstrom-Managementregeln" und detaillierter quantitativer Zielvorgaben umsetzen ließe, sondern wortwörtlich als „regulative Idee" im Sinne Kants. Nachhaltigkeit galt somit nicht mehr als wissenschaftlich begründbarer Zustand, sondern als offenes erkenntnistheoretisches

Konstrukt, das dem menschlichen Verstand bei Such- und Lernprozessen die Richtung weist (Vgl. Gärtner, 1999).

Im Abschlußbericht *Konzept Nachhaltigkeit. Vom Leitbild zur Umsetzung* der Enquête-Kommission von 1998 stehen statt *„Stoffstrom-Managementregeln"*, die – zumindest untergründig – eine hoheitliche Rationierung real oder vermeintlich knapper Ressourcen nahe legten, Methoden der gesellschaftlichen Friedensstiftung und Wege zu institutionellen Innovationen im Vordergrund, auch wenn die „Managementregeln" keineswegs *ad acta* gelegt, sondern sogar noch um Regeln der ökonomischen und sozialen Zukunftsfähigkeit ergänzt worden waren. Die Regeln haben aber nun als Ausformulierungsvorschläge der regulativen Idee der Nachhaltigkeit einen ganz anderen Stellenwert (was einem Teil der ehemaligen Kommissionsmitglieder übrigens bis heute nicht aufgefallen ist).

Die aus der nachhaltigen Waldbewirtschaftung abgeleitete Maxime, nur von den Zinsen zu leben und das Realkapital nicht anzutasten, soll im übertragenen Sinne auch in Wirtschaft und Gesellschaft gelten. Überwiegend handelt es sich bei den ökonomischen und gesellschaftlichen Nachhaltigkeitsregeln um Selbstverständlichkeiten, die aber in einem Land, in dem gesunder Menschenverstand als Ketzerei gilt, vermutlich mindestens der höheren Weihe einer parlamentarischen Enquête bedürfen, um wieder als solche anerkannt zu werden. *„Das Leitbild"*, heißt es im Abschlußbericht, *„verlangt in kürzester Form, nicht auf Kosten der Enkel und Urenkel zu leben. [...] Staatliche und private Verschuldung, denen keine Zukunftsinvestitionen gegenüberstehen, Egoismen politischer und wirtschaftlicher Machteliten, Verteidigung sozialer Besitzstände, mangelnde Anpassungsfähigkeit des Bildungs- und Ausbildungssystems verletzen das Nachhaltigkeitsgebot ebenso wie die Beeinträchtigung der natürlichen Lebensgrundlagen[...]"* (EK-Bericht 1998, S. 43).

Die Enquête-Kommission räumte also ein, dass Staatsschulden, die wir unseren Nachkommen hinterlassen, wahrscheinlich mehr sozialen Sprengstoff bergen als reale oder vermeintliche Rohstoffknappheiten oder Belastungsgrenzen der Erdatmosphäre. Nachhaltigkeitspolitik sei deshalb Gesellschaftspolitik. Es sei aber folgendes zu bedenken: *„Am Ende kommt man bei der Gestaltung gesellschaftlicher Prozesse selten dort an, wohin man wollte – und wenn doch, hat das ursprüngliche Ziel seine Bedeutung geändert, hat der Weg selbst mit seinen Stationen und Umwegen längst die Perspektiven verschoben, neue Horizonte geschaffen. Notwendig ist deshalb die Offenheit der Suchprozesse, damit Versuch und Irrtum einander* *ablösen und einmal gesetzte Ziele revidiert werden können, wenn sie sich als Irrtum erweisen."* (EK-Bericht 1998, S. 44).

Deshalb orientierte die Bundestags-Enquête in ihrem Abschlußbericht weniger auf die Umsetzung quantitativer Umweltqualitätsziele in Form eines von einem Teil ihrer Mitglieder geforderten *„nationalen Umweltplans"* als vielmehr auf institutionelle Reformen mit dem Ziel, die Anpassungsfähigkeit der Individuen und der ganzen Gesellschaft durch kontinuierliche Such- und Lernprozesse zu steigern. Dem Staat komme dabei weniger die Funktion der Steuerung, sondern eher die Funktion der Wettbewerbsförderung sowie die Rolle eines Initiators und Moderators offener Gestaltungsdiskurse zwischen den maßgeblichen Kräften der Zivilgesellschaft und der Politik zu.

Dabei dürften auch Tabuthemen wie die Kohlesubventionierung oder der Umbau des Systems der sozialen Sicherung nicht ausgeklammert werden. Letztlich müsse der Staat als die dem Gemeinwohl verpflichtete Instanz *„die Rahmenbedingungen für die Akteure in Wirtschaft und Gesellschaft so gestalten, dass deren rollengerechtes und interessengeleitetes Handeln notwendigerweise in Richtung der Nachhaltigkeitsziele führt."* (EK-Bericht 1998, S. 73f.).

Nach sechsjährigem zähem Ringen hatte sich in der Bundestags-Enquête also am Ende zumindest in Ansätzen der gesunde Menschenverstand durchgesetzt. Daran wird übrigens deutlich, dass unsere häufige Berufung auf diesen *„hausbackenen Gesellen"* nichts mit Populismus zu tun hat. Im Gegenteil: Heute muss der gesunde Menschenverstand gegen den mächtigen Widerstand des bei den Deutschen tief verwurzelten roten und schwarzen Sozialdemokratismus ankämpfen. Denn es geht in der Nachhaltigkeitspolitik um nicht weniger als die Ablösung des sozialistischen Aberglaubens durch die Wahrheit - angefangen von der simplen Wahrheit, dass zwei und zwei vier ist, und das ehrliche Eingeständnis, dass wir über die außermenschliche Natur, die Ökologie des Lebensraums Erde, die Sonnenzyklen und das Klima, noch viel weniger wissen als über die Natur des Menschen.

Das Eingeständnis, nichts zu wissen und fehlbar zu sein, kann einem aber wie Sokrates im alten Athen leicht Kopf und Kragen kosten. Zwar müssen auch die „kleinen Leute", wenn sie ehrlich sind, zugeben, dass sie nichts oder zumindest nicht viel wissen. Sie wiegen sich aber gerne in der Illusion, „die Großen" blickten durch und wüssten schon, wo es lang geht. Paternalistisch eingestellte Sozial- und Umweltpolitiker tun dann alles, um sie in diesem Köhlerglauben zu bestärken.

Eine echte Nachhaltigkeitspolitik setzt aber gar nicht voraus, dass wir wissen, was nachhaltig ist. Sie setzt nur voraus, klar zu sehen, was keinen Bestand haben kann. Um zum Beispiel die Nicht-Nachhaltigkeit des bestehenden Systems der umlagenfinanzierten Altersversorgung zu erkennen, hätten das Einmaleins und die Zehn Gebote voll ausgereicht. Wenn die Geburtenrate weiter sinkt und sich die Lebensarbeitszeit infolge langer Ausbildungszeiten und früher Verrentung verkürzt, gleichzeitig aber die Lebenserwartung stetig ansteigt, kann der Zeitpunkt der faktischen Aufkündigung des nicht unterschriebenen und auch nicht unterschreibbaren „Generationenvertrages" nicht weit sein. Gelehrte Abhandlungen dienten jedoch häufig eher dazu, diese simplen Sachverhalte zu verschleiern.

Eine Politik im Sinne des gesunden Menschenverstandes steht vor der nicht geringen Aufgabe, Schluss zu machen mit dem von Le Bon postulierten Gesetz der Dekadenz, wonach im Wechselspiel zwischen politischer Vernunfts- und Wissensanmaßung auf der einen Seite und der Vermassung des Volkes infolge des Verlustes essentieller Bürgertugenden wie Rechtssinn und Zivilcourage, Gerechtigkeitssinn und Toleranz, Staatsbürgersinn, Gemeinsinn, Besonnenheit und Klugheit auf der andern Seite nach und nach auf allen Ebenen der politischen und gesellschaftlichen Organisation das persönliche Gewissen als Kontrollinstanz ausgeschaltet wird.

Der Kampf für eine antipopulistische, auf eine Wiederbelebung von Bürgertugenden abzielende Politik wäre übrigens von vorneherein verloren, könnte er nicht auf ein allen Menschen gemeinsames „Nachhaltigkeitswissen" zurückgreifen und hätte er nicht im Megatrend der Globalisierung der Märkte einen mächtigen Bündnispartner. Nur dem frischen Wind weltweit geöffneter Märkte dürfte es gelingen, die Verkrustungen aufzubrechen, die sich in Deutschland in den letzten Jahrzehnten aufgrund besonderer, mit dem Kalten Krieg zwischen dem (im Prinzip) freiheitlichen Westen und dem kollektivistischen Osten zusammenhängender Bedingungen herausgebildet haben.

5

Das „Vorsorgeprinzip", ein Kind des Kalten Krieges

[D]er typische Zustand der menschlichen Geschichte war stets Tyrannei, Knechtschaft und Elend. Nur das 19. und das frühe 20. Jahrhundert in der westlichen Welt bilden auffallende Ausnahmen im generellen Trend der geschichtlichen Entwicklung[...].

Milton FRIEDMAN,
Kapitalismus und Freiheit

DAS „NACHHALTIGKEITSWISSEN" LIEGT, wie das vorangegangene Kapitel gezeigt hat, wenn überhaupt, verstreut in den Köpfen von Individuen oder in den Spielregeln von Institutionen. Kollektive dagegen haben von sich aus weder Seele noch Gewissen. Nachhaltig können deshalb nur solche auf zunehmender Arbeitsteilung beruhende Formen menschlicher Vergesellschaftung sein, die den Einzelnen genügend Freiräume lassen, durch die Bildung von Vorräten, durch den Abschluss von Versicherungen und nicht zuletzt durch eine gesunde Lebenseinstellung und -praxis selbsttätig für sich und für ihre Kinder Vorsorge zu treffen.

Das schließt kollektive Formen des Schutzes gegen Gefahren nicht aus. Im Gegenteil: In erster Näherung werden individuelle Freiheiten ja erst dadurch garantiert, dass ein Teil von ihnen gegen den Schutz durch das staatliche Gewaltmonopol eingetauscht wird. Der Staat muss die Individuen durch die Gewährleistung von Rechtsgrundlagen und Bildungsmöglichkeiten in den Stand setzen, ihre Freiheit auszuüben, eigenverantwortlich Vorsorge zu betreiben. Dabei muss sich aber, wie der Philosoph Otfried Höffe herausgearbeitet hat, *„das Gemeinwesen vor jedem einzelnen rechtfertigen, nicht umgekehrt [...] das Individuum vor dem Gemeinwesen."* (1999, S. 46).

Auf diese (kollektivistische) Umkehrung der Beweislast läuft aber das „Vorsorgeprinzip", wie es in den Dokumenten der Rio-Konferenz, in nationalen Umweltprogrammen und im neuen Chemikalienrecht der EU *(REACh)* verstanden wird, letztlich hinaus. Danach sollen die Individuen die Entscheidungen über ihren Arbeits-, Wirtschafts- und Lebensstil ohne Rücksicht auf die Kosten einem globalen bürokratischen Ressourcenmanagement und einer undurchschaubaren, weil mehr und mehr willkürlichen Ansammlung von Ge- und Verboten unterordnen.

Der 1993 verstorbene amerikanische Politikwissenschaftler Aaron Wildavsky hat in seinem 1995 posthum unter dem Titel *But is it true? A Citizen's Guide to Environmental Health and Safety Issues* herausgearbeitet, dass das so verstandene „Vorsorgeprinzip" seine Überhöhung zur politischen Philosophie dem Kalten Krieg verdankt. Der Hinweis auf die kommunistische Bedrohung des Westens genügte nach dem Zweiten Weltkrieg für beispiellose Finanzaufwendungen im Rahmen des Marshallplans und später für Rüstungsausgaben in astronomischer Höhe. Denn die verteidigungspolitischen Entscheidungen wurden immer nach *worst case*-Annahmen bemessen, was konkret bedeutete, dass die westlichen Strategen auch schönfärberischen Angaben über das Wirtschaftspotential im Ostblock Glauben schenkten (vielleicht sogar schenken mussten). Ob sie deshalb 1989/90 vom Zusammenbruch des kommunistischen Herrschaftssystems wirklich überrascht wurden, ist aber nicht sicher.

Es erübrigte sich bis zum Zusammenbruch des Kommunismus, danach zu fragen, ob sich die enormen Investitionen in die Sicherheit der westlichen Welt wirtschaftlich rechnen könnten. Ging es doch nach Meinung der Regierenden um das Überleben des Westens schlechthin. Diese Denkfigur wurde nach Ansicht Wildavskys aber in der Umweltpolitik im Laufe der Zeit unter dem Druck von Medienkampagnen und angstgetriebener außerparlamentarischer Bewegungen unreflektiert auf die Behandlung ökologischer Risiken übertragen – vermutlich in der instinktiven Annahme, ohne festumrissenes Feindbild weder das westliche Verteidigungsbündnis zusammenhalten, noch vorhandene nationale politische Machtstrukturen aufrechterhalten zu können.

Genau genommen handelte auch schon Josef Stalin streng nach dem „Vorsorgeprinzip", als er nicht nur mögliche Rivalen, sondern Angehörige verdächtiger Volksgruppen in Millionenzahl (vorsorglich!) liquidieren ließ, um seine diktatorische Macht auszubauen. Wie dem auch sei, der Hinweis Wildavskys führt beim Versuch, die historischen Ursprünge von Pessimismus und Risikoscheu in der Nachhaltigkeitsdebatte zu begreifen, auf die richtige Spur.

Die Faszination von Planung und Regulierung

ES FÄLLT AUF, dass der eingangs zitierte Milton Friedman, Wirtschaftsnobelpreisträger von 1976, die Zeit nach dem Zweiten Weltkrieg nicht zu den Goldenen Zeiten des wirtschaftlichen und politischen Liberalismus rechnet. Obwohl der Marshall-Plan zur Wiederankurbelung der vom Krieg stark angeschlagenen westeuropäischen Volkswirtschaften im Gegensatz zu konkurrierenden Vorschlägen (wie dem Morgenthau-Plan) zum Teil von liberalem Geist durchdrungen war, gelangte die politische Gängelung der Wirtschaft in der Nachkriegszeit bald wieder zu neuer Blüte.

Ludwig Erhards von der ordoliberalen Freiburger Schule der Nationalökonomie (Alfred Müller-Armack, Wilhelm Röpke, Walter Eucken und Alexander Rüstow) inspirierter, aber nicht mit den Alliierten abgestimmter (und zunächst außerordentlich unpopulärer!) Überraschungs-Coup der Aufhebung fast sämtlicher Preiskontrollen im Juni 1948 blieb eine Ausnahme. Überall sonst in der westlichen Welt (einschließlich der USA) hatte die Weltwirtschaftskrise der 30er Jahre mit ihren Arbeitslosenheeren das Vertrauen in die „unsichtbare Hand" des Marktes nachhaltig erschüttert. (Später wiesen liberale Ökonomen nach, dass die Weltwirtschaftskrise eher Fehlern der planwirtschaftlichen US-amerikanischen Politik unter Präsident Franklin D. Roosevelt als einem Versagen des Marktes angelastet werden muss.)

Die vom schottischen Moralphilosophen Adam Smith 1776 in seiner *Untersuchung über Wesen und Ursachen des Reichtums der Völker* mit großem Widerhall verfochtene (nicht ganz neue) Idee, dass die Einzelnen am besten zur allgemeinen Wohlstandsmehrung beitragen, indem sie auf halbwegs anständige, bürgerliches Recht und Gesetz respektierende Weise ihren beschränkten eigenen Interessen, ihrem individuellen Gewinnstreben nachgehen, wurde in den fünfziger und sechziger Jahren allenthalben mit müdem Lächeln und Kopfschütteln kommentiert. Stattdessen waren viele Menschen im Westen, angesichts des Sieges der Roten Armee über Hitlers Wehrmacht, tief beeindruckt von der zentralistischen Kontroll- und Kommandowirtschaft der Sowjetunion. Die ehrgeizigen sowjetischen Fünfjahrespläne übten eine große Faszination aus. Bis weit in die siebziger Jahre versuchten Technobürokraten verschiedenster Couleur (zum Glück meist vergeblich!), im Westen etwas Vergleichbares auf die Beine zu stellen. Vielen blieb bis zum Fall der Berliner Mauer weitgehend verborgen, welche Opfer das sowjetische Experiment auch in „Friedenszeiten" kostete und welches moralische Desaster es anrichtete.

Bekanntestes Beispiel ist die französische *planification* mit ihren Fünfjahresplänen. Als Kuriosität gilt heute das zwischenzeitlich fast völlig in Vergessenheit geratene chilenische *Cybersyn*-Projekt einer kybernetischen Planwirtschaft in Echtzeit. Das vom britischen Management-Berater Anthony Stafford Beer ersonnene „sozialistische Internet" auf der Basis von Fernschreibern in den Schlüsselbetrieben, die mit einem Zentralcomputer im Präsidentenpalast *La Moneda* verbunden waren, sollte Kollektivismus und individuelle Freiheit auf einen Nenner bringen und die sozialistische Revolution Salvador Allendes vor dem Abgleiten ins Chaos bewahren. Es würde mich nicht wundern, wenn *Cybersyn* demnächst wiederentdeckt würde, um die Abwicklung des europäischen Emissionshandels zu verbessern.

Die meisten westlichen Industrieländer suchten, angeregt von Präsident Franklin D. Roosevelts Umverteilungs- und Beschäftigungspolitik des *New Deal* in den USA der dreißiger Jahre, in der Nachkriegszeit ihr Heil jedoch in verschiedenen Formen einer „gemischten Wirtschaft" *(mixed economy)*, wobei in Großbritannien, Frankreich und Italien die Verstaatlichung ganzer Industriezweige, in den USA hingegen eher die strenge politisch-bürokratische Regulierung von Märkten im Vordergrund stand. Es grenzt übrigens an Geschichtsfälschung, wenn heute landauf, landab so getan wird, als sei Müller-Armacks und Erhards „soziale Marktwirtschaft" lediglich eine spezielle Ausprägung von *mixed economy* gewesen.

Ansonsten herrschte diesseits und jenseits des Atlantiks Konsens darüber, dass die Märkte „dumm" und gefährlich sind, Regierungen hingegen in den Besitz einer höheren Weisheit gelangen können. Als solche galt bis in die siebziger Jahre unwidersprochen *Die Allgemeine Theorie der Beschäftigung, des Zinses und des Geldes* von John Maynard Keynes (1936). Dessen Anliegen war es, den Kapitalismus durch eine makroökonomische Steuerung der Nachfrage ohne direkte Eingriffe in Unternehmensentscheidungen vor den ihm zugeschriebenen selbstzerstörerischen Kräften zu retten.

Dabei stand die Sicherung der Vollbeschäftigung mit Hilfe der Fiskalpolitik im Vordergrund. In Zeiten wirtschaftlicher Stagnation oder Rezession sollte der Staat durch *deficit spending*, das heißt die Aufnahme von Krediten nicht nur für Investitionsaufwendungen, sondern auch für konsumtive Ausgaben, die Nachfrage ankurbeln und eine milde Inflation als Folge höherer Staatsverschuldung in Kauf nehmen. Ein ausgeglichener Staatshaushalt, wie ihn der gesunde Menschenverstand fordert, galt nicht länger als erstrebenswert. Nicht zuletzt gab es nach dem „Sputnikschock" von 1957 in der politischen Klasse einen wachsenden Konsens darüber, dass der Westen im Kalten Krieg nicht würde bestehen können, ohne Methoden der politischen Planung und Steuerung nicht nur der Verteidigungsanstrengungen, sondern auch der zivilen Technologie- und Wirtschaftsentwicklung sowie der sozialen Sicherung einzuführen.

Zu der so begründeten politischen Bevormundung der Wirtschaft kamen weiterreichende Einschränkungen der Meinungsfreiheit im Namen der Verteidigung des freien Westens gegen die kollektivistische Sowjetunion und ihre Satelliten. Hier galt oft die Devise: Der Zweck heiligt die Mittel. Dabei bleibt es dahingestellt, ob es im Westen zur Politik des Kalten Krieges angesichts der spätestens im Korea-Krieg manifest gewordenen Aggressivität Stalins und seiner Genossen überhaupt eine Alternative gab. Zumindest scheinen gewisse Exzesse während der Mc-Carthy-Zeit in den USA oder regionale Eskalationen vom Kalten in den Heißen Krieg wie in Indochina, die Stützung von Militärdiktaturen in Ländern Lateinamerikas sowie in Griechenland, der Türkei, Spanien und Portugal und schließlich die Wiederbelebung obrigkeitsstaatlicher Traditionen in verschiedenen anderen westeuropäischen Ländern (einschließlich Westdeutschland) vermeidbar gewesen zu sein. Man sollte sich daran erinnern, dass nicht nur Hippies und Studenten gegen den Vietnam-Krieg protestierten, sondern (wohl nicht zufällig) auch ein so bekannter Vordenker des Liberalismus wie der Chicagoer Wirtschaftsprofessor Milton Friedman.

1968 oder wie Revoltierende autoritär werden

IM ERGEBNIS FÜHRTE der Primat der (Militär-) Politik im Kalten Krieg dazu, dass einer zunächst sehr kleinen, aber lautstarken Minderheit der ersten Nachkriegsgeneration in den USA und in einigen westeuropäischen Ländern angesichts des Vietnam-Kriegs am Ende nicht mehr klar war, welcher Machtblock die Sache der Freiheit und der Menschenrechte verteidigte. Es kam zur generellen Infragestellung des westlichen Nachkriegs-Wirtschaftswunderkonsenses durch die Studentenrevolte von 1968.

Trotz durchaus verständlicher Motive erscheint die 68er-Revolte, nach allen späteren Erfahrungen mit ihren noch heute allenthalben spürbaren Folgen, als eine Art Betriebsunfall des Kalten Krieges mit ausgesprochen konterrevolutionären Zügen. Denn die Studentenbewegung richtete sich nicht nur gegen die repressive Politik der Eindämmung des Kommunismus, gegen den kleinbürgerlichen Mief des „Gelsenkirchener Barock" und die schleppende Bewältigung der Nazi-Vergangenheit in der Adenauer-Ära, sondern auch gegen die soziale Marktwirtschaft und andere Grundlagen des schon 20 Jahre nach Kriegsende erreichten Wohlstands, darunter alle seit Jahrhunderten bewährten moralischen Normen, Sitten, Bräuche und Konventionen einschließlich des lebenswichtigen staatlichen Gewaltmonopols.

1968 war somit auch ein Aufstand gegen den gesunden Menschenverstand. Der Schriftsteller Peter Schütt, ein ehemaliger Protagonist dieser Bewegung, traf wohl den Nagel auf den Kopf, als er in einem Rückblick anlässlich des 30. Jahrestages des Jugendaufstandes schrieb: *„Die Revolte von 1968 war keine Revolution der leeren Mägen, sondern der leeren Köpfe."* (*MUT* 2/1998, S. 60). Wobei die Frage auf der Zunge liegt, ob sich daran bei Schütt selbst etwas geändert hat, denn inzwischen ist dieser vom DKP-Kommunismus zum Islam konvertiert. Jedenfalls gerieten damals die endlosen Debatten über die richtigen Alternativen zur ungeliebten *„Konsumgesellschaft"* mit ihrer *„repressiven Toleranz"* (so Herbert Marcuse, der wichtigste geistige Vater der 68er Bewegung) nicht selten zum Streit um die Frage, ob Schwachsinn attraktiver ist als Unsinn. Und erst heute kommt ein Teil der Ex-68er bei den Grünen und den Liberalen nach langen, verschlungenen Umwegen da an, wo der gesunde Menschenversand schon immer war.

Obwohl in der 68er-Bewegung auch libertär-individualistische Strömungen eine Rolle spielten, führte die Bewegung in Europa unterm Strich zu einer Renaissance kollektivistischen Gedankenguts und zu einer Wiedergeburt des nach 1945 zunächst beinahe tot geglaubten Nihilismus. Dieser drückte sich nicht nur im blutigen Terrorismus der *Rote Armee Fraktion (RAF)* aus, der eingehend, wenn auch bei weitem noch nicht hinreichend analysiert wurde, sondern auch in einer bis heute fortwirkenden Renaissance des europäischen Etatismus. Dessen nihilistischen und terroristischen Dimensionen sind bislang aber höchstens ansatzweise untersucht worden.

Es war ein folgenschweres Unglück, dass Albert Camus, der für eine tiefergehende Analyse des Abgleitens der 68er Revolte bestens gerüstet gewesen wäre, weil er schon 1951 gezeigt hatte, dass jede noch so verständliche Revolte in menschenverachtenden Nihilismus umschlagen kann, schon gut acht Jahre vor dem Mai 1968 durch einen anscheinend banalen Verkehrsunfall ums Leben gekommen war. So überließ er unfreiwillig seinem Widersacher, dem Nihilismus-Freund Jean-Paul Sartre, das Feld.

Die wichtigste, wenn auch nicht einzige geistige Brücke zwischen dem „anti-autoritären" Gehabe der 68er und der heute von ihnen getragenen götzendienstähnlichen Form des Etatismus bildete die Ökologie beziehungsweise das Haus-Paradigma des Ökologismus und der damit verbundene Autoritarismus. Nicht zufällig strebte fortan in Deutschland und Frankreich die große Mehrheit der vorgeblich „Anti-Autoritären" in den öffentlichen Dienst, in die öffentlich-rechtlichen Massenmedien oder andere Sparten des staatlich subventionierten Kulturbetriebs. In den USA und insbesondere in Kalifornien hingegen ging aus der Anti-Vietnamkriegs-Bewegung die Generation von Turnschuh- und Garagen-Unternehmern hervor, die hinter dem legendären Gründerboom im *Silicon Valley* stand. Ein Teil dieser Nonkonformisten fand später den Weg zu den „Neokonservativen".

Vor 1968 war in Deutschland kaum von „Gesellschaft" die Rede, dafür aber umso mehr von Institutionen wie der Familie. Danach erschien auf einmal alles und jedes *„gesellschaftlich determiniert"*, *„gesellschaftlich relevant"* oder im *„gesellschaftlichen Interesse"*. Die Familie hingegen, die normalerweise als wichtigster Hort der Pflege bewährter Traditionen, der Weitergabe historischer Erfahrungen und Bildungsgüter (einschließlich der Meme des gesunden Menschenverstandes) dient, wurde als *„autoritär"* denunziert. Die Revolte von 1968 hat in Europa so im Endeffekt eine Generation extrem außengeleiteter Individuen hervorgebracht. Dem Protest gegen teilweise fragwürdige „Sekundärtugenden" fielen in der Tendenz auch universelle sittliche Regeln wie die Zehn Gebote zum Opfer. Den Platz dieser über Jahrtausende bewährten inneren Richtschnur nahm der äußere Zwang der *political correctness (PC)* ein.

Diese ist wohl die wichtigste moralische Hinterlassenschaft der 68er. Es handelt sich dabei um einen zunächst an kalifornischen Universitäten aufgekommenen extrem vergangenheitsfixierten und gleichzeitig heilsgewissen politischen Moralismus, der mit der Keule des Faschismusverdachts einen tendenziell noch größeren Konformitätsdruck erzeugt als die gescheiterten kollektivistischen Ideologien des 20. Jahrhunderts. Denn die deutschen *ex post*-„Anti-Faschisten" usurpierten dabei die Rolle von tapferen Widerstandskämpfern, obwohl sie mit ihrem Konformismus und ihrem Selbsthass mental eher den SS-Schergen nahe standen.

Insofern können wir PC mit einigem Recht als *„geistige Umweltverschmutzung"* durch verselbständigte Meme bezeichnen. Augenfällig wird die virenartige Verselbständigung von PC-Memen an der noch immer modischen Verdrängung des Christusbildes durch den Kopf eines Mörders (Che Guevara) auf T-Shirts. Es ist leider leichter, Krankheiten zu verbreiten als zu heilen.

Das Ende des „Wirtschaftswunders" und die „dritte Dimension" der NATO

NICHT GANZ ZUFÄLLIG hatten sich die Studentenproteste zu einem Zeitpunkt erhoben, als dem deutschen „Wirtschaftswunder" der Atem ausging und Zweifel an der Tragfähigkeit seiner Begründung aufkamen. Die wirtschaftliche Rezession von 1966/67 markierte das Ende des liberalen Sonderweges der „sozialen Marktwirtschaft" in Deutschland. 1967 wurde das *Gesetz zur Förderung der Stabilität und des Wachstums der Wirtschaft (Stabilitätsgesetz)* verabschiedet. Sein Ziel war das durch häufiges Zitieren in den Medien zum Standardbegriff gewordene *„magische Viereck"* von Preisstabilität, Vollbeschäftigung, außenwirtschaftlichem Gleichgewicht sowie *„stetigem und angemessenem Wirtschaftswachstum"* (so sein Paragraph 1).

Spätestens unter der Großen Koalition von 1969 bis 1972 und danach unter den sozialliberalen Regierungen Willy Brandts und Helmut Schmidts kam auch in Westdeutschland der Keynesianismus zu großen Ehren. Wer von den mittleren und älteren Jahrgängen erinnert sich heute nicht mehr an den makroökonomischen Nachhilfeunterricht, den der zum „Superminister" für Wirtschaft und Finanzen aufgestiegene Professor Karl Schiller seinen Landsleuten beinahe allabendlich im Schwarz-Weiß-Fernsehen erteilte?

Dabei verstand sich Schiller, obwohl er in Deutschland erstmals eine strikt keynesianische Politik einführte, persönlich durchaus nicht als reinblütiger Keynesianer. Er war mit seinem Freund Ludwig Erhard oft auch in wirtschaftspolitischen Fragen einer Meinung und suchte, nach eigener Einschätzung, eine *„Synthese aus Keynes und Eucken"*. Die von Schiller eingefädelte *„konzertierte Aktion"* zwischen Arbeitgebern und Arbeitnehmern zur Überwindung der Wirtschaftskrise dient heute als (unerreichbares) Vorbild für ein immer wieder einmal gefordertes *Bündnis für Arbeit.*

Mit dem *„Stabilitätsgesetz"* fand (zunächst unausgesprochen) das Anliegen der „Nachhaltigkeit" Eingang in die deutsche Politik – und zwar in einer Form, die schon damals ahnen ließ, welche Heuchelei sich hinter diesem Begriff verbergen kann. Sehr bald kam auch der Vorschlag, das *„magische Viereck"* durch das Ziel *„Qualität des Lebens"* zu einem *„magischen Fünfeck"* zu erweitern. Eigenartigerweise ging dieser Vorschlag nicht auf eine Initiative europäischer Sozialdemokraten zurück, sondern über Kanäle der NATO auf den damaligen republikanischen US-Präsidenten Richard Nixon. Im April 1969, anlässlich des 20. Jahrestages der Unterzeichnung des Nordatlantik-Vertrages, hatte Nixon seine Überzeugung kundgetan, dass *„das westliche Bündnis [...] eine soziale Dimension benötigt, um sich mit unseren Besorgnissen über die Qualität des menschlichen Lebens im letzten Drittel dieses Jahrhunderts zu befassen."* (zit. n. Huntley, 1972, S. 7).

Noch im Dezember 1969 trat das *NATO-Committee on Challenges of Modern Society (CCMS)*, auch als *NATO-Umweltausschuss* bekannt, zu seiner konstituierenden Sitzung zusammen. Nach der *„zweiten Dimension"*, der Entspannungspolitik des *„Brückenschlages"* zur *„Aufweichung des Ostblocks von innen"*, wurde damit die *„dritte Dimension"* der NATO aus der Taufe gehoben.

Ich halte es für notwendig, die Gründungsphase der Umweltpolitik als relativ eigenständiges Ressort Ende der 60er Jahre etwas ausführlicher darzustellen, um dem noch immer verbreiteten Gerücht entgegenzutreten, die Umweltpolitik gehe auf den Druck außerparlamentarischer Bürgerinitiativen zurück oder sei gar eine Erfindung der Grünen. Vielmehr ist die bis heute betriebene Art der Umweltpolitik, wie im Folgenden belegt werden soll, von ihrem Begründungszusammenhang her ein Kind des Kalten Krieges.

Dabei soll hier die Vorgeschichte der „Entdeckung" des Umweltthemas durch die NATO ausgeblendet bleiben, weil diese nur lückenhaft dokumentierbar und von Verschwörungstheorien umrankt ist. Sicher ist aber, dass es schon während der Amtszeiten John F. Kennedys und Lindon B. Johnsons Diskussionen auf höchster Ebene im Rahmen von hochkarätig besetzten Seminaren privater Stiftungen wie der *Rockefeller Foundation* und im Rahmen von Gedankenspielen großer *think tanks* wie der *RAND Corporation* gab, die der Frage nachgingen, wie man die Völker und das atlantische Bündnis in Alarmstimmung halten könnte, falls der Friede ausbrechen sollte. (Interessierte mögen das Stichwort *iron mountain* bei *Google* eingeben.).

Eines der Hauptanliegen des *CCMS* war die *„Nutzbarmachung wissenschaftlicher Erkenntnisse bei der Entscheidungsfindung"*, im Klartext: die Entwicklung und Erprobung technobürokratischer Methoden der politischen Finanz- und Programmsteuerungsplanung einschließlich der Übertragung betriebswirtschaftlicher und militärischer Systemanalyse-, Programmbudgetierungs- und Distributionsmethoden in die zivile Verwaltung in Form sogenannter *Planning-Programming-Budgeting*-Systeme (vgl. dazu die Übersicht in Naschold/Väth 1973).

Diese Ansätze waren im Rahmen eines *„Kreuzzuges gegen die Armut"* mit dem Programm der *Great Society* von Nixons Vorgänger im Weißen Haus, dem Demokraten Lyndon B. Johnson, in großem Stil erprobt worden – mit mehr als zweifelhaften Resultaten hinsichtlich der Effizienz und der demokratischen Legitimation, wie die amerikanischen Politikwissenschaftler Aaron Wildavsky und Bertram M. Gross bitter beklagten (vgl. Naschold/ Väth 1973).

CCMS beschäftigte sich in den folgenden Jahren mit so unterschiedlichen Problemen wie der Verstädterung, der Bekämpfung von Drogenmissbrauch und Kriminalität, der Modernisierung der Gesundheitsversorgung, der Entwicklung neuer Verfahren der Abwasserreinigung, der Bekämpfung der Ölverschmutzung der Weltmeere, der Sanierung verschmutzter Flussmündungen und Binnengewässer, der Entwicklung abgasfreier und unfallsicherer Automobile, der Kontrolle der Luftverschmutzung, der Katastrophenhilfe und der Regionalplanung.

Bei jedem der Einzelprojekte transatlantischer Zusammenarbeit fungierte ein Land als „Musterland". Es bestand nach Aussage des damaligen NATO-Generalsekretärs Manlio Brosio der durchaus nicht bescheidene Anspruch, *„für die Regierungspolitik und die Gesetzgebung Rezepte zu geben."* (*NATO-Brief* 4/1969, S. 4) Die Frage, warum sich nicht lieber die Privatwirtschaft um solche Probleme kümmern sollte, wurde in diesem Kreisen gar nicht erst gestellt.

Zwar hatte Aaron Wildavsky mit feinem jüdischem Humor die unter Johnsons Verteidigungsminister Robert McNamara von der militärischen in die Zivilverwaltung überführten Systemanalyse- und Planungsmethoden der *RAND-Corporation* schon Jahre vorher als Schaumschlägerei (*„hokum"*) entlarvt. Aber der gemäßigte Republikaner Nixon dachte gar nicht daran, Johnsons Programm der *Great Society* zurückzunehmen. Er ließ die Planungs- und Budgetierungsmethoden lediglich durch Methoden der Evaluation (Bewertung) ergänzen.

Nixon war als Platzhalter des Rockefeller-Enkels Nelson Rockefeller für die Präsidentschaftswahl aufgestellt worden und vertrat in der Wirtschaftspolitik dessen kartellfreundliches, interventionistisches Programm. Bald stand er wegen der innenpolitischen Folgen des von seinem Vorgänger begonnenen Vietnam-Krieges - gleichzeitig wachsende Inflation und Arbeitslosigkeit sowie nicht zuletzt eine starke Studentenbewegung, die sich immer mehr zu einer bundesweiten Volksbewegung gegen den Vietnam-Krieg ausweitete - unter enormem Druck. Um die Präsidentschaftswahlen von 1972 zu gewinnen, musste er sich etwas einfallen lassen. Da bot es sich an, die von seinem Vorgänger genährte Illusion der Planbarkeit von Wirtschaft und sozialer Sicherung zum transatlantischen Programm zu machen.

Zum Auftakt seiner Wahlkampagne, 1971, bekehrte sich Nixon sogar offen zum Keynesianismus, legte dem Kongress ein defizitäres *Vollbeschäftigungsbudget* vor und führte strikte Lohn- und Preiskontrollen ein. Seine zweite, durch den Watergate-Skandal vorzeitig beendete Amtsperiode ging als *„letzte linke Regierung"* in die Wirtschaftsgeschichte der USA ein (Details dazu bei Yergin/ Stanislaw, 1999).

In Westdeutschland engagierte sich neben Willy Brandt (damals Außenminister der Großen Koalition) vor allem der Soziologe Ralf Dahrendorf (damals sein Staatssekretär im Außenamt) für die Umsetzung der *CCMS*-Studien in Politik und Verwaltung. Er schlug die Bundesrepublik Deutschland als Musterland für die Studie *„Nutzbarmachung wissenschaftlicher Erkenntnisse bei der Entscheidungsbildung"* vor. In einem Beitrag zum 20-jährigen Jubiläum der Gründung der

NATO deutete Dahrendorf an, was *CCMS* nach Meinung seiner Urheber bezwecken sollte: *„Wenn wir gemeinsame Probleme untersuchen, die durch die physische und soziale Umwelt hervorgerufen werden, die wir geschaffen haben, dann erschließen wir das Bündnis dem Verständnis der Probleme, die von den Kritikern innerhalb und außerhalb unserer Parlamente so oft herausgestellt werden. Gerade die Tatsache, dass dieser Ausschuss ins Leben gerufen worden ist, zeigt, dass für uns Sicherheit ebenso von der Lebenskraft unserer Gesellschaften abhängt wie von der Stärke unserer Armeen. [...] Es ist durchaus möglich, dass die Fragen, die wir hier erörtern, den Anfang einer Tagesordnung für Ost-West-Verhandlungen darstellen werden"* (*NATO-Brief* 4/1969, S. 8).

Es ging bei der *„dritten Dimension"* der NATO also – ausgesprochen oder unausgesprochen – darum, das systemkritische Potenzial der Studentenrevolte dadurch zu entschärfen, dass man es auf die Schiene umwelt- bzw. soziotechnischer Verbesserungen der Lebensqualität in den Industrieländern lenkte. Gleichzeitig hoffte man damit, die Politik des „Brückenschlages" zwischen dem Nordatlantik- und dem Warschauer Pakt, substanziell zu untermauern, um den Kalten Krieg auf ein für den Westen günstigeres Terrain zu verlagern.

An anderer Stelle drückte Dahrendorf noch deutlicher aus, was ihm vorschwebte: *„Vielleicht ist die Ausnutzung wissenschaftlicher Ergebnisse zur politischen Entscheidungshilfe an sich eine der größten Aufgaben der modernen Gesellschaft. Wir könnten in einer besseren Welt leben, wenn jene, die Entscheidungen zu treffen haben, etwas mehr Nutzen aus der Erfahrung jener, die der Entwicklung des menschlichen Wissens dienen, [...] zögen."* (*NATO-Brief* 2/1970, S. 8).

In diesem Anliegen stimmten die Vordenker des westlichen Bündnisses mit jenen Top-Managern, Bürokraten und Koryphäen der Wissenschaft aus 25 Ländern überein, die sich 1968 unter Führung des *Fiat-* und *Olivetti*-Vorstandes – und Vorsitzenden des Komitees für Atlantische Kooperation – Aurelio Peccei in London und Bellagio am Comer See (nicht in Rom!) zum *Club of Rome* zusammengeschlossen hatten (Peccei stand bis gegen Ende der siebziger Jahre mit dem Verfasser in persönlichem Kontakt und lud ihn öfters zu handverlesenen Meetings in verschiedenen west- und osteuropäischen Hauptstädten ein, weil er offenbar davon ausging, einen jungen Ökologen leicht für seine Sache gewinnen zu können.).

In seinem programmatischen Buch *The Chasm Ahead* (etwa: *Vor uns der Abgrund)* von 1969 skizzierte der als umfassend gebildeter Renaissance-Mensch auftretende Top-Bürokrat Peccei die verschlungene

„Weltproblematik", die es seiner Meinung nach mit den modernsten Instrumenten der Systemanalyse zu entwirren und mit Hilfe vorausschauender politischer Planung und des Einsatzes modernster Managementmethoden zu lösen galt: den Bildungsnotstand im alten Europa und das von daher drohende weitere Aufreißen einer technologischen Lücke zwischen der Alten und der Neuen Welt sowie die Bevölkerungsexplosion in den armen Ländern und die damit einhergehende Zerstörung des *„ökologischen Gleichgewichts"*.

Als Einstieg in die Systemanalyse der „Menschheitskrise" erteilte der *Club of Rome* 1970 einer 17-köpfigen international zusammengesetzten Arbeitsgruppe junger Betriebswirtschaftler und Systemanalytiker unter Leitung von Dennis L. Meadows am *Massachusetts Institut of Technology (MIT)* in Boston den Auftrag, Pecceis Befürchtungen mit Hilfe der am *MIT* vom damals führenden Management-Theoretiker Jay W. Forrrester entwickelten Methode *industrial dynamics* in ein kybernetisches *„Weltmodell"* zu übertragen und in Form von Computersimulationen durchzuspielen, um *„Denkanstöße"* zu geben. In der Tat schlug die von der deutschen *Volkswagen*-Stiftung finanzierte, 1972 unter dem Titel *The Limits to Growth (Die Grenzen des Wachstums)* veröffentlichte *MIT*-Studie in den Medien wie eine Bombe ein.

Knapp zusammengefasst, hat die Studie folgenden Inhalt: Das rasche Wachstum von Wirtschaft und Bevölkerung werde höchstwahrscheinlich schon in der ersten Hälfte des 21. Jahrhunderts infolge der Erschöpfung nicht regenerierbarer (mineralischer) Rohstoffe zum Erliegen kommen. Gelinge es jedoch, den Rohstoffverbrauch je Produkteinheit durch Wiederverwendung von Abfällen ab 1975 auf ein Viertel zu senken und den Abbau wenig ergiebiger Rohstoff-Lagerstätten rentabel zu machen, dann komme es – nur leicht verzögert, dafür aber mit umso größerer Wucht – zu einer Katastrophe infolge der Umweltverschmutzung. Werde diese hingegen ab 1975 je Produkteinheit auf ein Viertel reduziert, breche das Bevölkerungswachstum mit einer Verzögerung von nur 20 Jahren durch eine Nahrungsmittelkrise infolge der Überbauung landwirtschaftlicher Nutzflächen zusammen. Abwenden könne man die Katastrophe nur, wenn das Wachstum der Weltbevölkerung gestoppt und die Industrieproduktion pro Kopf auf dem bis 1975 erreichten Niveau angehalten werde, um einen *„Zustand weltweiten Gleichgewichts"* zu erreichen.

Dieses Ergebnis, dessen Datengrundlage niemals geklärt wurde, scheint von vornherein festgestanden zu haben. Kam es doch den Auftraggebern der Studie in erster Linie darauf an, die öffentliche Meinung der westlichen Welt – vor allem in Hinblick auf die Umweltkonferenz der UNO im Juni 1972 in Stockholm – einer Art Schockbehandlung zu unterziehen. Abgesehen von einem kleinen Kreis marktfeindlicher Bürokraten ahnten viele von der *MIT*-Studie Begeisterte sicher nicht, dass sie damit auch Geister auf den Plan riefen, die sie so leicht nicht wieder los werden würden.

Tief beeindruckt von der Vorstellung eines Vorberichtes der Ergebnisse der *MIT*-Studie vor einem handverlesenen Publikum im Juli 1971, die nicht zufällig in *Moskau* (und nicht etwa in New York, in Washington, in Rio de Janeiro oder einer anderen westlichen Metropole) stattfand, verfasste der damalige EWG-Wirtschaftskommissar, der niederländische Sozialist und überzeugte Planwirtschaftler Sicco Mansholt, im Februar 1972 einen viel beachteten *„Offenen Brief"* an Franco Maria Malfatti, den damaligen Präsidenten der Europäischen Kommission (abgedruckt in von Nussbaum (Hg.), 1973).

Darin forderte Mansholt für Europa *„eine strenge Planwirtschaft, die jedermann das Existenzminimum sichern würde" sowie den Aufbau eines umweltschonenden Produktionssystems mit systematischer Wiederverwertung.* Dieses Ziel lasse sich nur erreichen *„durch eine merkliche Senkung des materiellen Wohlstands des Einzelnen und einer Beschränkung der freien Verfügung über Güter (Rationierung)."* Die Gesellschaft von morgen könne nicht am materiellen Wachstum des Bruttosozialprodukts orientiert sein. Vielmehr gelte es die Wirtschaft nach Kriterien wie den *„Bruttosozialnutzen"* oder *„Bruttosozialglück"* auszurichten.

Konkret forderte Mansholt die Erarbeitung eines *„europäischen Zentralplans"* und eines *„Fünfjahresplans für die Entwicklung eines neuen sauberen Produktionssystems auf der Grundlage eines geschlossenen Wirtschaftskreislaufs"*, die *„Einführung eines Systems von Produktionsbescheinigungen, das auf europäischer Ebene kontrolliert würde"*, die Erhöhung der Mehrwertsteuer für herkömmliche Produkte, um Recyclingprodukte beziehungsweise besonders lange haltbare Erzeugnisse zu fördern (Ökosteuer). Denkbar sei auch ein *„Produktionsverbot für nicht lebenswichtige Güter"*.

Damit wurde Mansholt (der damals mit der späteren Grünen-Parteimitbegründerin Petra Kelly das Bett teilte) zum geistigen Vater der erst zu Beginn der 80er Jahre gegründeten Parteien der Grünen, die den Kampf der 68er gegen den „Konsumterror" mit einer ökologistischen Begründung weiterführten. In Form von Versatzstücken tauchten Ideen aus Mansholts „Testament" wie die Kreislaufwirtschaft, die Ökosteuer usw. aber auch in den umweltpolitischen Programmen sozial- und christdemokratischer und selbst liberaler Parteien auf. Und man kann im Rückblick leicht feststellen, dass die EU bis zum Ende der Amtszeit ihres Kommissionspräsidenten Romano Prodi nicht zuletzt mit der Inkraftsetzung der Emissionshandelsrichtlinie bereits vieles von Mansholts Programm abgearbeitet hatte. So forderte der damalige EU-Umweltkommissar Stavros Dimas offen den Aufbau einer *„Kriegswirtschaft"* zur Bekämpfung des Treibhauseffektes.

Etappen der Umweltpolitik

OBWOHL DER BEGRIFF „Umweltschutz" erst 1970 als Übersetzung der amerikanischen Bezeichnung *environmental protection* Eingang in die deutsche Sprache fand, gab es gerade hier eine lange Tradition umweltbezogener gesetzlicher Regelungen. Schon 1820 schrieb ein Gesetz vor, dass Waldbesitzer wegen Rauchschäden im Umkreis von Blei-, Silber- und Eisenhütten entschädigt werden müssen. 1869 führte die Gewerbeordnung des Norddeutschen Bundes eine Genehmigungspflicht für Industrieanlagen, die Nachbargrundstücke beeinträchtigen können, und (begrenzte) Einspruchsmöglichkeiten potentiell Leidtragender ein.

Nach dem Zweiten Weltkrieg begann die Umweltgesetzgebung mit der Verabschiedung des Wasserhaushaltsgesetzes im Jahre 1957. Dort findet sich bereits der *„Besorgnisgrundsatz"*, der als Vorläufer des später im 1974 beschlossenen Bundesimmissionsschutzgesetz erstmals eingeführten Vorsichts- oder Vorsorgeprinzips gilt. Damals waren Flüsse und Bäche in Deutschland infolge des explosionsartigen Produktionswachstums während des „Wirtschaftswunders" bereits so stark mit Abwässern belastet, dass sowohl die Versorgung der Industrie mit Brauch- und Kühlwasser als auch die Trinkwasserversorgung der Bevölkerung schwierig wurden.

Im September 1964 erließ das damals dafür zuständige Bundesgesundheitsministerium die *Technische Anleitung zur Reinhaltung der Luft (TA Luft)*, eine Verwaltungsvorschrift, die den Paragraphen 16 der Gewerbeordnung von 1869 (die Bestimmungen über genehmigungsbedürftige Anlagen) näher ausführen sollte. Diese Sammlung von Konstruktionsnormen (etwa Berechnungsmethoden für die Mindesthöhe von Fabrikschornsteinen in Abhängigkeit von der Menge der ausgestoßenen Luftschadstoffe) und Abgasgrenzwerten für die Arbeitsräume (MAK-Werte) und die Umgebung (MIK-Werte) ist nach wiederholten Novellierungen noch heute gültig.

Wichtigster Anlass für die Verabschiedung der *TA Luft* war die immer unerträglicher gewordene Belastung der Luft des Ruhrgebietes mit Stäuben sowie Schwefel- und Stickstoffdioxid aus Zechen und Großkraftwerken. Die Luftbelastung hatte nicht nur zum kostenträchtigen Ansteigen des Krankenstandes und zur Abwanderung qualifizierter Arbeitskräfte aus dem industriellen Ballungsgebiet geführt, sondern auch die technische Modernisierung der Schwerindustrie behindert. Vor allem die Belastung mit Stäuben hatte die Lebensbedingungen für viele unerträglich werden lassen. Es wird berichtet, dass der Staubniederschlag auf den Straßen so stark war, dass es bei einsetzendem Regen zu zahlreichen Rutschunfällen kam.

WHG und *TA Luft* waren also Versuche, mit Hilfe staatlicher Regulierung konkrete Engpässe der industriellen Entwicklung zu beseitigen. Das war bei der Umweltpolitik als relativ eigenständiges neues Ressort, die ab 1970 in den wichtigsten westlichen Industrieländern in Szene gesetzt wurde, ganz anders. Als die ersten die Medien Wasser, Boden und Luft übergreifenden Umweltprogramme formuliert wurden, gab es als Anlass weder eine zugespitzte Krise der industriellen Ressourcennutzung noch einen Druck der öffentlichen Meinung. Ohne die oben geschilderte strategische Neuorientierung des atlantischen Verteidigungsbündnisses ist die Hektik, mit der damals in allen hochentwickelten Industrieländern gleichzeitig umweltpolitische Programme formuliert wurden, also nicht erklärbar.

Das Startsignal gab wenig überraschend die Nixon-Regierung mit dem *National Environmental Policy Act* am 1. Januar 1970, einer Botschaft Präsident Nixons an den Kongress im Februar 1970 und einem Bericht zur Lage der Nation im November des gleichen Jahres. In Deutschland begann die Umweltpolitik mit der Verabschiedung eines *„umweltpolitischen Sofortprogramms"* im September 1970. Aus diesem entstand das am 29. September 1971 verabschiedete erste Umweltprogramm der Bundesregierung.

Dessen intellektueller Hochmut ist an folgender Passage im einleitenden Kapitel über die Umweltpolitik ersichtlich: *„Die Bundesregierung will sich in dem vorgelegten Gesamtprogramm nicht damit begnügen, diesen oder jenen bereits entstandenen Umweltschaden festzustellen und zu bekämpfen; sie will erreichen, das unerwünschte Nebenwirkungen wirtschaftlicher und gesellschaftlicher Entwicklungen rechtzeitig erkannt und durch weit vorausschauende Umweltplanung vermieden werden können."*

Neben einer Umweltplanung auf lange Sicht nennt das Programm die Durchsetzung des *„Verursacherprinzips"* bei der Verteilung der Kosten, die Förderung umweltfreundlicher Technologien, die Weckung eines *„Umweltbewusstseins"* in allen Teilen der Bevölkerung und die Verbesserung der internationalen Zusammenarbeit als Hauptziele der Umweltpolitik.

Das Umweltprogramm selbst blieb, entsprechend dem neutralen Anspruch der aus den USA importierten Systemanalyse, frei von parteipolitischen Einflüssen. Es entsprach in seiner Ausrichtung ganz der Ende der 60er Jahre mit dem *„Stabilitätsgesetz"* eingeleiteten Politik der Globalsteuerung. Zur *„Entpolitisierung des Umweltschutzes"* (Edda Müller, 1989) trug obendrein die Tatsache bei, dass die Kompetenzen für die Luft- und Wasserreinhaltung sowie die Abfallbeseitigung in dem vom kleinen Koalitionspartner FDP geleiteten Bundesinnenministerium angesiedelt wurden.

Mit der Ausarbeitung des stark ins technische Detail gehenden Umweltprogramms befassten sich unter Leitung von Günter Hartkopf (Staatsekretär in dem von Hans-Dietrich Genscher geleiteten Bundesinnenministerium) eigens freigestellte Spitzenleute der Ministerialbürokratie, die sich (wie Hartkopf später in einem Anfang 1986 in Bad Kissingen beim *„Deutschen Beamtentag"* gehaltenen Vortrag offen eingestand) wie eine verschworene Bande über Ressort- und Parteigrenzen hinwegsetzten und an Bundestag und Bundesrat vorbei wissenschaftlich-technische Kompetenzen von Fachbehörden auf Bundesebene aufbauten. Deshalb ist die konzeptionelle Phase der Umweltpolitik sogar als *„Zeit der Technokraten"* (Voss, 1990) bezeichnet worden.

Zum „konspirativen" Vorgehen der Technokraten (eigentlich Bürokraten) passen auch gut die erst sehr viel später bekannt gewordenen Tatsachen, dass das Bundesinnenministerium ausgewählte Journalisten gezielt mit Meldungen über ökologische Missstände beziehungsweise die von der Regierung geplanten gesetzlichen Abhilfemaßnahmen versorgte und gleichzeitig Umweltverbänden wie dem *Bundesverband Bürgerinitiativen Umweltschutz (BBU)* nicht nur wichtige Informationen, sondern auch eine Art „Anschubfinanzierung" zukommen ließ, während die Unternehmen und Wirtschaftsverbände in der Regel erst relativ spät über die Vorhaben der Regierung informiert wurden.

Ähnliches fand beim Start der Umweltpolitik in anderen westeuropäischen Ländern statt. Wie die Veröffentlichung der Studie *Die Grenzen des Wachstums* erinnert auch dieses Vorgehen unwillkürlich an die Fabel vom Zauberlehrling. Doch lag die Förderung einer „Umweltbewegung" ganz auf der Linie des aus den USA importierten Modells der *professionalized reform* und des *consent management*. Danach bedienen sich die Planer bei der Festlegung umwelt- und sozialtechnologischer Ziele nicht nur der Kenntnisse wissenschaftlicher Experten, sondern versuchen auch, die „Betroffenen" zumindest so weit in den Planungsprozess einzuschalten, wie deren Mitarbeit Informationen zur Präzisierung der Ziele beisteuert und Reibungsverluste bei deren Realisierung vermeiden hilft.

Bürgerinitiativen und Grüne wurden also als Erfüllungsgehilfen der NATO in der Endphase des Kalten Krieges betrachtet. Wie Hartkopf in Bad Kissingen mit entwaffnender Offenheit ausführte, benötigte die Ministerialbürokratie das *„Wadenbeißen"* der Umweltverbände. Es habe ihr *„Luft zum Agieren"* verschafft, weil es immer in die richtige Richtung gegen Industrie und Marktwirtschaft zielte.

Allgemeine Orientierungshilfen und zum Teil auch konkrete technische Vorgaben oder Anregungen für die Einbindung „Betroffener" in die Umweltplanung lieferten dabei Modellprojekte im Rahmen oder im Umkreis der *„dritten Dimension"* der NATO. Zum Beispiel vergab *CCMS* Forschungsstipendien zum Thema *„Die Rolle von Bürgerschutzvereinigungen und ‚Pressure Groups' bei der Erkennung von Umweltproblemen"* (Huntley, 1972, S. 37).

So konnte NATO-Generalsekretär Manlio Brosio schon im April 1991 auf der 4. Vollsitzung von *CCMS* befriedigt feststellen, *„dass der CCMS eine wichtige Rolle bei dem allgemeinen Trend gespielt hat, der die meisten Länder des Bündnisses veranlasste, neue administrative oder Regierungseinrichtungen zu schaffen, um in der Lage zu sein, mit ihren neuen Aufgaben auf dem Gebiet der Umwelt fertig zu werden. Darüber hinaus erkennt jedermann, dass die Regierungen von unserem Handeln profitieren. Die politischen Maßnahmen, die auf diesem Gebiet ergriffen werden, verlangen nämlich Opfer wegen der damit verbundenen Kosten, wegen der Überwindung von Privilegien und wegen der Traditionen. Es ist für die Mitgliedsländer von großem Wert, dass sie sich auf die Autorität der NATO berufen können, um Maßnahmen durchzusetzen, die, wenngleich notwendig, in gewissen Kreisen unpopulär sein mögen."* (*NATO-Brief* 5/1971, S. 14f.).

Brosio wies damit auch darauf hin, dass die technobürokratische Umweltpolitik nicht nur polizeirechtlicher Durchführungsbestimmungen, sondern auch einer Flankierung durch eine drohende Zeigefingerpädagogik nach Art des *Struwwelpeter* bedurfte. Das besorgten mit Hilfe der Massenmedien im Wesentlichen die Weltuntergangsszenarien des *Club of Rome*. Die umweltpolitische Sensibilisierung erfolgte also in der konzeptionellen Phase der Umweltpolitik hauptsächlich „von oben". Bürgerinitiativen gab es bis zum Beginn der 70er Jahre nur gegen regional begrenzte Belästigungen. So zum Beispiel die vom späteren Umweltbeauftragten des Rates der Evangelischen Kirchen Deutschlands (EKD), Pfarrer Kurt Oeser, geleitete Initiative gegen den Fluglärm im Umkreis des Rhein-Main-Flughafens.

Die Geburtsstunde einer breiteren Bewegung „von unten" fiel nicht zufällig in die Zeit nach der Ölkrise von 1973 und die schwere Wirtschaftskrise von 1974/75. Hochmut kommt vor dem Fall, sagt ein altes Sprichwort. Dieses bestätigte sich gegenüber der Überzeugung, mit Hilfe von Systemanalyse und bürokratischer Steuerung dauerhaft die *„Qualität des Lebens"* optimieren zu können, schneller als erwartet. Die „Ölkrise" (an deren Auslösung die Argumente der Studie *Grenzen des Wachstums* sicher nicht unbeteiligt waren) wurde zum „Elchtest" der wirtschaftspolitischen Globalsteuerung.

Die Nationalisierung der Ölquellen und die deutliche Anhebung des Rohölpreises durch das Kartell erdölexportierender Länder (OPEC) genügte, um der Wirtschaft der westlichen Industrieländer einen Schock zu versetzen, von dem sie sich bis zum Ende der 70er Jahre nicht mehr erholte, weil sich die scheinbar bewährten keynesianischen Werkzeuge der Globalsteuerung wie vor allem das *deficit spending* während der sich nun einstellenden „Stagflation" - der nach der Theorie von Keynes eigentlich undenkbaren Verbindung von wirtschaftlicher Stagnation, Massenarbeitslosigkeit und Inflation - als überaus stumpf erwiesen.

Bis das dem letzten klar wurde, gab es aber eine Reihe von Großversuchen, der Wirtschaftskrise doch noch durch *deficit spending* Herr zu werden. So diskutierte die 1971 als Clearingstelle zwischen der Ministerialbürokratie, der Politik, der Wissenschaft, der Wirtschaft, der Gewerkschaften und der Umweltverbände eingerichtete *Arbeitsgemeinschaft für Umweltfragen (AGU)* im Juli 1975 auf Schloss Gymnich bei Köln mit Bundeskanzler Helmut Schmidt über eine Verstaatlichung und konjunkturpolitische Instrumentalisierung der Umweltschutzinvestitionen nach dem *„Gemeinlastprinzip"*. Anlass des *Gymnicher Gesprächs* waren Klagen von Industriellen und Gewerkschaftern über einen *„Investitionsstau"* in Höhe von 50 Milliarden DM wegen zu strenger Umweltauflagen beziehungsweise Genehmigungsvoraussetzungen erlassenen Bundesimmissionsschutzgesetz (BImSchG) von

1974 und die damit zusammenhängende Verschärfung des seit der „Ölkrise" akut gewordenen Beschäftigungsproblems.

Eine Frucht dieser und weiterer Gespräche war die Verabschiedung des *„mehrjährigen öffentlichen Investitionsprogramms zur wachstums- und umweltpolitischen Vorsorge" (Bund-Länder-Programm für Zukunftsinvestitionen, ZIP)* mit einem Gesamtvolumen von ungefähr 16 Milliarden DM im März 1977. Im Rahmen dieses Programms wurde unter anderem der Bodensee als Europas größtes Trinkwasserreservoir saniert. Das ZIP entsprach in seiner Begründung dem Verständnis von *„qualitativem Wachstum"*, das sich im Gefolge der 4. Internationalen Arbeitstagung der *Industriegewerkschaft Metall* zum Thema *Aufgabe Zukunft – Qualität des Lebens* im April 1972 in Oberhausen bei Sozialdemokraten und Gewerkschaftern durchgesetzt hatte: als ***bewusste*** Ausweitung des Staatsanteils am Bruttosozialprodukt.

Heute kann man darüber – angesichts der schwierigen Aufgabe, den Staatsanteil wieder auf ein halbwegs vernünftiges Maß herunterzufahren – nur den Kopf schütteln, denn die damals gemachten Staatsschulden sind bis heute nicht abbezahlt. Aber im Nachhinein ist man immer klüger.

Als arbeitsplatzschaffende „Zukunftsinvestitionen" galten damals bei den regierenden Sozialdemokraten und bei den Gewerkschaften aber nicht nur die ZIP-Projekte, sondern auch der im Energieprogramm der sozialliberalen Regierung von 1973 beschlossene rasche Ausbau von Kernkraftwerkskapazitäten. Bis zum Jahre 1985 sollte danach die Zahl der deutschen Kernkraftwerke von acht auf nicht weniger auf 50 ansteigen. Doch damit stießen Regierung und Atomwirtschaft auf den wachsenden Widerstand zunächst regional, bald aber bundesweit koordinierter Bürgerinitiativen.

Was im badischen Wyhl als friedlicher Protest mit originellen Aktionsformen begann, artete in der zweiten Hälfte der 70er Jahre an der norddeutschen Kraftwerkbaustelle Brokdorf und später am Bauzaun der im oberpfälzischen Wackersdorf geplanten atomaren Wiederaufbereitungsanlage in bürgerkriegsähnliche Schlachten zwischen Polizisten und Demonstranten aus. Dabei konnten sich die Demonstranten nicht nur auf Aktionsformen der Studentenrevolte von 1968, sondern auch auf die ökologistische Argumente der Studie *Grenzen des Wachstums* berufen, die ihnen in der Startphase der Umweltpolitik vermittelt worden waren.

Mit der Wirtschaftskrise von 1974/75 begann so eine etwa 15 Jahre währende Etappe umweltpolitischer Polarisierung zwischen vorgeblich moralisch lupenreinen „Ökopazifisten" auf der einen Seite und als *„Knechte des Großkapitals"* verteufelten Politikern und Sachverständigen auf der anderen Seite, in deren Verlauf sich auf Seiten der „Umweltbewegung" immer stärker die Überzeugung festsetzte, dass Marktwirtschaft und Umweltschutz unüberwindbare Gegensätze darstellen. Auf diese Überzeugung ging auch die Gründung der Partei „Die Grünen" durch die Zusammenführung eines Sammelsuriums romantischer, wertkonservativer und linksradikaler aus der 68er Revolte hervorgegangener Strömungen im Januar 1980 zurück. Das Auftreten einer „grünen" Opposition mit einem geschätzten Wählerpotential von 15 Prozent diente den im Deutschen Bundestag vertretenen Parteien als Vorwand, sich ihrerseits noch stärker umweltpolitisch zu profilieren.

So wurde die bürokratische (aber immerhin nach außen hin rationale) Phase der Umweltpolitik in den achtziger Jahren mehr und mehr durch einen Wettlauf populistischer Anbiederung an mehr oder weniger irrationale beziehungsweise nihilistische „Vorsorge"-Ideen der „Umweltbewegung" abgelöst. Diese manifestierten sich nicht nur in der - mit gewalttätigen Aktionen unterstrichenen - Forderung nach einem „Sofortausstieg" aus der Kernenergienutzung, sondern auch in der nach der Einführung von Grenzwerten nahe Null für Chemikalien, die kaum giftiger sind als Kochsalz, etwa für das inzwischen vom Markt genommene Pflanzenschutzmittel *Atrazin* (vgl. Hug, 1997).

Die sozialliberale Regierung hatte schon im Oktober 1979 eine interdisziplinäre Projektgruppe *Aktionsprogramm Ökologie* eingesetzt, die den Auftrag hatte, dem im Umweltprogramm von 1971 schon angesprochenen *„Vorsorgeprinzip"* im Rahmen eines *„ökologisch-ökonomischen Gesamtkonzepts"* stärker zur Geltung zu verhelfen. Der 1983 vorgelegte Abschlußbericht dieses Professorengremiums kritisierte die geringe Kosteneffektivität der bisherigen Umweltpolitik (Öffentliche Hand und Wirtschaft hatten seit 1971 zusammen fast 200 Milliarden DM für Umweltbelange ausgegeben) und empfahl deshalb immerhin zu prüfen, ob die damals schon in den USA und in Japan erprobten *„marktwirtschaftlichen"* Instrumente im Umweltschutz (*Offset-* und *Bubble-Policy, emission trading)* vielleicht zu kostengünstigeren Lösungen führen könnten. Mit seinen Empfehlungen, Umweltabgaben und Ökosteuern einzuführen, blieb der Bericht aber - alles in allem - auf der oben skizzierten Linie sozialdemokratischer Vorstellungen von einem *„qualitativen Wachstum"* durch die Steigerung der Staatsquote am Bruttosozialprodukt.

Die verpasste „Wende"

DAS OFFENSICHTLICHE SCHEITERN der keynesianischen Politik der „Globalsteuerung" führte in Großbritannien und in den USA zu den Wahlsiegen Margaret Thatchers und Ronald Reagans und bereitete damit halbwegs konsequenten, von den liberalen Wirtschaftstheoretikern Friedrich August von Hayek und Milton Friedman inspirierten, antidirigistischen, angebotsorientierten wirtschafts-, sozial- und umweltpolitischen Experimenten den Weg. Währenddessen blieb in Deutschland die 1982 bei der Ablösung der Regierung Schmidt/ Genscher durch Helmut Kohl (CDU) angekündigte *„geistig moralische Wende"* aus.

Zwar gab es im Jahre 1983 im Vorfeld des Bundestagswahlkampfes eine Reihe von Initiativen, die Idee einer *„ökologischen Marktwirtschaft"* durch den Handel mit *„Schadstoffguthaben"* und *„Emissionsrechten"* in die Diskussion zu bringen (so zum Beispiel das von der *Deutschen Shell AG* Anfang Juni 1983 in Bonn organisierte Symposium *„Saubere Luft als Marktprodukt"*). Doch die Verzerrung des umweltpolitischen Instrumenteneinsatzes zugunsten außermarktlicher polizeirechtlicher Ge- und Verbote wurde unter der Kohl-Regierung noch extremer (vgl. Voss, 1999). Die öffentliche Debatte wurde neben der 1979 von der NATO beschlossenen Stationierung zusätzlicher amerikanischer Mittelstreckenraketen („Nachrüstung"), bis 1986 hauptsächlich durch voreilig als „Waldsterben" interpretierte, scheinbar neuartige Waldschäden und die von den Massenmedien in dramatisierender Weise interpretierten jährlichen Waldschadenserhebungen bestimmt.

Das „Waldsterben" galt bis in die Reihen der Regierungsparteien als *„Offenbarungseid der bisherigen Umweltpolitik"*. Über Teilverbesserungen und Problemverschiebungen durch die Politik der hohen Schornsteine habe man übersehen, dass die industrielle Entwicklung in ganz Europa an natürliche Grenzen stoße. Nach Umfragen des Allensbacher *Instituts für Demoskopie* wurde die Bezeichnung „Waldsterben" innerhalb kurzer Zeit in Deutschland sogar erheblich geläufiger als der Begriff „Umweltschutz".

Die CDU-CSU-FDP-Regierung trug dem in Deutschland um sich greifenden Pessimismus durch die Verschärfung der *TA Luft* im Sinne des „Vorsorgeprinzips" und durch die Verabschiedung der Großfeuerungsanlagenverordnung Rechnung. Diese schreibt Kraftwerken den Bau aufwendiger Abgasentschwefelungs- und Entstickungsanlagen vor. Die westdeutsche Elektrizitätswirtschaft musste dafür zweistellige Milliardenbeträge aufbringen, obwohl ein Zusammenhang zwischen ihren Abgasemissionen und den Baumkrankheiten mehr als fraglich blieb. Aber nichts lag bei der Betonung des „Vorsorgeprinzips" ferner als eine rationale Kosten-Nutzen-Abwägung.

Heute macht sich auf den deutschen Äckern in der Folge der übertriebenen Rauchgasentschwefelung Schwefelmangel bemerkbar. Augenfällig wird dieser Mangel am Verblassen der normalerweise leuchtend gelben Rapsblüten, die nicht mehr von Bienen erkannt und befruchtet werden können. Um den Mangel auszugleichen, müssen die Landwirte in verstärktem Maße Ammoniumsulfat und andere schwefelhaltige Dünger einsetzen.

Die in Deutschland um sich greifende Endzeitstimmung erreichte ihren Höhepunkt im Jahre 1986, das als „Schaltjahr" der politischen Risikobewertung in die Literatur eingegangen ist (vgl. Renn, 1997). Dieses Jahr erschien in der veröffentlichten Meinung als eine einzige menetekelartige Kette großtechnischer Katastrophen mit tendenziell apokalyptischen Auswirkungen, die mit der Explosion der US-Raumfähre *Challenger* begann, Ende April im Reaktorbrand im ukrainischen Kernkraftwerk Tschernobyl gipfelte und Anfang November mit dem Brand einer Lagerhalle für Pflanzenschutzmittel der Baseler *Sandoz AG* und dem dabei durch das Löschwasser im Rhein ausgelösten Fischsterben endete.

Nicht ganz zufällig erschien im gleichen Jahr auch das programmatische Werk *Die Risikogesellschaft. Auf dem Weg in eine andere Moderne* des deutschen Soziologen Ulrich Beck, das in den folgenden Jahren die Risikodiskussion im deutschen Sprachraum beherrschte. Der moderne (versicherungsmathematische) Risikobegriff als Produkt aus potentieller Schadenshöhe und Eintrittswahrscheinlichkeit eines Schadensereignisses erweise sich, so Ulrich Beck, als unzulänglich. Beck legte nahe, neben der bislang maßgeblichen Expertenmeinung auch die gefühlsmäßigen lebensweltlichen Erfahrungen der Laien stärker zu berücksichtigen. Den gesunden Menschenverstand meinte er damit aber offenbar nicht.

Der Wandel in der gesellschaftlichen Risikowahrnehmung drückte sich nicht zuletzt darin aus, dass der Deutsche Gewerkschaftsbund, der seit der Bewegung gegen die Atombewaffnung in den 50er Jahren dem Motto *„Schwerter zu Flugscharen"* gefolgt war und zudem als tragende Säule der korporatistischen Organisation der Energiewirtschaft ohnehin zu den konsequentesten Befürwortern der friedlichen Nutzung der Kernenergie gehört hatte, sich unter dem Eindruck von

Tschernobyl erstmals der Forderung nach einer Energiepolitik ohne Atomkraft anschloss. Und die SPD, zuvor treibende Kraft des (Atom-) Energieprogramms von 1973, inzwischen aber auf Bundesebene wieder in die Opposition zurückgekehrt, beschloss auf ihrem Nürnberger Parteitag im August 1986, auf einen schrittweisen Ausstieg aus der Kernenergienutzung in einem Zeitraum von zehn Jahren hinzuarbeiten.

Nach Tschernobyl verselbständigten sich in Deutschland Umweltängste und dadurch beeinflusste maßlose „Vorsorge"-Forderungen vollends. Die Grenze zwischen begründeter Beunruhigung und Hysterie war bereits überschritten, als Leute, die es sich leisten konnten, zu den Kanarischen Inseln oder gar nach Australien aufbrachen, um der beim Tschernobyl-Unglück freigesetzten radioaktiven „Wolke" zu entfliehen. Die Überreaktion Einzelner wuchs sich dann zur unkontrollierbaren Massenhysterie aus, als es galt, einen mit „verstrahltem" Molkepulver beladenen Güterzug zu „entsorgen". Hätte sich nicht 1989/90 der sozialistische Machtblock im Osten (befördert durch die „Nachrüstung" des Westens) in seiner bisherigen Form von der Weltbühne verabschiedet und dadurch die politische Klasse des Westens vor handfestere Probleme gestellt, wer weiß, bis zu welchen Auswüchsen die von Selbstzweifeln, Schuldkomplexen und Endzeitängsten genährte „Vorsorgepolitik" noch getrieben worden wäre!

Das „Vorsorgeprinzip" erobert die Weltarena

DIE FRIEDLICHE REVOLUTION im Osten sorgte bei der „Umweltbewegung" im Westen zwar (vorübergehend) für einige Verwirrung, brachte diese aber nicht von ihrem Kampf für das (sozialistische) „Vorsorgeprinzip" ab. Warum hätte sie auch aus der unsäglichen Odyssee des „Strahlenmolke-Zuges" Lehren ziehen sollen, wo sie doch in ihrem Bestreben, das „Vorsorgeprinzip" zur obersten Richtschnur der Politik zu machen, prominente Unterstützung vom US-amerikanischen Präsidentschaftsanwärter und späteren US-Vizepräsidenten Al Gore erhielt. Gore veröffentlichte 1992, kurz vor dem Erd-Gipfel von Rio, seinen Bestseller *Wege zum Gleichgewicht*. Dort begründete er seinen *„Marshallplan für die Erde"* nicht zufällig in der Sprache des Kalten Krieges. Er schlug vor, die seiner Meinung nach drohende Klimakatastrophe an die Stelle des verschwundenen Feindbildes Kommunismus zu setzen. Unter Berufung auf Winston Churchill forderte er die Bündelung aller Anstrengungen zur *„Rettung der Umwelt"*. Diese soll, so Gore, zum *„zentralen Organisationsprinzip der Zivilisation"* werden. Dabei rückte Gore sogar die Politik der kleinen Schritte, den *„Inkrementalismus"*, der sich auf Karl R. Popper und Charles F. Lindblom beruft, in die Nähe der *Appeasement*-Politik Chamberlains gegenüber Hitler.

Als demgegenüber besonnene Wissenschaftler und Autoren wie Aaron Wildavsky oder die Unterzeichner des zitierten *Heidelberger Aufrufs* darauf hinwiesen, dass die kommunistische Bedrohung der Freiheit durchaus real war, während die „Klimakatastrophe" (wie das „Waldsterben") ein theoretisches Konstrukt ist, und dass das Sprichwort *„Vorbeugen ist besser als heilen"* in verabsolutierter Form völlig irrational wird, weil es jegliches Wagnis ausschlösse, ernteten sie nur Kopfschütteln. Die Teilnehmer der Rio-Konferenz schrieben das „Vorsorgeprinzip" ohne Bedenken in die Klimarahmenkonvention und in die *Agenda 21*.

Die meisten von ihnen scheinen nicht geahnt zu haben, welches Kuckucksei ihnen damit ins Nest gelegt wurde. Denn die hinter dem „Vorsorgeprinzip" stehende Kosten-Nutzen-Abwägung beziehungsweise Risikobewertung entspricht (nach der bekannten Bedürfnishierarchie von Abraham Maslow, 1954) lediglich dem Anspruchsniveau höchstentwickelter „postindustrieller" bzw. „postmoderner" Wohlstandsgesellschaften. Kann die Mehrheit der Weltbevölkerung, die damit beschäftigt ist, einigermaßen ihre Elementarbedürfnisse wie Essen, Trinken, Kleidung und Wohnung zu befriedigen, doch höchstens davon träumen, sich auch einmal um ungelegte Eier sorgen zu dürfen.

Aaron Wildavsky hat in seinem Bürgerhandbuch *But is it true?* nachgewiesen, dass das „Vorsorgeprinzip" in den wohlhabenden Ländern vor allem deswegen so rasch politische Karriere gemacht hat, weil es Politikern erlaubt, die populistische Anbiederung an verängstigte Bürger als edle Gesinnung zu verkaufen. Denn wer sich auf das „Vorsorgeprinzip" beruft, kann sich als Volkstribun profilieren, der Gesundheits- und Umweltbelange gegenüber kurzsichtigen, profitgeilen Leugnern und Verharmlosern verteidigt.

6

Der Schwindel der Corporate Social Responsibility

Erstaunlicherweise machte das „Vorsorgeprinzip" auch in einem Teil der Privatwirtschaft Karriere. Vor allem Manager auf Endverbrauchermärkten agierender großer Anbieter von Markenwaren beeilten sich zu beteuern, auch ihnen liege weniger der Gewinn ihrer Anteilseigner, sondern mehr das Wohl der Umwelt und der Kunden am Herzen. Sie sahen im „Vorsorgeprinzip" die Chance, ihr Image aufzumöbeln und Reputationsverlusten vorzubeugen.

Denn die Bekanntheit und die Reputation von *brands* werden an der Börse meist höher bewertet als das Sach- und Humankapital großer Konzerne. Das *reputational risk* ist für Unternehmen als Träger großer Publikumsmarken viel wichtiger als das Risiko technischer Störfälle. Da scheint es naheliegend, nach Methoden der vorbeugenden Risikominimierung und positiven Geschäftsklimagestaltung zu suchen, um nicht erst (wie Normalsterbliche) nachher, sondern von vornherein klüger zu sein als die Konkurrenz.

Auch wenn das jedem, der noch ein Fünkchen gesunden Menschenverstands bewahrt hat, als illusorisch, wenn nicht naiv erscheinen muss, fand die 1997 gestartete *Global Reporting Initiative (GRI)* der linken *Coalition for the Environmentally Responsible Economics (CERES)* und vom UN-Umweltprogramm *UNEP* zur „proaktiven" Steigerung der Aussagekraft und Glaubwürdigkeit von Unternehmensberichten gegenüber Kunden, Massenmedien und politischen Instanzen großen Widerhall in einem Teil der Wirtschaft.

Sogar die Chemieindustrie beteiligte sich im Rahmen des *World Business Council for Sustainable Development (WBCSD)* und der internationalen Chemieverbände *CEFIC* und *ICCA* an der Diskussion des im März 1999 von der *GRI* vorgelegten ersten Entwurfs eines Leitfadens für Nachhaltigkeitsberichte *(Sustainability Reporting Guidelines)* nach international einheitlichen, vorgeblich nachvollziehbaren Kriterien und Indikatoren für die Messung und Bewertung der wirtschaftlichen, ökologischen und sozialen Leistungsfähigkeit von Unternehmen im Hinblick auf das Leitbild *sustainable development (SD)*.

21 Unternehmen unterschiedlicher Branchen erklärten sich bereit, diesen Leitfadenentwurf in ihrer Berichterstattung zu testen - darunter als einziges deutsches Unternehmen der Konsumgüterkonzern *Henkel KGaA*. Verschiedene Nichtregierungsorganisationen prüften, wieweit ihre Anliegen dabei berücksichtigt wurden.

Aufbauend auf diesen Erfahrungen, publizierte die *GRI* im Juni 2000 einen überarbeiten Entwurf für *Sustainability Reporting Guidelines on Economic, Environmental, and Social Performance*, der vom *Institut für Ökologie und Unternehmensführung* der *European Business School e.V.* in Oestrich-Winkel im Rheingau ins Deutsche übersetzt wurde. Vor allem über das Internet (www.globalreporting.org), aber auch in zahlreichen Workshops von Wirtschafts- und Umweltverbänden wie *B.A.U.M., future, imug, IÖW, ifeu* und *Öko-Institut* fand eine intensive Debatte über die weitere Ausgestaltung und die Tragweite des *GRI*-Leitlinienentwurfs statt. Es liegt auf der Hand, dass sich diese Institute damit profilieren wollten, um vom vermeintlichen Zukunftsmarkt in Sachen *Nachhaltigkeits-Reporting* zu profitieren.

So nahm der damalige Geschäftsführer einer großen PR-Agentur das widersprüchliche Ergebnis eines von seinem Hause beim Meinungsforschungsinstitut *TNS Emnid* in Auftrag gegebenen Meinungsbarometers von 250 Entscheidungsträgern zum Thema Nachhaltiges Wirtschaften zum Anlass, die Dienste seiner Agentur anzubieten. Etwa die Hälfte der Befragten hatte dabei angegeben, sie hielten Nachhaltigkeit für einen *„schwammigen Modebegriff"*. Dazu besagter Geschäftsführer: *„Einerseits scheint vielen die wirtschaftlich immense Bedeutung von Nachhaltigkeitsstrategien bewusst zu sein. Auf der anderen Seite wissen sie aber nicht genau, was sich hinter diesem Begriff verbirgt. Hier sind die Unternehmen gefordert, nicht nur für sich zu definieren, was Nachhaltigkeit bedeutet. Die deutsche Wirtschaft muss auch für ein besseres Verständnis* *in der Öffentlichkeit aktiv kommunizieren. Die Einschätzung der Meinungsbildner zeigt die Aktualität des alten Sprichworts: Klappern gehört zum Handwerk."*

Finanziert wurde der *„Multi Stakeholder Prozess"* der *GRI* von der *Ford Foundation,* dem *Pew Charitable Trust* und anderen privaten Stiftungen, zum Teil aber auch mit öffentlichen Mitteln – etwa im Rahmen des Projektes *„Umwelttransparenz für Finanzmärkte"* des deutschen *Bundesministeriums für Bildung und Forschung (BMBF).* Wie Allen L. White, der damalige Übergangsdirektor der *GRI,* auf einer Informationsveranstaltung in Frankfurt ausführte, zielte die Initiative darauf ab, *„allgemein anerkannte Regeln für die Nachhaltigkeitsbuchführung"* zu entwickeln. Diese solle einmal ebenso zur Routine werden wie die herkömmliche kaufmännische Buchführung. Sie sei Teil des Mega-Trends zum *„Führen durch Kennzahlen"* mit Hilfe von *balanced scorecards* und anderen Controlling-Methoden.

Im November 2000 trafen sich in Washington 500 Teilnehmer aus 36 Ländern zum 2. *GRI*-Symposium. Unklar blieb dabei unter anderem, welche Anspruchsgruppen *(stakeholders)* in den Prozess einbezogen werden können beziehungsweise müssen. Steinewerfer mochte niemand am runden Tisch haben. Bemängelt wurde aber auch, dass das von der *GRI* angestrebte formalisierte Regelwerk der kreativen Selbstdarstellung einzelner Unternehmen wenig Raum lässt, dass insgesamt eher die Belange großer internationaler Konzerne im Mittelpunkt stehen und Anliegen der mittelständischen Wirtschaft der führenden Industrieländer sowie der Entwicklungsländer insgesamt kaum berücksichtigt werden. Keine Einigung gab es darüber hinaus mit Umwelt- und Menschenrechtsorganisationen über die Frage, ob die *sustainable development*-Berichterstattung sich mehr auf einzelne Standorte oder auf Unternehmen als Ganzes beziehen soll.

Stark bezweifelt wurde, ob der Aufwand der Datensammlung für die Erstellung der im Entwurf der *Guidelines* vorgeschlagenen sage und schreibe 69 (!) Nachhaltigkeitsindikatoren wirklich die Mühe lohnt. Offen blieb auch, ob die Teilnahme der Unternehmen am *SD-Reporting* freiwillig bleiben oder zur Pflicht gemacht werden soll, ob der Harmonisierungsprozess in den Händen des *UNEP* bleiben oder ob sich die Normierungsorganisation *ISO* damit befassen soll. Umstritten blieb die von manchen geforderte externe Überprüfung der Nachhaltigkeitsberichte durch Zertifizierungsorganisationen. Unklar blieb schließlich, ob nicht die vor allem von der chemischen Industrie bislang bevorzugte Politik freiwilliger Selbstverpflichtungen zur vorbeugenden Abwehr bürokratischer Regelungen (wie beispielsweise das internationale *Responsible Care Programm),* durch die Beteiligung am aufwändigen *Global Reporting* durchkreuzt würde. Alle diese Fragen wurden zunächst durch die Beschränkung der Initiative auf ein System freiwilliger Teilnahme geklärt.

Im einzelnen sah der *GRI*-Leitlinien-Entwurf vom Juli 2000 für Nachhaltigkeitsberichte sechs obligatorische Gliederungspunkte vor:

1. eine einleitende Stellungnahme der Geschäftsführung über die Nachhaltigkeitsziele und Verpflichtungen des Unternehmens, die bisherigen Erfolge und Misserfolge, Benchmarks mit Branchenstandards usw.,

2. das vollständige Unternehmensprofil mit den wichtigsten Produkten und Kunden, die Rechtsform, die Eigentums- und Vermögensverhältnisse, die Mitarbeiter-, Umsatz- und Gewinnzahlen usw.,

3. eine Kurzfassung mit den Schlüsselkennzahlen für die ökologische, ökonomische und soziale Leistungsfähigkeit des Unternehmens,

4. einen Abschnitt über die Vision und die Strategie des Unternehmens, in dem dieses erläutert, wie es die ökologischen, ökonomischen und sozialen Aspekte der Nachhaltigkeit zu integrieren gedenkt,

5. die Beschreibung der Unternehmenspolitik und der Managementorganisation, worin dargelegt wird, in welcher Weise das Unternehmen das Vorsichtsprinzip und internationale Umwelt- und Menschenrechtsverpflichtungen berücksichtigt, wie es seiner sozialen Verantwortung nachkommt und seine Beziehungen zu Anspruchsgruppen wie Mitarbeitern, Aktionären, Gewerkschaften, Umweltorganisationen, öffentlichen Einrichtungen usw. gestaltet,

6. die Leistungsübersicht im Detail mit insgesamt 69 Kennzahlen für den Energie- und Materialeinsatz, die Wasser und Luftbelastung, die Wahrung der Biodiversität sowie die wirtschaftlichen und sozialen Erfolge beziehungsweise Probleme.

In der 2002 verabschiedeten Fassung der *Guidelines* fanden sich dann 50 „*Kernindikatoren*" der wirtschaftlichen, ökologischen und sozialen „*Performance*" der Unternehmen. Hinzu kommen 47 zusätzliche Indikatoren für besondere Leistungen, so dass die Gesamtzahl der Indikatoren, für die Daten erhoben werden sollen, sogar noch gestiegen ist. Während die verwendeten Umweltindikatoren durch bestehende internationale Vertragswerke über Schadstoffkontrolle wie das *Kioto-Protokoll*, die *Baseler Konvention über den Transport gefährlicher Abfälle*, das *Washingtoner Artenschutzabkommen*, das *Montreal Protokoll über den Schutz der Ozonschicht* usw. begründet werden können - selbst wenn deren Inhalt zum Teil umstritten ist - tut sich die *GRI* mit der Herleitung sozialer Indikatoren der Nachhaltigkeit wesentlich schwerer.

Noch relativ unproblematisch sind dabei Angaben über Fluktuationsraten der Belegschaft, deren gewerkschaftlicher Organisationsgrad, die Zahl der Arbeitsunfälle und arbeitsbedingter Erkrankungen, die Aus- und Fortbildungserfolge. Schon problematischer sind Indikatoren, die sich auf die Respektierung von Menschenrechten beziehen. Hier wird deutlich, dass es bei den aufwändigen Dokumentations-, Auditierungs- und Zertifizierungsprozeduren in erster Linie darum geht, die Unterwerfung der Unternehmensstrategie unter die herrschende *political correctness* zu demonstrieren.

Es fehlt jeglicher Hinweis darauf, dass z. B. der Anspruch auf Nichtdiskriminierung von Minderheiten der Vertragsfreiheit, dem Recht jedes Eigentümers auf die freie Auswahl seiner Geschäftspartner und Mitarbeiter zuwider laufen kann. Es fehlen auch Hinweise auf die zweischneidigen Auswirkungen eines generellen Verbots der Kinderarbeit, die oft auf Protektionismus von Wohlfahrtsstaaten und damit auf die Hemmung der Entwicklung durch die Beschneidung von Konkurrenzvorteilen armer Länder hinauslaufen. (Der Verfasser dieser Zeilen hat selbst auf dem elterlichen Hof schon im Kindesalter relativ schwere Arbeit verrichten müssen, hat aber nicht den Eindruck, dass das seiner Entwicklung nachhaltig geschadet hat.)

Die soziale und politische Dimension der Nachhaltigkeit gilt vor allem bei den europäischen Diskussionsteilnehmern als umstrittenster Teil der *GRI*. Deshalb gab es in Europa zwischenzeitlich sogar Initiativen, die noch über den Ansatz der *GRI* hinausgingen, so zum Beispiel das *European Business Network for Social Cohesion*.

Auch Wirtschaftsprüfungsgesellschaften wie *Price Waterhouse Coopers (PWC)* machten sich im Rahmen der *Value Reporting Initiative*, angesichts etlicher böser Überraschungen an der Börse, Gedanken über eine breitere, soziale und politische Faktoren einschließende Ermittlung des Unternehmenswertes, um das immer häufiger auftretende Auseinanderklaffen zwischen Buch- und Marktwert von Firmen tendenziell zu überwinden. Die EU-Kommission hat diese Anregungen inzwischen aufgegriffen und im Oktober 2011 ein Konzept zur Förderung der *Corporate Social Responsibility (CSR)* veröffentlicht. Danach ist CSR zwar nicht Pflicht. Den Unternehmen wird aber nahegelegt, die UN-Grundsätze sowie die *OECD*- und *ISO*-Richtlinien in Sachen CSR anzuwenden. Gesellschaftlich verantwortlich zu handeln, bedeutet für Unternehmen danach, *„nicht nur gesetzliche Bestimmungen einzuhalten, sondern mehr zu investieren in Humankapital, in die Umwelt, in Beziehungen zu anderen Stakeholders."*

In diesem Zusammenhang ist die von den beiden schweizerischen Betriebswirten Frank Figge und Stefan Schaltegger an der Universität Lüneburg in Zusammenarbeit mit dem *UNEP* und der Genfer Privatbank *Pictet & Cie* in einer im Juni 2000 veröffentlichten Studie mit dem Titel *Was ist Stakeholder Value? – Vom Schlagwort zur Messung* entwickelte quantitative Methode zur Ermittlung des *„Return on Stakeholder"* und des *„Stakeholder Value Added"* [sic!] von einigem Interesse. Dieser Ansatz lenke die Aufmerksamkeit des Managements auf die Tatsache, dass nicht nur die Aktionäre, sondern auch die Mitarbeiter, die Gemeinden und der Staat den Unternehmen knappe Ressourcen in Form nicht ersetzbarer Vorleistungen wie Bildung, Motivation, Rechtssicherheit, materielle Infrastruktur liefern und somit gewisse Ansprüche an die Unternehmenspolitik stellen können.

Der auch schon von der *GRI* betonte Anspruch der *inclusiveness,* der Berücksichtigung möglichst vieler, wenn nicht aller politisch korrekten *Stakeholder*-Standpunkte bei der Unternehmensbewertung läuft auf ein totalitäres Programm im wahrsten Sinne des Wortes hinaus. Kreative und risikobereite Unternehmer würden am Ende nicht mehr gebraucht, sondern nur noch Funktionäre, die den Katalog der *political correctness* Spiegelstrich für Spiegelstrich abhaken. Zum Glück schienen aber einflussreiche Vertreter der Wirtschaft bemerkt zu haben, wo der Hase hinläuft. So haben sich der *Bundesverband der Deutschen Industrie,* der *Deutsche Industrie- und Handelskammertag,* der *Zentralverband des Deutschen Handwerks* und das *Deutsche Institut für Normung* klar dagegen ausgesprochen, Inhalte und Ziele der *CSR* international zu standardisieren oder gar, wie im Europa-Parlament bereits beantragt, zur Pflicht zu machen. Dadurch würden Betriebe bevormundet, kleine und mittlere Unternehmen überfordert und jegliche Anreize zu freiwilligem sozialen Engagement privater Firmen in Form der nicht nur jenseits des Atlantik willkommenen großzügigen Mäzenate oder Sponsoring-Projekte abgewürgt.

Der früher einflussreiche Schweizer Bankier Kurt Schiltknecht sprach sich als Insider bei *OECD*-Verhandlungen über einen *Corporate Governance*-Codex in einem 2004 erschienenen Fachbuch mit Nachdruck gegen detaillierte Vorgaben für die Berücksichtigung von *Stakeholder*-Anliegen in der Unternehmensberichterstattung aus. Die Wirtschaft komme am ehesten voran, wenn die längerfristige Entwicklung des *shareholder value* und nicht ein formalisierter *Stakeholder*-Ansatz als Richtschnur für Management- und Anlegerentscheidungen diene. Der Sinn von Unternehmen besteht nun einmal darin, Gewinn zu machen, indem sie ihren Kunden nützliche Dienste leisten, und nicht darin, soziale und/oder religiöse Ansprüche diverser Gruppen zu befriedigen, mögen diese auch noch so gut begründet erscheinen.

In einem Ende 2004 im Wirtschaftsteil der *Neuen Zürcher Zeitung* veröffentlichten Editorial weist deren ehemals in Deutschland tätiger Wirtschaftskorrespondent Beat Gygi darauf hin, dass die *Shareholder*-Pflege durch das Management großer Aktiengesellschaften die Überwachung der Manager durch die Aktionäre ungemein erschwert. Würden nämlich von diesen Unternehmen außer dem Ziel dauerhafter Gewinne auch noch soziale und ökologische Ziele verfolgt, wäre der Willkür der Zielgewichtung durch das Management Tür und Tor geöffnet. Denn die Manager könnten dann leicht ihr Eigeninteresse an *„Selbstverwirklichung"* mit dem Hinweis auf Nachhaltigkeits-*„Kochbücher"* und *Stakeholder*-Interessen über die Interessen der Eigentümer stellen. Unternehmertum würde durch Bürokratie ersetzt. Statt einen Gewinn an Transparenz brächten formalisierte *Corporate Governance*- und *Corporate Social Responsibility*-Regeln nur den *Sustainability*-Beratern und Zertifizierern zusätzliche Aufträge, während die Aktionäre immer weniger imstande seien, ihre wichtige Kontrollfunktion gegenüber dem Management auszuüben.

Es ist wohl kein Zufall, dass es in der letzten Zeit um das Thema *Global Reporting* ziemlich still geworden ist, obwohl die meisten internationalen Konzerne inzwischen *CSR*-Reports nach den Richtlinien der *GRI* veröffentlichen. Das hat sicher auch mit dem inzwischen infolge einiger Bilanzfälschungsskandale und der damit einhergehenden Vernichtung von Milliardenvermögen in den USA enorm gesunkenen Vertrauen in die Seriosität und Nützlichkeit von Zertifizierungs- und Rating-Agenturen zu tun. Diese Skandale betrafen (wohl nicht zufällig) gerade solche Konzerne, die politisches Wohlverhalten, Umweltschutz und Nachhaltigkeit auf ihre Fahnen geschrieben hatten und dafür von Agenturen wie *Arthur Andersen* (heute *Accenture)* oder *Price Waterhouse Coopers* mit Bestnoten honoriert worden waren.

An ihre letzte große PR-Aktion in Sachen *CSR* wollen die Protagonisten denn auch nicht mehr gerne erinnert werden: Vor dem G8-Gipfel auf der japanischen Insel Hokkaido im Jahre 2008 hatten die Chefs von fast 100 internationalen Industrie-, Bank- und Versicherungskonzernen die Regierungschefs der G8-Staaten aufgefordert, eine Führungsrolle in der Klimapolitik zu übernehmen und sagten ihre aktive Mitarbeit bei der Umsetzung einer Strategie zur weltweiten Halbierung der Treibhausgasemissionen bis 2050 zu.

Zu der vom *World Business Council for Sustainable Development (WBCSD)* und des *World Economic Forum (WEF)* zusammengeführten Gruppe gehörte neben dem Aluminiumhersteller *Alcoa*, dem Halbleiterhersteller *Applied Materials*, der Fluggesellschaft *British Airways*, dem Logistikkonzern *TNT*, den Stromkonzernen *Electricité de France (EdF), Duke Energy, RusHydro, Tepco* und *Vattenfall*, den Ölgesellschaften *Shell AG* und *Petrobras* auch die *Deutsche Bank* und nicht zuletzt der inzwischen praktisch verstaatlichte Kreditversicherer *A.I.G.*

Der einst als Vorzeigeunternehmen für seine *CSR* hoch gelobte Versicherungskonzern galt nach dem Platzen der Derivateblase im Herbst 2008 in der Wirtschaftspresse auf einmal als die *„verfaulteste Finanzinstitution"* überhaupt (so *Spiegel*-Online Anfang März 2009). Die US-Regierung unter dem neu gewählten Präsidenten Barack Obama konnte aber den Versicherer, der das Jahr 2008 mit einem Rekord-Verlust von fast 100 Milliarden Dollar abgeschlossen hatte, nicht einfach pleite gehen lassen, zumal frühere US-Regierungen durch die Herabsetzung der Kreditwürdigkeitskriterien bei der Aufnahme von Immobilienkrediten und Hypotheken sowie die Zulassung von *Credit Default Swaps (CDS)* im Jahre 1997 selbst die Weichen Richtung Finanzkrise gestellt hatten.

Über den Verkauf von *CDS* war *A.I.G.* so eng mit führenden Großbanken wie *Goldmann Sachs, Morgan Stanley, Barclays, Société Générale, UBS* oder der *Deutschen Bank* vernetzt, dass befürchtet wurde, die Insolvenz des Versicherers könne noch weitaus schlimmere Folgen haben als die ebenso spektakuläre wie schmerzhafte Pleite des US-Energiehändlers *Enron*, der ebenfalls mit dem Label der „Nachhaltigkeit" auf Kundenfang gegangen war. Die Pleite von *A.I.G.* hätte als Folge einer Kettenreaktion den Zusammenbruch des ganzen Finanzsystems nach sich ziehen können. Auch etliche deutsche Kommunen (vor allem im Ruhrgebiet) drohten in den Schlund hineingezogenen zu werden, denn sie haben sich der Dienste von *A.I.G.* in Form des *Cross Border Leasing* von kommunalen Klärwerken oder Müllöfen bedient. Da *A.I.G.* die von den *CDS*-Käufern gestellten Ansprüche wegen der Hypotheken-Krise und der Insolvenz von Industrieunternehmen nicht mehr erfüllen konnte, hat die US-Regierung die Versicherung, durch öffentliche Finanzhilfen in der Größenordnung von mehreren hundert Milliarden Dollar quasi verstaatlicht.

Außer *A.I.G.* enthält die zitierte Liste „pro-aktiver" Konzerne auch die japanische *Tokyo Electric Power Company (Tepco)*, Eigentümer des im März 2011 nach einem Riesen-Tsunami havarierten Kernkraftwerks von Fukushima. Es wurde bekannt, dass etliche Jahre lange nicht geahndete Versäumnisse und Nachlässigkeiten des Kernkraftwerkbetreibers dazu führten, dass aus der Naturkatastrophe eine folgenreiche Nuklear-Katastrophe wurde. *Tepco* hatte US-amerikanische Reaktorbaupläne mechanisch kopieren lassen, ohne die besondere Gefährdung des Standorts an der ostjapanischen Küste zu berücksichtigen. Nach dem Reaktorunglück sorgte der Konzern durch seine Informationspolitik für zusätzliche Aufregung und Verwirrung.

Trotz dieser bitteren Erfahrungen wird es wohl noch einige Zeit dabei bleiben: Wer mit einiger Aussicht auf Erfolg etwas Neues auf den Markt bringen will, der muss nicht nur vorsorglich Öko-Institute, *Greenpeace* und andere Organisationen an den Runden Tisch bitten, um seine Produktidee konsensual absegnen zu lassen, sondern diese wahrscheinlich auch noch mühsamen Bewertungs- und Zertifizierungsprozeduren von Wirtschaftsprüfungsgesellschaften unterwerfen. Ganz zu schweigen von den aufwändigen bürokratischen Anmeldungs- und Genehmigungsprozeduren, die das *Weißbuch der EU-Kommission zur Stoffpolitik* und die inzwischen in Kraft getretene *EU-Verordnung über die Registrierung, Bewertung und Genehmigung von Stoffverwendungen (REACh)* vorsehen. Bislang scheint die Börse Unternehmen, die bereits *„proaktiv"* in diesem Sinne verfahren, zu honorieren. Und wer hätte auch etwas gegen zivilisierte Formen des Dialogs mit Anspruchsgruppen und Andersdenkenden?

Der gesunde Menschenverstand legt indes die Annahme nahe, dass auch das nur eine Weile gut gehen wird. Die Management-Moden werden vermutlich weiterhin kommen und gehen. Warum sollte ausgerechnet die Nachhaltigkeitsideologie mit ihrer unbeweisbaren Annahme einer drohenden Überhitzung des Erdklimas und ihrer naiven Vorstellung von Gleichgewicht und Naturharmonie nachhaltig sein?

Aus der Geschichte wissen wir, dass wirkliche Innovationen so gut wie nie an runden Tischen vorbereitet werden, sondern viel öfter im stillen Kämmerlein von einsamen, in ihre Idee vernarrten Tüftlern und Grüblern, aber auch von Querköpfen und Phantasten. Ein hochwirksames, aber durchaus nicht unbedenkliches Medikament wie Aspirin hätte sicher niemals das Licht der Welt erblickt, wenn am Runden Tisch über seine Einführung entschieden worden wäre!

Bei den bisherigen Versuchen, das Leitbild *sustainable development* in die Unternehmenspraxis zu übersetzen, fällt folgender Widerspruch auf: Einerseits gilt Nachhaltigkeit (zu recht) als unerreichbares Ideal, als allgemeine Orientierungshilfe im Hinterkopf, das heißt als *„regulative Idee"* im Sinne Kants, die nicht das Ziel, sondern nur die Richtung von Veränderungen angibt. Gleichzeitig tun die zum Teil aufwändigen Bewertungs- und Messmethoden des *Global Reporting* jedoch so, als wüsste man bereits, was nachhaltig ist. Nachhaltigkeit wird dabei unter der Hand zur platonischen Idee über das Gutsein der Welt, zur säkularisierten Erlösungshoffnung. Die Welt tut uns aber vermutlich nicht den Gefallen, sich entsprechend diesen Heilserwartungen zu entwickeln.

Um zu verhindern, dass die schöne Idee der Nachhaltigkeit vollends in die Hände von Bürokraten gerät, sollten also Unternehmer und Manager, die ihrer sozialen Verantwortung nachkommen möchten, nicht nur danach trachten, im Sinne der herrschenden *political correctness everybody's darling* zu werden. Soziale Verantwortung verlangt zu allererst ordnungspolitisches Engagement für freie Märkte. Nur dann hätten auch nützliche Neuerungen, die nicht in ein vorgefertigtes Weltbild passen, eine Chance.

7

„Nachhaltigkeit" im Wettbewerb

NACH DEM ENDE des Kalten Krieges schien es endlich möglich, eine vom Primat individueller Freiheit und Verantwortung ausgehende Politik auf lokaler, regionaler, nationaler und globaler Ebene einzuleiten. Heute sieht das infolge der neuen, ganz anders gearteten Konfliktsituation, die durch den 11. September 2001 offenkundig wurde, jedoch eher nach Wunschdenken aus. Ich glaube aber dennoch, dass das 1992 in Rio auf die politische Tagesordnung gesetzte Thema Nachhaltigkeit nach wie vor zu viel mehr gut ist, als lediglich einer aufgeregten Szene (im Interesse des Machterhalts bestimmter Eliten) für einige Jahre Debattierstoff zu liefern. Ich sehe im Leitbild des *sustainable development* noch immer eine Chance, die Globalisierung von Wirtschaft, Wissenschaft, Kultur und Politik auf eine verantwortungsethische Grundlage zu stellen. Allerdings gilt es dabei mit dem Märchen aufzuräumen, das gerade als politisch korrekt Geltende sei auch nachhaltig.

Wie die zitierte Bundestags-Enquête *Schutz des Menschen und der Umwelt* 1998 trotz aller irriger Ansätze richtig herausgearbeitet hat, geht es bei der Umsetzung der regulativen Idee der Nachhaltigkeit nicht in erster Linie um das „*Was*" (niemand kann im Voraus wissen, was wirklich nachhaltig ist), sondern um das „*Wie*" der Organisation gesellschaftlicher Lern- und Innovationsprozesse zur Steigerung der Problemlösungs- und Anpassungsfähigkeit. Dabei steht für mich außer Frage, dass es dafür keinen besseren Weg gibt als die Förderung von Wettbewerb auf allen Ebenen, das heißt nicht nur zwischen Unternehmen, sondern auch zwischen Nationen, Regionen, Kommunen und deren institutionellen Voraussetzungen des Wirtschaftens.

Dafür braucht es nicht einmal (wie im Sport) einen Konsens über die Disziplinen, in denen man in Wettstreit treten will, und über deren Spielregeln sowie über die Meßmethoden beziehungsweise die Indikatoren, mit deren Hilfe ermittelt werden soll, wer siegt und wer verliert. Nötig ist dafür lediglich eine Klärung des Verhältnisses zwischen Ökonomie und Politik im Zeitalter der Globalisierung - eine Aufgabe, die die 1992 in Rio verabschiedete *Agenda 21*, wie wir gesehen haben, nicht ansatzweise klären, geschweige denn lösen wollte oder konnte.

Bevor ich auf die wichtige Frage der Nachhaltigkeitsindikatoren im Detail eingehe, erscheint mir deshalb eine Rückbesinnung auf einige Grundprinzipien der *sozialen Marktwirtschaft* und damit auf Erfolgsbedingungen des „Wirtschaftswunders" der Nachkriegszeit angebracht, wobei das Wieselwort *sozial* in erster Linie ausdrückt, dass es hier nicht um naive *Laissez-faire*-Forderungen geht, sondern um die Umsetzung der historischen Einsicht, dass Wettbewerb sich nicht unter allen Umständen von alleine einstellt, dass Märkte in einer zur Tyrannei neigenden und von politischen Manipulationen geprägten Welt nicht von sich aus frei sind, sondern der politischen Gestaltung einer universal-moralisch begründeten Rahmenordnung bedürfen. Diese ermöglicht erst fairen Wettbewerb, indem sie Rechtssicherheit, Transparenz und damit Vertrauen schafft, innovationshemmenden Monopolen und mafiosen Geschäftsbeziehungen durch die Gewährleistung der Chancengleichheit beziehungsweise der Freiheit der Meinungsäußerung den Boden entzieht und den wirtschaftlichen Akteuren für den Fall des persönlichen Scheiterns oder einer schweren Krise der ganzen Volkswirtschaft eine gewisse soziale Absicherung gegen den Absturz in Armut und Elend bietet.

Im folgenden möchte ich einige gesellschaftstheoretischen und politischen Prinzipien vorstellen, die der Begründung der *sozialen Marktwirtschaft* dienten und weltweit fruchtbare Anstöße für den Aufbau einer universalistischen moralischen und rechtlichen Rahmenordnung der Märkte auf einem nicht-jakobinischen Weg geben könnten.

Subsidiaritätsprinzip und Föderalismus

AUCH WENN DAS heute kaum jemand hören will, sollte doch der Hinweis gestattet sein, dass es derzeit auf der Welt keine Großorganisation gibt, die sich als „nachhaltiger" erwiesen hat als die römisch-katholische Kirche. Ich sage das nicht, um in irgendeiner Weise für eine Organisation zu werben, der ich seit kurzem wieder angehöre, sondern um die Aufmerksamkeit der Leser auf ein Organisationsprinzip zu lenken, das in einer Nachhaltigkeitspolitik einen zentralen Stellenwert einnehmen müsste: das Prinzip der Subsidiarität. Der Philosoph Otfried Höffe weist im Übrigen in seiner grundlegenden Abhandlung *Demokratie im Zeitalter der Globalisierung* (1999) zu Recht darauf hin, dass dieses Kernelement der katholischen Soziallehre eigentlich keiner christlichen Begründung bedarf, sondern vielmehr Ausfluss des gesunden Menschenverstandes ist und insofern als universelles staatsethisches Prinzip verstanden werden kann. (In der Tat finden sich Elemente des Subsidiaritätsprinzips in der politischen Organisation von Ländern ganz unterschiedlicher Kultur.)

Obwohl vom Subsidiaritätsprinzip explizit erst seit dem 19. Jahrhundert die Rede ist, lassen sich seine Wurzeln bis zum Alten Testament zurückverfolgen. Das Prinzip fordert in seiner aktuellen Form, der Einzelne solle sich in Notlagen so weit wie möglich selber helfen und sich, wenn er nicht mehr weiter weiß, nicht gleich an den Staat, sondern zunächst an die ihm am nächsten stehenden nichtstaatlichen Gemeinschaften (Familie, Nachbarschaft, Dorfgemeinschaft beziehungsweise Stadtviertel, nichtstaatliche Hilfsorganisationen usw.) wenden.

Schon im Laufe der durchaus wechselhaften (und nicht immer ruhmreichen) Geschichte der Amtskirche bezog sich das Subsidiaritätsprinzip aber nicht nur auf Hilfe in Notlagen, sondern auch auf die Verteilung von Zuständigkeiten zwischen den einzelnen Gläubigen, den Kirchengemeinden, den Diözesen, der Kurie und dem Papst. So erklärt es sich, dass sich die Kirche, trotz ihrer geradezu prototypischen autoritär-hierarchischen Struktur, aufgrund der relativen Selbständigkeit der Ortsgemeinden geschmeidig an sehr unterschiedliche kulturelle Gegebenheiten anpassen und so über den ganzen Erdball ausbreiten konnte.

Wiederholt haben kirchliche Autoritäten seit dem 19. Jahrhundert auch zu sozialpolitischen Fragen Stellung bezogen und dabei (nicht ohne Hintergedanken) das Subsidiaritätsprinzip gegen den Wahn staatlicher Allzuständigkeit ins Feld geführt. Klassisch wurde die Formulierung in der Papst-Enzyklika *Quadragesimo Anno* von 1931: *„Wie dasjenige, was der Einzelmensch aus eigener Initiative und mit seinen eigenen Kräften leisten kann, ihm nicht entzogen und der Gesellschaftstätig-*

keit zugewiesen werden darf, so verstößt es gegen die Gerechtigkeit, das, was die kleineren und untergeordneten Gemeinwesen leisten und zum guten Ende führen können, für die weitere und übergeordnete Gemeinschaft in Anspruch zu nehmen; zugleich ist es überaus nachteilig und verwirrt die ganze Gesellschaftsordnung."

Politisch besagt das Subsidiaritätsprinzip, soweit es sich vom christlichen *„Prinzip der Personalität"* (begründet in der Gottesebenbildlichkeit des Menschen) herleitet, dass nicht die Staatsräson oder die als Überorganismus missverstandene Gesellschaft im Mittelpunkt der Politik stehen soll, sondern der Einzelmensch und seine Familie. Was diese aus eigenen Kräften leisten können, darf nicht zur Gemeinschaftsaufgabe erklärt werden. Das heißt: Der auch von der katholischen Soziallehre durchaus befürwortete Sozialstaat darf nicht zu einem alles umfassenden, die Bürger bevormundenden Fürsorgestaat ausgebaut werden, zumal sich staatliches Handeln mit dieser Kompetenzanmaßung übernimmt und damit tendenziell selbst entmachtet. Jede Verlagerung von Kompetenzen zu staatlichen Einrichtungen muss vor den Individuen gerechtfertigt werden. Nur was die Bürger einzeln oder im Rahmen privater Unternehmen, Kommunen und nichtstaatlicher Organisationen ohne staatliche Initiative, Rahmensetzung oder Hilfe nicht auf die Beine stellen können, kann als Kernkompetenz staatlicher Institutionen gelten.

Grundsätzlich sind alle politischen Strukturen, die oberhalb der kommunalen Gebietskörperschaft angesiedelt sind, begründungspflichtig. *„Und die Gründe müssen aus liberaler Sicht schwer wiegen"*, fordert der Schweizer Liberalismus-Theoretiker Robert Nef in seiner programmatischen Schrift *Lob des Non-Zentralismus* (2002, S. 13). Dabei dürfe das Subsidiaritätsprinzip nicht als Allheilmittel betrachtet werden, da es in einem bereits zentralisierten Staat mannigfache Versuchungen und Vorwände gebe, noch mehr Verantwortung nach oben zu delegieren. Heute müsse das Subsidiaritätsprinzip klar im Sinne einer ausdrücklichen Beschränkung zentralstaatlicher Zuständigkeiten und eines Vorrangs der Übertragung von Aufgaben der (angeblichen) „Daseinsvorsorge" in private und kommunale Trägerschaft interpretiert werden. Dabei muss auch geklärt werden, auf welchen Ebenen es sinnvoll und nützlich ist, neben der Marktorientierung auch mit dem Haus- bzw. Haushaltsparadigma und dessen buchhalterischen Konsequenzen zu arbeiten.

Im Zuge der fortschreitenden Globalisierung der Märkte kommt es allerdings auch naturwüchsig zur Einschränkung der zentralstaatlichen Entscheidungs- und Handlungsfähigkeit und zu einer Arbeitsteilung zwischen staatlichen und nichtstaatlichen Regulierungsinstanzen. Das bedeutet, dass „Politik" nicht mehr allein vom und im Staat gemacht wird, sondern auch von vielen Akteuren der „Zivilgesellschaft" an ganz unterschiedlichen „Orten" - nicht zuletzt auch auf den regionalen und internationalen Märkten. Die Politik wird im Zuge des Globalisierungsprozesses im Prinzip immer polyzentrischer.

Das hat allerdings bislang nicht verhindert, dass bestimmte Gruppen wie vor allem scheinbar über jeden Verdacht erhabene Naturschützer ihre Sicht der Dinge weltweit durchsetzen konnten. Erinnert sei nur an das DDT-Verbot und das Montreal-Protokoll. Auch das Kioto-Abkommen und das von der EU geforderte strengere Nachfolge-Abkommen *(„Kioto II")* sollen weltweite Gültigkeit erlangen, obwohl sie vom Ansatz her lediglich der Weltsicht einer privilegierten Minderheit entsprechen.

Davon abgesehen, gibt es aber einen Wettbewerb zwischen Institutionen und sozialen Arrangements. Versuche einer zentralen Steuerung von Wirtschaft und Gesellschaft (ohnehin schon immer illusorisch) erscheinen nun vollends abwegig. Neue politische Orientierungen können allenfalls in Form von Hilfen zur Selbststeuerung gesellschaftlicher Subsysteme umgesetzt werden. Es verwundert daher nicht, dass das Subsidiaritätsprinzip gerade bei französischen Rechts- und Links-Jakobinern bis heute als rotes Tuch gilt, was subsidiäre und föderale Regelungen und Problemlösungen in der EU ungemein erschwert hat.

Obwohl nun im EU-Verfassungsvertrag nicht nur das Subsidiaritätsprinzip, sondern sogar ein lange von liberaler Seite gefordertes Austrittsrecht (vgl. Doering, 2002) vorgesehen ist, gibt es bei der Gestaltung des Gemeinsamen Marktes bislang eindeutig einen Vorrang der (zentralistischen) Harmonisierung gegenüber der non-zentralen Deregulierung und Privatisierung. Das Subsidiaritätsprinzip blieb bislang meistens Lippenbekenntnis, da - wie angedeutet - allen zentralisierten Systemen eine Neigung zur Verstärkung der Zentralisierung eigen ist. Auch nach der Durchsetzung des Lissaboner EU-Verfassungsvertrags bleibt der rechtliche und politische Status der europäischen Harmonisierungsagenturen unsicher. Sie als „nachhaltig" zu betrachten, wäre völlig abwegig.

Das Subsidiaritätsprinzip fordert freilich, wie Höffe betont, keine generelle Deregulierung und Beschneidung staatlicher Kompetenzen. Im Gegenteil: Der Staat soll durch die Beschränkung auf Kernkompetenzen wie die Militär- und Polizeigewalt, den Katastrophenschutz, die Kontrolle der Einhaltung von Mindeststandards im Bildungs- und Gesundheitswesen sowie im Umweltschutz schlagkräftiger werden. Das Subsidiaritätsprinzip ist kein Gebot der Staatsentmachtung, sondern ein *„Gebot der individuengerechten Ebene"*, stellte Höffe klar.

Er grenzte damit das Subsidiaritätsprinzip auch vom Kommunitarismus von Amitai Etzioni ab, der mit seiner Bevorzugung nichtstaatlicher Problemlösungen auf den ersten Blick ähnliches fordert wie die katholische Soziallehre, aber dem Zusammenhalt von lokalen „Gemeinschaften" generell Vorrang vor individuellen Emanzipationsansprüchen einräumt und partikularistische gegenüber universalistischen Wert- und Moralvorstellungen verteidigt. Möglicherweise hat er damit nicht einmal durchgängig Unrecht, denn die meisten geschichtlichen Untaten wurden im Namen universeller moralischer Ansprüche begangen. Da erscheint das Ausspielen von Partikularinteressen, zwischen denen dann ein Arrangement gefunden werden muss, oft als ehrlicher und sympathischer.

Das Subsidiaritätsprinzip räumt aber gegenüber der romantischen Verklärung gewachsener Vertrauensverhältnisse wie Nachbarschafts- und Verwandtschaftsbeziehungen sowie Dorf- und Stadtgemeinschaften durch den Kommunitarismus ein, dass ein starker (Zentral-)Staat unter gewissen Umständen durchaus im Interesse der Durchsetzung individueller Freiheitsansprüche liegen kann. Die zentralistische Praxis der päpstlichen Inquisition lässt leicht vergessen, dass im späten Mittelalter beziehungsweise in der Renaissance die Hexenverfolgung in der Regel nicht von Zentralgewalten, sondern von missgünstigen Nachbarn, Sippenangehörigen und örtlichen „Organen" ausging. Verfolgten blieb oft nur die Hoffnung auf einen Schutz durch die Zentralgewalt. Die heilige Inquisition urteilte nach strengen Regeln vergleichsweise rational und milde. Das zeigt sich darin, dass es in Spanien, wo die Inquisition (im Unterschied zu den deutschen Landen) funktionierte, keine Hexenverbrennungen gab. Das zeigt aber gerade auch der Fall Galileo, der von Antiklerikalen verschiedener Couleur zu Unrecht zum Lehrbuchbeispiel des von ihnen behaupteten grundsätzlichen Konflikts zwischen Glauben und Wissen hochstilisiert wurde. Auch heute sind es noch in vielen Teilen der Welt die Zentralgewalten, die Individuen bei der Durchsetzung ihrer Ansprüche gegenüber den Fesseln von Sippenverbänden, Religionsgemeinschaften oder ähnlichem am ehesten zur Seite stehen können.

Das modernisierte Subsidiaritätsprinzip lässt deshalb den konkreten Weg, um dem Vorrang der Individuen in der Politik gerecht zu werden, grundsätzlich offen und beschränkt sich lediglich auf zwei Richtungsangaben: *„Sobald eine höhere staatliche Einheit die Leistungsfähigkeit der niedrigeren Einheit gefährdet, muss sie ihre Tätigkeit einschränken – es sei denn, damit dient sie dem entscheidenden Maß, dem Einzelmenschen. Und dort, wo eine nachträgliche Selbsteinschränkung nicht mehr genügt, weil mittlerweile die Selbsthilfefähigkeit der unteren Instanzen verkümmert ist, übernehmen die Oberinstanzen, um die unteren Instanzen zu regenerieren, eine Vorleistungspflicht. Aus Gründen der kompensatorischen Gerechtigkeit leisten sie Hilfe zur Selbsthilfe [...] Den Individuen oder den unteren Instanzen, die wieder selbsthilfefähig geworden sind, müssen die entsprechenden Verantwortlichkeiten zurückgegeben werden."* (Höffe, 1999, S. 139f.). Das wird vermutlich noch lange ein frommer Wunsch bleiben, während *„Parkinsons Gesetz"* sich als „nachhaltiger" erweisen dürfte.

Rückbau einmal anders

DAS „GEBOT DER Rückübertragung" (Höffe) müsste heute in der Umweltpolitik zum Abbau der in der *„technokratischen Phase"* entstandenen Überreglementierung führen. Schon gegen Ende der 90er Jahre gab es in Deutschland auf Bundesebene nach Angaben der Bundestagsenquete *Schutz des Menschen und der Umwelt* etwa 2.000 Gesetze, knapp 3.000 Rechtsverordnungen und nicht weniger als 85.000 Einzelvorschriften allein für den Umweltschutz, die keiner formellen Gesetzesfolgenabschätzung unterzogen wurden. Würden solche in den USA, in Großbritannien und in Dänemark bereits üblichen sowie im Mastricht-Vertrag der EU ohnehin geforderte Verfahren in Deutschland angewandt, dürften sich viele Vorschriften als widersprüchlich und kontraproduktiv erweisen.

Schon die Tatsache, dass das „Jahrhundertprojekt" eines halbwegs systematischen deutschen Umweltgesetzbuches zwischendurch wieder abgeblasen wurde, weist auf die Inkohärenz der Umweltschutz-Gesetzgebung hin. Demgegenüber hat die Industrie inzwischen gelernt, in Form freiwilliger Selbstverpflichtungen und deren Kontrolle durch unabhängige Audit- und Monitoring-Systeme ihre eigene Regelverantwortung im Umweltschutz wahrzunehmen. Dass diese Selbstverpflichtungen oft vordringlich dazu dienen, das politische

Wohlverhalten ganzer Branchen zu demonstrieren, steht auf einem anderen Blatt.

Wie die Gewaltenteilung zwischen Legislative, Exekutive und Judikative und der Föderalismus sind freiwillige Selbstverpflichtungen von Wirtschaftsverbänden und Einzelunternehmen Elemente der Selbstbeschränkung der Demokratie im Interesse der Bewahrung individueller Freiheitsrechte. Eine totale Demokratie im Sinne der von Rousseau vorgezeichneten Diktatur einer Wählermehrheit von PC-Konformisten wäre innovationsfeindlich und deshalb nicht zukunftsfähig. Notwendig wäre ein viel strikteres Einschreiten gegen Kartellbildung in jeglicher Form: Das heißt nicht nur Kartelle und kartellähnliche Absprachen zwischen Firmen, sondern auch Kartelle politischer Parteien, Kartelle zwischen Parteien und Gewerkschaften, Kartelle zwischen Gewerkschaften, Großunternehmen wie bei *VW* und Arbeitgeberverbänden auf dem Arbeitsmarkt – und nicht zuletzt Kartelle wie der inzwischen per Gesetz fest etablierte ökologisch-industrielle Komplex um hochsubventionierte „Erneuerbare".

Darüber hinaus bedürfte es einer strikten gesetzlichen Begrenzung der Staatsquote am Bruttosozialprodukt und deren Verfolgung als wichtigen Indikator der Wettbewerbsfähigkeit und Nachhaltigkeit eines Wirtschaftsstandorts. Denn mit sinkender Staatsquote verringern sich unweigerlich die Möglichkeiten politischer Gängelung und Manipulation von Unternehmen und Staatsbürgern, während die Innovations- und Anpassungsfähigkeit der Wirtschaft steigt. Wer unbedingt auf nationale Nachhaltigkeitsstrategien mit quantifizierten Zielen und Indikatoren zur Messung von Fortschritten in Richtung auf diese Ziele setzen möchte, müsste besser mit der Festlegung eines realistischen Ziels für die Senkung der Staatsquote beginnen. Diese ist, wie der schwedische Ökonom Nils Karlson in einem Beitrag in der *NZZ* vom 31. Juli und 1. August 2004 demonstrierte, nicht zuletzt ein guter Maßstab für Menschenwürde und Freiheit, ohne deren Wahrung kein Gemeinwesen lange Bestand haben kann.

In der Tradition des europäischen Humanismus bedeutet Menschenwürde nichts anderes als die Verantwortung jedes Einzelnen für seinen eigenen, seinen Neigungen und Begabungen entsprechenden Lebensentwurf. Die Würde fußt auf der Möglichkeit der Individuen, durch frei gewählte Handlungen ihr Potential im Sinne einer harmonischen Entwicklung ihrer Fähigkeiten und Beziehungen zu einer integeren Persönlichkeit auszuschöpfen. Dabei könnten öffentliche Einrichtungen Schwachen und Benachteiligten in gewissem Grade (d. h.

im Sinne einer *„Hilfe zur Selbsthilfe"*) unter die Arme greifen, damit sie an die für ein würdiges, eigenverantwortliches Leben nötigen Ressourcen kommen.

Paternalismus vertrage sich aber in der Regel nicht mit der Menschenwürde: *„In der Lage zu sein, sich und die Seinen durchs Leben zu bringen, ist für die Würde zentral"*, schreibt Karlson. Deshalb führten wohlfahrtsstaatliche Einschränkungen der individuellen Verantwortung wie die Erhebung von Steuern und die Bürokratisierung von Lebensbereichen rasch zur Einschränkung der individuellen Freiheit und damit der menschlichen Würde. *„Die meisten Schwedinnen und Schweden sind vom Staat äußerst abhängig geworden und haben weder Mittel noch Fähigkeiten, um die Verantwortung für ihr eigenes Leben zu übernehmen"*, urteilt Karlson über sein Land, in dem Sozialisten aller Parteien leider noch immer ein nachahmenswertes Modell für ein vermeintlich zukunftsfähiges europäisches Gemeinwesen sehen.

Dabei verdrängen sie, dass zentrale Einrichtungen europäischer Wohlfahrtsstaaten wie das Gesundheitswesen oder die Arbeitslosenversicherung, an dem jetzt in Form von kurzfristigen Kostensenkungsmaßnahmen herumgedoktert wird, schon heute klar als unheilbar krank erscheinen, weil bei ihnen nicht die Menschenwürde, sondern die Befriedigung gesetzlich festgeschriebener Ansprüche im Vordergrund steht. Über Ansprüche an den Staat statt über produktive Arbeit und Verantwortung für sich und die Seinen definieren die Bürger der Wohlfahrtsstaaten heute ihre Identität. Die Folge sei eine *„Anspruchsinflation"*, die zur Blockierung anderer Funktionssysteme der Gesellschaft und damit zur Untergrabung der wirtschaftlichen Basis des Wohlfahrtsstaates führe, schreibt selbst der *„systemisch"* denkende Schweizer Managementberater Thomas A. Becker in der *NZZ* vom 17. und 18. Juli 2004. Sämtliche Sozialausgaben werden in Deutschland wie auch in vergleichbaren Wohlfahrtsstaaten auf Pump finanziert. Das als *„sozial gerecht"* und *„nachhaltig"* zu bezeichnen, ist ein schlechter Witz. Denn vermutlich schon bald werden die Wohlfahrtsstaaten nur noch über Zwangsanleihen oder Zwangshypotheken beziehungsweise über einen von allen Immoblienbesitzern getragenen „Lastenausgleich" an das Geld für den Weiterbetrieb der Versorgungsbürokratie kommen.

Wer dennoch um des eigenen Machterhalts willen die Illusion der Reformierbarkeit des Wohlfahrtsstaates aufrecht erhalten möchte, kann selbstverständlich in der von George W. Bush und dem neokonservativen Flügel der Republikaner in den USA ursprünglich verfolgten Vision einer völligen Abkehr vom Wohlfahrtsstaat durch die Entwicklung einer *ownership society* nur eine tödliche Bedrohung für die angeblich „solidarischen" kollektivistischen Systeme der Sozialversicherung in Europa sehen. Ziel der US-Republikaner war es, die Menschen nach und nach dahin zu bringen, gar keine Ansprüche an materielle staatliche Leistungen mehr zu stellen. Deshalb sollte ihnen der Staat so große Freiräume für die Erzielung von Einkommen und die Anhäufung von Ersparnissen gewähren, dass sie in Form konkurrierender privater Krankenversicherungen, Pensionsfonds usw. privat vorsorgen können.

Dabei waren sich die Urheber der Idee einer *ownership society* durchaus bewusst, dass der Übergang von den gegenwärtigen umlagefinanzierten zu privaten Systemen der Vorsorge nicht ohne das Auftun von Finanzlöchern und Zumutungen für die derzeit mit Rechtsansprüchen ausgestatteten Anwärter auf staatliche Leistungen, aber auch für tendenziell doppelt belastete jüngere Jahrgänge vonstatten gehen wird. Die großen Widerstände, denen sich die Bush-Regierung hier gegenüber sah, zeigten, wie schwer das ist.

Doch in den USA erscheint dieser Übergang wegen der im Vergleich zum „alten" Europa noch etwas niedrigeren Staatsquote von gut einem Drittel des Bruttosozialproduktes immerhin noch im Bereich des Möglichen. Und es wird dazu, wenn die zahlenstarke Generation der „Babyboomer" in Rente gehen wird, auch kaum Alternativen geben. Selbst die *Süddeutsche Zeitung* schrieb in ihrer Ausgabe vom 23. und 24. Oktober 2004 anerkennend: *„Im Gegensatz zu ihren demokratischen Rivalen haben die Republikaner sich überhaupt Gedanken über die kommende Krise gemacht. Bei jungen Amerikanern stößt die Idee zudem vermehrt auf Gegenliebe."*

Auch unter Präsident Barack Obama halten die US-Republikaner in den von ihnen regierten „roten" Bundesstaaten an ihrem Kurs des Rückbaus des Wohlfahrtsstaates fest, zumal sie in den Zwischenwahlen 2010 im Land wieder Oberwasser gewonnen haben. Gerade auch die von der Obama-Regierung hofierten Afro-Amerikaner finden das Ziel, die Menschen in die Lage zu versetzen, selbst für die Widrigkeiten des Lebens Vorsorge treffen zu können, zunehmend attraktiv. Sie stimmen mit den Füßen ab, indem sie den „blauen", von den Demokraten regierten Bundesstaaten mit ihrer erdrückenden, gewerkschaftlich verfilzten Wohlfahrtsbürokratie den Rücken kehren. Sie ziehen also die unbequeme, aber würdigere Selbständigkeit in „roten" Bundesstaaten einem betreuten Leben in den „blauen" vor.[12]

Konsequenterweise dürfte der Rückbau des hybriden Wohlfahrtsstaates aber auch vor einer Reprivatisierung des Geldes beziehungsweise dem Zulassen einer Konkurrenz zwischen politischem, aus dem Nichts geschaffenen Papiergeld (Kreditgeld) und Gold- beziehungsweise Silberwährungen nicht Halt machen. Das war auch in den USA lange Zeit nur bei den Lesern von Ayn Rands monumentalen Roman *Atlas Shrugged* und in den Zirkeln von Anhängern des Mises- und Hayek-Schülers Murray Rothbard ein Thema. Aber inzwischen lassen sich dort, wie die Achtungserfolge des libertären Präsidentschaftskandidaten Ron Paul bei den letzten Präsidentschaftswahlen und der große Zulauf zur *Tea Party*-Bewegung zeigen, mit diesen Forderungen in den USA Massen mobilisieren.

Erste US-Bundesstaaten haben inzwischen begonnen, Gold und Silber wieder zu legalen Zahlungsmitteln zu erklären. Auslöser dafür waren die kolossale Vergrößerung der Zentralbankgeldmenge von 856 Milliarden Dollar im April 2008 auf sage und schreibe 1,749 Billionen Dollar im April 2009 und die damit verbundenen durchaus verständlichen Inflationsängste angesichts von Staatsschulden in der Größenordnung von über 15 Billionen US-Dollar. Immer mehr private Investoren machen einen Bogen um US-Staatsanleihen.

Das etablierte Kartell zwischen der US-Notenbank „Fed" und den privaten Geschäftsbanken wehrt sich gegen die Infragestellung seines eigentlich verfassungswidrigen Währungsmonopols mit allen Mitteln. Das zeigt der Ausgang des Prozesses gegen Bernhard von Nothaus, den Schöpfer des *Liberty Dollars*, einer durch Gold und Silber gedeckten Privatwährung. Die von Präsident Obama eingesetzte Staatsanwältin bezeichnete den von Nothaus angestrebten Wettbewerb zwischen dem ständig an Kaufkraft verlierenden Papiergeld der Notenbank und seinem echtem Geld sogar als *„eine besondere Form von innenpolitischem Terrorismus"*! Bei der absehbaren Vertiefung der Schuldenkrise und der damit verbundenen Abkehr vom US-Dollar als Reservewährung würde die Frage einer Rückkehr zum weltweiten Goldstandard dennoch wieder auf den Tisch kommen, sofern es dann, wie der deutsche Hayek-Schüler Roland Baader in seinem 2004 erschienenen Buch *Geld, Gold und Gottspieler* befürchtet, nicht schon zu spät ist.

---

[12] http://tinyurl.com/7lwa7w7

Der französische Wirtschaftspublizist Philippe Simonnot hat gegenüber nahe liegenden pessimistischen Einschätzungen der Chancen einer drastischen Rückführung der Staatsquote in seinem 2004 erschienen Buch über die Geschichte verhängnisvoller ökonomischer Irrtümer *(L'erreur économique)* die Zuversicht geäußert, dass sich der am 1. August 1914 begonnene Siegeszug des Etatismus, der in den westeuropäischen Ländern zu einem Anstieg der Staatsquote von etwa fünf Prozent im 19. Jahrhundert auf heute über 50 Prozent geführt hat, ohnehin als *„Parenthese der Geschichte"* erweisen wird.

Simonnot hofft, den Menschen werde es einmal klar werden, dass sie entscheiden müssen, was ihnen wichtiger ist: das staatliche Monopol der Sozialversicherung, die Vollbeschäftigung oder die Marktwirtschaft. Sie könnten logischerweise immer nur zwei von den drei Dingen gleichzeitig haben.

8

Europa zwischen Hochmut und Verzweiflung

DIE EUROPÄER HABEN aus den Katastrophen des 20. Jahrhunderts offenbar wenig gelernt. Allein die Tatsache, dass sich kaum jemand daran stört, dass in Deutschland und Frankreich, den führenden Ländern Kontinentaleuropas, der Staatsanteil am Nettosozialprodukt und damit der Einfluss politischer Manipulationen auf die Geschicke von Wirtschaft und Gesellschaft längst wieder die 50-Prozent-Marke deutlich überschritten hat und immer weiter steigt (in Deutschland lag die Quote im Jahre 2003 nach Angaben von Hans-Werner Sinn schon bei 57,4 Prozent, ist aber danach wieder gesunken), deutet schon darauf hin, dass viele Europäer keine blasse Ahnung haben, auf welchem Wege sie zu dem von ihnen ersehnten Frieden gelangen und ihren Wohlstand nachhaltig halten könnten.

Nach einer im September 2004 veröffentlichten großen vergleichenden Umfrage des *German Marshall Fund* sprachen sich 71 Prozent der befragten Europäer für den Ausbau der Europäischen Union zu einer mit den USA rivalisierenden Supermacht aus. 58 Prozent lehnten eine weltpolitische Führungsrolle der USA sogar rundweg ab. Nur 22 Prozent der Europäer meinten, ihre Regierung solle mehr Geld für die Verteidigung ausgeben. Glauben die Befragten wirklich, sie könnten ihren *acquis communautaire* auch nur einen Monat ohne den US-amerikanischen Schutzschild verteidigen? Und wie denken sie, in Kontinentaleuropa genügend wirtschaftliches Wachstum und politische Entschlossenheit zu generieren, um der US-Politik auf gleicher Augenhöhe entgegentreten zu können?

Hier verweisen die „Eurokraten" gerne auf die *„Lissabon-Strategie."* Diese war im März 2000, noch mitten in der Euphorie der damals vom Platzen nicht mehr sehr weit entfernten Börsen-Blase der *New Economy*, auf einem Wirtschaftsgipfel der damals noch 15 EU-Regierungen beschlossen und großspurig zum *„Startschuss für eine Aufholjagd mit den USA"* erklärt worden. Das proklamierte Ziel: Die EU bis 2010 zur *„dynamischsten wissensbasierten und nachhaltigen Gesellschaft der Welt"* zu machen. Was folgte, ist bekannt. Die US-Wirtschaft erholte sich vom Salami-Crash der Wall Street und selbst vom Schock des 11. September 2001 erstaunlich rasch. Die EU-Wirtschaft konnte jedoch ihren Abstand zur US-Wirtschaft nicht vermindern. Mit einem durchschnittlichen Produktivitätszuwachs von unter einem Prozent gegenüber zwei Prozent in den USA wäre das auch gar nicht möglich gewesen.

Nach einer Untersuchung der liberalen schwedischen Denkfabrik *Timbro* erreichte das Pro-Kopf-Inlandsprodukt der Euro-Zone knapp vor dem Ende der ersten Halbzeit des *„Lissabon-Prozesses"* nur 70 Prozent des US-Niveaus. Nicht besser sieht es bei der Beschäftigungsquote, den Forschungsausgaben und dem Durchschnittseinkommen aus. Dahinter verbergen sich in den USA freilich rasch wachsende Unterschiede zwischen Arm und Reich. Doch selbst den meisten Armen gehe es heute in den USA besser als in Westeuropa, versichert Frederik Bergström, der Autor der *Timbro*-Studie.

Das gilt sicher seit dem Ausbruch der Immobilien- und Schuldenkrise im Jahre 2008 nicht mehr uneingeschränkt. Durch die „Rettung" von Großbanken und Versicherungen durch Finanzhilfen in der Größenordnung von Hunderten von Milliarden Dollar hat der US-Bundesstaat Schulden in Billionenhöhe angehäuft. Ähnlich große Summen verschlangen die Kriege in Afghanistan und Irak. Etliche Einzelstaaten der Föderation stehen vor dem Staatsbankrott. Gleichzeitig sind die USA insgesamt zu einem ausgesprochenen Hochsteuerland geworden.

Unter diesen ungünstigen Rahmenbedingungen ist die Privatwirtschaft seither kaum noch in der Lage, neue Arbeitsplätze zu schaffen, obwohl ihr Wachstumspotenzial nach wie vor das der EU deutlich übertrifft. Billige Energieträger wie Kohle und Schiefergas und Fortschritte in der Automatisierungstechnik werden es bald erlauben, immer mehr Fertigungsprozesse aus China zurückzuholen.

Viel schlechter steht es um die EU in der Schuldenkrise. Der im Mai 2010 in Brüssel staatsstreichartig beschlossene „Rettungsschirm" zur Verteidigung des Euro wird wohl nicht lange dicht bleiben. Immer geht es darum, nach Art eines Kettenbriefsystems alte Schulden mit noch mehr neuen Schulden zu begleichen – bis es zum Finanz-Crash und in dessen Gefolge wahrscheinlich zum Bürgerkrieg kommt, weil wegen der wachsenden Inflationsgefahr kein Investor mehr das Risiko eingehen möchte, ungedeckte Wechsel in Form von Staatsanleihen und anderen Schuldverschreibungen zu kaufen. Es bedarf schon einer Portion Chuzpe, um mit EU-Kommissions-Präsident José Manuel Barroso zu behaupten, die EU sei dennoch besser für die Zukunft gerüstet als ihre Wettbewerber. Rein materiell könnten die Europäer die US-Amerikaner zwar in absehbarer Zeit nicht einholen. Sie seien aber wegen der engmaschigen Regulierung ihrer Wirtschaft nach dem Vorsorge- und Nachhaltigkeitsprinzip auf dem besseren Weg und könnten zum Lehrmeister der Welt werden, meint Barroso.

Ein amerikanischer Traum von Europa

IN KONZENTRIERTER FORM findet sich die illusionäre Weltsicht, die heute von einer großen Mehrheit der Europäer geteilt wird, ausgerechnet in dem von einem Amerikaner geschriebenen Buch. *Der europäische Traum. Die Vision einer leisen Supermacht* des Vielschreibers Jeremy Rifkin, ein im Herbst 2004 erschienenes erbauliches Werk, liest sich, als sei es eine Auftragsarbeit für die inzwischen abgelöste Prodi-Kommission gewesen. Hier kurz seine Argumentationslinie: Der mythenhafte Amerikanische Traum bestand in der Überzeugung, dass jeder, der irgendwo auf der Welt unter Armut und/oder dem Joch von Tyrannen oder alteingesessener Eliten mit Erbpfründen leidet und ein besseres Leben anstrebt, in der „neuen Welt" mit offenen Armen empfangen wird, sofern er bereit ist, hart zu arbeiten, Lebensrisiken einzugehen, beweglich zu bleiben und sich im amerikanischen Schmelztiegel zu assimilieren. Doch dieser Traum, sagt Rifkin, verblasse heute immer mehr. Schon ein Drittel der Amerikaner glaube nicht mehr daran. Vielen mache er sogar Angst. Noch mehr hielten ihn einfach für überlebt, überholt.

Stattdessen gehe nun vom Projekt der politischen und wirtschaftlichen Integration von damals 25 Nationalstaaten mit mehr als 450 Millionen Einwohnern und einem zusammengerechneten Bruttoinlandsprodukt von über 10,5 Billionen Dollar zu einer multikulturellen Gemeinschaft mit extraterritorialer Regierung, der Europäischen Union, eine immer größere Faszination aus. Im Unterschied zum individualistischen und tief religiös gefärbten Amerikanischen sei der Europäische Traum bis in sein Innerstes säkular und kosmopolitisch ausgerichtet. *„Der Amerikanische Traum ist zutiefst persönlich gefärbt und kümmert sich wenig um den Rest der Menschheit. Der Europäische Traum ist seiner Natur nach umfassender und systematischer und daher besorgter um das Wohlergehen des Planeten"*, schreibt Rifkin und macht damit klar, dass es sich hier weniger um einen Traum aufgeklärter Europäer, sondern um das illusionäre Europabild des „anderen", d.h. naivlinksliberal-pazifistischen Amerika handelt, das den geldgierigen Psychopathen Michael Moore glaubwürdiger fand als seinen damaligen gläubigen Präsidenten. Dass Moores von Dummheiten und groben Verdrehungen strotzende Bücher und „Dokumentarfilme" in Europa allenthalben für bare Münze genommen werden, sagt übrigens mehr über den hier vorherrschenden Geisteszustand des Selbsthasses und Nihilismus aus als lange Abhandlungen.

Die neue europäische politische Kultur stelle *„Gemeinschaftsbeziehungen über individuelle Autonomie, kulturelle Vielfalt über Assimilation, Lebensqualität über die Anhäufung von materiellem Reichtum, nachhaltige Entwicklung über unbegrenztes Wachstum, universelle Menschenrechte und die Rechte der Natur über persönliche Eigentumsrechte und globale Zusammenarbeit über einseitige Machtausübung."* Kurz: Der Europäische Traum werde zur idealen Schnittstelle zwischen der Postmoderne und dem heraufdämmernden neuen Zeitalter mit einem globalen Bewusstsein, das sich durch *„Empathie"* und *„Inklusivität"*, durch ein Gespür für die gemeinsame Verwundbarkeit von Mensch und Natur auszeichne. Eigennutz und Konkurrenz auf dem anonymen und blinden Markt würden im globalen Zeitalter abgelöst durch ökonomische Netzwerke auf persönlicher Vertrauensbasis.

Dass Rifkin den säkularen, laizistischen Charakter des Projekts der europäischen Integration hervorhebt, ist angesichts der eindeutig (ersatz-)religiösen Dimension der Politischen Ökologie schon ein starkes Stück. Aber es kommt noch dicker. Er behauptet allen Ernstes, es gebe zwei diametral entgegengesetzte Freiheitsbegriffe: den amerikanischen und den europäischen. *„Die Amerikaner haben mit Freiheit immer Autonomie verbunden"*, schreibt er. *„Wenn jemand autonom ist, ist er nicht abhängig von anderen oder Umständen wehrlos ausgesetzt, die er nicht kontrollieren kann. Je mehr Wohlstand man anhäuft, desto unabhängiger kann* *man leben. Man erlangt Freiheit, indem man selbständig und de facto eine Insel wird. Wohlstand bringt Exklusivität mit sich und Exklusivität garantiert Sicherheit. Der neue europäische Traum basiert hingegen auf einem anderen Verständnis von Freiheit und Sicherheit. Für die Europäer liegt die Freiheit nicht in der Autonomie, sondern darin, eingebettet zu sein. Frei zu sein bedeutet, Zugang zu vielen voneinander abhängigen Beziehungen zu haben. Je mehr Gesellschaftsgruppen einem den Zugang erlauben, desto mehr Möglichkeiten hat man, ein erfülltes und sinnvolles Leben zu führen. Hier bringt Inklusivität die Sicherheit – Zughörigkeit, nicht Besitz."* (S. 21).

Was Rifkin hier beschreibt, ist nicht der Gegensatz zwischen zwei verschiedenen Freiheitsbegriffen, sondern der Gegensatz zwischen persönlicher Freiheit und Knechtschaft, wie sie Friedrich August von Hayek und George Orwell charakterisiert haben: Knechtschaft im Sinne der Abhängigkeit der durch die Verbreitung von Angst-Szenarien und fiskalischer Enteignung gefügig gemachten Einzelnen von undurchschaubaren und zunehmend unbezahlbaren Systemen der *„ökologischen"* und *„sozialen"* Umverteilung finanzieller Ressourcen, die im Übrigen nachweislich weniger den unverschuldet in Not geratenen, sondern hauptsächlich wohlhabenden Mittelschichtangehörigen mit den richtigen „Beziehungen" nützen.

Schlagendes Beispiel dafür sind Zahnärzte, Professoren und Oberstudienräte, die von Steuersparmodellen für Investitionen in Windkraftanlagen profitieren. Von Knechtschaft muss man heute auch im Sinne der Unterwerfung der Individuen unter den geistigen Terror der *political correctness* sprechen. Von Freiheit kann man demgegenüber nach Voltaire und Kant nur sprechen, wenn die Einzelnen keiner anderen Person, sondern nur dem Gesetz gehorchen müssen.

Da sich Rifkin und die von ihm gebauchpinselten europäischen „Eliten" von diesem eindeutigen Freiheitsbegriff längst verabschiedet haben, konnte ihnen gar nicht mehr auffallen, welchen gedankenlosen und gefährlichen Kitsch sie da zum Bestseller hochjubelten. Setzt das geforderte ganzheitliche Denken, die *„Inklusivität"* etwa nicht Wissen voraus, das wir gar nicht haben können? Müssen dann die Einzelnen nicht Verantwortung für Vorgänge übernehmen, die sie weder durchschauen noch beurteilen können? Was geschieht im *„globalen Zeitalter"* mit jenen, die lieber ihrem gesunden Menschenverstand vertrauen als den von selbsternannten Hohepriestern frei erfundenen Theorien über eine drohende Klimakatastrophe? Was geschieht mit eigensinnigen Menschen, die weniger nach *„Inklusivität"* und sozialer Nestwärme streben? Werden diese nicht am Ende in Besserungsanstalten oder gar in Konzentrationslagern landen?

Rifkin wundert sich über den *„zutiefst pessimistischen Wesenszug"*, der dem europäischen Charakter im Unterschied zum amerikanischen eigen sei. Kann sich aber Optimismus überhaupt einstellen bei Menschen, die der Einbettung in Beziehungsnetzwerke mehr vertrauen als den eigenen Kräften? Warum wohl sind die ausschließlich in Frieden und Wohlstand aufgewachsenen Babyboomer der Nachkriegszeit die unglücklichste und verzagteste Generation, die Deutschland je erlebt hat? Die Antwort liegt auf der Hand: Die von Rifkin empfohlene *„Einbettung"* der Einzelnen in paternalistische und kommunalistische Beziehungsnetzwerke macht die Menschen nicht glücklich, sondern ängstlich und neidisch. Die Selbstmordrate war im Land der *sécurité sociale* und der 35-Stunden-Woche (Frankreich) vor der im Jahre 2008 ausgebrochenen Finanzkrise fast doppelt so hoch wie in den USA!

Es ist vermutlich gerade die von Rifkin beklagte tägliche Plackerei, die Amerikaner davon abhält, Hand an ihr Leben zu legen. Wie auch hätte Albert Camus in seinem *Mythe de Sisyphe* (1942) sonst fordern können, sich Sisyphus als einen glücklichen Menschen vorzustellen? Optimismus stellt sich eben nur bei jenen ein, die gelernt haben, mehr ihrem eigenen Mut und Fleiß als „Beziehungen" zu Einflussreichen und Mächtigen oder zur nährenden Gemeinschaft zu vertrauen und die im Staat eher ein mehr oder weniger notwendiges Übel erblicken als einen Götzen, von dem sie selbst dann noch Wunder erwarten, wenn er schon kurz vor der Pleite steht.

Albert Camus hat das für das europäische Bewusstsein charakteristische Schwanken zwischen Größenwahn und Verzweiflung in seinem Essay *L'homme révolté* von 1951 mit unnachahmlichem Weitblick analysiert. Das Buch, dessen Veröffentlichung zum endgültigen Bruch zwischen ihm und Jean-Paul Sartre führte, ist eine Art Generalabrechnung mit den verschiedenen Formen von Nihilismus und Totalitarismus, die die Welt im 20. Jahrhundert mehrmals an den Abgrund geführt haben. Dort leitet Camus aus der Tatsache der nur dem monotheistischen Denken entspringenden Versuchung der Revolte als Herausforderung Gottes und seiner irdischen Statthalter die Vermutung ab, dass die alten Griechen wohl recht hatten, als sie von einer *„menschlichen Natur"* als unveränderlichem Kern jeder Person ausgingen.

Weil sie keinen persönlichen, allmächtigen Gott kannten, sondern nur menschenähnliche Halb- und Vollgötter, von denen sie keine tiefe

Kluft trennte, war den alten Griechen die Idee der unschuldigen Auflehnung gegen einen für die Übel der Welt verantwortlich erklärten Schöpfer völlig fremd. Da neben den zwölf Göttern beziehungsweise Göttinnen des Olymp immer Platz für zusätzliche Halbgötter blieb, konnten Aufbegehrende und Ehrgeizige (wie Achilles im *Illias*-Epos) ihre Kräfte messen, ohne gleich den ganzen Kosmos in Frage zu stellen. Im monotheistisch geprägten Abendland hingegen sei es zur nihilistischen Perversion der Revolte in Form von Revolutionen gekommen, in denen sich die Unschuld vor dem Verbrechen rechtfertigen musste. *„Um das Böse zu bekämpfen, sagt sich der Revoltierende, weil er sich ja für unschuldig hält, auch vom Guten los und setzt damit erneut das Böse in die Welt"*, schrieb Camus (1951, zit. n. d. Ausg. v. 1985, S. 71).

Gegenüber dem Kreislaufdenken der griechischen Philosophie, der die Idee eines Fortschritts in Richtung auf eine leuchtende (oder apokalyptische) Zukunft fern lag, kam mit der allgemeinen Durchsetzung des Christentums die weltliche Idee einer einheitlichen und linearen Geschichte des Menschengeschlechts als fortschreitende Vergöttlichung des Menschen durch die Vervollkommnung der Naturbeherrschung auf – eine von der biblischen Eschatologie zwar abweichende, aber dennoch tiefreligiösen Idee, die von verschiedenen Spielarten des nationalen und internationalen Sozialismus übernommen wurde. Alle modernen politischen Religionen ersetzen lediglich das christliche Jenseits in der Vertikalen durch eine mehr oder weniger ferne irdische Zukunft in der Horizontalen, in der sie das Heil erwarten.

Jede noch so verständliche Revolte gegen reales oder vermeintliches Unrecht trage deshalb in Europa den Keim des Nihilismus in sich, sagt Camus. Dieser von seinen religiösen Wurzeln losgelöste totalitäre historische Geist sei es, der Europa ins Verderben zu führen droht. Eng damit verbunden sei die Vorstellung, es gebe auserwählte Völker, Rassen oder Klassen, deren Mission darin besteht, den historischen Prozess durch Kämpfe und/oder Opfergänge zu beschleunigen. Nietzsche habe trotz der Sackgasse, in die ihn sein eigener Denkansatz geführt hat, klar vorausgesehen, dass der dialektische und historische Materialismus in einem intellektuellen Cäsarismus münden werde, der die Wahrheit im Namen der Gerechtigkeit unterdrückt. Das Wunder des dialektischen Umschlags von Quantität in Qualität bestehe darin, die totale Knechtschaft zur Freiheit zu erklären.

„Die Revolution des 20. Jahrhunderts glaubt den Nihilismus vermeiden und der wahren Revolte treu bleiben zu können, indem sie Gott durch die Geschichte ersetzt. In Wirklichkeit stärkt sie den ersten und verrät die zweite.

Die Geschichte vermittelt in ihrer reinen Bewegung aus sich heraus keine Werte. Man muss sich deshalb tagespolitischen Effizienzkriterien unterwerfen und schweigen oder lügen", erkannte Camus schon 1951 (zit. n. d. Ausg. v. 1985, S. 360).

In der Tat: Wer Gott für tot erklärt, hat sich damit noch lange nicht vom Monotheismus verabschiedet. Der Etatismus wurde in Europa zur Religion all jener, die sich ostentativ von der christlichen Religion abgewandt haben. Doch mit dem Ersatz individueller Freiheitsrechte durch Wertekataloge, die Gesinnungsterror rechtfertigen, wird die überwunden geglaubte Abhängigkeit von der göttlichen Gnade durch die Abhängigkeit von den hochmütigen Plänen und kleinmütigen Launen einer etablierten politischen Klasse ersetzt. Wer nicht erkennt, dass die Freiheit der einzige nachhaltige Wert ist, den die Geschichte nur auf die Tagesordnung bringen kann, weil es eine unveränderliche *„menschliche Natur"* gibt, der schreckt nicht davor zurück, die Freiheit im Namen der Gerechtigkeit und der „Vorsorge" zu töten.

Vorsorge und Nihilismus

WER STÄNDIG NUR vorsorgt, der verpasst das Leben. So könnte man einen bekannten, dem letzten sowjetischen Staatschef Michail Gorbatschow in den Mund gelegten Spruch abwandeln. *„Das Geheimnis Europas besteht darin, dass es das Leben nicht mehr liebt"*, behauptete Camus schon 1951. Wer darüber den Kopf schüttelte, muss sich nun durch die Auswüchse, die das „Vorsichtsprinzip" in der Europäischen Union bereits getrieben hat, eines Besseren belehren lassen.

Der Kodifizierung des „Vorsichtsprinzips" in der EU liegt letztlich die irrige Annahme zugrunde, es gehe im täglichen Leben wie in Wirtschaft und Politik nicht um die Abwägung zwischen verschiedenen Risiken oder mehr oder weniger großen Übeln, sondern um die Entscheidung zwischen Risiko und „Nullrisiko". Man hofft, durch eine wie auch immer geartete Umwandlung der „Risikogesellschaft" in eine „Wissensgesellschaft" zum gewünschten höheren Sicherheitsniveau gelangen zu können. Dabei wird die Erkenntnis unterschlagen, dass mit dem Wissen meist auch die Zahl offener Fragen und somit die Ungewissheit wächst.

Darauf geht, wie es scheint, auch die neue Stoffpolitik der Europäischen Union zurück, die im Februar 2001 mit der Vorlage des Weißbuches *Strategie für eine zukünftige Chemikalienpolitik* durch die damalige Umweltkommissarin Margot Wallström und den Unternehmenskommissar Erkki Liikanen eingeleitet wurde. Es geht dabei um die Neubewertung von etwa 30.000 Stoffen, die seit Jahrzehnten (größtenteils völlig unauffällig) im Gebrauch sind. Hätte der im Mai 2003 von den beiden vorgelegte erste Entwurf einer *EU-Verordnung über die Registrierung, Bewertung und Zulassung von Chemikalien (REACh)* Gesetzeskraft erlangt, hätten nach Schätzung des europäischen Chemieverbandes *CEFIC* etwa eine Million kleinere und größere Unternehmen insgesamt nicht weniger als 100 Millionen *„Chemical Safety Reports" (CSR)* mit jeweils etwa 20 bis 200 Seiten Umfang erstellen und in bis zu 20 verschiedene Sprachen übersetzen müssen. Den Autoren dieses Entwurfs war vermutlich nicht bewusst, dass sie damit drauf und dran waren, etwas zu wiederholen, das uns aus dem Alten Testament der Bibel in Form der unglücklich verlaufenen Geschichte vom Turmbau zu Babel bekannt ist.

Zwar ist dieser Entwurf (nach einer Konsultation mit betroffenen Stoffanwendern im Internet) schon bald wieder abgespeckt und entschärft worden. Aber die Tatsache, dass die EU-Kommission allen Ernstes ein so größenwahnsinniges Projekt an die Öffentlichkeit gebracht hat, sollte eigentlich genügen, um die dahinter stehenden nihilistischen Motive zu entlarven. Doch der Umfang der Proteste gegen das wahnwitzige Vorhaben hielt sich in Grenzen. Noch einmal: Nihilismus heißt nicht, an nichts zu glauben, sondern nicht zu glauben an das, was ist. In der täglichen Praxis drückt sich der Nihilismus heute in der Weigerung aus, auf ökonomische Argumente überhaupt einzugehen und Übel abzuwägen. Das zeigt sich nicht nur in dem *REACh* zugrunde liegenden Ansinnen, das Rad der sicheren Handhabung von Stoffen neu zu erfinden, sondern mehr noch in der Klimapolitik, die in dieser Abhandlung im Vordergrund steht.

Selbst die beiden (eher grün angehauchten) US-Ökonomen William D. Nordhaus und Joseph Boyer vom *MIT* in Boston, die den *IPCC*-Berichten über den Klimawandel, dessen vermeintliche Ursachen und dessen Steuerbarkeit durch die Drosselung von CO_2-Emissionen durchaus Glauben schenken, haben in einem im Jahre 2003 erschienenen Buch überzeugend dargelegt, dass schon das Ziel, die globale Treibhausgaskonzentration auf der doppelten Höhe des vorindustriellen Niveaus zu stabilisieren, jeglicher Wirtschaftlichkeitsüberlegung Hohn spricht. Die geschätzten Kosten beschlossener CO_2-Reduktionsmaßnahmen (mindestens 1,2 Billionen US-Dollar beim Einsatz „kostensparender" Mechanismen wie dem Emissionshandel) würden den zu erwartenden Nutzen mindestens um das Doppelte übersteigen!

Dennoch hat sich die EU-Kommission, gedrängt durch Deutschland und Großbritannien, auf die die bisherigen CO_2-Reduktionserfolge zu 98 Prozent zurückgehen, auf eine Fortsetzung der im Kioto-Abkommen festgelegten Strategie verpflichtet. Diese auf quantitativen CO_2-Reduktionsquoten für jedes der im Anhang I des Kioto-Abkommens aufgeführten „Industrieländer" beruhende Strategie impliziert die Ablehnung jeglicher Kosten- und Prioritätsvergleiche zwischen vorgeblich der „Klimastabilisierung" dienenden Maßnahmen und anderen dringenden Aufgaben wie Bildung, Forschung und Gesundheitsvorsorge durch sauberes Trinkwasser.

Vom Nutzen des Nichtstuns

DIE BEFÜRWORTER DER Kioto-Strategie und des europäischen Emissionshandels räumen zwar ein, dass das nicht im Anhang I aufgeführte boomende „Entwicklungsland" China inzwischen zum größten CO_2-Emittenten vor den USA geworden ist. Sie geben auch zu, dass die „Klimapolitik" der EU, falls ihre Umsetzung gelingt, die globalen CO_2-Emissionen allenfalls um etwa ein Prozent vermindern könnte. Doch sie begründeten ihren Druck auf Russland, das Kioto-Protokoll zu ratifizieren und damit in Kraft zu setzen, mit dem Argument, die Zeit dränge. Werde nicht sofort mit einer Drosselung des CO_2-Ausstoßes begonnen, entstünden im Jahr 2050 infolge des Klimawandels Kosten von bis zu zwei Billionen US-Dollar und über einen Zeitraum von 50 Jahren sage und schreibe 214 Billionen Dollar, rechnete Claudia Kemfert vom *Deutschen Institut für Wirtschaftsforschung (DIW)* im *Wochenbericht 42/2004* des *DIW* vor.

Sie „vergaß" dabei, darauf hinzuweisen, dass ein Sinken der Durchschnittstemperatur der Erde in einer Kleinen oder Großen Eiszeit um ein Vielfaches teurer käme und dass es bei einer Steigerung der Temperatur nicht nur Verlierer, sondern höchstwahrscheinlich sehr viel mehr Gewinner gäbe. Was der Klimawandel unterm Strich kostet oder an Gewinn bringt, müsste in Form einer realistischen Bilanzierung abgeschätzt werden. Doch die junge Professorin mit unübersehbaren Star-Allüren kann es sich in Deutschland ungestraft leisten, nur vermutliche Kosten aufzublähen und aufzuaddieren und mögliche Gewinne eines Klimawandels völlig außer acht zu lassen.

Ähnlich argumentierte Nicholas Stern, der ehemalige Chefökonom der Weltbank, in seinem im Jahre 2006 veröffentlichten *Stern Report.*[13] Diese vom damaligen britischen Schatzkanzler Gordon Brown in Auftrag gegebene Studie erlangte mit Hilfe der Massenmedien bald einen den *IPCC*-Berichten vergleichbaren Rang als quasi offizielle wissenschaftliche Begründung der „Klimapolitik". In seinem umfangreichen, kaum lesbaren Elaborat behauptet Stern, der Klimawandel sei das Resultat eines globalen *„Marktversagens"* bei der Nutzung des öffentlichen Gutes *„Klima"*. Er rechnet damit, dass sich die Kosten der Abwendung eines *„gefährlichen"* Klimawandels (d.h. einer Erwärmung der Erde um durchschnittlich bis zu 6 °C) durch die Senkung der globalen Kohlendioxid-Emissionen von 24 Gigatonnen im Jahre 2005 auf 18 Gigatonnen im Jahre 2050 auf ein bis fünf Prozent des globalen Bruttoinlandsproduktes belaufen werden.

Es geht dabei also um Billionensummen. Mit *business as usual* würden die globalen CO_2-Emissionen bis 2050 jedoch auf 67 Gigatonnen ansteigen. Werde das verhindert, könnten Schäden im Gesamtumfang von bis zu 20 Prozent des BIP abgewendet werden.

Stern konnte nur deshalb zu solch astronomischen Summen gelangen, weil er die Option einer intelligenten Anpassung der Menschen an den Klimawandel von vornherein ausblendete und weil er für die „Klimaschutz"-Investitionen eine unrealistisch niedrige Diskontierungsrate von 0,1 Prozent annimmt, was bedeutet, dass er den heute lebenden Generationen die kumulierten Kosten der Gewinne aller zukünftiger Generationen auferlegt, bemerkte der bereits zitierte William D. Nordhaus. Verschiedene weitere dem *IPCC* zuarbeitende Ökonomen wie der ebenfalls an der *Yale*-Universität lehrende Robert Mendelsohn oder der in Dublin lehrende niederländische Ökonometriker Richard Tol haben darauf hingewiesen, dass Sterns Rechnungen nicht nachvollziehbar sind. Ganz offensichtlich handelt es sich beim *Stern Report* um ein bestelltes und gut honoriertes Machwerk. Es überrascht nicht, dass die dem *Stern Report* zugrunde liegenden Daten ebenso vernichtet wurden wie die den *IPCC-Reports* zugrunde liegenden Temperaturdaten der *University of East Anglia.*

Doch EU-Klimaschutzkommissarin Connie Hedegaard ließ sich davon nicht beirren. Im März 2011 legte sie den Entwurf eines Strategiepapiers für die Umsetzung des im Januar 2008 beschlossenen „Klimapakets" der EU vor, das teilweise auf dem *Stern Report* fußt. Darin

---

[13] http://tinyurl.com/3889zcz

macht sie folgende Rechnung auf: Die EU muss dafür in den kommenden vierzig Jahren jährlich 270 Milliarden Euro, das heißt insgesamt fast 11 Billionen Euro locker machen. Die EU-Klimaschutzkommissarin steht mit ihrer auf den ersten Blick beängstigend anmutenden Kostenschätzung durchaus nicht allein. Kurz zuvor hatte *Accenture* (Ex-*Arthur Andersen*, die größte Unternehmensberatung der Welt) zusammen mit der Londoner *Barclays Bank* eine Studie mit dem Titel *Carbon Capital. Financing the low carbon economy*[14] vorgelegt, die den Kapitalbedarf für *„Low Carbon Technologies" (LCT)* allein bis zum Jahre 2020 auf 2,9 Billionen Euro beziffert.

Nach dem „Klimapaket" der EU sollen die Emissionen von „Treibhausgasen" bis zum Jahre 2020 um 20 und bis 2050 um 80 Prozent sinken. Bis dahin soll die Stromversorgung fast zu 100 Prozent auf „treibhausgasarme" Energiequellen - das heißt auf „erneuerbare" Energien und/oder die Atomenergie - umgestellt sein. Wichtigster Hebel zur Ansteuerung dieses Ziels soll die Rationierung des CO_2-Ausstoßes durch Quoten und den Handel mit Emissionsrechten sein. Zwischenetappe soll eine 20-prozentige Reduktion des Energieverbrauchs bis 2020 sein, und zwar hauptsächlich durch massive Investitionen in die Wärmedämmung von Gebäuden. Bis 2050 soll der Energieaufwand für die Gebäudeheizung um 90 Prozent reduziert werden.

Ursprünglich hatte die EU in den internationalen Verhandlungen über ein Folgeabkommen zum 2012 auslaufenden Kioto-Abkommen über die Reduktion von „Treibhausgasen" sogar eine 30-prozentige Senkung ihres CO_2-Ausstoßes bis 2030 angeboten - allerdings nur unter der Bedingung, dass andere Unterzeichner des Kioto-Abkommens nachziehen. Das ist nicht geschehen. Die EU setzt ihre „Klimapolitik" also im Alleingang fort und nennt das eine *„Vorreiter-Rolle spielen"*.

Da bekannt ist, was Vorreitern droht, denen niemand nachfolgt, muss die EU-Klimakommissarin ihre Kostenschätzung jedoch relativieren. Die Klimaschutzinvestitionen entsprächen lediglich 1,5 Prozent der jährlichen Wirtschaftsleistung in der EU und bewegten sich in der Größenordnung des Rückgangs der Investitionen in der jüngsten Finanz- und Wirtschaftskrise, argumentiert Kommissarin Hedegaard. Die Klimaschutz-Investitionen zahlten sich letzten Endes für alle aus, da sie Energiekosteneinsparungen von mindestens 175 Milliarden Euro im Jahr ermöglichten und zahlreiche Arbeitsplätze vor allem im Bausektor schaffen könnten, behauptet die Berufspolitikerin und frü-

---

[14] http://tinyurl.com/7e9zzzx

here Journalistin mit einem Magister in Literaturwissenschaft und Geschichte (!). Dabei klammert die Brüsseler Bürokratin die Frage, ob nicht auf anderem Wege mit weniger Kapital weitaus mehr Arbeitsplätze geschaffen werden könnten, von vornherein aus.

Die Autoren des EU-Strategiepapiers haben also wohl bei ihrer Kostenschätzung aus naheliegenden Gründen systematisch untertrieben. Das zeigt der Vergleich mit der Studie von *Accenture* und *Barclays Bank*, die ohne Berücksichtigung der hohen Kosten für die obligatorische Gebäudeisolierung für die kommenden zehn Jahre auf deutlich höhere Gesamtkosten des „Klimaschutzes" kommt. In ihrer Kostenschätzung berücksichtigen *Accenture* und *Barclays* bei der Gebäudemodernisierung nur Solaranlagen und den Einbau „intelligenter" Stromzähler. Die Aufwendungen für die Wärmedämmung liegen außerhalb des Fokus ihres Finanzierungsmodells. Dieses beruht hauptsächlich auf dem Verkauf „grüner" Fondsanteile und Verbriefungen *(securities)* nach dem Muster der amerikanischen *subprime*-Papiere. Auf diese Weise sollen 1,65 Billionen Euro aus externen Quellen mobilisiert werden.

In den insgesamt auf 2,9 Billionen Euro geschätzten Aufwendungen für *Low Carbon Technologies* sind 600 Milliarden Euro Entwicklungskosten und 2,3 Billionen Euro Anschaffungskosten enthalten. Dabei entfallen allein auf Windräder und Photovoltaik-Anlagen 1,37 Billionen Euro - eine Summe, die ausreichen würde, um statt der unsteten „Alternativen" zum Beispiel 230 zuverlässige große Kernkraftwerke mit je zwei Gigawatt Leistung zu bauen - was die Autoren der Studie und ihre Auftraggeber aber ausdrücklich ausschließen.

Das wirft die Frage auf, warum eine Großbank Milliardeninvestitionen in unzuverlässige Technik empfiehlt. Warum werden in der Studie von *Accenture* und der *Barclays Bank* die Perspektiven der verstärkten Nutzung „unkonventioneller" Erdgas-Vorkommen ausgeblendet? (Erläuterung: Da bei der Verbrennung von Erdgas höchstens nur etwa halb so viel CO_2 freigesetzt wird wie bei der Verbrennung von Kohle, wären die Vorgaben der EU bis 2020 ganz bequem mit einer Steigerung des Erdgas-Einsatzes erreichbar.) Welche Hintergedanken haben den Unternehmensberatern also die Feder geführt? Vermutlich sehen sie in der Finanzierung unzuverlässiger Technik über den von ihnen empfohlenen Verkauf undurchsichtiger Verbriefungen den besten Weg, um Gewinne privatisieren, Risiken und Verluste jedoch auf die öffentliche Hand beziehungsweise die Steuerzahler abwälzen zu können.

Die *Accenture-Barclays*-Studie zeigt nicht zuletzt, dass das größte Risiko für die Investmentbanken die Durchsetzung der Wahrheit über den Klimawandel ist. Deshalb tun sie alles, um in enger Zusammenarbeit mit der großen Politik Forschungsergebnisse zu unterdrücken, die ihnen nicht in den Kram passen. So heißt es schon in der einleitenden Zusammenfassung der Studie: *„Scientists broadly agree that if the world is to prevent irreversible climate change, levels of greenhouse gas emissions must be stabilized by 2015 and reduced in the years that follow."* Das stimmt eindeutig nicht. Es gibt über 900[15] von wissenschaftlichen Zeitschriften akzeptierte Arbeiten, die die Auffassungen der „Klima-Skeptiker" stützen. Würden diese Arbeiten bekannt, geriete das Geschäftsmodell von *Barclays* und anderen Großbanken ins Wanken. Deshalb baut die zitierte Studie auf eine enge Zusammenarbeit mit der großen Politik und auf die Arbeit „grüner" Nichtregierungsorganisationen. Dabei ist es sicher aufschlussreich, dass der Geschäftsführer von *Barclays Capital US* kein Geringerer als der einflussreiche Theodore Roosevelt IV ist. Dieser war zuvor Chef des *Council on Climate Change* von *Lehmann Brothers* und ist bestens mit dem Washingtoner *World Resources Institute (WRI)*, verschiedenen Umweltverbänden und UN-Gremien vernetzt.

Aber selbst, wenn an der These vom menschengemachten „Treibhauseffekt" durch CO_2 etwas dran sein sollte, würden die Billionen teuren Investitionen der EU in „kohlenstoffarme" Technologien nicht viel ändern. Denn während die EU ihre Wirtschaft und das Leben ihrer Bürger auf eine „kohlenstoffarme" Diät setzt, nimmt in China jede Woche ein neues Kohlekraftwerk seinen Betrieb auf. Hält dieser Rhythmus an, wird China schon in 20 Jahren allein über ein Viertel der weltweiten CO_2-Emissionen verursachen, während die EU, die heute für knapp 18 Prozent der CO_2-Emissionen verantwortlich ist, dann kaum noch ins Gewicht fallen wird. Die europäischen Anleger und Steuerzahler werden die veranschlagten Billionensummen buchstäblich für nichts ausgegeben haben. Studien wie der *Stern Report* dienen also in Wirklichkeit nur dazu, die Europäer von der Einsicht abzuhalten, dass Nichtstun eine kostengünstigere und humanere Antwort auf den Klimawandel darstellt als der kopflose Aktionismus der politischen Klasse.

---

[15] http://tinyurl.com/y9jrjaf

Innovationen lassen sich nicht erzwingen

LEE LANE, DAMALS Chef des Washingtoner *Climate Policy Center (CPC)*, einem privaten *think tank*, vermutete hinter solchen Rechnungen schon im Jahre 2004 die Absicht, den europäischen Stimmbürgern den geringen, wenn nicht negativen Nutzen einer auf die Verhinderung der Erderwärmung abzielenden „Klimapolitik" zu verbergen. Die Verfechter der Kioto-Strategie argumentieren dagegen, der in der EU begonnene Handel mit quotierten Emissionslizenzen werde zu einem Innovationsschub führen, der die Kosten erheblich sinken lasse. Ihr Credo: Je strenger die Reduktionsauflagen, desto größer der dadurch angeregte Technologiesprung. Sie berufen sich dabei auf die Erfahrungen, die in den USA mit dem Handel mit Schwefeldioxid-Emissionsrechten gemacht wurden. Dieser Handel fußte auf dem erst später angefügten Titel IV des *Clean Air Act* von 1970.

Doch Lane wies darauf hin, dass die in den USA tatsächlich erzielten Kostensenkungen bei der SO_2-Vermeidung weniger auf den Emissionshandel an sich zurückgehen, sondern auf gleichzeitig stark gesunkene Preise für (schwefelfreies) Erdgas und schwefelarme Kohle. Beim Handel mit CO_2-Zertifikaten zeichneten sich solche kostengünstigen Ausweichmöglichkeiten nicht ab. Im Gegenteil: Ohne eine Deckelung des Zertifikatepreises wären bestimmte Industriezweige wie die Elektrizitätswirtschaft, die Zementindustrie oder die Immobilienbranche bald gezwungen, auch nach ausgesprochen teuren Methoden der CO_2-Einsparung zu greifen oder Betriebe zu schließen. Die verbreitete Ansicht, dass man mit strengen Umweltauflagen und Ökosteuern technische Durchbrüche erzwingen kann, entpuppt sich also als purer Aberglaube.

Demgegenüber, so Lane (2004), gibt es, wenn man den umstrittenen *IPCC*-Berichten Glauben schenke, als Mittelweg nur die evolutionäre Alternative der Synchronisierung der Emissionsreduktion mit der normalen Erneuerungsrate des Kapitalstocks. Es sei nicht nur ökonomisch, sondern auch ökologisch sinnvoller, die Gelder, die in Europa für die kostspielige Sofortreduktion von Emissionen ausgegeben werden, für ein längerfristig wirkendes Programm zur Erforschung umweltschonender Energiequellen zu verwenden. Ein solches Programm erwiese sich selbst dann als sinnvoll, wenn sich die Aussagen der *IPCC*-Berichte als unhaltbar erweisen würden, denn effizientere Wege der Energieerzeugung und -bereitstellung werden mittelfristig auf jeden Fall gebraucht.

Als Alternative zu den rein quantitativen Reduktionsverpflichtungen, wie sie das Kioto-Abkommen in seiner gegenwärtigen Form verlangt, schlug Lane deshalb eine Art Sicherheitsventil in Form einer Deckelung der Kosten je Tonne vermiedener CO_2-Emissionen vor. Das gäbe auch wachstumsstarken „Entwicklungsländern", die bislang im Kioto-Prozess (mit dem Hintergedanken, dort Finanzströme hinzulenken) völlig ausgespart bleiben, Anreize, in energiesparende Techniken zu investieren. Noch besser als der von Lane vorgeschlagene „Mittelweg" erscheint da im Prinzip die Philosophie, die hinter dem wachstumsorientierten Programm *Clear Skies* steht, das der damalige US-Präsident George W. Bush an Stelle der Kioto-Strategie verfolgen wollte. Obwohl Bushs Initiative nun schon etliche Jahre zurück liegt, konnte *Clear Skies* bislang allerdings aus verschiedenen Gründen noch nicht umgesetzt werden.

Wie das Beispiel Ostdeutschlands zeigt, wäre eine Schrumpfung, wenn nicht der Zusammenbruch der Wirtschaft der einfachste Weg, um den Vorgaben des Kioto-Protokolls nachzukommen. Der Hauptmakel dieses vor allem von der Europäischen Union vorangetriebenen internationalen Abkommens bestand nach Ansicht der ersten Bush-Junior-Regierung darin, dass es nicht der marktwirtschaftlichen Wettbewerbs- und Wachstumslogik entspricht, sondern einer rationierenden sozialistischen Umverteilungslogik, für die das Wachstum ein Problem und der Wettbewerb lediglich ein Instrument ist, um unabhängig vom Wirtschaftswachstum und seinen Früchten willkürliche politische Umverteilungsziele anzusteuern.

Deshalb, so George W. Bush bei der Vorstellung der Initiative *Clear Skies* im Februar 2002 vor der *National Oceanic and Atmospheric Administration (NOAA)* in Silver Spring, Maryland, müsse die Luftreinhaltepolitik vom Kopf auf die Füße gestellt werden. *„Der gesunde Menschenverstand sagt uns, dass unsere Nation ökonomisches Wachstum braucht, um die Lebensqualität der Bürger zu steigern. Wachstum und Wohlstand sind auch die Voraussetzung für mehr Investitionen in saubere Technologien, für mehr Umweltschutz und höhere Energie-Effizienz [...] Man muss anerkennen, dass Wachstum die Lösung und nicht das Problem ist."* Deshalb gelte es zu verhindern, dass die stärkste Volkswirtschaft der Welt für ihre Erfolge bestraft wird. Darauf, so Bush weiter, wäre aber die Umsetzung des im Kioto-Abkommen gewählten Ansatzes in den USA hinausgelaufen. Sie hätte die US-Wirtschaft 400 Milliarden Dollar und den Verlust von fast fünf Millionen Jobs gekostet.

Da die Wirkung von CO_2 auf das Klima wissenschaftlich umstritten sei, helfe hier nur ein flexibler Ansatz weiter, der offen bleibt für neue wissenschaftliche Erkenntnisse und neue technische Möglichkeiten und dennoch dem in der Klima-Rahmenkonvention von 1992 formulierten Vorsorgeprinzip Rechnung trägt. Deshalb lehnte Bush quantitative CO_2-Reduktions-Vorgaben ohne Bezug zur Entwicklung des Bruttoinlandsprodukts (BIP) ab. Er hielt lediglich eine Senkung der CO_2-Intensität je BIP-Einheit für realistisch. So verpflichteten sich die USA, die CO_2-Intensität ihrer Wirtschaft von 2002 bis 2012 von schätzungsweise 183 Tonnen je einer Million Dollar BIP auf 151 Tonnen, das heißt um 18 Prozent zu senken. Auf diese Weise würden 500 Millionen Tonnen Treibhausgas-Emissionen vermieden. Dabei setzte Bush in erster Linie auf freiwillige Maßnahmen der Industrie im Einvernehmen mit den zuständigen Behörden. Entsprechende Abkommen mit der Halbleiter- und der Aluminium-Industrie hätten bereits zu beeindruckenden Resultaten geführt, sagte Bush. Zur Vorsorge gehöre neben der Erschließung „unkonventioneller" Gasvorkommen und „erneuerbarer" Energiequellen, der Entwicklung treibstoffsparender Autos und sauberer Techniken der Kohleverbrennung sowie der Kraft-Wärme-Kopplung aber auch ein weiterer Ausbau der Atomkraftnutzung, unterstrich er dabei.

Anstrengungen zur Senkung der Treibhausgas-Intensität wirtschaftlicher Aktivitäten und zur Steigerung des Einsatzes erneuerbarer Energien sollten in den folgenden fünf Jahren hauptsächlich in Form von Steuererleichterungen in der Größenordnung von 4,6 Milliarden Dollar gefördert werden. Nach Einschätzung der US-Regierung würden durch das Bündel von Maßnahmen, zu denen auch zusätzliche Mittel für Entwicklungsprojekte in armen Ländern gehören, bis 2012 den Kioto-Verpflichtungen vergleichbare Fortschritte erreicht. Sollte es sich dann herausstellen, dass die Anstrengungen im Hinblick auf den dann erreichten wissenschaftlichen Kenntnisstand unzureichend oder übertrieben waren, könne man das Programm leicht in marktkonformer Weise korrigieren. Die Früchte der massiven Förderung von Forschung und Entwicklung blieben auf jeden Fall erhalten.

Der demgegenüber von der EU zur Umsetzung des Kioto-Protokolls beschlossene Handel mit Emissionsrechten sollte in den USA auf Schwefeldioxid (SO_2), Stickoxide (NO_x) und Quecksilber (Hg) beschränkt und nicht auf CO_2 ausgedehnt werden, da es nur für solche eindeutig schädlichen Stoffe wissenschaftlich begründete Emissions- und Immissionsgrenzwerte gibt. Das Programm *Clear Skies* sollte den wenig effektiven *„Command and Control"*-Ansatz des *Clean Air Act* von 1970 durch den marktorientierten *Cap and Trade*-Ansatz ablösen. Der bürokratische Ansatz des *Clean Air Act* verursachte allerdings in den USA wegen häufiger Rechtsstreitigkeiten (die US-Anwälte lassen grüßen) jährlich bis zu einer Milliarde Dollar Implementierungskosten. Immerhin sank infolge dieses Gesetzes der Ausstoß der wichtigsten Schadstoffe in 30 Jahren um fast 30 Prozent, während die Wirtschaft um 160 Prozent wuchs.

Demgegenüber erwies sich die Umsetzung des 1990 von Bushs Vater George H. W. Bush erlassene *Acid Rain Program (title IV)* nach dem *Cap and Trade*-Modell um zwei Drittel billiger. 75 Mitarbeiter der *Environment Protection Agency (EPA)* reichten aus, um in kurzer Zeit mit Hilfe handelbarer Emissionslizenzen eine Halbierung des jährlichen SO_2-Ausstosses von Kraftwerken zu erreichen. Grundlage dieses Erfolgs war aber, wie gesagt, auch die Verfügbarkeit kostengünstiger schwefelarmer Brennstoffe und effizienterer Verbrennungstechniken.

Nach diesem Modell sollten nun nach dem *Clear Skies*-Programm sämtliche SO_2-Emissionen bis zum Jahre 2010 von derzeit 11 auf 4,5 Millionen Tonnen und bis 2018 auf 3 Millionen Tonnen im Jahr sinken. Die NO_x-Emissionen sollten von derzeit 5 Millionen Tonnen auf 2,1 beziehungsweise 1,7 Millionen Jahrestonnen zurückgeführt werden. Für Quecksilber-Emissionen steckten sich die USA erstmals ein nationales Ziel: Die Hg-Freisetzung in die Luft, deren Hauptquelle Kohlekraftwerke sind, sollte von 48 Tonnen auf 26 Tonnen im Jahre 2010 und 15 Tonnen im Jahre 2018 zurückgehen.

Es tut hier wenig zur Sache, dass Bushs *Clear Skies*-Initiative in den USA selbst heftig umstritten blieb und im zuständigen Senatsausschuss abgeblockt wurde – und das nicht nur, weil die Vertreter der Demokratischen Partei auf der Einführung von CO_2-Reduktions-Normen bestanden. Vielmehr stießen sich auch Republikaner daran, dass *Clear Skies* nach den *New Source Review*-Vorschriften der US-Umweltagentur *EPA* den Weiterbetrieb einiger älterer Kohlekraftwerke im Mittleren Westen ohne Rauchgaswäsche erlaubt hätte. Davon sah sich vor allem das *East Coast Establishment* bedroht.

Wichtig ist demgegenüber, dass Bushs Programm massiv Gelder in Forschung und Entwicklung lenkte, während in Deutschland mit Hilfe der Ökosteuer potentielle Investitionsmittel abgeschöpft und in Renten- bzw. Sozialetats verbraten werden, während die Ausgaben für Forschung und Bildung unter den *OECD*-Durchschnitt gesunken sind. Deutschland gibt heute siebenmal mehr Geld für Sozialtransfers aus als für Bildung. Damit investiert es in die Vergangenheit statt in die Zukunft! Dümmer geht's nimmer.

Gleichzeitig zögern die meisten EU-Länder, die inzwischen unter ihren Füßen entdeckten riesigen Schiefergas-Vorkommen zu erschließen. In Frankreich hat das Parlament gar ein generelles Verbot der Erkundung und Nutzung „unkonventioneller" Erdgasvorkommen beschlossen. Dabei ist es heute schon sicher, dass vor allem preisgünstiges Schiefergas den internationalen Energiemarkt revolutionieren wird. In den USA hat sich der Erdgaspreis infolge der massiven Erschließung von Schiefergasvorkommen durch Horizontalbohrungen innerhalb weniger Monate halbiert.

Im Unterschied zur EU arbeitete die US-Politik vor der Wahl Barack Obamas darauf hin, dass Energie in den USA auch in Zukunft bezahlbar bleibt. Präsident Bush hat vorgeschlagen, das US-Technologieprogramm zur Grundlage einer neuen atlantischen Kooperation zu machen. Die europäischen Regierungen hätten allen Grund gehabt, auf dieses Angebot einzugehen. Denn ob es nun wärmer oder kälter wird: In jedem Fall müsste eine Politik, die sich als Ordnungspolitik im Sinne der Sozialen Marktwirtschaft versteht, auf möglichst niedrige Energiepreise hinarbeiten, damit sich auch die Armen gut geheizte Wohnungen beziehungsweise den Betrieb von Klimaanlagen leisten können. Es gäbe also durchaus Wege, den sich vertiefenden transatlantischen Graben zu überwinden, indem man sich auf *No-Regret*-Maßnahmen einigt. Vielleicht ist es noch nicht zu spät für eine solche Alternative zum Öko-Nihilismus.

9

Abschied von Kioto

DER G-8-GIPFEL ANFANG Juli 2005 in Gleneagles (Schottland) erscheint noch immer als erster Schritt, das Kioto-Protokoll zu beerdigen. Ein „Kioto II" oder „Kioto-Plus" wird es vermutlich nicht geben, auch wenn auf Mammutkonferenzen wie zuletzt in Kopenhagen, Cancún und Durban immer das Gegenteil beschworen wird. Stattdessen werden sich die führenden Industriestaaten der Welt gemeinsam mit ihren neuen Rivalen China und Indien um konzertierte Maßnahmen zur Anpassung an den Klimawandel und eine verstärkte Förderung „sauberer" Methoden der Energieerzeugung bemühen müssen.

Die von den G-8-Staatschefs im Jahre 2005 verabschiedete Erklärung hielt fest, dass der weltweite Energiebedarf in den nächsten 25 Jahren um schätzungsweise 60 Prozent steigen wird und 16 Billionen Dollar in die Erschließung verlässlicher und bezahlbarer Energiequellen investiert werden müssen. Windräder und Solarpanele können damit kaum gemeint sein. Der damalige US-Präsident George W. Bush hatte sich auf der ganzen Linie durchgesetzt. Die auf Kioto eingeschworenen deutschen Massenmedien haben erst gar nicht versucht, ihrem verwirrten Publikum diese Nachricht zu verkaufen. Sie haben sie sechs Wochen lang schlicht tot geschwiegen.

Umso größer war die Überraschung, als die Vereinigten Staaten kurz nach dem G-8-Gipfel in Vientiane (Laos), ganz im Sinne der in Gleneagles verabschiedeten Erklärung, ein Abkommen über ein *Asia-Pacific Partnership on Clean Development and Climate* zwischen den USA, China, Indien, Japan, Südkorea und Australien vorstellten. Die Mitglieder des neuen Bündnisses repräsentierten immerhin etwa 45 Prozent der Weltbevölkerung, fast die Hälfte der globalen CO_2-Emissionen, fast zwei Drittel der Welt-Kohleförderung sowie fast die Hälfte des Erdölverbrauchs und haben somit ein größeres Gewicht als die im Anhang I des Kioto-Protokolls aufgeführten Länder, die sich verpflichtet haben, ihre Emissionen von CO_2 und anderen „Treibhausgasen" bis zum Jahre 2012 um durchschnittlich fünf Prozent unter das Niveau von 1990 zu drücken.

Selbst in Europa gibt es immer mehr Stimmen, die fordern, das verbissene Ringen um ein *„Kioto Plus"* aufzugeben und nach neuen Allianzen Ausschau zu halten. Besonderes Aufsehen erregte eine kurz vor dem G-8-Gipfel vom Wirtschaftsausschuss des britischen Oberhauses veröffentlichte Erklärung, die auf einer Studie fußt, die die Lords bei dem inzwischen emeritierten Londoner Top-Ökonomen David Pearce in Auftrag gegeben hatten. Dort hatte Pearce am Kioto-Ansatz insbesondere die fehlende Abwägung zwischen den Kosten einer Anpassung an den Klimawandel und den Kosten des (vermutlich vergeblichen) Versuchs, diesen aufzuhalten, beanstandet. Die Lords empfahlen dem damaligen britischen Premierminister Tony Blair daraufhin, seine verzweifelten Bemühungen, George W. Bush doch noch zur Ratifizierung des Kioto-Protokolls zu bewegen, aufzugeben und stattdessen mit den Amerikanern ein Abkommen über die Entwicklung sauberer Technologien abzuschließen.

In diesem Sinne äußerte sich Mitte August 2005 auch Carsten Kreklau, Mitglied der Hauptgeschäftsführung des *Bundesverbandes der Deutschen Industrie (BDI)*. Die deutsche Politik müsse zur Kenntnis nehmen, *„dass absolute Emissionsminderungsverpflichtungen wie im Kioto-Protokoll international nicht durchsetzbar sind"*, schrieb Kreklau in einem der Presse zugespielten Namensbeitrag. *„Wenn wir in Deutschland mit höchstem Aufwand und immensen Kosten versuchen, den CO_2-Ausstoß weiter zu senken, bringt das für das weltweite Klima fast nichts."*

Doch der *BDI* kam mit dieser Initiative nicht weit. Nach der Bundestagswahl vom September 2005 war davon nicht mehr die Rede. Es rächte sich, dass im *BDI* wie auch in den meisten Branchenverbänden Profiteure und Leidtragende des hochsubventionierten Öko-Industriekomplexes im gleichen Verein zusammensitzen. Da fiel es schwer, ordnungspolitische Prinzipien zu verteidigen. Im Endeffekt gab der Spitzenverband der Industrie im Zuge der Ergrünung der *Deutschland AG* klein bei – wohl um die von der Großen Regierungskoalition unter Angela Merkel erwogene Verlängerung der Laufzeiten deutscher Atomkraftwerke nicht zu gefährden.

Schon auf der vage ausgegangenen Weltklimakonferenz in Neu Delhi im Jahre 2002 war deutlich geworden, dass sich den Anhang-I-Staaten des Kioto-Protokolls keine weiteren Länder anschließen würden. Insbesondere China und Indien konnten im Interesse ihrer boomenden Wirtschaften nicht an einer Einschränkung der energetischen Nutzung ihrer immensen Kohlevorräte interessiert sein und fanden sich damit - ob gewollt oder ungewollt - an der Seite der Kohlegroßmacht USA, die dabei ist, Milliarden in die Entwicklung sauberer Kohletechnologien zu investieren. Dennoch konnte das Kioto-Abkommen zu Beginn des Jahres 2005 offiziell in Kraft treten, weil sich Russlands Präsident Wladimir Putin im letzten Moment auf die Seite der EU schlug. Als Gegenleistung bekam er dafür die Zusicherung der EU, das russische Beitrittsgesuch zur Welthandelsorganisation *WTO* zu unterstützen.

In der Tat steuert die europäische „Klimapolitik" auf eine ernste Glaubwürdigkeitskrise zu. Während führende Politiker Deutschlands und der EU nicht müde wurden, US-Präsident George W. Bush als Saboteur des Kioto-Abkommens anzuprangern und ihn sogar für die katastrophalen Folgen des Hurrikans „Katrina" im Mississippi-Delta verantwortlich machten, zeichnete es sich immer deutlicher ab, dass die EU ihr eigenes (bescheidenes) CO_2-Reduktionsziel von acht Prozent weit verfehlen würde. Nach Angaben der *Europäischen Umweltagentur (EEA)* in Kopenhagen sind die CO_2-Emission der 15 alten EU-Mitgliedsländer zwischen 2001 und 2004 um 3,6 Prozent gestiegen. Auch der Beitritt von 10 neuen Mitgliedsstaaten im Osten 2004 dürfte an diesem Trend nicht viel geändert haben. Im günstigsten Fall wurde damals noch eine Reduktion von gerade einmal einem Prozent erwartet. Ein mageres Ergebnis, das mit Unsummen erkauft werden müsste, weil kostengünstige Möglichkeiten der CO_2-Reduktion schon weitgehend ausgeschöpft sind. Das gilt in besonderem Maße für die chemische Industrie, die überproportional zur Selbstverpflichtung der Industrie und zur deutschen „Vorreiterposition" in Sachen Energieeffizienz und CO_2-Reduktion beigetragen hat.

Dabei stand es außer Frage, dass die in Deutschland in den neunziger Jahren erzielten CO_2-Einsparungen von über 15 Prozent zum allergrößten Teil auf den Zusammenbruch der sozialistischen Wirtschaft im Osten und ansonsten auf Effizienzsteigerungen bei gleichzeitigem schwachen Wirtschaftswachstum zurückzuführen ist. Insofern sei es nicht verwunderlich, dass Deutschlands selbst gewählte Vorreiterrolle *„andere Staaten eher zu einem abwartenden Handeln animiert"* habe, schrieb Dr. Jörg Rothermel, beim *Verband der Chemischen Industrie (VCI)* unter anderem zuständig für Klimaschutz und Energiepolitik, in einer Bewertung der rot-grünen Ziele für einen *„Klimaschutz nach*

2012". Sollte es gelingen, auch die wenigen anscheinend Kioto-konformen, weil bislang wirtschaftlich eher stagnierenden EU-Länder wie Deutschland, Frankreich und Italien wieder auf einen nachhaltigen Wachstumspfad zu bringen, könnte man die Kioto-Ziele auf jeden Fall vergessen. Der EU, die sich in Sachen „Klimapolitik" als Lehrmeister der Welt aufspielt, drohen übrigens im Falle des Verfehlens der Kioto-Ziele Strafen. Sie müsste sich dann in einem „Kioto II"-Abkommen zu weitaus drastischeren Reduktionszielen verpflichten und könnte sogar vom weltweiten Emissionshandel ausgeschlossen werden - und damit von vergleichsweise kostengünstigen - *Clean Development Mechanism*-Deals wie etwa Kraftwerksmodernisierungen oder Aufforstungsmaßnahmen in Entwicklungsländern.

Gerade auf einen Ausbau des internationalen Emissionshandels setzte jedoch Carsten Kreklau vom *BDI*. Er ließ jedoch im Unklaren, wie das inzwischen in Kraft getretene *Europäische Emissionshandels-Schema (ETS)*, das auf den festen quantitativen Kioto-Verpflichtungen der EU und ihrer Mitgliedsstaaten aufbaut und somit nichts anderes als ein Rationierungssystem darstellt, in einen offenen Markt ohne absolute Emissionsziele überführt werden könnte.

Schon wenige Monate nach dem Start des *ETS* zeichnete es sich ab, dass es die EU in eine Sackgasse führen wird. Lag der an der Leipziger Strombörse *EEX* gehandelte Zertifikatpreis für eine Tonne CO_2 Anfang 2005 noch unter sieben Euro, so erreichte er im Sommer kurzfristig schon 29 Euro und pendelte dann längere Zeit um 20 Euro, das heißt etwa auf dem doppelten des ursprünglich von der EU-Kommission für die erste Handelsperiode geschätzten Niveaus, ein. Dadurch wird offenbar, dass dieser Preis nicht einfach vom Verhältnis zwischen Angebot und Nachfrage bestimmt wurde, sondern von den drohenden Kosten des Umstiegs von Kohle auf Gas bei der Elektrizitätserzeugung.

Wäre Erdgas, wie noch vor gut einem Jahrzehnt, relativ billig, wäre es für die Stromkonzerne ein Leichtes, den Kioto-Verpflichtungen nachzukommen, da Gaskraftwerke je Kilowattstunde nur höchstens halb so viel CO_2 ausstoßen. Doch inzwischen ist der Gaspreis wegen der großen Nachfrage und des Abschlusses langfristiger Knebelverträge mit der russischen *Gazprom* so weit gestiegen, dass Kohlekraftwerke selbst bei Berücksichtigung ihres zusätzlichen Bedarfs an CO_2-Zertifikaten wieder billigeren Strom produzieren. Der bereits einmal erreichte Zertifikatpreis von 29 Euro liegt nach Ansicht von Analysten in der Nähe des Niveaus, oberhalb dessen sich ein Umstieg von Kohle auf Gas lohnt. Täten das aber viele Kraftwerksbetreiber gleichzeitig, würde der Gaspreis aufgrund der großen Nachfrage rasch so stark ansteigen, dass sich wieder ein Vorteil für Kohle ergäbe.

Also mussten sich die deutschen Stromkonzerne mit zusätzlichen Zertifikaten eindecken und auch die Zertifikate, die ihnen beim Start des *ETS* gratis zugeteilt wurden, entsprechend den steigenden Marktpreisen in ihren Kalkulationen berücksichtigen. Nach einer Schätzung des schweizerischen Finanzgroßkonzerns *UBS* (zitiert im *Wall Street Journal,* 10. August 2005) ist die Einpreisung von CO_2-Zertifikaten in Deutschland für einen 15-prozentigen Anstieg der Strompreise seit dem Start des *ETS* verantwortlich. Und das ist vermutlich erst der Anfang. Die *Financial Times* hatte schon am 23. Mai 2005 vor einem baldigen Anstieg des CO_2-Zertifikat-Preises auf 40 Euro gewarnt.

Stattdessen kam es in 2006 aber zu einem drastischen Einbruch des Zertifikatpreises, weil es sich zeigte, dass viele EU-Mitgliedsstaaten (darunter auch Deutschland) erheblich mehr Zertifikate ausgegeben hatten, als ihre Industrien benötigten. Inzwischen befürchteten die Zertifikatehändler, der Preis könne ins Bodenlose stürzen, weil eine Korrektur der Überallokation vor dem Auslaufen des Kioto-Protokolls als unwahrscheinlich galt. Nach dem Scheitern der „Klimagipfel" von Kopenhagen, Cancún und Durban und der Schließung der *Chicago Carbon Exchange* Ende 2010 sank der Preis für eine Tonne CO_2 in Europa auf etwa sieben Euro. Ob das *ETS*, angesichts des nach wie vor begrenzten Handelsvolumens, jemals zu einer halbwegs verlässlichen Kalkulationsgrundlage für Kraftwerksinvestitionen werden kann, steht dahin.

Ende August 2005 hat es zumindest die *Frankfurter Allgemeine Sonntagszeitung* gewagt, ihren Lesern reinen Wein über die Zukunftsperspektiven des Kioto-Prozesses einzuschenken, indem sie einen Text von Lord Dick Taverne übersetzte, in dem dieser unter der Überschrift *„Vergesst Kioto!"* die Gründe für die zitierte Initiative des britischen Oberhauses anlässlich des G-8-Gipfels von Gleneagles darlegte. Lord Taverne kam darin zu dem vernichtenden Urteil: *„Der Kioto-Prozess ist eine bemerkenswerte Übung darin, sich und der Welt etwas vorzumachen. Stufe 1 wird keinen messbaren Effekt auf die Klimaentwicklung haben. Weder Amerika noch Indien oder China [...] haben vor, sich an den Stufen 1 oder 2 zu beteiligen. Man muss kein Wirtschaftsnobelpreisträger sein, um einzusehen, warum das Kioto-Protokoll in der Liste der Programme zur Lösung globaler Krisen ganz nach unten rutschen sollte."*

Angesichts dieser Entwicklung haben die Verbände sämtlicher energieintensiver deutscher Industriezweige (darunter an führender Stelle der *VCI*), die mit einem Bedarf von 100 Terawattstunden Strom und 200 TWh Gas etwa ein Viertel der gesamten deutschen Energienachfrage auf sich vereinigen, Anfang September 2005 in einer gemeinsamen Erklärung einen *„Richtungswechsel in der deutschen und europäischen Klimapolitik"* gefordert. Deutschland und die EU müssten ihre Alleingänge aufgeben und nach einem internationalen Abkommen streben, das die USA, China und Indien einschließt.

Konkret plädierten die Verbände für eine Verlängerung der Restlaufzeit deutscher Atomkraftwerke und für transparente, kostensenkende Wettbewerbsbedingungen auf dem Strommarkt. Des Weiteren regten sie eine deutliche Absenkung der Förderung „erneuerbarer" Energien und eine weitergehende Entlastung energieintensiver industrieller Prozesse wie Elektrolysen, mineralogische und metallurgische Verfahren von der Ökosteuer entsprechend der EU-Energiesteuerrichtlinie an (vgl. *Chemische Rundschau* 1/2005). *„Energiepolitik muss wieder Standortpolitik werden!"*, forderten die Industrieverbände von der schwarz-roten Bundesregierung unter Bundeskanzlerin Dr. Angela Merkel.

Was daraus geworden ist, kann man nach dem Tsunami vom 11. März 2011 und dem darauf folgenden angeblichen „Super-GAU" im japanischen Kernkraftwerk von Fukushima Daiichi besichtigen. Bundeskanzlerin Merkel, die CDU und mehr noch die vom Verschwinden bedrohte scheinliberale FDP, bislang die zäheste Verteidigerin der Kernenergie, wetteiferten mit den Grünen um den schnellsten Weg ans „Ende des Atomzeitalters". Bei der Sofortabschaltung der sieben ältesten deutschen Kernkraftwerke nahmen sie in Kauf, die fehlende deutsche Kraftwerksleistung durch Atomstromimporte aus Frankreich und Tschechien ersetzen zu müssen. Bei der überstürzten Rücknahme der erst wenige Monate zuvor beschlossenen Verlängerung der Laufzeiten deutscher Kernkraftwerke wurde nicht einmal der Anschein eines geordneten parlamentarischen Verfahrens gewahrt. Mittelfristig können die abgeschalteten KKW in Deutschland nur durch zusätzliche Kohle- und Gaskraftwerke ersetzt werden, zumal gerade die politisch gehätschelten unsteten „Erneuerbaren" Schattenkraftwerke für windarme Zeiten benötigen.

Damit würde Deutschlands politische Klasse aber ihre Vorreiterrolle im „Klimaschutz" aufgeben müssen, sofern sie nicht ohnehin Deutschland als Industrieland endgültig abwickeln will. Auch in etlichen anderen Ländern wird es nun vermutlich zu einer Renaissance der Kohle kommen, auch wenn diese nicht von der deutschen Anti-Atom-Hysterie angesteckt werden sollten. Das Industrieland Japan hatte schon beim „Klimagipfel" in Cancún dem Kioto-Abkommen den Rücken gekehrt. Nach dem fürchterlichen Tsunami im Frühjahr 2011 geht die Chance einer Rückkehr Japans zum „Kioto-Prozess" gegen Null. Nach dem „Klimagipfel" von Durban im Dezember 2011 hat sich auch Kanada von Kioto verabschiedet. Auch andere Industrie- und Schwellenländer haben heute wohl andere Sorgen.

Saubere Energie auf Kosten der Nachbarn

NOCH ENDE AUGUST 2008 hatte Angela Merkel bei der Grundsteinlegung für ein neues Kohlekraftwerk des Stromriesen *RWE* in Hamm/Westfalen erklärt: *„Die Energieversorgung ist eine zentrale Frage des Industriestandortes Deutschland. Wir brauchen eine Initiative der Vernunft. Die Ablehnung neuer Kohlekraftwerke ist umwelt- und klimapolitisch kontraproduktiv. Wir dürfen nicht abhängig werden von ausländischen Stromlieferungen."* Inzwischen hat die Bundeskanzlerin durch den überstürzten Ausstieg aus der Atomkraft selbst dafür gesorgt, dass genau das eingetreten ist. Nach der Abschaltung der Hälfte der deutschen Atomkraftwerke ist die deutsche Stromversorgung „auf Kante genäht", wie man so schön sagt. Eine Kältewelle oder der plötzliche Ausfall von zwei, drei Großkraftwerken würden genügen, um bei uns für Tage die Lichter ausgehen zu lassen. Die deutsche Netzagentur gab das unumwunden zu und hat für die Winterzeit ältere deutsche und österreichische Kohle- und Ölkraftswerksblöcke als „Kaltreserve" eingeplant.

Damit bestätigt die Netzagentur, was unabhängige Fachleute schon bei der Verkündigung der „Energiewende" durch Angela Merkel voraussagten: Statt zum Aufbruch in das von den Grünen verheißene *„Zeitalter erneuerbarer Energien"* wird der Atomausstieg zu einer Renaissance von Kohle und (in geringerem Umfang) Gas führen. Beim grünen Fußvolk führt das zu wachsender kognitiver Dissonanz und Frustration.

Das neue Kohle-Zeitalter

ES SPRICHT OHNEHIN einiges dafür, dass das Zeitalter der Kohle als Rohstoff der Elektrizitätserzeugung nun erst richtig beginnt. Nach dem jüngsten *Statistical Review of World Energy*[16] des Ölkonzerns *BP*, einer der verlässlichsten Quellen für weltweite Energiemarktdaten, ist der Kohleverbrauch in den letzten zehn Jahren fast um 50 Prozent gestiegen. Eine solch rasche Steigerung hat es zuvor noch nie gegeben. Zu 90 Prozent sind China und Indien für diesen Zuwachs verantwortlich. Der Anteil der Kohle an der weltweiten Primärenergieerzeugung erreicht fast 30 Prozent und ist damit wieder so hoch wie zuletzt im Jahre 1970. Mit 48,2 Prozent entfällt fast die Hälfte des Welt-Kohleverbrauchs auf China. Die Pläne der chinesischen Führung sehen bis 2035 einen Ausbau der Kohlekraftwerkskapazität auf 600 Gigawatt vor. Auch in den westlichen Ländern ist der Kohleeinsatz im Jahre 2010 mit 5,2 Prozent so stark gewachsen wie zuletzt im Jahre 1979.

Diese Entwicklung kam durchaus nicht überraschend, sondern entspricht marktwirtschaftlicher Logik. Denn die bekannten Kohlevorräte sind auf der Welt relativ gleichmäßig verteilt und reichen noch für etliche Jahrhunderte. Die Schätzungen reichen bis zu tausend Jahren und mehr. Zudem ist die Kohle, im Unterschied zu flüssigen oder gasförmigen Energieträgern, problemlos transport- und lagerfähig. Mit ihrer Hilfe ist also das heikle Problem der Energiespeicherung leicht lösbar. Die Kohlepreise sind zwar im Jahre 2011 wegen der Überflutung australischer Kohleminen im Winter vorübergehend auf 90 bis 120 Euro je Tonne angestiegen. Doch noch immer gehört die Kohle zu den preiswertesten Energieträgern. Sie ist daher für aufstrebende Schwellenländer wie China und Indien die Energiequelle der Wahl. Leider bleiben die Kraftwerke dort, was das Ausfiltern von Schadstoffen angeht, noch immer weit hinter dem westlichen Stand der Technik zurück.

In der EU (außer in Polen) wird die Kohle jedoch von den Grünen aller Parteien grundsätzlich verteufelt, weil bei ihrer Verbrennung Kohlenstoffdioxid entsteht. Neue Kohlekraftwerke sollen deshalb nach dem Willen der EU-Kommission nur noch genehmigt werden, wenn sie das CO_2 aus den Rauchgasen abscheiden und in tiefe Gesteinsschichten verpressen. Das würde im Verein mit dem vorgeschriebenen Erwerb von CO_2-Lizenzen über das europäische Emis-

---

[16] http://tinyurl.com/3g7q2db

sionshandelssystem *ETS* allerdings die Kostenvorteile der Kohle weitgehend zunichte machen. Das legt den Verdacht nahe, dass genau das mit der Verteufelung von Kohlendioxid auch beabsichtigt war.

Das Atomzeitalter ist noch lange nicht zu Ende

NEBEN DER KOHLE wird vermutlich auch die Atomenergie eine Renaissance erleben - allerdings weniger in Form von kapitalaufwändigen und potenziell gefährlichen Großkraftwerken, sondern in Form inhärent sicherer Kompaktreaktoren, die auch für arme Länder interessant wären. Nur in Deutschland, der Schweiz und Italien ist nach dem Tsunami vom 11. März 2011 und dem nachfolgenden Unglück im japanischen Kernkraftwerk Fukushima Daiichi das „Ende des Atomzeitalters" ausgerufen worden. Andernorts geht der Bau neuer Kernreaktoren weiter. Doch überall ist die Diskussion über bessere Reaktorkonzepte in Gang gekommen.

Die vom *Microsoft*-Gründer Bill Gates ins Leben gerufene kleine Start-up-Firma *TerraPower* arbeitet daran, Kernreaktoren kleiner, billiger und sicherer zu machen. Gates träumt von einem inhärent sicheren Minikernreaktor, der samt eingeschweißtem Brennstoff in der Erde verbuddelt oder auf Schiffen montiert werden könnte, wo er wartungsfrei 50 bis 100 Jahre lang arbeiten könnte. Die Ingenieure von *TerraPower* arbeiten bereits am Modell eines so genannten Wanderwellen-Reaktors, in Deutschland bekannt als „Brüter". Allerdings bislang nur am Bildschirm.

Dieser Reaktor würde für die „Zündung" nur eine kleine Menge spaltbares Uran 235 benötigen. Die bei der Spaltung von Uran 235 freiwerdenden Neutronen würden von einem Mantel aus abgereichertem Uran 238 aufgefangen, das dabei langsam in Plutonium 239 umgewandelt würde. Dieser Mantel aus abgereichertem Uran, das in herkömmlichen Kernkraftwerken als Abfall anfällt, würde etwa 90 Prozent der gesamten Brennstoffmenge ausmachen. Das darin entstehende Plutonium würde durch die Aufnahme weiterer Neutronen über lange Zeit Energie freisetzen können. Diese Energie würde durch flüssiges Natrium oder ein anderes Kühlmittel von Reaktorkern abtransportiert und könnte dann über einen Wärmetauscher auf Turbinen geleitet werden.

Bill Gates und seine Firma stehen mit der Idee, sichere Mini-Atomkraftwerke zu entwickeln, keineswegs allein. Schon vor knapp zwei Jahren stellte Prof. Craig F. Smith, der Inhaber des *Lawrence Livermore National Laboratory Lehrstuhls* in Monterey/Kalifornien den *Small Secure Transportable Autonomous Reactor (SSTAR)*[17] vor, bei dem flüssiges Blei als Kühlmittel dienen soll. Blei hat gegenüber Natrium den Vorteil, dass es nicht brennt und obendrein Radioaktivität schluckt. Ein Wärmetauscher überträgt die Energie vom flüssigen Blei auf Kohlenstoffdioxid, das eine Gasturbine antreibt. Eine Kernschmelze ist bei diesem Reaktortyp ausgeschlossen. Smith weist darauf hin, dass schon 15 Länder bei der Internationalen Atomenergie-Behörde *IAEA* in Wien insgesamt 50 ähnliche Reaktorkonzepte angemeldet haben. Von den in den USA tätigen Nuklear-Firmen verfolgt u. a. *Westinghouse,* der im Jahre 2006 vom japanischen Mischkonzern *Toshiba* übernommen wurde, das *SSTAR*-Konzept. Schon relativ weit soll die Entwicklung eines transportablen Klein-Reaktors von 10 Megawatt Leistung gediehen sein. Toshiba arbeitet dabei eng mit der russischen Staatsholding *Rosatom* zusammen.

Die Russen haben sich auf den Bau schwimmender „Brüter" mittlerer Kapazität spezialisiert. Am 30. Juni 2010 fand in der baltischen Werft in St. Petersburg der Stapellauf des ersten schwimmfähigen Kernkraftwerks *Akademik Lomonossow* statt. Die Barke mit zwei modularen Kompakt-Reaktoren soll ab 2012 die schlecht zugängliche Siedlung *Viljuchinsk* auf der Halbinsel Kamtschatka von der See aus mit Strom versorgen. *Rosatom* möchte offenbar den Bau modularer schwimmfähiger Kernreaktoren zu einem originellen Geschäftsmodell ausbauen. Die Staatsholding sieht große Exportchancen für schwimmende Kernkraftwerke in Asien, Lateinamerika und Nordafrika, denn die Metropolen der Schwellenländer befinden sich meistens an der Küste. Neben der Stromversorgung könnten schwimmende Kernkraftwerke auch gut als Energiequelle für die Meerwasserentsalzung dienen.

Craig F. Smith sieht im Bau modularer Mini-Kernkraftwerke erst den richtigen Beginn des Atomzeitalters. Denn im Unterschied zu Großreaktoren können diese wie Henry Fords berühmtes *Model T* preisgünstig in Groß-Serie hergestellt und überall hin transportiert werden, sobald sich bestimmte Typen in der Praxis bewährt haben. Die Kleinreaktoren könnten so gebaut werden, dass sie mit passiver Kühlung auskommen und ihr kompakter Kern für die Nutzer unzugänglich bleibt. Den Kern könnte man in eine Kassette einschweißen,

---

[17] http://memagazine.asme.org/Articles/2009/July/Nuclears_Model_T.cfm

die nur en bloc ausgetauscht werden kann. Während bis heute nur 30 der 200 Länder der Erde über Kernreaktoren verfügen, werde die Atomenergie in Form von Kleinreaktoren für alle zugänglich und erschwinglich werden, meint Smith.

Wenn heute trotz der Katastrophe von Fukushima von einer möglichen „nuklearen Renaissance" die Rede ist, gilt das wohl in erster Linie für Mini-KKW. Bei Groß-KKW auf der Basis sicherheitstechnisch aufgerüsteter Druckwasser-Reaktoren (EPR) zeigen sich demgegenüber immer deutlicher Kostenhürden. Die Baukosten des ersten französischen EPR bei Flamanville (Normandie) werden auf sechs Milliarden Euro, seine Stromerzeugungskosten auf fast 50 Euro je Megawattstunde geschätzt. Weitere EPR-Projekte, etwa in Polen, haben sich denn auch hauptsächlich wegen ungelöster Finanzierungsfragen verzögert. Die Anbieter mobiler und preiswerter Mini-KKW werden sich also wohl nicht über mangelndes Kundeninteresse zu beklagen haben. Wie lange kann Deutschland hier abseits stehen?

10

Grenzen der Gleichschaltung

Am festesten glauben jene an die Weltherrschaft, die wissen, dass sie unerreichbar ist.

George ORWELL,
1984

ES SPRICHT FÜR George Orwells Realitätssinn, dass er seinen *Big Brother* nicht über die ganze Welt herrschen ließ, sondern nur über das Reich Ozeanien, das sich ständig mit einer von zwei rivalisierenden Weltmächten im Krieg befand. Ob dieser Krieg reell oder nur virtuell stattfand, ließ Orwell bekanntlich offen. Mit den fünf Sinnen erfassbar waren in Orwells Zukunftsvision im Grunde nicht viel mehr als gelegentliche Einschläge von Raketen, von denen die Betroffenen nicht wussten, wer sie abgefeuert hatte, sowie die Folterung von Untertanen, die Mühe hatten, das selbständige Denken zu verlernen, und nicht zuletzt die schlechte Qualität des als Betäubungsmittel für Angepasste dienenden billigen Einheits-Gins.

Orwell wusste wie Hannah Arendt, dass in einem totalitären System nichts um seiner selbst willen gesagt oder getan wird. Er wusste auch, dass dem Konsequenzialismus der „Bewegung" nicht einmal mehr die Liebe als Selbstzweck gilt. Sie gilt dort vielmehr als primär vom Hormonspiegel abhängiges Luststreben, das im Sinne des persönlichen Fortkommens in der sich ausbreitenden *„Bewegung"* funktionalisiert werden kann. Auch Töten ist im Prinzip erlaubt, sofern es der *„Sache"* dient. Orwell demonstriert jedoch mit der seinen Roman *1984* tragenden Liebesgeschichte, dass echte Liebe viel mehr ist als ein manipulierbarer tierischer Trieb. Sie ist nicht nur nach christlicher Auffassung eine sowohl gegenwartsbezogene als auch auf Unendlichkeit angelegte Lebensentscheidung und vermittelt deshalb einen Vorgeschmack auf die ewige Glückseligkeit. Wobei mit Ewigkeit nicht die Zukunft gemeint ist.

Orwell war sich im Klaren darüber: Die „eine Welt" wird es nie geben. Damit ist im Grunde genommen schon das Urteil über die „Klimapolitik" gesprochen. Denn diese kann nur funktionieren, wenn alle mitmachen, wenn also der Wettbewerb als ergebnisoffenes Entdeckungsverfahren unterdrückt und alle Völker der Welt gleichgeschaltet werden. Doch konnte diese Einsicht bislang weder die deutsche Bundesregierung noch die politische „Elite" der Europäischen Union nicht davon abbringen, ihr „Klimapaket" Schritt für Schritt in Angriff zu nehmen.

Eine Erklärung für diese Sturheit ist nur auf religiöser Ebene möglich. Zwar ist der Mensch ohne Religion nichts. Doch gibt es offenbar gesunde, die Fitness im Kampf ums Dasein steigernde und krankhafte, suizidäre Formen von Religiosität (auch christlicher!). Um die letztgenannte handelt es sich beim totalitären Ökologismus. Schon Hannah Arendt hat übrigens darauf hingewiesen, dass hinter jeglicher Form von Totalitarismus auch Selbstmordmotive stehen. Bei Hitler war das unübersehbar. Zu Recht sagt der Schriftsteller Michael Klonowski in einem Bonmot: *„Es gibt nur zwei Völker, denen Hitler explizit den Tod gewünscht hat: die Juden – und die Deutschen."*

Ist eine totalitäre Bewegung erst einmal ins Rollen gekommen, ist es kaum noch möglich, sie mit politischen Mitteln aufzuhalten. Kurz: Eine totalitäre Fiktion endet in der Regel nicht durch Widerlegung, sondern an der Wand. Der russische Mathematiker Igor Schafarewitsch (1980) vertrat sogar die Meinung, der Tod der Menschheit sei das eigentliche Ziel jeglicher sozialistischer Bewegung. Tatsächlich bekannte sich der US-amerikanische Autor Derrick Jensen in seinem im Jahre 2006 veröffentlichten Öko-Bestseller *Endgame* offen zum Nihilismus und Exterminalismus.

Die Mär vom gütigen Weltstaat

DIE VORSTELLUNG, DIE Welt mit Hilfe eines Weltstaates einiger und gerechter machen zu können, ist zwar schon Jahrhunderte alt. Die Begründungen haben allerdings im Laufe der Zeit gewechselt. Mal war es die Sehnsucht nach dem ewigen Frieden, mal die Entschärfung der „Bevölkerungsbombe" oder die Rationierung vermeintlich zur Neige gehender Rohstoffe beziehungsweise angeblich gefährlicher „Treibhausgase". In letzter Zeit war es mehr der Kampf gegen den angeblich drohenden Klimakollaps oder die Regulierung des internationalen Finanzsystems, die als Argumente für die Notwendigkeit einer *global governance* herhalten mussten.

Dabei, so viel ist klar, wurde die angloamerikanische Bezeichnung nur aus Verschämtheit gewählt, weil der Begriff „Weltregierung" hierzulande zum Glück nach wie vor auf gesunde Skepsis trifft. Eine Zeit lang begegnete man im Zuge der inzwischen freilich verrauchten Obama-Euphorie aber auch in deutschen Medien wieder öfters den Begriffen „Weltregierung" oder „Weltstaat", und zwar im Zusammenhang mit dem an und für sich durchaus verständlichen Wunsch nach weltweiter Durchsetzung der Menschenrechte.

So schrieb die Politologin Sibylle Tönnies im Frühjahr 2009 unter dem Titel *Sehnsucht nach der Weltregierung* in der *Frankfurter Allgemeinen Sonntagszeitung: „Heute spricht man nicht mehr von Naturrecht, wenn man die Menschenrechte meint. […] Die Menschenrechtsidee ist so naturwidrig, so gegenläufig zu dem, was sich organisch von selbst ergibt, dass sie nicht haltbar ist ohne künstliches Menschenwerk, ohne eine Konstruktion: den Staat."* Und weiter: *„Die Weltwirtschaft ist mangels der wirksamen Kontrolle einer zentralen Instanz in einer schweren Krise, und in einem großen Teil der Welt wird eine solche regulierende Instanz dringend benötigt, damit die Menschenrechte durchgesetzt werden können."*

So etwas kann nur schreiben, wer den überragenden Einfluss des Christentums beim Aufkommen der Menschenrechtsidee in Europa leugnet. Es fehlt bei Sibylle Tönnies' Argumentation nur noch die Behauptung, der Staat habe die zehn Gebote erfunden. Schreie des Entsetzens ob solch gefährlicher Ansichten blieben leider aus. Das ist mehr als beunruhigend. Impliziert diese inzwischen leider mehrheitsfähig gewordene Ansicht doch, dass der Staat, sofern er demokratisch verfasst ist, qua Mehrheitsentscheid festlegen kann, was ein Menschenrecht ist. Je nach den gegebenen beziehungsweise erreichbaren Mehrheitsverhältnissen zwischen Christen, Muslimen und Atheisten würden das Recht auf Eigentum und körperliche Unversehrtheit oder die Glaubensfreiheit einmal Bestandteil des Menschenrechtskatalogs sein und ein andermal nicht. Ohnehin ist ja das Recht zu töten in Form von Abtreibungsparagraphen bereits in den Verfassungen beziehungsweise Grundgesetzen der meisten säkularen Wohlfahrtsstaaten verankert. Es erforderte keine besonderen juristischen Kunststücke, um die Tötungserlaubnis auf andere Fälle auszuweiten. (In der Tat sieht der *EU-Verfassungsvertrag von* Lissabon ein Tötungsrecht bei Gefahr für die *„öffentliche Ordnung"* vor.) Oder soll man Sibylle Tönnies' Aussage so verstehen, dass es sich die über die *Bilderberg*-Treffen, die *Trilateral Commission* oder den *Club of Rome* global vernetzten Weltstaatsbefürworter zutrauen, mit Hilfe ihres internationalen Einflusses weltweit links-liberale beziehungsweise sozialdemokratische Menschenrechtsdefinitionen durchzusetzen?

Wer heute die Geschichte der Bevölkerungs-, Umwelt- und Klimapolitik als Form der inzwischen für verbindlich erklärten Zivilreligion Ökologismus aufarbeitet, stößt unweigerlich auf die Familie Rockefeller. Linksorientierte Publizisten haben sich denn auch die Gelegenheit nicht entgehen lassen, einflussreiche Studien wie Paul und Anne Ehrlichs Buch *Die Bevölkerungsbombe* (1968) oder die Computersimulation *Die Grenzen des Wachstums* (1972) im Auftrag des *Club of Rome* als Machwerke im Auftrag der Rockefeller-Dynastie und ihrer Verbündeten in der US-Finanzaristokratie zu denunzieren.

Auch einem Teil der deutschen Linken war es anfangs durchaus bewusst, dass „grüne" Ideen nicht einer Graswurzelbewegung entstammten, sondern in den Denkfabriken der Superreichen ausgekocht wurden. So enthält die im Oktober 1973 erschienene Nr. 33 der von Hans Magnus Enzensberger herausgegebenen führenden linken Zeitschrift *Kursbuch* den informativen Aufsatz *Die Bevölkerungsbombe ist ein Rockefeller-Baby* des linksliberalen US-Publizisten Steve Weissmann. Einige Seiten weiter findet sich im gleichen Heft übrigens auch eine deutsche Übersetzung von Martin Gellens historischem Artikel über den Öko-Industrie-Komplex. Schon vor fast 40 Jahren war also durchaus bekannt, worauf die damals gestartete „grüne Welle" hinauslief.

Im genannten Artikel schildert Weissmann, wie der älteste Rockefeller-Enkel John D. Rockefeller III seit Beginn der 50er Jahre mit Hilfe seiner *Rockefeller Foundation* und der befreundeten *Carnegie* und *Ford Foundations* private Forschungsinstitute und Nichtregierungsorganisationen wie das *Population Council* oder der *Planned Parenthood Campaign* auf die Beine stellte. Diese *Pressure Groups* erreichten, dass die

Förderung der Geburtenkontrolle schon in den 60er Jahren unter Präsident Lindon B. Johnson zum Bestandteil der US-Außenpolitik wurde. Weissmann und andere linksliberale Publizisten verschwiegen allerdings, dass die genannten, schon vor dem Ersten Weltkrieg gegründeten Stiftungen während der gesamten Zeit ihres Wirkens ausschließlich linkes Gedankengut und linke, ex- oder implizit sozialistische Weltverbesserungs-Projekte gefördert haben und kein einziges, das die Idee des freien Unternehmertums unterstützte.

Das von den Rockefellers und ihren Verbündeten immer offen vertretene utopische Ziel eines Weltstaates mit einer Weltnotenbank bedurfte aber einer eingängigen Begründung durch Ängste vor (mehr oder weniger fiktiven) globalen Bedrohungen. Bis dahin hatten die kleinen Leute nämlich eindeutig von der Kleinstaaterei und der Uneinigkeit der Mächtigen profitieren können. Denn notfalls konnten sie unter diesen Bedingungen mit den Füßen abstimmen. Außerdem wussten die Menschen aus eigener Erfahrung, wie schwer es ist, selbst unmittelbar benachbarte und historisch verwandte Völker unter einen Hut zu bringen. Es gehörte bis 1914 zum Fundus des gesunden Menschenverstands, dass es besser ist, viele kleine Regierungen zu haben als eine große. Wenn die Mächtigen der Welt sich aber dauerhaft einig würden, hätte der kleine Mann überhaupt nichts mehr zu lachen, weil der dann erreichte Konsens gleichbedeutend wäre mit der Diktatur einer weltweit vernetzten *Nomenklatura.*

Eine „gute" Gelegenheit, dem gesunden Menschenverstand der kleinen Leute einen Schlag zu versetzen, bot der europäische Krieg von 1914 bis 1918, der erst durch die Intervention von US-Anhängern der Weltstaatsidee unter dem linken Präsidenten Woodrow Wilson zum Weltkrieg geworden war. Große Teile der damals erstarkenden Friedensbewegung sahen im Aufbau eines Weltstaates den besten Weg zum Weltfrieden. Da brauchten Rockefellers Stiftungen kaum noch nachzuhelfen. Mit Bedacht wurde die UNO in New York auf einem von den Rockefellers kostenlos zur Verfügung gestellten Grundstück angesiedelt.

Seit der US-Intervention im Ersten Weltkrieg ranken sich um das Finanzkartell der Rockefellers und Rothschilds, wie angedeutet, diverse antiamerikanisch und/oder antisemitisch eingefärbte Verschwörungs- beziehungsweise Dolchstoßlegenden. Deutsche Urheber und Multiplikatoren dieser Legenden glaubten (und glauben zum Teil noch immer), eine primär antideutsche Stoßrichtung der „Verschwörung der Hochfinanz" ausmachen zu können. Dazu passt schlecht die inzwischen bekannt gewordene Tatsache, dass die Rockefellers und ihre Verbündeten in den 20er und 30er Jahren des vergangenen Jahrhunderts nicht nur den Bolschewiki in Russland, sondern auch den deutschen Nazis - selbstverständlich nicht bedingungslos - finanziell und technologisch unter die Arme griffen und während des Kalten Krieges nach dem Zweiten Weltkrieg den Handel mit dem Ostblock forcierten. (Ohne die Hilfestellung der Rockefellers bei Lenins kurzem Experiment einer *Neuen Ökonomischen Politik* wäre dem zur Revolution hochstilisierten Putsch der Bolschewiki vermutlich schon bald der endgültige Zusammenbruch des Sozialismus gefolgt.) Dabei ging es selbst während des Korea- und des Vietnam-Krieges auch um die Lieferung von militärisch relevanten Geräten und Technologien.

Vermutlich hat der US-Bestseller-Autor Gary Allen (1971, 1976) recht, wenn er darin Belege dafür sieht, dass Rockefellers Kartell immer in erster Linie das philanthropisch und/oder öko-pazifistisch begründete Ziel einer Weltregierung verfolgte (was Stiche gegen missliebige Konkurrenten im Westen nicht ausschloss). Aufgabe dieser Regierung sollte die globale Kontrolle der Energie- und Nahrungsmittelproduktion sowie des Bevölkerungswachstums durch eine globale Umverteilung von Reichtum und Wohlstand sein. Somit war die Stoßrichtung der Rockefellers nicht primär antideutsch, sondern antichristlich und speziell antikatholisch. Denn nach der reinen kirchlichen Lehre war schon das Ansinnen der Errichtung eines Weltstaates ein Ausdruck von Blasphemie.

Die katholische Kirche und die grüne Ökumene

IN DER TAT widersetzte sich die katholische Kirche als einzige weltweit einflussreiche geistige Kraft den von den Rockefellers sowie roten und braunen Sozialdemokraten in aller Welt vorangetriebenen Eugenik-Programmen. Nachweislich finanzierte die Rockefeller-Stiftung noch bis 1939 eugenische Forschungsprogramme im Nazi-Deutschland. Diese Programme können, wie Michael Crichton in einem Anhang zu seinem Klima-Thriller *Welt in Angst* (New York, 2004; München 2005) herausgearbeitet hat, als Vorläufer der heutigen „Klimapolitik" betrachtet werden, denn bis heute ist der diesen Programmen zugrunde liegende Gen-Begriff ebenso wenig definierbar wie der Begriff „Weltklima". Es kann nicht oft genug betont werden, dass die katholische

Kirche sich gegenüber dieser ebenso irrationalen wie mörderischen Politik als die wahre Hüterin der europäischen Aufklärung erwies.

Doch während des langen Pontifikats Karol Wojtylas (Johannes Paul II.) von 1978 bis 2005 kam es zu einer schrittweisen Annäherung des römisch-katholischen Kirche an den grünen Globalismus. Das scheint der Preis gewesen zu sein, den Johannes Paul II. für seine ihm von der KPdSU zugestandene Rolle als Katalysator bei der Auflösung des Ostblocks bezahlen musste. Nach wie vor ungeklärt sind die Hintergründe und die reale Bedeutung von Wojtylas spektakulärer Polenreise im Jahre 1979, das heißt weniger als ein Jahr nach dem Antritt seines Pontifikats. Diese Reise wurde zu einer mächtigen politischen Demonstration. Sie brachte 10 Millionen Menschen, ein Viertel der Gesamtbevölkerung des unter kommunistischer Herrschaft tief katholisch gebliebenen Landes, auf die Beine.

Viele Historiker sehen in dieser Manifestation von *soft power* den Kipp-Punkt, der den Beginn des Zerfalls des kommunistischen Herrschaftssystems markiert. Einen Beleg dafür sehen sie im Versuch der kommunistischen Machthaber, Wojtyla zu beseitigen. Auf Geheiß des damals noch amtierenden Generalsekretärs der KPdSU, Leonid Breschnew, sei dann der rechtsradikale Türke Mehmet Ali Agča vom sowjetischen Geheimdienst *GRU* (mit Unterstützung der Stasi und des bulgarischen Geheimdienstes) zum Attentat gegen Johannes Paul II. am 13. Mai 1981 auf dem Petersplatz angestiftet worden. So steht es jedenfalls in den italienischen Gerichtsakten.

Schon zu Beginn der 80er Jahre bekamen in der UdSSR aber jene die Oberhand, die das „grüne" beziehungsweise öko-pazifistische Weltbild im Wesentlichen akzeptierten - vermutlich, weil sie sahen, dass sie mit seiner Hilfe auf einem alternativen Weg zu der von ihnen nach wie vor angestrebten kommunistischen Weltherrschaft gelangen konnten. Dokumentiert wird das in dem 1981 in Moskau erschienen Buch *Globale Probleme der Gegenwart* der hochrangigen Gorbatschow-Berater Wadim Sagladin und Iwan Frolow. Zu den Hauptgruppen der *„globalen Probleme"* zählen die beiden: *„das Problem von Krieg und Frieden; die Überwindung des Entwicklungsrückstandes der ehemals kolonialen Gebiete und der ehemals vom Imperialismus abhängigen Länder; Probleme, die mit der Energie- und Nahrungsmittelversorgung der Menschen verbunden sind; Probleme ökologischen Charakters; Probleme, die sich aus dem Wachstum der Erdbevölkerung ergeben."* Als der Kalte Krieg sich unter US-Präsident Ronald Reagan zum globalen Showdown zuspitzte, gab es in Moskau also bereits einflussreiche Vordenker, die die Angst schürten, die Welt werde untergehen, wenn es nicht zu einer globalen Zusammenarbeit komme.

1982 erschien im Ostberliner Dietz-Verlag eine deutsche Übersetzung dieses Buches, die jedoch im Buchhandel der DDR nicht erhältlich war. Liest man dieses Buch mit dem heutigen Wissen im Hinterkopf, wird einem sofort klar, dass die Führung der KPdSU die DDR damals im Grunde schon aufgegeben hatte. Mit Blick auf die vor allem von DDR-Philosophen und Ökonomen veröffentlichten scharfen Kritiken an den Studien des *Club of Rome* schrieben Sagladin und Frolow in ihrem Buch: *„Als in Westeuropa und in Amerika rege Debatten über die globalen Probleme begannen, wurde in den sozialistischen Ländern (auch in einem gewissen Teil unserer sozialistischen Öffentlichkeit) zunächst so reagiert: Das alles sei unseriös, sei ein Versuch der Bourgeoisie, die Werktätigen von dringenden Klassenproblemen abzulenken. Glücklicherweise hielt sich dieser Standpunkt nur kurze Zeit. Die Partei hat in ihren Beschlüssen und mit ihren Initiativen diese Position rasch überwunden, und sie hat die sowjetische Wissenschaft auf die gründliche Analyse und praktische Lösung der globalen Probleme orientiert."*

Ende Oktober 1986 luden Johannes Paul II. und Prinz Phillip, der Präsident des *WWF*, alle Weltreligionen anlässlich des 25. Gründungstages des *WWF* zum „Weltgebetstag" am Grab des heiligen Franz von Assisi. Dieser „Event" hat insofern einen makabren Beigeschmack, als der *WWF* eine Zeit lang verdächtigt wurde, seine Hand beim vorzeitigen Ableben von Wojtylas Vorgänger Albino Luciani (Johannes Paul I.) im Spiel gehabt zu haben. Aus den ökumenischen Treffen von Assisi wurde später eine regelmäßige Übung, die auch innerhalb der katholischen Kirche durchaus kontrovers diskutiert wird.

Ein weiterer Meilenstein auf dem Wege zur grünen Ökumene war Johannes Pauls Neujahrsbotschaft von 1990, in der er die Katholiken aufrief, ihrer *„Verantwortung für die Schöpfung"* gerecht zu werden. Im gleichen Jahr rief KPdSU-Generalsekretär Michail Gorbatschow 1.300 Würdenträger verschiedener Religionen und Vertreter von über 80 Ländern in Moskau zu einem Welttreffen über Umwelt, Entwicklung und Überleben zusammen.

Als David Rockefellers Intimfreund Maurice Strong als Trustee der *Rockefeller Foundation* im Auftrag der UN den „Erd-Gipfel" von Rio de Janeiro organisierte, konnte er nicht nur mit den im kommunistisch unterwanderten Weltkirchenrat organisierten protestantischen Kirchen, sondern auch mit der katholischen Kirche fest rechnen. (Um den philanthropisch engagierten kanadischen Unternehmer Maurice

Strong, der sich selbst als Esoteriker und Maoist bekannte, ranken sich etliche Verschwörungstheorien. Ich selbst halte ihn nicht für einen Verschwörer, sondern für einen besonders erfolgreichen Verführer.)

Spätestens bei den Milleniumsfeiern im Jahre 2000 in Johannesburg war der grüne Ökumenismus zwischen Kirchen und Umwelt-*NGOs* perfekt. Im August 2000 fand in New York der erste *Welt-Friedens-Gipfel religiöser und geistiger Führer* statt, der vom damaligen UN-Generalsekretär Kofi Annan eingeleitet wurde. Bei dieser Gelegenheit wurde die Endfassung der von Michail Gorbatschow und Maurice Strong propagierten *Erd-Charta* vorgestellt. Im Jahre 2002, anlässlich des zweiten „Erd-Gipfels" in Johannesburg, unterzeichnete Papst Johannes Paul II. schließlich die *Venice Declaration of Environmental Ethics.*

Nach der Kapitulation der protestantischen Kirchen vor der Diktatur des grünen Aberglaubens wurde so auch die Einverleibung großer Teile der bislang dem Zeitgeist widerstrebenden katholischen Kirche in die grüne Ökumene möglich. Lediglich in der Frage der Geburtenkontrolle blieb der Vatikan bislang hart. Somit scheint das letzte ernst zu nehmende geistige Hindernis auf dem Wege zu einer grünen Einheitsreligion, wenn nicht zur globalen Öko-Diktatur, aus dem Weg geräumt.

Die antichristliche „Große Transformation"

SEINEM WESEN NACH ist das grüne Weltbild eine modernisierte Neuauflage der unmenschlichen Bevölkerungstheorie des anglikanischen Geistlichen, Ökonomen und Sozialphilosophen Thomas Robert Malthus (1766 bis 1834). Es besteht in der Annahme, die Erde sei ein geschlossenes Regelsystem in einem fragilen Gleichgewicht. Die Menschen erscheinen darin von vornherein als Störenfriede, wenn nicht als Schädlinge, weil sie streng begrenzte Rohstoffvorräte aufbrauchen, die Vielfalt der Organismenarten verringern und Wasser, Luft und Boden mit ihren Ausscheidungen und Abfällen belasten. Diese antichristliche Weltsicht kam in der ersten Hälfte des 20. Jahrhunderts in erster Linie in Form der Eugenik und der damit begründeten Zwangssterilisierungsprogramme, in der Zeit des Kalten Krieges nach dem Zweiten Weltkrieg hingegen vornehmlich in der Propagierung der Geburtenkontrolle durch private Stiftungen und internationale Organisationen zum Ausdruck. Nach dem Ende des Kalten Krieges nahm dieses Weltbild dann in Fairfield Osborns programmatischen Buch *Our Plundered Planet* (1948) die heutige Gestalt an.

Die auf einer totalitären Fiktion beruhende Strategie des *„ökologischen Umbaus der Industriegesellschaft"* (auch als *„dritte Industrielle Revolution"* oder *„Große Transformation"* bekannt) läuft darauf hinaus, den marktwirtschaftlichen Beschleunigungs- durch einen Bremswettbewerb zu ersetzen – mit dem meist unausgesprochenen Ziel der Zerstörung der westlichen Zivilisation und deren Ersatz durch eine globale kommunistische Kohlenstoffrationierung. Die Profitgier „grüner" Investoren ist dabei nicht Selbstzweck, sondern wird mehr oder weniger bewusst funktionalisiert, um diesem Ziel schneller näherzukommen.

Ottmar Edenhofer, der Chefökonom des *Potsdam Instituts für Klimafolgenforschung (PIK)*, hat kurz vor dem zum Glück weitgehend gescheiterten „Klimagipfel" von Cancún in einem von der *NZZ* am 14. November 2010 veröffentlichten Interview klar ausgesprochen, worum es bei der „Klimapolitik" wirklich geht: *„Wir verteilen durch die Klimapolitik de facto das Weltvermögen um. Dass die Besitzer von Kohle und Öl davon nicht begeistert sind, liegt auf der Hand. Man muss sich von der Illusion freimachen, dass internationale Klimapolitik Umweltpolitik ist. Das hat mit Umweltpolitik, mit Problemen wie Waldsterben oder Ozonloch, fast nichts mehr zu tun."*

Im Juni 2009 präzisierte Edenhofer auf dem Kongress *Die große Transformation* in Essen, was ihm vorschwebt. Es gebe nur einen Weg, um die sich anbahnende breite Renaissance der Kohle als Brennstoff zu stoppen: eine Weltkohlenstoffbank, die den Einsatz der Kohle entsprechend der hypothetischen Aufnahmekapazität der Atmosphäre für Kohlenstoffdioxid (CO_2) rationiert. Unter der Erde wird nämlich das Äquivalent von 11 bis 12.000 Gigatonnen CO_2 vermutet. Die Atmosphäre könne davon im 21. Jahrhundert aber nur noch 750 Gigatonnen verkraften, wenn der angeblich mit dem CO_2-Eintrag verbundene Anstieg der globalen Durchschnittstemperatur auf maximal 2 °C beschränkt werden soll.

Im Frühjahr 2011, kurz nach dem Tsunami und dem dadurch ausgelösten Großunfall im japanischen Kernkraftwerk von Fukushima Daiichi, hat der von Bundeskanzlerin Merkel eingesetzte *Wissenschaftliche Beirat der Bundesregierung Globale Umweltveränderungen (WBGU)* sein Gutachten mit dem verheißungsvollen Titel *Gesellschaftsvertrag für eine große Transformation*[18] vorgelegt. Dort weisen die Ratsmitglieder, lediglich kaschiert mit Orwellschem Neusprech, ohne Scham den scheindemokratischen Weg in die vollständige *„Dekarbonisierung"* der Wirtschaft, das heißt in den Selbstmord.

Der Kernsatz der Zusammenfassung für Entscheidungsträger lautet: *„Der ‚fossilnukleare Metabolismus' der Industriegesellschaft hat keine Zukunft."* Dringend nötig sei ein *neuer globaler Gesellschaftsvertrag*, das heißt eine Weltrevolution durch eine umfassende *Global-Governance*-Architektur. *„Die bisherigen großen Transformationen der Menschheit waren weitgehend ungesteuerte Ergebnisse evolutionären Wandels. Die historisch einmalige Herausforderung der nun anstehenden Transformation zur klimaverträglichen Gesellschaft besteht darin einen umfassenden Umbau aus Einsicht, Umsicht und Voraussicht voranzutreiben"*, heißt es in der Zusammenfassung des Gutachtens (S.5).

Deutlicher kann man das Ziel der Öko-Diktatur durch einen „gestaltenden (Welt-)Staat" kaum umschreiben.

„Licht der Welt" oder Teil der grünen Ökumene?

WOJTYLAS NACHFOLGER, DER jetzige Papst Benedikt XVI. (Joseph Ratzinger), hat sich, wie sein im Jahre 2010 erschienene Interview-Buch *Licht der Welt* ausweist, mit dem grünen Weltbild und der „Klimapolitik" bislang leider noch nicht eingehend beschäftigen können. Als Augustinus-Kenner kann Benedikt XVI. aber wohl nicht darüber hinwegsehen, dass es sich beim Ökologismus mit seiner Verteufelung des Lebensexiliers Kohlenstoffdioxid im Kern um eine Form des materialistischen Manichäismus handelt, dessen Lebensfeindlichkeit dem Wesen des Christentums fundamental widerspricht. Das grüne Dogma der Gleichberechtigung aller Lebewesen steht in absolutem Gegensatz zur christlichen Lehre von der Gottesebenbildlichkeit des Menschen.

Der Ökologismus kultiviert heidnische Ängste, während das Christentum Hoffnung und Zuversicht vermittelt. Auf einer vom Vatikan im April 2007 veranstalteten nichtöffentlichen Klimakonferenz erklärte der australische Kardinal George Pell denn auch treffend: *„In der Vergangenheit opferten die Heiden Tiere und mitunter auch Menschen, um*

---

[18] http://tinyurl.com/6c9ptgh

grausame Götter zu besänftigen. Heute verlangen sie eine Reduktion des CO_2-Ausstoßes."

Was den Grünen aller Parteien am meisten fehlt, ist Gottvertrauen. Am liebsten würden sie die Ver- und Entsorgung der Bevölkerung oder auch die Abwicklung der Industriegesellschaft mit dem Ziel der „Null-Emission" für die nächsten hundert Jahre im Detail planen, um allen Lebensrisiken weitestgehend aus dem Weg zu gehen - und gingen dabei, ohne es zu merken, das viel größere Risiko ein, das wirkliche Leben zu verpassen. *„Quält euch also nicht mit Gedanken an morgen; der morgige Tag wird für sich selber sorgen. Es genügt, dass jeder Tag seine eigene Last hat"*, heißt es demgegenüber in der Bibel (Matthäus 6,34). Der englische Literaturprofessor und Schriftsteller C. S. Lewis ging sogar so weit, den Christen nahezulegen, den Begriff „Zukunft" als solchen für tabu zu erklären, als er in seiner berühmten *„Dienstanweisung für einen Unterteufel"* schrieb: *„Die Dankbarkeit schaut in die Vergangenheit und die Liebe auf die Gegenwart; Furcht, Habsucht, Lust und Streberei blicken auf die Zukunft."*

Der höllische Unterstaatssekretär Screwtape erklärt hingegen seinem unerfahrenen Neffen Wormwood: *„Wir aber wollen einen Menschen, von der Zukunft besessen, gehetzt von Visionen des bevorstehenden Himmels oder der drohenden Hölle auf Erden; [...] Wir erstreben ein ganzes Geschlecht auf der Jagd nach dem Regenbogen, nie ehrlich, gütig, glücklich in der Gegenwart, das jede wirkliche Gabe, die ihm jetzt angeboten wird, nur dazu verwendet, sie als Brennstoff auf dem Altar der Zukunft anzuhäufen."*

Das Ziel einer globalen „Kohlenstoffgerechtigkeit" hat mit dem christlichen Gebot des Teilens wenig zu tun. Umso mehr aber mit sozialistischer Gleichmacherei. Es widerspricht dem Subsidiaritätsprinzip der katholischen Soziallehre. Der hinter der Klimapolitik stehende Machbarkeitswahn verträgt sich nicht mit dem christlichen Primat des Empfangens vor dem Machen. Joseph Ratzinger wandte sich schon 1968 in seiner *Einführung in das Christentum* gegen eine Politische Theologie, die eine selbst ernannte „Elite" dazu verleiten könnte, im Namen des Primats des Machbaren gegenüber dem Gemachten sich zum Gott zu erheben. Die Menschen könnten ihre Lebensressourcen „Liebe" und „Sinn" nicht selbst kreieren, sondern nur empfangen, mahnte Ratzinger demgegenüber. Außerdem machte er deutlich: Wer immer nur rechnet, ist ein Pharisäer, aber kein Christ.

Im ersten Band seines Buches *Jesus von Nazareth* (2007) wiederholte Joseph Ratzinger die Warnung, Gott zu spielen, in noch eindringlicheren Worten. Er weist darauf hin, dass die Versuchung der Menschen durch den Antichrist nicht darin besteht, ihn zur Anbetung des Teufels zu verleiten, sondern zur Weltverbesserung. „*Zum Wesen der Versuchung gehört ihre moralische Gebärde. Sie lädt uns gar nicht direkt zum Bösen ein, das wäre zu plump. Sie gibt vor, das Bessere zu zeigen: die Illusionen endlich beiseite zu lassen und uns tatkräftig der Verbesserung der Welt zuzuwenden.*" (S. 57). Auf Seite 70 zitiert Ratzinger zustimmend aus Wladimir Solowjews *Kurze Erzählung vom Antichrist*. Darin schreibt Solowjew dem Antichrist ein Buch mit dem Titel *Der offene Weg zu Frieden und Wohlfahrt der Welt* zu. Das darin ausgebreitete Programm einer vernünftig geplanten und durchorganisierten Welt ähnelt sehr der 1992 in Rio de Janeiro beschlossenen *Agenda 21* der UN.

Dennoch scheint die grüne Ökumene bereits entscheidend dazu beigetragen zu haben, dass inzwischen auch die römisch-katholische Kirche die ihr eigene Gelassenheit gegenüber dem von Gott bestimmten Lauf der Welt verloren und die damit einhergehende Ablehnung zentralistischer Weltlenkungspläne *(global governance)* samt der damit verbundenen Vorbehalte gegenüber der UNO aufgegeben hat. Deutlich wird das in der Papst-Enzyklika *Caritas in veritate*[19] von 2009. Dort fordert der Vatikan: „*Um die Weltwirtschaft zu steuern, die von der Krise betroffenen Wirtschaften zu sanieren, einer Verschlimmerung der Krise und sich daraus ergebenden Ungleichgewichten vorzubeugen, um eine geeignete vollständige Abrüstung zu verwirklichen, sowie Ernährungssicherheit und Frieden zu verwirklichen, den Umweltschutz zu gewährleisten und die Migrationsströme zu regulieren, ist das Vorhandensein einer echten politischen Weltautorität, wie sie schon von meinem Vorgänger, dem seligen Papst Johannes XXIII., angesprochen wurde, dringend nötig.*" Das kann Joseph Ratzinger nicht selbst geschrieben haben, weil es allem widerspricht, was er seit 1968 zu diesem Thema publiziert hat.

Was Ratzinger selbst über Ökologie und „Klimapolitik" denkt, ist aber schwer auszumachen. Es fällt auf, dass er sich in dem 2010 erschienen Gesprächsband *Licht der Welt* zu diesem Thema sehr zurückhält. Die Fragen seines Gesprächspartners Peter Seewald zum Thema „Klima" sind länger als die Antworten des Papstes! Dieser beklagt lediglich ganz allgemein „*das Fehlen von Verzichtsbereitschaft*" und „*eine Vergiftung des Denkens.*" Diese zeige sich vor allem im Hochmut. Im Jesus-Buch schreibt Ratzinger dazu: „*Die Erde trägt keine Frucht, wenn sie nicht von oben Sonne und Regen empfängt. Dieses nicht in unsere Hände gegebene Zusammenspiel der kosmischen Kräfte steht gegen die Versuchung unseres Hochmuts, uns selber und allein durch unser eigenes Können das Le-*

---

[19] http://tinyurl.com/lkeng3

ben zu geben. Solcher Hochmut macht gewalttätig und kalt. Er zerstört am Ende die Erde; es kann nicht anders sein, weil er gegen die Wahrheit steht, dass wir Menschen auf die Selbstüberschreitung verwiesen sind, nur in der Öffnung Gott gegenüber groß und frei und wir selber werden." (S. 185).

Diese Stellungnahme gegen eine scheinbar rational durchorganisierte Welt impliziert die Ablehnung einer globalen „Klimapolitik" nach dem Muster des Kioto-Protokolls. Denn diese Politik läuft auf den größenwahnsinnigen Versuch hinaus, mit Hilfe einer künstlichen Verteuerung der Energie eine im Detail chaotische und daher nicht vorhersehbare zyklische Entwicklung in den Griff zu bekommen. Der Heilige Vater kann aber wegen der Defensive, in die die katholische Kirche weltweit gegenüber dem Islam auf der einen und gegenüber dem postmodernen Werterelativismus auf der andern Seite geraten ist, offenbar nicht mehr Klartext reden.

Warum die EU an sich selbst scheitern wird

WIE ES UM die Chancen der Weltstaatsidee wirklich steht, zeigt sehr anschaulich die Entwicklung der EU. Im Unterschied zu manchen Vätern der europäischen Idee wie vor allem Robert Schumann ist den Kräften, die hinter dem Lissabon-Projekt eines europäischen Verfassungsvertrages stehen, offenbar nicht mehr bewusst, dass das, was Europa ausmacht und vor anderen Weltregionen auszeichnet, mehr dem angeblich finsteren Mittelalter geschuldet ist als der hochmütigen Moderne. Schon jetzt werden wegen des mit der Entchristlichung Europas einhergehenden Realitätsverlustes der politischen Klasse immer mehr Regulierungsvorhaben von vornherein so gestrickt, dass sie nur auf dem Papier funktionieren können.

Ein aussagekräftiges Beispiel dafür ist die bereits erwähnte europäische Chemikalienverordnung *REACh (Registration, Evaluation and Authorisation of Chemicals)*[20], die als das bislang ehrgeizigste und umfangsreichste Regulierungsvorhaben der EU gilt. Dahinter steht der Anspruch, die Risiko- beziehungsweise Kosten-Nutzen-Abwägung aller Stoffverwendungen auf der Grundlage der Beweislastumkehr zu vereinheitlichen - und zwar im Prinzip über die Einschaltung von UN-Gremien weltweit. *REACh* ist eines der ersten Regulierungsvorhaben der EU, die von vornherein bewusst darauf angelegt sind, dass

---

[20] http://tinyurl.com/7xh7s45

die übrige Welt nachzieht. (Nach der Wahl Barack Hussein Obamas zum US-Präsidenten streben in der Tat auch die USA eine Stoffgesetzgebung nach europäischem Muster an.) Im Vergleich zur bislang vorherrschenden Methode der Verbesserung der Chemikaliensicherheit durch Versuch und Irrtum, die im letzten Jahrhundert, trotz einiger spektakulärer Fehlschläge, zu beeindruckenden Fortschritten geführt hat, erscheint das EU-Vorhaben als Neuerfindung des Rades. Die Industrie hat ihren anfänglichen Widerstand gegen das völlig vermessene Unterfangen aber schließlich aufgegeben, weil ihr von den zuständigen Direktionen der EU-Kommission Rechtssicherheit bei Stoffzulassungen versprochen wurde.

Doch es zeigte sich bald, dass das Unterfangen dem Turmbau zu Babel gleichkommt. Denn jede einzelne Stoffverwendung, deren Gesamtzahl in die Millionen geht, erfordert danach eine spezielle Risikobewertung nach einem Stufenschema, das primär von der Produktionsmenge, nicht von der potenziellen Gefährlichkeit Stoffes abhängt, und einen entsprechenden Sicherheitsbericht. Wer sollte sich in einem solchen Papierberg überhaupt zurechtfinden? Schon vor der parlamentarischen Behandlung des Gesetzesvorhabens gab es deshalb erhebliche Abstriche bei den Registrierungs- und Zulassungsanforderungen. Die Verfechter des neuen Regulierungsansatzes konnten deshalb schon bei der ersten Lesung des Gesetzestextes im Europa-Parlament nicht mehr ernsthaft behaupten, ihr systematischer (bürokratischer) Ansatz bringe gegenüber dem früheren schrittweisen und fallbezogenen Vorgehen nennenswerte Fortschritte. Fachleute wiesen sogar darauf hin, dass spektakuläre Fälle von technischem und menschlichem Versagen bei der Stoffbewertung wie etwa der *Contergan*-Skandal auch durch *REACh* nicht hätten verhindert werden können.

Der Ansatz des neuen europäischen Stoffregistrierungs- und Zulassungsverfahrens bleibt trotz aller Abstriche und Kompromisse ausgesprochen totalitär, weil er wie selbstverständlich voraussetzt, dass alle Akteure in den Lieferketten gleich denken – und zwar, wie gesagt, weltweit. Schon in der EU mit ihren nun 27 Mitgliedsstaaten ist diese Voraussetzung freilich völlig realitätsfremd. Die Risiko- beziehungsweise Übelabwägung bleibt in hohem Maße abhängig von gesellschaftlichen, religiösen und kulturellen Voraussetzungen. Es bleibt zum Beispiel bis auf Weiteres illusorisch, die Mehrzahl der süditalienischen, griechischen oder rumänischen Unternehmen den gleichen

Kosten-Nutzen-Kriterien unterwerfen zu wollen wie die deutschen, niederländischen oder britischen.

Die Verfechter des totalitären Ansatzes begründen damit allerdings die Intensivierung ihrer Gleichschaltungsanstrengungen. Die Unternehmen sind nun gesetzlich verpflichtet, bei der Stoffregistrierung in Form von *Substance Information Exchange Fora (SIEF)* mit ihren schärfsten Wettbewerbern zusammenzuarbeiten - wieder im Prinzip weltweit. Dabei treten Probleme des Datenschutzes und des Kartellrechts auf, die nur mit Hilfe teurer Rechtsberatung durch spezialisierte *Law Firms* entschärft werden können. Schon die Phase der sechsmonatigen Vorregistrierung von Substanzen, die die Informationsbasis für die Bildung von *SIEF* liefern sollte, erwies sich als weitgehend chaotisch. Zum einen wurden erheblich mehr Stoffe angemeldet als erwartet. Gleichzeitig wurde deutlich, dass viele Stoffverwendungen überhaupt nicht gemeldet wurden. Kurz: Von Rechtssicherheit kann bislang keine Rede sein.

Da weder die EU-Kommission noch die Industrie eingestehen wollen, sich geirrt zu haben, einigten sie sich schließlich stillschweigend darauf, den Stimmbürgern und Endverbrauchern ein Theater vorzuspielen. Das aber setzt weitere informelle Absprachen und Kompromisse mit europäischen und nationalen Bürokratien und mit den von ihnen als Wachhunde eingesetzten *NGOs* voraus, die der Rechtssicherheit noch mehr zuwiderlaufen. Beziehungen in Netzwerken werden wichtiger als die Einhaltung formaler Gebote. Kurz: Da es grundsätzlich unmöglich ist, die Unschädlichkeit eines Produkts im Voraus zu beweisen, müssen dessen Produzenten und Lieferanten wenigstens zeigen, dass sie sich politisch korrekt verhalten.

Auf weitere Details verzichte ich hier. Jedenfalls zeigt schon das Beispiel der europäischen Chemikalienpolitik, welches Chaos bei der Umsetzung einer weltweiten Klimapolitik nach Kyoto-Muster entstehen würde. Zurzeit ist es fraglich, ob dieser bislang ideologisch und finanziell aufwändigste Versuch einer *global governance* überhaupt die Wirtschaftskrise überleben wird, deren Höhepunkt noch längst nicht erreicht ist. Die bisherigen Erfahrungen mit Ansätzen globaler Regulierung lassen jedenfalls ahnen, dass der von manchen ersehnte Weltstaat nur als Farce realisierbar wäre. Es würde sich dabei wohl weniger um einen durchorganisierten grünen Polizeistaat, sondern mehr um einen Mogelstaat ohne Rechtssicherheit handeln, bei dem es vor allem auf die richtigen Beziehungen ankäme. Nach und nach käme es zum Rückfall von Wirtschaft und Gesellschaft in archaische Clan-

oder Mafia-Strukturen (mit offenen oder versteckten Bandenkriegen), wie sie jetzt schon ansatzweise in manchen staatsmonopolistisch beziehungsweise korporatistisch organisierten Wirtschaftsbranchen mit hohem Gewerkschafts- und/oder *NGO*-Einfluss (insbesondere im Umkreis „erneuerbarer" Energien) beobachtbar sind.

Demgegenüber erscheinen sogar mittelalterliche Verhältnisse feudaler Abhängigkeit als vergleichsweise transparent. In der Tat wäre die „natürliche Ordnung" des Mittelalters, die eine kontinuierliche Aufwärtsbewegung (nicht zu verwechseln mit „Fortschritt" im Sinne der roten oder braunen Sozialisten) ermöglichte - und zwar sowohl technisch als moralisch gesehen - gegenüber einem Rückfall in Stammesstrukturen zweifelsohne als kleineres Übel, wenn nicht ein eindeutiger Fortschritt.

Zurück zur „natürlichen Ordnung"?

WENN NICHT ALLES täuscht, gehen wir im Alten Europa, in der Folge der angebrochenen „systemischen" Finanzkrise, zumindest in einigen Ländern (nicht nur in Griechenland, sondern sicher auch in Frankreich, Italien und Spanien) unruhigen Zeiten, wenn nicht blutigen Bürgerkriegen entgegen. Selbst im vergleichsweise disziplinierten Deutschland könnten längere Stromausfälle infolge der überstürzten Stilllegung von Kernkraftwerken Ausschreitungen und Plünderungen in großem Stil zur Folge haben. Der näher rückende Konkurs des Götzen Staat mit seiner politischen Öko-Religion wird die Staatsgläubigen mit Entzugserscheinungen und Frustration zurücklassen, die sich in Gewaltausbrüchen Luft zu schaffen suchen. Denn nach dem Platzen der Blase auf Pump finanzierter Geschenke des Wohlfahrtsstaates, zeichnet sich im alten Europa immer klarer die Perspektive allgemeiner materieller Verarmung ab.

Unsere Vorfahren wussten mit Notzeiten noch einigermaßen zivilisiert umzugehen, indem sie sich mehrheitlich, statt sich um den kleiner werdenden Kuchen des Bruttosozialprodukts zu raufen, durch Beten in die Obhut des Allmächtigen begaben. Das ist in der materialistischen und/oder esoterischen Postmoderne zurzeit nur noch bei einer Minderheit vorstellbar. Vielleicht werden viele aber das Beten neu lernen, da sie erkennen müssen, dass ihnen nur noch das helfen kann. Etablierte Interessengruppen werden hingegen auf verbriefte, inzwischen aber wertlos gewordene Ansprüche pochen und sich mit Hilfe von Streiks und/oder gewaltsamen Ausschreitungen gegenseitig zu erpressen suchen. Andere werden, statt die Augen gen Himmel zu richten, nach einem starken Mann auf Erden Ausschau halten.

Am Ende wird es sich wohl herausstellen, dass Moderne und Postmoderne nur realitätsferne Projektionen hochmütiger Intellektueller waren und dass das Mittelalter sozusagen den Normalzustand der menschlichen Entwicklung darstellt. Unter dem Mittelalter dürfen wir uns nach dem Frankfurter Historiker Johannes Fried (2008) allerdings keine besondere Gesellschaftsformation vorstellen, die – je nach Standpunkt – als finster geschmäht oder romantisch verklärt wird, sondern ganz unvoreingenommen nur den Zeitabschnitt zwischen 500 und 1500 nach Christus. Immerhin kann man dieser Periode einen geringen Hang zu geistiger Gleichschaltung und totaler Herrschaft bescheinigen. Statt der (erst mit Napoléon Bonaparte aufgekommenen) totalen Kriege gab es meistens nur vernünftig eingehegte Scharmützel, bei denen die Zivilbevölkerung geschont wurde. Ausnahmen davon machten nur verschiedene Kreuzzüge gegen das gewaltsame Vordringen des Islam oder ketzerischer Bewegungen in Europa.

Im Spannungsfeld zwischen der religiösen Macht der katholischen Kirche und den weltlichen Mächten entstanden Freiräume für Neugier, vielfältiges geistiges Schöpfertum und materielle Experimentierfreude. Jedenfalls begann das, was die Propagandisten der Moderne später hochtrabend als „Aufklärung" bezeichneten, nicht erst im 17. Jahrhundert, sondern war bereits in den Schriften des großen Kirchenlehrers Augustinus aus dem 5. Jahrhundert angelegt. Dieser zeigt noch heute, wie man Krisen und Katastrophen geistig gesund überstehen kann. Nicht zuletzt brachte das Mittelalter auf der Grundlage der christlichen Lehre von der Willensfreiheit die Idee der politischen Gedanken- und Meinungsfreiheit hervor. Die Durchsetzung des ebenfalls im Mittelalter aufgekommenen Kapitalismus war nicht Voraussetzung, sondern umgekehrt zwingende Konsequenz einmal errungener oder eingeräumter Glaubens- und Meinungsfreiheit. Denn es handelt sich hier um die einzige Wirtschaftsform, bei der es auf persönliche Einstellungen und Überzeugungen letztlich wenig ankommt.

Das nach Ansicht Johannes Frieds wichtigste Erbe des Mittelalters sind jedoch Ideale wie Höflichkeit, Ritterlichkeit und Urbanität. Diese könnten einen Weg weisen für die Regelung gesellschaftlicher Probleme ohne Klassenkampf und Bürgerkrieg. Leider wurden solche zivilisatorische Errungenschaften des Mittelalters im modernen Interessengruppen- bzw. Wohlfahrtsstaat durch die Anerkennung erpresserischer Aktionen wie Streiks und Blockaden als legitimes Ausdrucksmittel, wenn nicht als „höhere Gewalt" weitgehend geopfert. Durch die nihilistische Reduktion des Menschen auf Biologisches, Psychologisches oder Soziologisches wurde auch das zur Transzendenz und damit zum Absoluten hin offene christliche Menschenbild der Diktatur des Werterelativismus preisgegeben.

Ich bin mehr und mehr davon überzeugt, dass die Fronten der kommenden gesellschaftlichen Auseinandersetzungen weniger zwischen Liberalen und Autoritären, sondern zwischen Nihilisten und jenen verlaufen, die an einen höheren Sinn des Lebens glauben. Dabei sollte man aber nicht vergessen, dass ein erfundener *„Übersinn"*, der sich gegen das wirkliche Leben wendet, nach Friedrich Nietzsche selbst die extremste Form von Nihilismus darstellt. Deshalb sollten islamistische Selbstmordattentäter (ebenso wie extrem asketische christliche Sekten) nicht als Idealisten gelten, denen man bis zu einem gewissen Grad Verständnis entgegen bringt, sondern als Feinde des Lebens.

Ich glaube aber, gerade das regulatorischer Hybris unweigerlich folgende Chaos birgt auch Chancen, die nach dem Zusammenbruch des römischen Reiches begonnene weltgeschichtliche Aufwärtsbewegung, deren geistige Grundlagen von Augustinus, Thomas von Aquin und anderen gelegt wurden und die, nach gelegentlichen regionalen Rückschlägen, erst 1913/14 durch die Einführung des Papiergeldes und den Ersten Weltkrieg global unterbrochen wurde, nach einer Parenthese von hundert Jahren fortzusetzen. Denn neben allen möglichen Mogel-Netzwerken tun sich wahrscheinlich auch Freiräume für den Aufbau von Netzwerken der Anständigen und Ehrlichen mit echtem Geld als Zahlungsmittel für Geschäftspartner und echter Solidarität mit unverschuldet in Not geratenen auf. Es könnte somit wieder richtiger Wettbewerb aufkommen. Auf den so entstehenden neuen Märkten könnten sich auch Großmächte und Flächenstaaten wie die USA, Kanada, Australien, China, Indien und Brasilien tummeln, die zwar nicht unbedingt lautere Absichten verfolgen, denen aber immerhin die Selbstmordmotive gewisser westlicher Eliten fremd sind.

Die Menschheit hat schon schlimmere Katastrophen überstanden als die aktuelle geistige und materielle Werte-Krise. Manches spricht dafür, dass auch in vielen vom Wohlfahrtsstaat verwöhnten Menschen schöpferische Kräfte schlummern, die wieder aufgeweckt werden können, wenn Not am Mann ist. Also dann: Auf ein Wiedersehen am 22. Dezember 2012!

Literaturhinweise

ABELSHAUSER, Werner: Kriegswirtschaft und Wirtschaftswunder. Deutschlands wirtschaftliche Mobilisierung für den Zweiten Weltkrieg und die Folgen für die Nachkriegszeit. In: Vierteljahreshefte für Zeitgeschichte, 47. Jg., H. 4. München 1999.

ALLEN, Gary: None Dare Call It Conspiracy. [Concord Press] 1971.
Deutsch: Die Insider. Wohltäter oder Diktatoren? Wiesbaden 1994.

DERS.: The Rockefeller File. [76 Press] 1976.
Deutsch: Die Insider. Baumeister der „Neuen Welt-Ordnung", Bd. 2. Wiesbaden 1976, (5) 2002.

ARENDT, Hannah: Elemente und Ursprünge totaler Herrschaft. Antisemitismus. Imperialismus. Totalitarismus. Taschenbuchausgabe, 1986, 2005[10].

ALY, Götz: Hitlers Volksstaat. Raub, Rassenkrieg und nationaler Sozialismus. Frankfurt am Main 2005.

BAADER, Roland: Geld, Gold und Gottspieler. Gräfelfing 2004.

DERS.: Geldsozialismus. Die wirklichen Ursachen der neuen globalen Depression. Gräfelfing 2004.

BAUER, Joachim: Das kooperative Gen. Abschied vom Darwinismus. Hamburg 2008.

BAYERISCHE AKADEMIE DER WISSENSCHAFTEN: Klimawandel im 20. und 21. Jahrhundert: Welche Rolle spielen Kohlendioxid, Wasser und Treibhausgase wirklich? Rundtischgespräch am 17. Mai 2004 in München. Organisatoren: Prof. Dr. Horst Hagedorn, Prof. Dr. Karl-Eugen Rehfuess, Dr. Heinrich Röck. München 2005.

BECK, Ernst Georg: 180 Years of atmospheric CO2 Gas Analysis by Chemical Methods. In: Energy & Environment. Vol. 18, no. 2, 2007.

BECK, Ulrich: Die Risikogesellschaft. Auf dem Weg in eine andere Moderne. Frankfurt am Main 1986.

DERS.: Gegengifte. Die organisierte Unverantwortlichkeit. Frankfurt am Main 1988.

DERS.: Die Erfindung des Politischen. Frankfurt am Main 1993.

BEHRINGER, Wolfgang: Kulturgeschichte des Klimas. Von der Eiszeit bis zur globalen Erwärmung. (5) München 2010.

BERLIN, Isaiah: Die Wurzeln der Romantik. Hg. von Henry Hardy. Berlin 2004.

BERMAN, Paul: Terror and Liberalism. New York 2003.
Deutsch: Terror und Liberalismus. Hamburg 2004.

BERNER, Ulrich/ STREIF, Hansjörg (Hg.): Klimafakten. Der Rückblick – Ein Schlüssel für die Zukunft. Stuttgart (2) 2000.

BENEDIKT XVI.: Licht der Welt. Der Papst, die Kirche und die Zeichen der Zeit. Ein Gespräch mit Peter Seewald. Freiburg 2010.

BLACKMORE, Susan: The Meme Machine. Oxford, New York 1999. *Deutsch:* Die Macht der Meme. Heidelberg 2000.

BLANKERTZ, Stefan: Das libertäre Manifest. Über den Widerspruch zwischen Staat und Wohlstand. (2) Grevenbroich 2002.

BONHOEFER, Dietrich: Widerstand und Ergebung. Briefe und Aufzeichnungen aus der Haft, Gütersloh 1951, (17) 2002.

BRUCKNER, Pascal: Le fanatisme de l'Apocalypse. Sauver la Terre, punir l'Homme, Paris 2011.

BUND/MISEREOR (Hg.): Zukunftsfähiges Deutschland. Ein Beitrag zu einer global nachhaltigen Entwicklung. Studie des Wuppertal-Instituts für Klima-Umwelt-Energie. Basel u. a. 1996.

BUNDESMINISTERIUM FÜR BILDUNG UND FORSCHUNG (HG.): Forschung für den Klimaschutz - Stand und Perspektiven, Bonn o. J.

DASS. (HG.): Herausforderung Klimawandel. Bericht des ad-hoc-Arbeitskreises „Klimadiskussion" und des Sachverständigenkreises „Globale Umweltaspekte" des BMBF. Bonn 2003.

DASS./ SACHVERSTÄNDIGENKREIS FÜR FÜR GLOBALE UMWELTASPEKTE (HG.]: Verbesserung der Kommunikation zwischen Wissenschaft, Politik und Medien, insbesondere im Hinblick auf die Wahrnehmung der Klimaforschung [Empfehlungspapier]. Bonn [2001].

BUNDESMINISTERIUM FÜR ERNÄHRUNG, LANDWIRTSCHAFT UND FORSTEN (HG.): Weltstrategie für die Erhaltung der Natur. Ausgearbeitet von der Internationalen Union zur Erhaltung der Natur und der natürlichen Lebensräume (IUCN) mit der Beratung, Zusammenarbeit und finanziellen Unterstützung seitens des Umweltprogramms der Vereinten Nationen (*UNEP*) und des World Wildlife Fund (WWF). Bonn o. J. (1980).

BUNDESMINISTERIUM FÜR UMWELT, NATURSCHUTZ UND REAKTORSICHERHEIT (HG.): Umweltpolitik. Konferenz der Vereinten Nationen für Umwelt und Entwicklung im Juni 1992 in Rio de Janeiro - Dokumente - Klimarahmenkonvention. Konvention über die Biologische Vielfalt. Rio-Deklaration. Walderklärung. Bonn o. J.

DASS. (HG.): Umweltpolitik. Konferenz der Vereinten Nationen für Umwelt und Entwicklung im Juni 1992 in Rio de Janeiro. Dokumente. Agenda 21. Bonn o. J.

BUNDESMINISTERIUM FÜR WIRTSCHAFT UND TECHNOLOGIE (BMWI): Energiepolitische und gesamtwirtschaftliche Bewertung eines 40%- Reduktionsszenarios. Endbericht der Prognos AG in Kooperation mit dem Energiewirtschaftlichen Institut der Universität Köln (EWI) und dem Bremer Energieinstitut (BEI). Juli 2001.

DASS. (HG.): Energiebericht: Nachhaltige Energiepolitik. Versorgungssicherheit, Umweltverträglichkeit, Wirtschaftlichkeit. Für eine zukunftsfähige Energieversorgung. Berlin, Oktober 2001.

[BUNDESREGIERUNG (HG.)]: Umweltschutz. Das Umweltprogramm der Bundesregierung. Mit einer Einführung von Hans-Dietrich Genscher. Stuttgart u.a. 1972.

BUNDESREGIERUNG (HG.): Perspektiven für Deutschland. Unsere Strategie für eine nachhaltige Entwicklung, April 2002.

CAMUS, Albert: Le mythe de Sisyphe. Paris 1942/1985.

DERS.: La Peste. Paris 1947/1962.
Deutsch: Die Pest. [u. a.] Reinbek bei Hamburg 1999.

DERS.: L'homme révolté. Paris 1951/1985.

CRICHTON, Michael: State of Fear. New York 2004.
Deutsch: Welt in Angst. München 2005.

COMTE-SPONVILLE, André/ FERRY, Luc: La sagesse des Modernes. Paris 1998.

CRAIG, Gordon A.: Über die Deutschen. München 1982.

DAMASIO, Antonio R.: The Feeling of What Happens. Body and Emotion in the Making of Consciousness. New York 1999.
Deutsch: Ich fühle, also bin ich. München 2000.

DARWIN, Charles: Die Entstehung der Arten durch natürliche Zuchtwahl. Stuttgart 1963.

DAWKINS, Richard: The Selfish Gene. Oxford u. a. 1976.
Deutsch: Das egoistische Gen. (7) 1996.

DEUTSCHER BUNDESTAG, REFERAT ÖFFENTLICHKEITSARBEIT (Hg.): Konzept Nachhaltigkeit. Vom Leitbild zur Umsetzung. Abschlußbericht der Enquête-Kommission „Schutz des Menschen und der Umwelt - Ziele und Rahmenbedingungen einer nachhaltig zukunftsverträglichen Entwicklung" des 13. Deutschen Bundestages. Bonn 1998.

DESCARTES, René: Discours de la méthode pour bien conduire sa raison, et chercher la vérité dans les sciences. Paris 1999.

DOERING, Detmar: Friedlicher Austritt. Braucht die Europäische Union ein Sezessionsrecht? Bruxelles, Trier [CNE] 2002.

DERS. (Hg.): Kleines Lesebuch über den Liberalismus. Sankt Augustin (3) 1997.

ECO, Umberto: Auf dem Wege zu einem neuen Mittelalter, in: DERS.: Über Gott und die Welt. Essays und Glossen. München, Wien 1985.

ERHARD, Ludwig: Wohlstand für alle. Düsseldorf 1957.

FIGGE, Frank/ SCHALTEGGER, Stefan: Was ist „Stakeholder Value"? Vom Schlagwort zur Messung. Genève u. a. 2000.

FORRESTER, Jay W.: World Dynamics. Cambridge (2) 1979.
Deutsch: Der teuflische Regelkreis. Das Globalmodell der Menschheitskrise. Stuttgart 1972.

FREEMAN, Charles: The Closing of the Western Mind. The Rise of Faith and the Fall of Reason. New York 2005.

FRIED, Johannes: Das Mittelalter. Geschichte und Kultur. München 2008.

FRIEDMAN, Milton: Capitalism and Freedom. Chicago 1962.
Deutsch: Kapitalismus und Freiheit. München 1976.

FRIEDRICHS, Günter (Red.): Aufgabe Zukunft. Qualität des Lebens. Beiträge zur vierten internationalen Arbeitstagung der Industriegewerkschaft Metall für die Bundesrepublik Deutschland 11. bis 14. April 1972 in Oberhausen. 7 Bde. Frankfurt am Main 1972.

FRESHFIELDS BRUCKHAUS DERINGER (HG.): Luftbewirtschaftung durch europäischen Emissionshandel. Rechtliche Probleme des Richtlinien-Vorschlages der Europäischen Kommission für den Handel mit Treibhausgasemissionsberechtigungen in der Gemeinschaft. Berlin 2002.

FUKUYAMA, Francis: Our Posthuman Future. Consequences of the Biotechnology Revolution. New York 2002.
Deutsch: Das Ende des Menschen. Stuttgart-München 2002.

GANTEN, Detlev/ DEICHMANN, Thomas/ SPAHL, Thilo: Leben, Natur, Wissenschaft. Alles, was man wissen muss. Frankfurt am Main 2003.

GÄRTNER, Edgar: Die Evolutionstheorie und die Entwicklung der Ökologie. In: Materialistische Wissenschaftsgeschichte. Argument-Sonderband AS 54. Berlin 1981.

DERS.: Zukunftsfähigkeit lernen. Kurzfassung und Kommentar zum Diskurs-Projekt „Bausteine für ein zukunftsfähiges Deutschland". Frankfurt am Main [*VCI* Verband der Chemischen Industrie und IG Bergbau, Chemie, Energie] 1997.

DERS.: REACH, a costly peace of theatre?, in: Annette Godart-van der Kroon (Ed.): Better Regulation. Ludwig von Mises Institute Europe. Brussels 2009.

DERS.: Umweltschutz jenseits der Rationalität, in: Hoffmann, C./Bessard, P. (Hrsg.): Natürliche Verbündete: Marktwirtschaft und Umweltschutz. Zürich 2009. S. 29-38.

DERS.: Sustainable Business – Nachhaltige Entwicklung als Herausforderung für das Management. In: Der Umweltschutz-Berater. 54. Erg.-Lfg. Februar 1999.

DERS.: Was ist nachhaltig? Vorgeschichte, Verlauf und Ergebnisse der Bundestags-Enquête „Schutz des Menschen und der Umwelt". Frankfurt am Main [*VCI* Verband der Chemischen Industrie] o. J. [1999].

DERS.: Sustainable development: Computer und Indigo – Alles öko? In: Nachrichten aus der Chemie (48) November 2000.

DERS.: „Wir müssen schon bei Verdacht alarmieren." Ein Gespräch mit Bruno Latour über weltweite Umweltpolitik, Klimaforschung und Momente diplomatischer Gnade. In: Frankfurter Allgemeine Sonntagszeitung, 12. 5. 2002.

DERS.: Forschung im Treibhaus der Argumente, in: Frankfurter Allgemeine Sonntagszeitung, 18. 8. 2002.

DERS.: Wasser wird wieder Thema Nr. 1. In: Chemische Rundschau 19, 8. 10. 2002. Auch als: Erst trinken, dann ausatmen! In: NOVO 61/62.

DERS.: Ökologie und Markt – ein schönes Missverständnis. Oder: Wieweit sind aktuelle Nachhaltigkeitskonzepte mit Selbstorganisation und Marktwirtschaft vereinbar? In: Gudrun LINNE/ Michael SCHWARZ (Hg.): Handbuch Nachhaltige Entwicklung. Wie ist nachhaltiges Wirtschaften machbar? Opladen 2003.

DERS.: Klimaforschung als „postnormal science". Rezension des BMBF-Reports „Herausforderung Klimawandel" (2003). In: Zeitschrift für Umweltpolitik und Umweltrecht (ZfU). 28. Jg., Heft 1. Frankfurt am Main 2005.

DERS.: Vorsorge oder Willkür? Kunststoff-Weichmacher im politischen Kreuzfeuer. Köln 2006.

DERS./ SCHRAMM, Engelbert: Ökologie. In: SANDKÜHLER, Hans Jörg (Hg.): Europäische Enzyklopädie zu Philosophie und Wissenschaften. Bd. 3. Hamburg 1990.

GELLEN, Martin: The Making of a Pollution-Industrial Complex, in: Ramparts, May 1970, deutsch: Das Entstehen eines ökologisch-industriellen Komplexes, in: Glagow, Manfred (Hg.): Umweltgefährdung und Gesellschaftssystem. München 1972.

GLASER, Rüdiger: Klimageschichte Mitteleuropas. 1200 Jahre Wetter, Klima, Katastrophen. (2) Darmstadt 2008.

GOLD, Thomas: The Deep Hot Biosphere. New York 1999/2001.
Deutsch: Biosphäre der heißen Tiefe. Wiesbaden 2001.

GOLDBERG, Jonah: Liberal Fascism. The Secret History of the American Left from Mussolini to the Politics of Meaning. New York u. a. 2007

GOODWIN, Barbara: Justice by Lottery. Chicago 1993.

GORE, Albert: Earth in Balance – Ecology and Human Spirit. Boston u. a. 1992.
Deutsch: Wege zum Gleichgewicht. Ein Marshallplan für die Erde. Frankfurt am Main 1992.

HABERMANN, Gerd (Hg.): Philosophie der Freiheit. Ein Friedrich-August-von Hayek-Brevier. Thun 1999.

DERS.: Vision und Tat. Ein Ludwig-Erhard-Brevier. Thun 2000.

HABERMAS, Jürgen: Theorie des kommunikativen Handelns. Bd.1: Handlungsrationalität und gesellschaftliche Rationalisierung, Bd. 2: Zur Kritik der funktionalistischen Vernunft, Frankfurt am Main 1981.

HAYEK, Friedrich August von: The Road to Serfdom. Chicago 1944.

DERS.: Freiburger Studien. Tübingen 1969.

DERS.: Recht, Gesetzgebung und Freiheit. Landsberg am Lech 1981.

DERS.: Die Verfassung der Freiheit. (3) Tübingen 1991.

HEINSOHN, Gunnar: Söhne und Weltmacht – Terror im Aufstieg und Fall der Nationen. Zürich 2003.

HÖFFE, Otfried: Demokratie im Zeitalter der Globalisierung. München 1999.

HÖRNIG, Karl H.: Experten des Alltags. Die Wiederentdeckung des praktischen Wissens. Weilerswist 2001.

HOLENSTEIN, André: Oeconomia – das Haus als Welt. Historische Grundlagen eines sozialen Deutungs- und Ordnungsmodells. In: Neue Zürcher Zeitung, 11./12.5.2002, S. 57.

HOPPE, Hans-Hermann : Democracy – The God that Failed: The Economics and Politics of Monarchy, Democracy, and Natural Order. New Brunswick u. a. 2001.

Deutsch: Demokratie. Der Gott, der keiner ist. Waltrop u. a. 2003.

HORX, Matthias/Trendbüro: Trendbuch 1, Düsseldorf u. a. 1993.

HUG, Heinz: Der tägliche Ökohorror. So werden wir manipuliert. Neu bearb. Nachdruck d. 2. Aufl. Leipzig 2004.

DERS. Die Angsttrompeter. Die Wahrheit über die Gefahren aus der Umwelt. München 2006.

HUNTLEY, James B. [NATO Informationsabteilung]: Das Atlantische Bündnis und die Umweltkrise. Brüssel (2) 1972.

JENSEN, Derrick: Endgame. New York 2006.

Deutsch: Endgame. Zivilisation als Problem, München u. a. 2008.

JUNGK, Robert: Der Atomstaat, München 1977.

KAESSMANN, H., WIEBE, V., PÄÄBO, S.: Extensive nuclear DNA sequence diversity among chimpanzees. In: Science, 1999 Nov 5; 286 (5442):1159-62.

KENNAN, George W.: The Sources of Soviet Conduct, in: Foreign Affairs 1947 und www.historyguide.org/europe/kennan.html

KEYNES, John Maynard: The General Theory of Employment, Interest and Money. Cambridge 1936.

KOENEN, Gerd: Utopie der Säuberung. Was war der Kommunismus? Berlin 1998.

KRÄMER, Walter/TRENKLER, Götz/KRÄMER, Denis: Das neue Lexikon der populären Irrtümer. Weitere Vorurteile, Missverständnisse und Denkfehler von Advent bis Zyniker. (2) München 2001.

KUHN, Thomas S.: Die Struktur wissenschaftlicher Revolutionen. Frankfurt am Main 1962/1973.

LANE, Lee: A New Paradigm for US Climate Policy. Washington 2004.

LATOUR, Bruno: Nous n'avons jamais été modernes. Essai d'anthropologie symétrique. Paris 1991.

Deutsch: Wir sind nie modern gewesen. Versuch einer symmetrischen Anthropologie. Frankfurt am Main 1998.

DERS.: Pandora's Hope: An Essay on the Reality of Science Studies. Cambridge (Mass.) 1999.

Deutsch: Die Hoffnung der Pandora. Untersuchungen zur Wirklichkeit der Wissenschaft. Frankfurt am Main 2000.

DERS.: Politiques de la nature. Comment faire entrer les sciences en démocratie. Paris 1999.

Deutsch: Das Parlament der Dinge. Für eine politische Ökologie. Frankfurt am Main 2001.

DERS.: Gabriel Tarde and the end of the social. In: Patrick JOYCE (Hg.): The Social in Question. London 2002.

Deutsch: Gabriel Tarde und das Ende des Sozialen. In: Soziale Welt 52. Jg. Heft 3, Baden Baden 2001.

LE BON, Gustave: Psychologie des Foules. Paris 1895.
Deutsch: Psychologie der Massen. Stuttgart 1911/1982.

LEGGETT, Jeremy: The Carbon War. Global warming and the End of the Oil Era. London 2000.

LENOIR, Yves : La vérité sur l'effet de serre. Le dossier d'une manipulation planétaire. Paris 1992.

DERS.: Climat de Panique. Lausanne 2001.

LEROUX, Marcel: Global Warming. Myth or Reality? The Erring Ways of Climatology. Berlin u. a. 2005.

LEWIS, C. S.: Dienstanweisung für einen Unterteufel. (21) Freiburg 2012.

LIMBURG, Michael: Klimahysterie – was ist dran? Der neue Nairobi-Report über Klimawandel, Klimaschwindel und Klimawahn. Jena (2). 2009.

LOCKE, John: An Essay Concerning Human Understanding. (1) 1689.

LOMBORG, Bjørn: The Sceptical Environmentalist. Measuring the Real State of the World. Cambridge 2001.
Deutsch: Apocalypse No! Lüneburg 2002.

LOVELOCK, James: The Ages of Gaia. A Biography of Our Living Earth. New York u. a. 1988.
Deutsch: Das Gaia-Prinzip. Die Biographie unseres Planeten. Zürich u. a. 1991.

LUHMANN, Hans-Jochen: Die Blindheit der Gesellschaft. Filter der Risikowahrnehmung. München 2001.

LÜDECKE, Horst-Joachim: CO_2 und Klimaschutz. Fakten. Irrtümer. Politik. Bonn (3) 2010.

LUHMANN, Hans-Jochen: Der Klimaskeptizismus im Guckkasten der Medienforschung. Rezension von Weingart, Peter/Engels, Anita/Pansegrau, Petra (2002). In: Zeitschrift für Umweltpolitik & Umweltrecht (ZfU), 26.Jg., H. 4. Frankfurt am Main 2003.

LYMAN, John M./WILLIS, Josh K./JOHNSON, Gregory C.: Recent Cooling of the Upper Ocean. In: Geophysical Research Letters, Vol. 33, L 18604, doi: 10.1029/2006GL027033, 2006.

MACHIAVELLI, Niccolò: Der Fürst [1513]. Frankfurt am Main u.a. 2001.

MANN, Torsten: Rote Lügen in Grünem Gewand. Der kommunistische Hintergrund der Öko-Bewegung. Rottenburg 2009.

MASLOW, Abraham: Motivation and Personality. New York (3) 1987.

MAXEINER, Dirk/MIERSCH, Michael: Lexikon der Öko-Irrtümer. Fakten statt Umweltmythen, München 2000.

MEADOWS, Dennis/MEADOWS, Donella/ZAHN, Erich/MILLING, Peter: The Limits to Growth. New York 1972.
Deutsch: Die Grenzen des Wachstums. Bericht des *Club of Rome* zur Lage der Menschheit. Stuttgart 1972.

MINC, Alain: Le nouveau moyen age. Paris 1993.
Deutsch: Das neue Mittelalter. Hamburg 1995.

MISES, Ludwig von: Nationalökonomie. Theorie des Handelns und Wirtschaftens. Genf 1940/ München 1980.

DERS.: Bureaucracy. New Haven (Co.) 1944.
Deutsch: Bürokratie. Sankt Augustin 1997.

MÜLLER, Edda: Sozial-liberale Umweltpolitik. Von der Karriere eines neuen Politikbereichs. In: Aus Politik und Zeitgeschichte. Beilage zur Wochenzeitung Das Parlament. Nr. B47-48/89. Bonn 1989.

NASCHOLD, Frieder/VÄTH, Werner (Hg.): Politische Planungssysteme. Opladen 1973.

NEF, Robert: Lob des Non-Zentralismus. Sankt Augustin 2002.

NIETZSCHE, Friedrich: Werke. Ausgabe von Karl Schlechta. Hg. v. Ivo Frenzel. München-Wien 1967/1981.

NOELLE-NEUMANN, Elisabeth: Die Schweigespirale. Öffentliche Meinung – unsere soziale Haut. München (6) 2001.

NORDHAUS, William D./BOYER, Joseph: Warming the World. Economic Models of Global warming. Cambridge (Mass.) 2000.

NUSSBAUM, Henrich von (Hg.): Die Zukunft des Wachstums. Kritische Antworten zum „Bericht des *Club of Rome*", Düsseldorf 1973.

OPPENHEIMER, Franz: Der Staat. (3) Berlin 1929/1990.

PAUL, Ron: End the Fed. New York 2009.
Deutsch: Befreit die Welt von der US-Notenbank. Rottenburg 2010.

PECCEI, Aurelio: The Chasm Ahead. Collier-Macmillan, New York, London 1969.

PERA, Marcello: Warum wir uns Christen nennen müssen. Plädoyer eines Liberalen. Mit einem Vorwort von Papst Benedikt XVI. Augsburg 2009.

POPPER, Karl R.: The Open Society and Its Enemies. London 1945.
Deutsch: Die offene Gesellschaft und ihre Feinde.
Bd. 1. Der Zauber Platos. (2) 1957/ (7, üb.) Tübingen 1992.
Bd. 2. Falsche Propheten. Hegel, Marx und die Folgen. (7, üb.) Tübingen 1992.

DERS.: Alles Leben ist Problemlösen. Über Erkenntnis, Geschichte und Politik, München, Zürich 1994.

PRIGOGINE, Ilya/ STENGERS, Isabelle: La Nouvelle Alliance. Métamorphose de la Science. Paris 1979.
Deutsch: Dialog mit der Natur. Neue Wege naturwissenschaftlichen Denkens. München, Zürich 1981.

RAT VON SACHVERSTÄNDIGEN FÜR UMWELTFRAGEN (HG.): Für eine dauerhaft umweltgerechte Entwicklung. Umweltgutachten 1994.

DERS.: Die Umsetzung einer dauerhaft umweltgerechten Entwicklung. Umweltgutachten 1996.

DERS.: Schritte ins nächste Jahrtausend. Umweltgutachten 2000.

DERS.: Umweltpolitische Handlungsfähigkeit sichern. Umweltgutachten 2004.

RADKAU, Joachim: Natur und Macht. Eine Weltgeschichte der Umwelt. München 2002

DERS.: Die Ära der Ökologie. Eine Weltgeschichte. München 2011

RAND, Ayn: Wer ist John Galt? Hamburg 1985.

RASCHKE, Erhard/HOLLMANN, Rainer: Strahlungsenergieübertragung in der Atmosphäre: Modellierung und Messung. Vortrag, CO_2-Kolloquium der DECHEMA in Frankfurt am Main am 11. 10. 2001.

RATZINGER, Joseph: Einführung in das Christentum. München 1968, 3. Aufl. 2005.

DERS.: Jesus von Nazareth. Erster Teil: Von der Taufe im Jordan bis zur Verklärung, Freiburg u. a. 2007.

REICHHOLF, Josef H.: Die falschen Propheten. Unsere Lust an Katastrophen, Berlin 2002.

REMMERT, Hermann: Ökologie. Ein Lehrbuch. 2. neubearb. u. erw. Aufl., Berlin u. a. 1980.

RENN, Ortwin: Abschied von der Risikogesellschaft? Risikopolitik zwischen Expertise und Moral. In: GAIA 4/1997, S. 269-275.

RIFKIN, Jeremy: The European Dream. How Europe's Vision of the Future is Quietly Eclipsing the American Dream. Cambridge 2004. *Deutsch:* Der Europäische Traum. Die Vision einer leisen Supermacht. Frankfurt am Main 2004.

ROUSSEAU, Jean-Jacques: Du contrat social, ou principes du droit politique [1762]. Discours sur l'origine et les fondaments de l'inégalité parmi les hommes [1755]. Paris 1996.

ROTHBARD, Murray Newton: What has Government done to our money? Auburn 1990.
Deutsch: Das Schein-Geld- System. Wie der Staat unser Geld zerstört. Gräfeling 2000.

SAFRANSKI, Rüdiger: Nietzsche. Biographie seines Denkens. München 2000.

DERS.: Wieviel Globalisierung verträgt der Mensch? München 2003.

DERS.: Romantik. Eine deutsche Affäre, München 2007.

SAGLADIN, Wadim/FROLOW, Iwan: Globale Probleme der Gegenwart. Berlin (Ost) 1982.

SANJUAN, Pedro A.: Die UN-Gang. Erfahrungsbericht eines Insiders. Springe 2006.

SCHAFAREWITSCH, Igor R.: Der Todestrieb in der Geschichte. Erscheinungsformen des Sozialismus. Frankfurt u. a. 1980.

SCHELLNHUBER, Hans-Joachim: ‚Earth system' analysis and the second Copernican revolution. In: Nature 402 (1999) Supplement, C19-C23.

SCHILTKNECHT, Kurt: Das subtile Spiel um Geld und Macht. Zürich 2004.

SCHMIDT-BLEEK, Friedrich: Wieviel Umwelt braucht der Mensch? MIPS - Das Maß für ökologisches Wirtschaften. Berlin-Basel-Boston 1994.

DERS.: Das MIPS-Konzept. Weniger Naturverbrauch - mehr Lebensqualität durch Faktor 10. München 1998.

SCHMITT, Carl: Der Begriff des Politischen. Text von 1932 mit einem Vorwort und drei Corollarien. 7. Aufl., 5. Nachdruck d. Ausg. v. 1963, Berlin 2002.

SCHRAMM, Engelbert (Hg.): Ökologie-Lesebuch. Ausgewählte Texte zur Entwicklung ökologischen Denkens. Frankfurt am Main 1984.

SCHULZE, Ernst-Detlef: Der Einfluss des Menschen auf die biogeochemischen Kreisläufe der Erde. In: Max Planck Forschung – Das Wissenschaftsmagazin der Max-Planck-Gesellschaft. Sonderausgabe IV 2000, 76-89.

SHAVIV, Nir J./VEIZER, Ján: Celestial Driver of Phanerozoic Climate? In: GSA Today. A Publication of the Geological Society of America. Vol. 13, No. 7, July 2003, pp. 4-10.

SIEFERLE, Rolf Peter: Der unterirdische Wald. Energiekrise und Industrielle Revolution, München 1982.

SEN, Amartya: Development as Freedom, New York 1999,

Deutsch: Ökonomie für den Menschen. Wege zu Gerechtigkeit und Solidarität in der Marktwirtschaft. München 2000.

SIMONNOT, Philippe: L'erreur économique. Comment économistes et politiques se trompent et nous trompent. Paris 2004.

SMITH, Adam : An Inquiry into the Nature and Causes of the Wealth of Nations [1776]. Oxford 1976.

Deutsch: Untersuchung über Wesen und Ursachen des Reichtums der Völker. Düsseldorf 1999.

SOLOWJEW, Wladimir: Kurze Erzählung vom Antichrist. Übersetzt und erläutert von Ludolf Müller. Donauwörth 2002/2009.

STEHR, Nico: Die Zerbrechlichkeit moderner Gesellschaften. Weilerswist 2000.

DERS.: Wissenspolitik. Die Überwachung des Wissens. Frankfurt am Main 2003.

STEIN, Hannes: Moses und die Offenbarung der Demokratie. Hamburg 1998.

STENGERS, Isabelle: L'invention des sciences modernes. Paris 1993.

Deutsch: Die Erfindung der modernen Wissenschaften. Frankfurt u. a. 1997.

SUROWIECKI, James: The Wisdom of Crowds. Why the Many are Smarter Than the Few. New York 2004.

Deutsch: Die Weisheit der Vielen. München 2005.

SVENSMARK, Henrik/PEPKE PEDERSEN, Jens Olaf/MARSH, Nigel/ ENGHOFF, Martin/UGGERHØJ, Ulrik: Experimental Evidence for the Role of Ions in Particle Nucleation under Atmospheric Conditions. In: Proceedings of the Royal Society A, October 3rd, 2006.

THIENEMANN, August Friedrich: Leben und Umwelt. Vom Gesamthaushalt der Natur. Hamburg 1956.

THÜNE, Wolfgang: Freispruch für CO_2! Wie ein Molekül die Phantasien von Experten gleichschaltet. Wiesbaden 2002.

TREPL, Ludwig: Geschichte der Ökologie. Vom 17. Jahrhundert bis zur Gegenwart. 10 Vorlesungen. Frankfurt am Main 1987.

UEXKÜLL, Jakob von: Theoretische Biologie. Frankfurt am Main 1973.

UMWELTBUNDESAMT (HG.): Nachhaltiges Deutschland. Wege zu einer dauerhaft umweltgerechten Entwicklung. Berlin 1997.

VOSS, Gerhard: Die veröffentlichte Umweltpolitik. Ein sozio-ökologisches Lehrstück. Köln 1990.

WEINGART, Peter: Die Stunde der Wahrheit? Zum Verhältnis der Wissenschaft zu Politik, Wirtschaft und Medien in der Wissensgesellschaft. Weilerswist 2001.

WEINGART, Peter/ENGELS, Anita/PANSEGRAU, Petra: Von der Hypothese zur Katastrophe. Der anthropogene Klimawandel im Diskurs zwischen Wissenschaft, Politik und Massenmedien. Opladen 2002.

WEIZSÄCKER, Carl Christian von: Logik der Globalisierung. Göttingen 1999.

WEIZSÄCKER, Ernst Ulrich von: Erdpolitik. Ökologische Realpolitik an der Schwelle zum Jahrhundert der Umwelt. 3. akt. Aufl. – nach dem Erdgipfel von Rio de Janeiro – Darmstadt 1992.

WELTKOMMISSION FÜR UMWELT UND ENTWICKLUNG/HAUFF, Volker (Hg.): Unsere gemeinsame Zukunft [BRUNDTLAND REPORT]. Greven 1987.

WICKE, Lutz: Beyond Kyoto. A New Climate Certificate System. Berlin u. a. 2004.

WILDAVSKY, Aaron: But is it True? A Citizen's Guide to Environmental Health and Safety Issues. Cambridge (Mass) u. a. 1995.

WOLF, Martin: Why globalization works. New Haven u. a. 2005.

YERGIN, Daniel/STANISLAW, Joseph: The Commanding Heights. New York 1998, d

Deutsch: Staat oder Markt. Die Schlüsselfrage unseres Jahrhunderts. Frankfurt am Main u. a. 1999.

ZAKARIA, Fareed: The Future of Freedom. Illiberal Democracy at Home and Abroad. New York 2003.

Deutsch: Das Ende der Freiheit? Wie viel Demokratie verträgt der Mensch? München (2) 2007.

Register

T